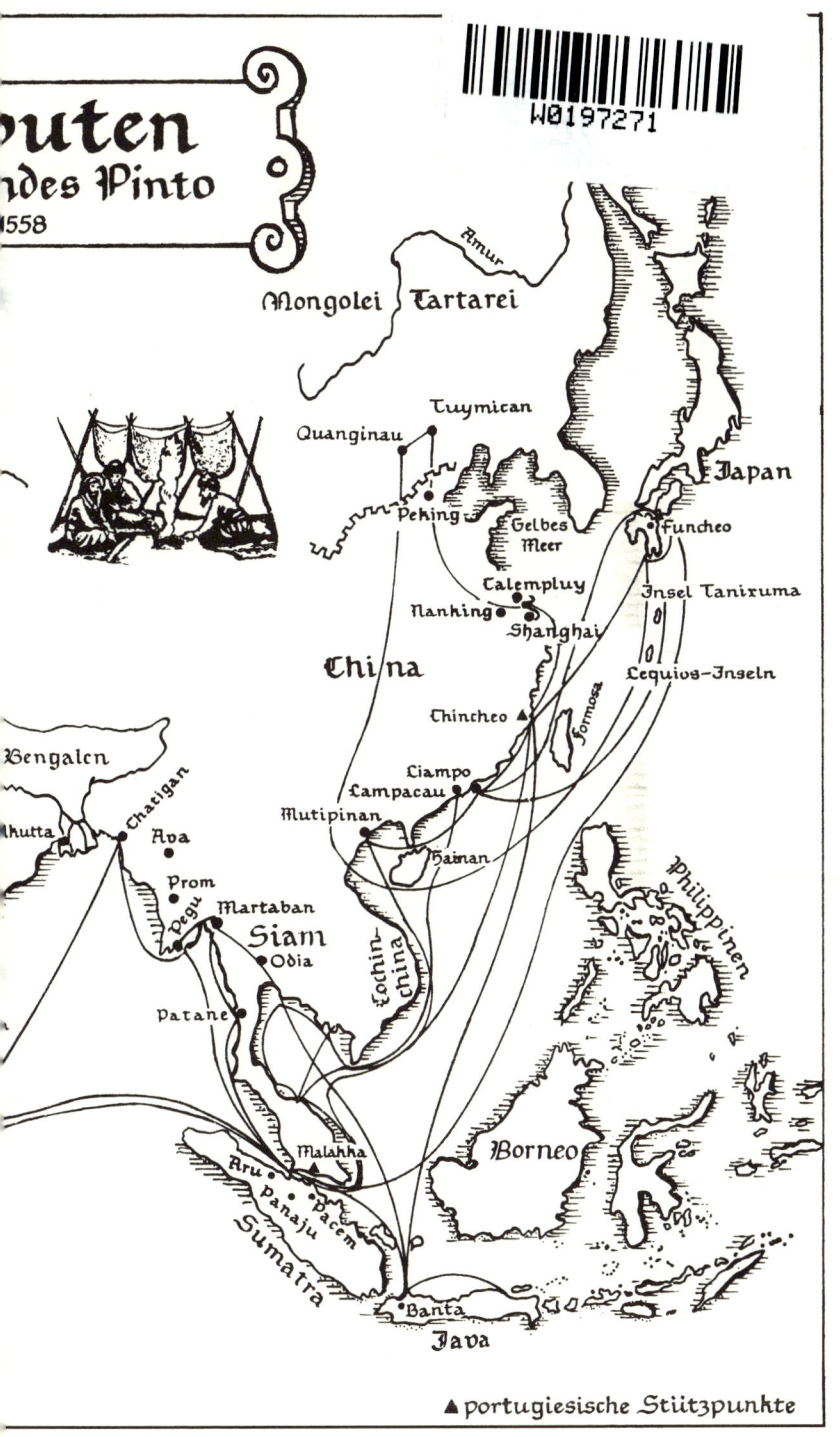

Routen des Pinto 1558

W0197271

Mongolei Tartarei

Amur

Japan

Quanginau
Tuymican
Peking
Gelbes Meer
Funcheo
Insel Taniruma
Calempluy
Nanking Shanghai
China
Lequios-Inseln
Chincheo ▲
Formosa
Liampo
Lampacau
Mutipinan
Hainan
Philippinen

Bengalen
Chatigan
Uhutta Ava
Prom
Degu Martaban
Siam
Odia
Cochinchina
Patane
Borneo

Aru Malakha
Panaju Dacem
Sumatra
Banta
Java

▲ portugiesische Stützpunkte

ALTE ABENTEUERLICHE REISEBERICHTE

Fernão Mendez Pinto

Merkwürdige Reisen im fernsten Asien
1537 — Asien — 1558

Redaktion und Einführung von
Rudolf Kroboth

EDITION ERDMANN

INHALT

VORWORT DES HERAUSGEBERS

Ein Meisterwerk des 16. Jahrhunderts:
Fernão Mendez Pintos »Peregrinaçam«

Vor mehr als 400 Jahren starb Fernão Mendez Pinto. Berühmt wurde er als Autor eines Werkes, das 1614, einunddreißig Jahre nach seinem Tode, unter dem Titel »Peregrinaçam« (»Pilgerreise«) zu einer Art Volksbuch geworden ist und neben dem Nationalepos der »Lusiaden« von Luis de Camões, als das berühmteste Werk der portugiesischen Literatur des 16. Jahrhunderts gilt. Auch außerhalb Portugals wurde Pintos Buch viel gelesen und selbst Goethe soll es eine »produktive Scharteke« genannt haben.

Von den in der »Peregrinaçam« geschilderten Abenteuern und Erlebnissen hatte Fernão Mendez Pinto in seinen letzten Lebensjahren bereits dem spanischen König Philipp II., der 1580, nach dem Aussterben des portugiesischen Königshauses, auch die Herrschaft über Portugal angetreten hatte, mehrmals erzählen können. Während seines Aufenthalts in Lissabon (von Ende 1580 bis Februar 1583) war Philipp wohl so viel Interessantes über den alten Pinto zu Ohren gekommen, dass er, der Herr über das riesige spanische Weltreich, von einem solchen Kenner der großen portugiesischen Kolonialbesitzungen persönlich manches hören wollte. So steht am Ende von Pintos Leben die Begegnung mit ebendiesem Manne, der – ungefähr zwei Generationen nach der Zeit der heroischen Eroberungen der Portugiesen in Asien – Portugal seiner nationalen Selbstständigkeit beraubte, die es erst 1640 wieder zurückgewann, als Spaniens Macht bereits im Niedergang begriffen war.

Geboren wurde Pinto um das Jahr 1510, wobei die Angaben des Geburtsjahres von 1509 bis 1511 schwanken. Dies war die Zeit, in welcher der Siegeslauf der Portugiesen an den Küsten des südlichen Asien seinen ersten Höhepunkt erreichte: 1510 eroberten die Portugiesen unter dem herausragenden Vizekönig Alfonso de Albuquerque die Stadt Goa an der indischen Malabarküste, wo dann ihre indischen Vizekönige lange ihren Sitz hatten. Bereits im Jahr darauf wurde von ihnen die Malaienstadt Malakka, ihr wichtigster Stützpunkt in Hinterindien, eingenommen. Von hier aus eröffnete sich ihnen der Weg zu den Molukken, den Gewürzinseln, und nach Siam und China. Pinto wuchs also in eine Zeit hinein, in welcher der Aufbau des portugiesischen Kolonialreiches in Asien bereits weitgehend abgeschlossen war, abgesehen etwa davon, dass im Jahr 1557, in welchem Pinto wieder in die Heimat aufbrach, Macao an der Südküste Chinas den Portugiesen vom chinesischen Kaiser als Stützpunkt überlassen wurde.

Portugal lag bis ins 15. Jahrhundert hinein buchstäblich am Rande des europäischen Horizonts. Trotzdem kam es gerade dort (und nicht etwa im Genua der Brüder Vivaldi, die um 1291 versucht hatten, Afrika von Westen her zu umsegeln, und dabei verschollen waren) zu jenen großartigen Bemühungen, die schließlich zur Umsegelung Afrikas führten. Überhaupt begannen für weltoffene Zeitgenossen des späten Mittelalters die großen Entdeckungsreisen nicht mit den Vivaldis oder ähnlichen Seefahrerpersönlichkeiten, sondern mit Marco Polo, obgleich dieser nicht der erste Europäer am Mongolenhofe gewesen war. Doch musste sein Reisebericht für europäische Kaufleute, die dann durch das chinesische Ming-Reich und vor allem durch die wachsende Macht der Türken im Vorderen Orient immer mehr am gewinnträchtigen Orienthandel gehindert wurden, Gegenstand vielseitiger Überlegungen werden. Zum einen war es im 15. Jahrhundert offenbar nur noch einzelnen Personen möglich, wie z.B. 1419 dem Italiener Conti oder 1487 dem Portugiesen Covilhão, durch den islamischen Vorderen Orient bis nach Indien zu gelangen. Zum anderen aber hatte gleichzeitig die allgemeine Kultur- und Wirtschaftsentwicklung in Europa mit dem Erstarken der Städte eine gesteigerte Nachfrage nach orientalischen Gütern, vornehmlich Gewürzen und Farbstoffen, zur Folge. Der Handel mit diesen Produkten unterlag also allerlei Beschränkungen und Unsicherheiten und wurde zudem stark verteuert durch Zölle und orientalische Zwischenhändler. Dies vergrößerte in den europäischen Handelszentren den Bedarf an Zahlungsmitteln und damit an Edelmetallen für die Herstellung von Münzen ganz erheblich.

Gerade vor diesem Hintergrund bekam das abgelegene Portugal für den europäischen Handel große Bedeutung: Die Portugiesen hatten sich zu Beginn des 15. Jahrhunderts im Kampf mit den Mauren in Nordafrika festgesetzt. Schon vorher waren ihnen Nachrichten über sagenhafte Goldquellen in Afrika – in den Reichen am Niger, etwa in Mali – zu Ohren gekommen. Nun konnten sie selbst darangehen, den Zugang zu diesen zu suchen. Die Beschaffung von Edelmetallen war nicht nur für die großen Handelsstädte wichtig, sondern auch für die weitere Entwicklung der Staatsfinanzen der europäischen Reiche, natürlich auch der Portugals. Es war Dom Henrique, bekannt als Heinrich der Seefahrer, der von 1394 bis 1460 lebte und ein Sohn König Joãos I. war, der die Möglichkeiten und Aufgaben, die sich da im Süden für Portugal auftaten, klar erkannte und zielstrebig anging. Mit der Gründung eines astronomischen Observatoriums und einer Seefahrtsschule in Sagres sorgte er dafür, dass in diesem Lande, das schon damals auf eine bemerkenswerte seemännische Tradition zurückgreifen konnte, die Grundlagen für eine gründliche Erkundung der afrikanischen Küste geschaffen wurden.

Es ist bekannt, wie ängstlich und vorsichtig sich die Kapitäne Heinrichs zunächst an der Westküste Afrikas entlangtasteten. Aber bald, mit dem Beginn des Sklavenhandels (1441), dem Gewinn afrikanischer Gewürze und dem Erreichen jener Gebiete, von denen aus man Zugang zu besagtem Goldhandel hatte und wo dann 1481 an der »Goldküste« das Fort mit dem bezeichnenden Beinamen »Elmina« angelegt wurde, zahlten sich diese Anstrengungen buchstäblich aus. Und als man schließlich von Bewohnern des Gebietes des heutigen Nigeria vage Berichte über Christen im Innern Afrikas erhielt, die heute auf das alte christliche Nubien bezogen werden, dachten die Portugiesen sofort an das Reich des legendären christlichen »Priesters Johannes«, das irgendwo hinter den islamischen Ländern vermutet wurde.

Der durch Marco Polo geweckte Gedanke an die Möglichkeiten des Indienhandels mochte bis dahin eher im Hintergrund portugiesischer Überlegungen gestanden haben, wurde jetzt aber – möglicherweise von italienischen Kaufleuten, die sich an der Erschließung der afrikanischen Küste beteiligt hatten – wieder in den Vordergrund gerückt. Zu den Voraussetzungen der portugiesischen Expansion, die Heinrich dem Seefahrer zu verdanken waren (Fortschritte in Schiffsbau und Nautik), sowie anderen hierfür günstigen Bedingungen, wie z.B. dem Umstand, dass die schlechten wirtschaftlichen Verhältnisse in Portugal viele Menschen ihr Wohl und Glück in der Ferne suchen ließen, kam nun die Aussicht, Christen im Orient ausfindig zu machen und nach Indien zu gelangen, nicht zuletzt um dort profitable Geschäfte tätigen zu können.

Dies gab den portugiesischen Bemühungen und Anstrengungen zur Entdeckung und Eroberung fremder Länder großen Auftrieb: 1488 umsegelte Bartolomeu Diaz die Südspitze Afrikas, wodurch der Weg nach Indien offen lag. Zur selben Zeit gelangte Pero de Covilhão, ebenfalls im Auftrag von König João II., durch den Orient nach Indien und ließ dem König davon Nachricht zukommen. Danach erkundete er Äthiopien, das in mancher Hinsicht, folgte man den darüber bestehenden Berichten, dem sagenhaften Reich des erwähnten »Priesterkönigs« ähnelte und mit dem Portugal von nun an in Beziehungen stand, die auch in die »Peregrinaçam« hineinspielen. Inzwischen wurde, nach den Entdeckungserfolgen von Diaz und vor allem denjenigen von Kolumbus, eine große Expedition nach Indien vorbereitet. Man konnte und wollte auf keinen Fall hinter Spanien zurückstehen, zumal nach der Umsegelung Afrikas durch Diaz Indien in greifbare Nähe gerückt zu sein schien. Ob dabei eine erste Flotte vor Moçambique verloren ging, bleibt Vermutung. Jedenfalls war die Landung Vasco da Gamas im Jahr 1498 in Kalikut an der Küste Indiens die Erfüllung eines zweihundert Jahre alten Traums. Es folgte bald die Fahrt Cabrals (1500), dann da Gamas zweite Fahrt (1502–1503), auf der es gelang, in einigen ostafrikanischen und indischen Küstenstädten Fuß zu fassen.

Unter dem ersten portugiesischen Vizekönig von Indien, Francisco de Almeida (ab 1505), und seinem Nachfolger Albuquerque entstand der »Estado da India«, welcher schließlich die Niederlassungen von Moçambique in Afrika bis zu den Molukken und Macao umfasste. Die Portugiesen verfügten also über eine Vielzahl kolonialer Stützpunkte und Festungen, freilich ohne – im Gegensatz zum spanischen Kolonialreich – über ein größeres Hinterland zu gebieten. Einige von diesen Besitzungen lagen sogar in einer äußerst gefährdeten geografischen Position, wie z. B. die Festung Ormuz, die auf einer Insel am Eingang des Persischen Golfes gelegen war. Dennoch beherrschten die Portugiesen aufgrund ihrer hervorragenden Schiffe und ihrer überlegenen Kriegstechnik das Arabische Meer zwischen Ostafrika und Indien und konnten sich von dieser Basis aus alsbald daranmachen, zielstrebig ihren Handels- und Missionsabsichten nachzugehen. Im Zuge dieser Bestrebungen entstanden in Goa, dem Sitz des Vizekönigs, prächtige Gebäude, darunter eine herrliche Kathedrale, und bald nach der Gründung des Jesuitenordens wurde dort auch ein jesuitisches Kollegium

eingerichtet (1542). Bereits 1511 war der Weg zu den Molukken, den Gewürzinseln, geöffnet worden und zwei Jahre
später, 1513, erreichte der erste Portugiese China. Es sollte
zwar noch ungefähr weitere dreißig Jahre dauern, bis die
Portugiesen erstmals auch nach Japan gelangten, aber aufgrund ihrer außerordentlichen seemännischen Tüchtigkeit
gelang es ihnen dann bereits in kurzer Zeit, eine Monopol-
stellung im Handel zwischen Japan und China einzunehmen, die bis zum Ende des 16. Jahrhunderts gehalten werden konnte.

Obgleich jeder Portugiese, der nach Indien kam, im Dienste
der Krone stand, befassten sich alle, vom Vizekönig bis
zum einfachen Schiffsjungen, mit privaten Handelsgeschäften, um so die unzureichende und nur unregelmäßig ein-
treffende Besoldung durch die Regierung in Lissabon auf
eigene Faust aufbessern zu können. Wie ist dieses Problem
zu erklären? Aufgrund des ausgedehnten Asienhandels gelangten zwar ungeheure Reichtümer nach Portugal, gleichzeitig geriet aber dadurch die traditionelle wirtschaftliche
Struktur des Landes, ebenso wie in Spanien, völlig aus den
Fugen. Angezogen von den infolge des Orienthandels aufblühenden Städten, verließen viele Bauern ihre Äcker, was
dazu führte, dass Portugal zur Ernährung seiner Bevölkerung Nahrungsmittel aus dem Ausland einführen musste.
Die dafür erforderlichen Geldmittel sowie die überaus hohen Ausgaben für höfischen und stadtbürgerlichen Luxus
und die Flotte verschlangen die Gewinne aus dem Indienhandel. Erschwerend kam hinzu, dass die äußerst kostspielige Flotte immer wieder große Verluste erlitt. So ging z.B.
von dem Flottenverband, welcher 1571 Goa anlief, die Hälfte der Schiffe mit insgesamt zweitausend Mann zugrunde.
Als weiteren Grund für die negative finanzielle Bilanz des

»Estado da India« nennt die »Peregrinaçam« die erheblichen Kosten, die von den notwendigen militärischen Anstrengungen zur Verteidigung des Kolonialbesitzes herrührten, ferner eine schlechte Verwaltung sowie korruptes Verhalten der portugiesischen Beamtenschaft. Wenn auch einzelne Personen, wie z.B. Pinto selbst, in den Kolonien immer noch reich werden konnten, so führten all diese Begleitumstände schon 1560 zu einem ersten Staatsbankrott Portugals. Doch tat dies dem Bestand des Kolonialreiches, das auch Philipp II. nach 1580 weiter von Portugiesen verwalten ließ, einstweilen noch keinen Abbruch. Erst als um 1600 die Engländer und die Holländer den Portugiesen die Vorherrschaft im Indischen Ozean streitig zu machen begannen, waren die portugiesischen Besitzungen in Asien ernsten äußeren Gefahren ausgesetzt. Dies war umso mehr der Fall, als die portugiesischen Besatzungen in den kolonialen Stützpunkten zahlenmäßig durchweg recht schwach waren. Forschungen des britischen Historikers Boxer zufolge waren es kaum mehr als siebentausend Mann, die in den einzelnen Teilen des »Estado da India« jeweils Dienst taten. Hinzu kam, dass stets viele von diesen einfach desertierten, um einträgliche Handelsgeschäfte tätigen zu können. Zu diesem Zweck ließen sie sich in den Ländern von Indien bis China nieder und waren so der Kontrolle und Herrschaft des portugiesischen Vizekönigs entzogen. Außerdem erlagen viele der nach Indien gelangten Portugiesen bald tropischen Krankheiten, was auch dazu beitrug, dass Portugal im Laufe des 16. Jahrhunderts, nachdem es bis dahin ungefähr eine Million Einwohner gehabt hatte, große Menschenverluste erlitt. Heimatlosen Portugiesen begegnen wir in der »Peregrinaçam« wiederholt, beispielsweise bei den geschilderten Kriegen in Burma und Siam. Wir haben es hier zum Teil wohl mit Männern zu tun, die zusammen mit ihren ergebenen Leuten in den Dienst irgendeines mächtigen einheimischen Fürsten traten, der solche Haudegen und ihr kriegstechnisches Know-how für seine mannigfachen Feldzüge gut gebrauchen konnte.

Nicht selten kämpften solche Portugiesen sogar Seite an Seite mit den türkischen »Ungläubigen« gegen ihre eigenen Landsleute.

Jedenfalls war der asiatische Kontinent im 16. Jahrhundert voll ungeahnten Geschehens. Man fragt sich, wie unter solchen Umständen das ausgedehnte portugiesische Stützpunktsystem und das darauf basierende Handelsnetz überhaupt aufrechterhalten werden konnten, zumal wenn man die wiederholten Versuche der Türken, die portugiesische Vorherrschaft im Indischen Ozean zu brechen, bedenkt. Die Türken waren die mächtigste Militärmacht des 16. Jahrhunderts und nachdem sie 1517 Ägypten erobert hatten, musste man von ihnen das Schlimmste für das sich gerade im Aufbau befindende portugiesische Kolonialreich befürchten. In der gesamten muslimischen Welt, bis hin nach Java, eilte ihnen ein großer Ruf voraus. Dennoch gelang es den Portugiesen in den Jahren 1541 bis 1543, türkische Angriffe auf Äthiopien erfolgreich abzuwehren, weshalb dort auch eine eigenständige Kultur erhalten blieb. Insgesamt wagten sich die Türken nur viermal mit größeren Flotten in den Indischen Ozean, stets ohne wirklichen militärischen Erfolg. Zum Teil ist dies wohl auf die Schwierigkeiten zurückzuführen, Holz für den Bau von Schiffen aus den Wäldern Kleinasiens nach Suez am Roten Meer oder nach Basra am Persischen Golf zu transportieren. Hauptsächlich lag dies jedoch an der überlegenen Seefahrer- und Kriegskunst der Portugiesen.

Abgesehen davon, dass einzelne Niederlassungen, wie z. B. Malakka, verschiedentlich von örtlichen Feinden bedroht wurden, war die portugiesische Machtstellung in »Indien« bis zum Auftauchen anderer europäischer Seemächte keinen weiteren größeren Gefahren ausgesetzt. So waren die Portugiesen ungefähr ein Jahrhundert lang in der Lage, fast aller Herren Länder an den Küsten des Indischen und des Pazifischen Ozeans aufzusuchen. Wir finden sie hier in den unterschiedlichsten Regionen: im äußersten Westen, im christlichen Äthiopien, wo sie vor allem ihrer militärischen Tüchtigkeit wegen geschätzt wurden, im Fernen Osten, wo sie versuchten, als Gesandte der portugiesischen Krone in das chinesische Hinterland vorzudringen oder sich als Händler in den dortigen Küstenstädten niederzulassen.

Dort blieb es natürlich nicht aus, dass sie von Japan hörten und sich schließlich selbst dahin aufmachten. Wann die Portugiesen zum ersten Mal japanischen Boden betraten, ist hinsichtlich des genauen Datums ungewiss. Jedenfalls ist es um das Jahr 1543 gewesen. Zunächst waren es vor allem Soldaten und Händler, die Japan kennen lernten, darunter Pinto selbst, der damit zu den ersten Europäern gehörte, die japanischen Boden betraten. Aber auch Geistliche waren von Anfang an mit von der Partie, und als schließlich die Jesuiten auftauchten, unter ihnen der berühmte, später heilig gesprochene Francisco de Xavier, von dem man sich bald erstaunliche Wundergeschichten erzählte, kam es zu einem bemerkenswerten Aufschwung der Missionsbemühungen. Innerhalb weniger Jahrzehnte konnte die christliche Missionsarbeit derart große Erfolge verzeichnen, dass die japanische Regierung im 17. Jahrhundert meinte, das Christentum als große politische Gefahr betrachten zu müssen, und deshalb die Christen schwer verfolgte.

Die Missionare sammelten aber auch Nachrichten über jene fernöstlichen Länder. So kam es bald zur Abfassung umfangreicher Werke über den Fernen Osten. Ein Beispiel hierfür ist das China-Buch des Dominikanerpaters Gaspar de Cruz, das 1569 in Portugal erschien und das auch Mendez Pinto bei der Abfassung seines Berichts benutzt haben soll.

Die Zeit Pintos war also recht bewegt und unsicher, geprägt von den Anstrengungen, die es gegen die türkische Gefahr und lokale Machthaber zu unternehmen galt, von politischen Schwierigkeiten innerhalb des portugiesischen Kolonialreiches sowie von umfangreichen Handels- und Missionierungsbemühungen, die zur Erschließung immer weiterer Räume außerhalb des direkten portugiesischen Herrschafts- und Einflussgebietes führten. Vor unseren Augen erscheinen zahllose Gestalten und Schicksale, welche kaum hundert Jahre nach den ersten zaghaften Anfängen unter Heinrich dem Seefahrer von unglaublichen Abenteuern in vordem unbekannten Gewässern und Gegenden zeugen.

Dass wir ein solch umfassendes Bild vom portugiesischen und außerportugiesischen Asien erhalten, ist in erster Linie Fernão Mendez Pinto zu verdanken. Pinto war aufgrund seiner Herkunft gleichsam dazu verdammt, sein Wohl in Übersee, in Indien, zu suchen. Als er um 1510 in der kleinen mittelportugiesischen Stadt Montemor-o-Velho bei Coimbra, vermutlich als Sprössling einer verarmten Adelsfamilie, geboren wurde, sah seine Zukunft zunächst nicht sehr rosig aus. Seiner Familie ging es erst besser, als er sie von Indien aus, inzwischen reich geworden, unterstützen konnte. Ihm selber hatte im Alter von ungefähr elf Jahren ein Onkel unter die Arme gegriffen und ihm eine Stellung bei einer adligen Dame in Lissabon verschafft. In dieser Zeit, 1521, erlebte Pinto in der Hauptstadt die Begräbnisfeierlichkeiten für König Manuel, die er später für seine eindrucksvollste und am meisten lebendig gebliebene Kindheitserinnerung gehalten haben soll. Vielleicht wirft dies etwas Licht auf seine Vorliebe für die detaillierte Beschreibung von feierlichen Vorgängen, wie z.B. Gerichtssitzungen in China oder Audienzen von Potentaten. Ein weiteres Schlüsselerlebnis für

Pinto, damals fast noch ein Kind, war jenes seltsame Abenteuer, das er im ersten Kapitel der »Peregrinaçam« erzählt: Nachdem er aus nicht ganz durchsichtigen Gründen – wegen eines Diebstahls? – wie einer jener jugendlichen Schelme, der »picaros«, die seit dem Erscheinen des anonymen »Lazarillo de Tormes« im Jahr 1554 die iberische Literatur bevölkern, aus dem Haus der erwähnten Dame geflohen war, wollte es das Schicksal, dass er in die Hände von französischen Seeräubern geriet, die sich, vom aufblühenden Indienhandel Portugals angezogen, vor der portugiesischen Küste herumtrieben. Gleichsam als Ausfluss jener großartigen Ereignisse, die Portugals Ruhm in die ganze Welt hinaustrugen und viele Menschen davon träumen ließen, im Überseehandel große Reichtümer anhäufen zu können, erfuhr Pinto damals eigene Lebensgefahr und nacktes Elend, eine Erfahrung, die sich tief in sein Bewusstsein eingrub. Vieles davon kam ihm wie ein Vorspiel zu seinen späteren Erlebnissen vor. Seine Jugendzeit verbrachte Pinto zumeist als Diener verschiedener Herrschaften, die längste Zeit als Kammerdiener und schließlich als »Kammerherr« des Großkomturs des Ordens von Santiago. Dieser, mit Namen Dom Jorge, war ein unehelicher Sohn von König João II. In dessen Dienst dürfte der junge Mann viel von den großartigen Möglichkeiten gehört haben, die sich einem Portugiesen zu jener Zeit an den Küsten Asiens boten. Seine Stellung bei Dom Jorge brachte Pinto zwar nicht viel Geld ein, aber sie erweiterte seinen Gesichtskreis im Sinne höfischer Bildung, wodurch nicht zuletzt auch seine Erwartungen an das Leben recht hoch geschraubt worden sein mögen. Er war dabei wohl auch mit den Idealen der aristokratischen Welt und ihrer Lebensart in einer Weise vertraut geworden, die ihn zu manch späterem Erlebnis prädestinierte.

Die Möglichkeit, zu Reichtümern zu kommen und damit die Voraussetzung für einen aristokratischen Lebensstil zu schaffen, war damals – so glaubte Pinto – nirgends besser gegeben als in den asiatischen Besitzungen Portugals. Dies war sein Hauptmotiv, als er im Frühjahr 1537 nach Indien

Wunderliche und Merckwürdige
REISEN
FERDINANDI
MENDEZ PINTO,

Welche er innerhalb ein und zwantzig Jahren/ durch Europa, Asia, und Africa, und deren Königreiche und Länder; als Abyssina, China, Japon, Tartarey, Siam, Calaminham, Pegu, Martabane, Bengale, Brama, Ormus, Batas, Queda, Aru, Pan, Ainan, Calempluy, Cauchenchina, und andere Oerter verrichtet.

Darinnen er beschreibet

Wie ihme zu Wasser und Land zugestossene grosse Noht und Gefahr; wie er nemlich sey dreyzehnmal gefangen genommen und siebenzehnmal verkaufft worden; auch vielfältigen Schiffbruch erlitten habe:

Dabey zugleich befindlich eine gar genaue Entwerffung der Wunder und Raritäten erwehnter Länder; der Gesetze/ Sitten/ und Gewonheiten derselben Völcker; und der grosse Macht und Heeres-Krafft der Einwohner.

Nun erst ins Hochteutsche übersetzet/ und mit unterschiedlichen Kupferstükken gezieret.

Amsterdam/
Bey Henrich und Dietrich Boom/ Buchhändlern
Im Jahr Christi 1671.

Frontispiz der portugiesischen Erstausgabe, Lissabon 1614

aufbrach, mit wenig mehr ausgerüstet als seinen Erfahrungen und einem klaren Verstand. Sein Aufenthalt in Asien dauerte rund zwanzig Jahre; erst im September 1558 kehrte er – nunmehr als reicher Mann – nach Lissabon zurück. In dieser Zeit hat Pinto unendlich viel erlebt und diese Erlebnisse, Abenteuer und vielfältigen Einblicke in die asiatische Lebensweise haben ihren Niederschlag in seinem Buch gefunden.

Wie ist dieses Werk einzuschätzen? Unter Bezug auf andere zeitgenössische Berichte und Aufzeichnungen (Korrespondenzen jesuitischer Missionare, asiatische Chroniken etc.) wurde seit dem 17. Jahrhundert manches von Pintos Erzählungen in Zweifel gezogen. Obwohl Pinto – wie feststeht – bei seinen Darstellungen und Beschreibungen sich nicht nur auf eigenen Augenschein, sondern teilweise auch auf Berichte und Auskünfte anderer Personen (etwa des Jesuitenpaters Belchior Nunes Barreto) stützte, ist davon auszugehen, dass der Autor der »Peregrinaçam« in den meisten der von ihm beschriebenen asiatischen Länder selbst gewesen ist und insofern seine Aufzeichnungen cum grano salis der Wahrheit entsprechen. Gewisse Übertreibungen, etwa im Zusammenhang der Beschreibung asiatischer Religionskulte, mögen einer lebhaften Phantasie entsprungen, manches mag auch aus einem bewussten dramaturgischen Kalkül heraus einfach hinzugedichtet worden sein. Dies alles ist jedoch kein Grund, der Authentizität des Pinto'schen Reiseberichts grundsätzlich zu misstrauen. In einigen Punkten wurde die Wahrhaftigkeit Pintos von neueren Forschungen sogar ausdrücklich bestätigt und er damit vor der Kritik rehabilitiert: Bis 1883, als die erste von einem Europäer, Arthur Phayre, geschriebene Geschichte Burmas erschien, war man weithin der Überzeugung, dass die von Pinto geschilderten kriegerischen Auseinandersetzungen in Burma nichts weiter als bloße Ausgeburten seiner Phantasie gewesen seien. Genau dies ist von Phayre nachdrücklich widerlegt worden. In einem Fall ist Pintos Werk sogar die einzige historische Quelle, nämlich für den Kriegszug des Kaisers von Dema auf der Insel Java, wo es für diesen Zeitraum an Quellen anderer Art mangelt. Auch an weiteren Stellen, die dem Leser zunächst märchenhaft vorkommen mögen, dürfte Pinto zumindest subjektiv ehrlich gewesen sein. So ist z. B. auch die Erzählung von dem »Talapicor von Lechune«, den Pinto als »Papst« jener Gegend bezeichnet, nicht völlig aus der Luft gegriffen, sondern ist – Collis und Le Gentil zufolge – auf den Dalai Lama zu beziehen. Zwar wurde Lhasa erst im 17. Jahrhundert zu dessen ständigem Sitz, aber große Mönchssiedlungen, wie sie Pinto in dem entsprechenden Teil des Buches beschreibt, hat es in Tibet schon vordem gegeben. Überhaupt scheinen viele der Zweifel, die gegen die Authentizität von Pintos Werk ins Feld geführt wurden, auf Problemen zu beruhen, die sich aus der unterschiedlichen Transkription von historischen asiatischen Namen und Bezeichnungen ergeben.

Derartige Probleme oder die Berechtigung des alten Wortspiels, das unter vielen Lesern von Pintos Buch in Portugal aufgekommen sein soll und zu einem geflügelten Wort geworden ist: »Fernão, mentes?« – »Minto!« (»Fernão, lügst du?« – »Ich lüge!«), sollen uns hier nicht weiter interessieren. Statt noch länger nach dem Wahrheitsgehalt von Einzelheiten zu fragen, wollen wir uns nun den Absichten zuwenden, die Pinto mit seinem Werk verfolgte. Er selbst hat einmal erklärt, er schreibe nur, um seinen Kindern – er hatte in Portugal mehrere Töchter – die vielfältigen Leiden, mit denen er vom Schicksal geschlagen wurde, vermitteln zu können. Dementsprechend hat er seine Aufzeichnungen mit der Geschichte seiner von allerlei Mühsal geprägten Jugendzeit begonnen und mit den Enttäuschungen, die er nach seiner Rückkehr in die Heimat erfahren musste, abgeschlossen. Viele der von ihm geschilderten Abenteuer klingen nur allzu lebensecht. Der Bericht über den letzten Schiffbruch, den er miterlebte, ähnelt in seinem realistischen Stil – die Rede ist vom Kampf mit chinesischen Schiffsknechten – auf frappierende Weise, wie Professor Le Gentil festgestellt hat, vielem, was über Vergleichbares in der »História Trágico-

Marítima« von Bernardo Gomes de Brito zu lesen ist. Auf der anderen Seite verschweigt Pinto wichtige Stationen seiner Lebensgeschichte, z.B. sein kurzfristiges Noviziat im Jesuitenorden in den Jahren 1550 bis 1560. Auch enthält er sich genauerer Angaben darüber, mit welchen Handelsgeschäften er schließlich zu Reichtum und Wohlstand gelangt ist. Solche Lücken mögen uns aber nicht weiter stören. Viel wichtiger ist es, dass seine Darlegungen über die wirtschaftlichen und religiösen Verhältnisse in den von ihm aufgesuchten Ländern über eine rein persönliche Lebens- und Leidensgeschichte hinausführen.

In diesem Zusammenhang taucht die Frage auf, ob es etwa auch in Pintos Absicht gestanden hat, über den biografischen Aspekt hinaus eine seriöse Geschichte der portugiesischen Überseebesitzungen und anderer von ihm bereisten Territorien zu schreiben. Hatte er die Ambition eines Historikers, wie diese manche Missionare oder auch einige Kolonialbeamte, etwa der lange in Goa lebende Diego do Couto (1542–1616), hatten? Dazu ist zu sagen, dass Pintos Werk insofern nicht als Geschichtsschreibung im strengen Sinne angesehen werden kann, als es dem Autor in erster Linie nicht darum ging, wie sich am Beispiel seiner Aufzeichnungen über Japan zeigt, die inneren Verhältnisse der betreffenden asiatischen Länder detailliert zu schildern, sondern vielmehr darum, seinen Nachkommen einen einprägsamen Bericht über seine Asienreise zu hinterlassen. Anzumerken ist in diesem Zusammenhang auch, dass einige bedeutende Religionskulte Asiens, wie z.B. der Taoismus in China, von ihm nicht angemessen gewürdigt wurden. Dennoch ist hervorzuheben, und zwar gerade im Hinblick auf China, dass Pinto derjenige populäre Autor des 16. Jahrhunderts ist, der das europäische Lesepublikum bis dahin am ausführlichsten mit Einzelheiten des asiatischen Lebens bekannt gemacht hat.

Pintos Aufzeichnungen haben also weniger den Charakter eines historischen Werks, vielmehr ist es als eine Art Enzyklopädie anzusehen. Von Äthiopien bis Japan ist fast jedes

Land in seinen charakteristischen Zügen erfasst. Überraschenderweise kommt das eigentliche Indien dabei recht kurz – freilich nur auf den ersten Blick, denn viele Dinge, die eigentlich Indien zugeordnet hätten werden müssen, bringt Pinto in der Beschreibung des Landes »Calaminham« unter. Es handelt sich dabei vor allem um jene religiös motivierten Selbstmorde, die in Indien anlässlich großer Prozessionen zu Ehren des Hindugottes Vishnu begangen wurden und über die bereits der Italiener Conti und auch Pintos Zeitgenosse Couto berichtet hatten. Zu fragen bleibt, warum Pinto überhaupt ein Land wie »Calaminham« in seinen Bericht aufnimmt, ein Land, dessen Existenz allein schon aufgrund der abwegigen geografischen Angaben, die Pinto über die dorthin führende Schiffsroute macht, zu bezweifeln ist. Zur Lösung dieses Rätsels ist mit Collis davon auszugehen, dass Pinto, als er von den Grausamkeiten derartiger Prozessionen in Indien hörte, davon zugleich entsetzt und fasziniert war, wobei ihm »Calaminham« die Gelegenheit bot, ein großartiges, pittoreskes Gemälde religiöser Bräuche zu entwerfen. Überhaupt haben wir in den entsprechenden Darstellungen Pintos die konzentrierteste Wiedergabe asiatischer Religiosität und Frömmigkeit vor uns. Ferner wird deutlich, etwa wenn er die Amtseinführung jenes »Talapicor von Lechune« beschreibt, dass Pinto die nicht christlichen Religionskulte Asiens und die sich dahinter verbergende tiefe Gläubigkeit der Asiaten ausgesprochen ernst nahm, in einer Weise, die ihm – wegen seiner offensichtlichen Toleranz fremden Religionen gegenüber – in seiner katholischen Heimat den Ruf eines Häretikers einzubringen drohte. Die fiktive Predigt jenes »Talapicor« und manches andere belegen, dass es dem Autor nicht nur um die Schilderung asiatischen Denkens und asiatischer Gepflogenheiten ging. Seine Ausführungen sind oft auch ein moralischer Spiegel, den er sich und seinen Landsleuten vorhält, wobei er verschiedentlich nicht vor vernichtender Kritik an dem Verhalten der Portugiesen zurückscheut. Viele seiner Landsleute müssen sich so als Seeräuber und Übeltäter wieder erkennen.

Pinto erweist sich freilich nicht nur als Moralist, sondern letztendlich auch als Künstler, der großartige Einzelszenen – Le Gentil spricht in diesem Zusammenhang von »lebenden Bildern« –, aber auch lange erzählerische Kompositionen in einer eindrucksvollen Sprache zu gestalten weiß. Gerade unter dem Aspekt sprachlicher Ästhetik bekommen viele Einzelheiten, die dem heutigen Leser grotesk und unglaubwürdig vorkommen mögen, einen besonderen kompositorischen Wert. Le Gentil meint, Pinto habe solche Dinge nicht aus Sorge um inhaltliche Genauigkeit in sein Buch aufgenommen, sondern vielmehr um des sprachlichen Wohlklangs willen. Und insofern ist Pintos Werk nicht nur als eine persönliche Leidensgeschichte oder Enzyklopädie zu verstehen, sondern auch als ein literarisches Kunstwerk von hohem Rang mit einer Fülle von verschiedenen sprachlichen Darstellungsweisen, die von einem märchenhaften bis zu einem ausgesprochen realistischen Stil reichen. Pinto ist deshalb als ein großartiger Schriftsteller von feinster und sensibelster Beobachtungsgabe und großem Ausdrucksvermögen zu sehen, dem die Beschreibung psychologisch interessanter Frauengestalten ebenso gelingt wie die Einflechtung lustiger, ja geradezu humoristischer Szenen. In literaturgeschichtlicher Hinsicht ist die »Peregrinaçam« ihrer Zeit sogar teilweise voraus. So sieht Le Gentil Pintos Werk zwar einerseits noch in der Tradition des klassischen Ritterromans stehen, andererseits aber bereits als Vorläufer realistischer Schriftsteller wie J. F. Cooper oder Lafcadio Hearn, der sich um die Jahrhundertwende in Japan in die Denk- und Lebensweise der Japaner einzufühlen versuchte. Mit all dem ist Pintos Buch über die Dimension eines »Volksbuches« hinausgewachsen und erscheint als ein vielseitiges Werk, das über seine Zeit hinausweist.

Fernão Mendez Pinto

MERKWÜRDIGE REISEN
IM FERNSTEN ASIEN
1537–1558

1. KAPITEL

Pintos Jugendjahre und seine Reise nach Ostindien

Oft muss ich an die große Mühsal denken, der ich – von Geburt an – in meinen ersten Lebensjahren ununterbrochen ausgesetzt gewesen war. Ich hätte also wohl Grund genug, über mein Schicksal zu klagen – ein Schicksal, das offensichtlich eifrig darauf bedacht gewesen war, mich zu verfolgen und mich das Unerträglichste, das es nur hat finden können, fühlen zu lassen. Es schien, als ob es mich nur durch äußerste Strenge mir gegenüber zu Ruhm und Ehre gelangen lassen wollte. Nicht damit zufrieden, dass ich im Elend geboren wurde, hat es mir während meiner Kindheit, die ich in meinem Vaterland verbrachte, viel Schaden zugefügt und mich bis nach Ostindien verfolgt. Dort hat es nämlich, statt mir die erhoffte Erleichterung zu gewähren, meine Mühen und Sorgen mit zunehmendem Alter sogar noch vermehrt. Aber weil es Gott, seinem obersten Lenker, beliebte, mich aus vielerlei Gefahren zu retten und in einen sicheren Hafen zu bringen, habe ich keine Ursache, über mein früheres Unglück zu klagen. Vielmehr will ich hier die Gelegenheit nutzen, Gott für die Wohltaten, die ich von ihm bis zum heutigen Tage empfangen habe, zu danken, denn schließlich hat er mich durch seine göttliche Güte am Leben erhalten, auf dass ich all dasjenige, was mir zugestoßen ist – welches zu vernehmen vielen sehr verwunderlich vorkommen wird –, der Nachwelt zur Erinnerung hinterlassen mag. Wenn ich dies hier niederschreibe, dann verfolge ich damit also keine andere Absicht, als aufzuzeigen, welch große Gefahren ich in einundzwanzig Jahren ausgestanden habe und wie ich dreizehnmal gefangen und siebzehnmal verkauft worden bin – und zwar in Indien, im Mohrenland, in Arabia felix, in China, in der Tartarei, in Makassar, auf Sumatra und in vielen anderen Königreichen und Ländern der ostindischen Inseln und an den Grenzen Asiens. Diese werden von chinesischen, siamesischen, gueotischen und lequiotischen Schriftstellern in ihren Weltbeschreibungen wohl zu Recht als die »Augen der Welt« bezeichnet, wovon ich später gesondert und ausführlicher zu berichten gedenke. An meinem Bericht können sich die Menschen ein Beispiel nehmen und daraus lernen den Mut nicht sinken zu lassen, welche Widerwärtigkeit und welch Unglück ihnen auch begegnen mag. Denn alle Bedrängnis durch das Schicksal, wie groß auch immer, soll uns nicht von der Pflicht, die wir Gott zu erweisen schuldig sind, abbringen. Und es ist keine Drangsal zu finden, wie schwer sie auch immer sein mag, die die menschliche Natur nicht ertragen könnte, wenn ihr von der göttlichen Gnade beigestanden wird.

Ich will meine Reisebeschreibung mit der Zeit und den Begebenheiten beginnen, die ich nach meinen ersten zehn oder zwölf Lebensjahren, die ich im Königreich Portugal in der Stadt Montemor-o-Velho zugebracht habe, erlebt habe. Um mir zu helfen, brachte mich der Bruder meines Vaters nach Lissabon und dort zu einer reichen und vornehmen Dame. Diese Unternehmung meines Oheims endete freilich mit einem Fehlschlag, denn nachdem ich ungefähr einundhalb Jahre im Dienste dieser Dame gestanden hatte, geschah etwas, was mich – so schien es wenigstens – in Lebensgefahr brachte. Jedenfalls musste ich, um dem Tode zu entgehen, in Eile ihr Haus verlassen, wobei ich freilich so von Furcht ergriffen war, dass ich nicht wusste, wohin ich gehen und welchen Weg ich einschlagen sollte. Stets des Todes Bild vor Augen, kam ich schließlich zu einem kleinen Hafen namens Gay de Petra. Dort ankerte ein Schiff aus Alfana, das Pferde und Reisegepäck eines Herrn, der nach Setúbal reisen wollte, an Bord hatte. Als ich sah, dass dieses Schiff zur Ausfahrt fertig war, begab ich mich sofort an Bord und reiste am nächsten Tag fort. Aber nachdem wir in See gestochen und zu einem Ort, Cezimbre genannt, gekommen waren, wurden wir von einem französischen Seeräuber überfallen, der fünfzehn oder zwanzig seiner Leute auf unser Schiff übersetzen ließ. Da wir darauf nicht vorbereitet gewesen waren, vermochten wir keinen Widerstand zu leisten und wurden denn auch sehr leicht übermannt. Nachdem wir alle in ihrer Gewalt waren, beförderten sie alle Kaufmannswaren, welche sich auf unserem Schiff befunden hatten und deren Wert sich auf sechstausend Dukaten belief, auf ihr Schiff und durchbohrten anschließend das unsrige, sodass es sinken musste. Unterdessen wurden alle Leute von uns, siebzehn an der Zahl, die am Leben geblieben waren, zu Sklaven gemacht: Sie brachten uns, an Händen und Füßen gefesselt, auf ihr Schiff, um uns in La Rache in der Barbaray verkaufen zu können. An die Mohammedaner dort verkauften sie auch Waffen. Dreizehn Tage lang taten sie nichts anderes, als uns ununterbrochen zu verprügeln und zu schlagen. Nach Ablauf dieser Tage erblickten wir gegen Sonnenuntergang ein Schiff, dem sie die ganze Nacht nachjagten, um es schließlich bei Tagesanbruch zu erreichen. Nachdem sie auf dieses Schiff drei Schüsse aus grobem Geschütz abgegeben hatten, enterten sie es mit großer Geschwindigkeit. Obwohl ihnen von dort eine Weile lang Widerstand entgegengesetzt wurde, wurden sie rasch Herr der Lage und brachten dabei sechs Portugiesen und zehn bis zwölf Sklaven grausam ums Leben. Besagtes Schiff war groß, mit herrlichen Dingen reichlich beladen und gehörte einem portugiesischen Kaufmann aus der Stadt Condé namens Silvester Godinho. Mit anderen Kaufleuten aus Lissabon zusammen hatte dieser das Schiff in St. Thomas mit großen Mengen Zucker und auch mit Sklaven beladen lassen. Als die Überlebenden sich so beraubt und gefangen sahen, beweinten sie ihren Verlust, den sie auf vierzigtausend Dukaten schätzten. Nachdem die Seeräuber nun eine so reiche Beute gemacht hatten, änderten sie ihre Absicht, La Rache anzulaufen, und nahmen stattdessen Kurs auf die französische Küste. Zwei von uns, die sie für geeignet hielten auf ihrem Schiff Dienst zu tun, behielten sie als Sklaven. Alle Übrigen ließen sie nachts im Hafen eines Ortes namens Melides an Land. Dort hatten wir großes Elend auszustehen, denn wir waren ganz nackt und sozusagen nur mit Wunden bedeckt, da sie uns grün und blau geschlagen hatten. Am nächsten Tag kamen wir frühmorgens nach St. Jacob de Cacen, wo wir dank der Hilfe der Einwohner von unserem Elend erlöst wurden; hervor tat sich dabei vor allem eine Dame namens Donna Beatrix, eine Tochter des Grafen von Villa Nova und Gemahlin von Alonso Pérez Pantoja, des Kommandanten und Obergerichtsverwalters dieser Stadt.

Nachdem wir von unseren Wunden genesen waren, zogen wir von dannen, ein jeder dahin, wo er am besten seine Armut lindern zu können glaubte. Mit sechs oder sieben meiner Leidensgenossen entschied ich mich für den Weg nach Setúbal, wo ich mich sofort in den Dienst von Francisco de Faria, einem Edelmann im Gefolge des Groß-Komturs von St. Jacob, begab. Als Belohnung für vier Jahre treuen Dienstes empfahl mich dieser schließlich erwähntem Komtur, bei dem ich dann eineinhalb Jahre als Kammerdiener arbeitete. Da die Besoldung dort aber so gering war, dass sie nicht einmal zu meinem Unterhalt ausreichte, zwang mich die Not, meinen Herrn zu verlassen – in der Absicht, mit seinem Wohlwollen nach Ostindien zu reisen. Ebendies war damals mein vorrangigstes Ziel und dies schien mir auch das denkbar beste Mittel zu sein, um meiner Armut abzuhelfen. Obgleich ich nur mit wenigen Vorräten ausgerüstet war, schiffte ich mich ein – in der Erwartung des Glücks und Unglücks, das mir in fernen Ländern wohl begegnen würde.

Ich verließ also dieses Königreich mit einer Schiffsflotte, die nur aus sechs Schiffen bestand und die von keinem Admiral kommandiert wurde. Das Schiff »Die Königin« stand unter dem Kommando von Don Pedro e Sylva; das Schiff »Der Hahn« befehligte der Sohn des gräflichen Admirals Don Vasco da Gama. Auf diesem hatte Letzterer die Gebeine seines Vaters, der kurz zuvor in Indien gestorben war, hierher überführt, wo sie mit mehr als königlicher Pracht beerdigt wurden. Auf dem Schiff mit Namen »St. Roch« kommandierte Ferdinandus de Lima, der Sohn von Diego de Lima, während der »St. Barbara« Don Georgius de Lima, der Neffe von

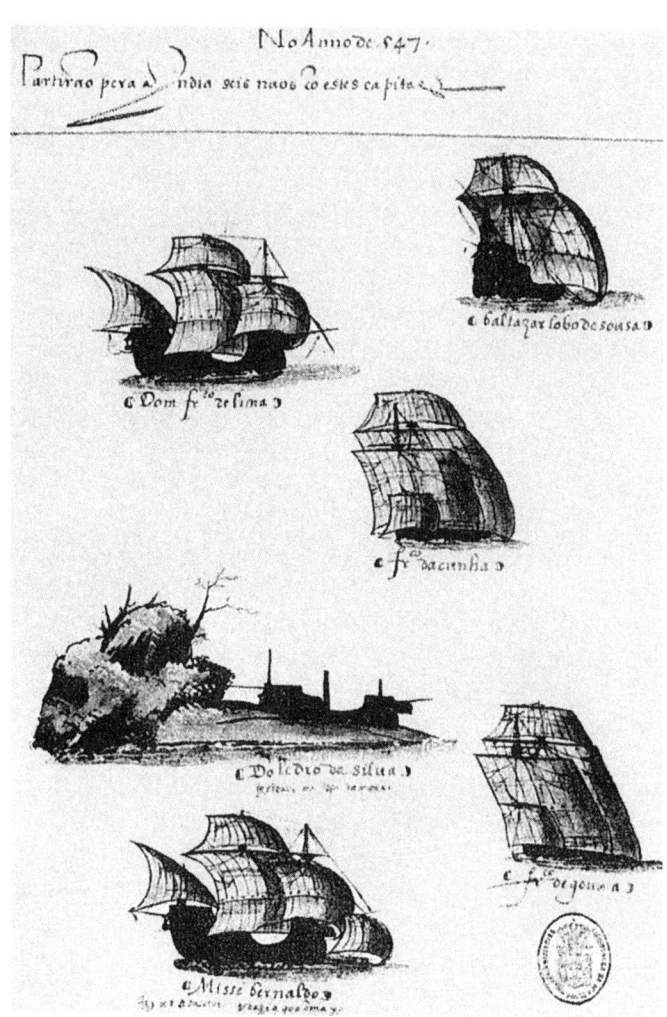

Portugiesische Ostindienfahrer (1547)

Ferdinandus de Lima, der Hauptmann der Stadt Chaul war, als Kapitän vorstand. Lope Vaz Vagado wurde zum Kommandanten des Schiffes, welches man »Blume der See« nannte, bestimmt. Auf dem sechsten und letzten Schiff namens »Galega«, mit dem nachmals Pero Lopez de Sousa untergehen sollte, kommandierte der auf der Insel Madeira gebürtige Martin de Freitas.

Nach unterschiedlicher Fahrt erreichten diese Schiffe schließlich wohlbehalten die Stadt Mozambique. Dort fanden wir die »St. Michael« vor, die von Duarte Tristao kommandiert wurde und reich beladen von hier absegelte, um nach Portugal zurückzukehren. Da man seit dieser Zeit von ihr keine Nachricht mehr erhalten hat, glaube ich, dass sie unterwegs entweder geraubt worden oder untergegangen ist. Als unsere Flotte wohl ausgerüstet und segelfertig zum Auslaufen von Mozambique war, zeigte der Statthalter dieser Festung, Vincent Pegado, den oben erwähnten Kapitänen einen Befehl des Kommandanten Nunho de Cunha. Sein Inhalt war, dass alle portugiesischen Schiffe, die im selben Jahr diesen Hafen anliefen, sich nach Diu wenden und ihre Mannschaften zur Besatzung der dortigen Festung zur Verfügung stellen sollten. Es war nämlich zu befürchten, dass die Kriegsmacht der Türken, die man jeden Augenblick in Indien erwartete, als Rache für den Tod des Sultans Bandur, des Königs von Cambaya, der im vergangenen Sommer vom oben erwähnten Kommandanten getötet worden war, nun darauf aus war, hier einiges Unheil anzurichten. Der Ernst der Lage bewog alle Kapitäne und die anderen Befehlshaber, sich zu versammeln und hierüber zu beraten. Man beschloss schließlich, die drei Schiffe, die dem König gehörten, entsprechend dem Befehl nach Diu zu schicken, die drei anderen hingegen, die im Dienst verschiedener Kaufleute standen, die sich die Entschädigung für jeden Schaden und Verlust vorbehalten hatten, ihre Reise nach Goa fortsetzen zu lassen. Die drei Schiffe des Königs segelten also nach Diu, während die drei Kaufmannsschiffe nach Goa fuhren und dort mit Gottes Hilfe wohlbehalten im Hafen ankamen. Als die drei königlichen Schiffe den Hafen von Diu erreicht hatten, freute sich Antonio de Silvera, Graf von Sortella, der damalige Hauptmann, sehr über ihre Ankunft. Zum Zeichen seiner Freude erwies er sich allen gegenüber als sehr freigebig und mildtätig; er hielt die gesamte Besatzung, mehr als siebenhundert Mann, frei. Nachdem die Soldaten gesehen hatten, dass man ihnen gegenüber so großzügig war, schöpften sie hieraus solchen Mut, dass sie aus freiem Entschluss und ohne jeden Zwang ihre Dienste anboten, was in Ländern, Städten oder Festungen, die einer Belagerung entgegensehen, sonst nicht ohne weiteres der Fall ist. Nachdem alle Handelswaren, die die drei Schiffe mit sich geführt hatten, verkauft waren, fuhren diese weiter nach Goa, wobei nur noch einige Schiffsoffiziere und Schiffsknechte an Bord waren. Sie blieben einige Zeit in Goa, bis ihnen der Statthalter auftrug, nach Cochin zu segeln. Dort gelandet, belud man die Schiffe mit allen notwendigen Waren und kehrte schließlich – und zwar mit allen sechs Schiffen – wieder wohlbehalten nach Portugal zurück. Dorthin brachten sie außerdem ein neues Schiff mit, das in Indien gebaut worden war und »St. Peter« genannt wurde. Es stand unter dem Kommando von Kapitän Manuel Macedo, der den großen Basilisken – wie wir allesamt das Geschütz von Diu nennen – nach Lissabon bringen ließ. Nach dem Hinscheiden des Sultans Bandur, des Königs von Cambaya, war dieses zusammen mit zwei anderen von gleicher Größe und Form dort erbeutet worden.

2. KAPITEL

Fahrt ins Rote Meer und Aufenthalt in Abessinien

Als wir in die Festung Diu gekommen waren, rüstete man dort gerade zwei Kriegsschiffe aus, die ins Rote Meer bei Mokka segeln sollten, um da die türkische Flotte, von der man einen Angriff auf Indien erwartete, auszukundschaften. Auf einem dieser Kriegsschiffe war einer meiner besten Freunde Kapitän und deshalb begab ich mich siebzehn Tage nach meiner Ankunft auf dieses Schiff – in der Hoffnung, dass ich eine gute Reise haben, seine Freundschaft genießen und daher leicht und in kurzer Zeit reich werden würde. Gerade darauf hatte ich es vor allem abgesehen. Nachdem wir aus dem Hafen von Diu ausgelaufen waren, ging unsere Reise bei trübem und wolkenreichem Wetter voran. Obwohl der Winter sich zu Ende neigte, schien es, als wollte er wieder neu beginnen, denn die Winde wehten sehr stark und es fiel viel Regen. Es stürmte gewaltig und der Himmel war ganz schwarz; dennoch sahen wir die Inseln Curia, Muria und Abedalcuria, vor deren Klippen wir uns sehr fürchteten. Wir nahmen daher Kurs auf Südosten, um diese Inseln zu meiden. Zu unserem Glück konnten wir am Ende der Insel Socotora Grund finden, wo wir sogleich den Anker auswarfen. Wir waren hier etwa eine Meile von dem Ort entfernt, an dem vormals Don Francisco d'Almeida eine Festung hatte bauen lassen. Er war im Jahre 1507 von Portugal aus dorthin als Vizekönig gezogen. Wir versorgten uns hier mit Wasser und Nahrungsmitteln, die wir von den Christen am Lande kauften. Diese sind Nachkommen derjenigen, welche, wie es heißt, in Indien und Coromandel durch den Apostel Thomas zum christlichen Glauben bekehrt worden sind.

Bald darauf segelten wir von dieser Insel zum Roten Meer weiter; und nach neun Tagen glücklicher Fahrt gelangten wir in die Nähe von Massaua, wo wir bei Sonnenuntergang mitten auf der See ein Schiff bemerkten. Wir jagten ihm so schnell nach, dass wir gegen Ende der ersten Nachtwache ganz dicht an es herankamen. Wir fragten dessen Kapitän in aller Bescheidenheit nach der türkischen Flotte, ob sie schon von Suez aufgebrochen und ihm begegnet sei. Statt einer Antwort ließ er aber zwölf Schüsse aus grobem Geschütz und auch aus Musketen auf uns abfeuern – gleichsam zu unserer Verachtung. In der Meinung, uns bereits in der Gewalt zu haben, erhoben sie solch ein Freudengeschrei, dass die Luft davon widerhallte. Um uns noch mehr Furcht einzujagen, zeigten sie uns außerdem vom hinteren Teil des Schiffes viele blank gezogene Säbel, die sie in der Luft herumschwenkten; und sie drohten uns schwere Strafen an, wenn wir uns nicht ergäben. Dass man uns so voller Hochmut gedemütigt hatte, machte uns bestürzt. Die Kapitäne unserer zwei Schiffe beratschlagten deshalb mit den Soldaten und beschlossen, das fremde Schiff bei Tagesanbruch anzugreifen, zu überwältigen und so für den gezeigten Hochmut zu bestrafen. Wir setzten ihm deswegen die ganze Nacht lang nach und beschossen es dauernd mit grobem Geschütz, worauf es sich, nachdem es übel zugerichtet war, uns bei Tagesanbruch ergab. In diesem Gefecht verloren sie vierundsechzig Mann. Von den achtzig, die sie ursprünglich zählten, stürzten sich die meisten ins Meer, denn sie wollten lieber im Wasser sterben als in den Bränden umkommen, die wir auf ihrem Schiff entfacht hatten. Insgesamt kamen von ihnen nicht mehr als fünf Verwundete davon, unter ihnen der Kapitän. Unter Folterqualen gab dieser zu, dass er von Dschidda komme und dass die türkische Flotte bereits von Suez aufgebrochen sei, um Aden zu erobern und dort eine Festung zu errichten, bevor man nach Indien weiterziehe. Dies sei der Inhalt des Befehls, den der Sultan von Konstantinopel an den Pascha von Groß-Kairo geschickt habe, der dorthin als General der Kriegsarmee entsandt worden sei. Weiter sagte der Kapitän: »Ich bin ein abgefallener Christ, ein Mamelucke, und in Cordenha auf Mallorca als Sohn eines Kaufmanns dieser Insel, namens Paulo Andres, geboren. Vier Jahre lang war ich in eine schöne mohammedanische Frau verliebt, habe sie geheiratet und um ihretwillen den christlichen Glauben aufgegeben.« Unsere Kapitäne wunderten sich sehr darüber und versuchten, ihn von dieser verfluchten Lehre wieder zum Christentum zu bringen. Aber dieser viehische und hartnäckige Mann gab hierauf zur Antwort, dass er nimmermehr seinem Glauben abschwören wolle, und er erwies sich in diesem Punkt als so widerspenstig, dass es schien, als wäre er mit dieser Religion geboren und erzogen worden und hätte von einer anderen niemals etwas gewusst. Als die Kapitäne einsahen, dass er derart inständig auf seiner Religion beharrte, ließen sie ihn an Händen und Füßen fesseln, ihm einen großen Stein an den Hals hängen und ihn so lebendig ins Wasser werfen und ersäufen. Die anderen Gefangenen aber brachten wir auf unsere Schiffe, während wir das ihrige durchbohrten. Darauf sank es mit der gesamten Ladung, die zum größten Teil aus Farbstoffen bestanden hatte, die wir nicht brauchen konnten. Wir versahen uns nur mit einigen Stücken Kamelott, welche die Soldaten an sich nahmen, um sich damit zu kleiden.

Wir segelten nun weiter, um nach Arquico in das Land des Priesters Johannes, des Kaisers der Abessinier, zu gelangen. Wir hatten dort einen Brief von Antonio Sylvera an Anrique Barbosa zu überbringen, der sich auf Befehl des Kommandanten Nunho de Cunha drei Jahre lang in diesem Lande aufgehalten hatte. Dieser Barbosa und vierzig seiner Leute waren einst dem König Xael entkommen, der Don Emmanuel de Meneses mit mehr als hundertsechzig Portugiesen zu Leibeigenen gemacht und ihnen eine Summe von vierhunderttausend Kronen geraubt hatte – ganz abgesehen von den sechs portugiesischen Schiffen, welche Solyman Pascha, der Wesir zu Kairo, mit Lebensmitteln und anderen Vorräten entführt und seiner Armee einverleibt hatte, als er die Festung Diu belagerte. All dies geschah auf ausdrücklichen Befehl von König Xael, der diese Schiffe nebst sechzig portugiesischen Sklaven Kairo zum Geschenk machte. Die übrigen Portugiesen übergab er seinem falschen Propheten Mohammed, um ihn durch die Anzahl von Sklaven noch mächtiger werden zu lassen.

Nachdem wir nun nach Gotor, eine Meile vom Hafen Massaua entfernt, gekommen waren, wurden wir von den Einwohnern und auch von einem Portugiesen namens Vasco Martin de Seixas, der aus der Stadt Obidos gebürtig war, gar freundlich empfangen. Dieser hatte sich auf Befehl von Anrique Barbosa dort einen Monat lang aufgehalten, um die Ankunft einiger Schiffe abzuwarten. Er hatte sonst keinen Grund zum Bleiben als nur den, einen Brief des erwähnten Anrique dem Erstbesten auszuhändigen, der hierher kommen würde. Das Schreiben, in dem die Verfassung des türkischen Heeres geschildert wurde, wurde nun unseren Kapitänen überreicht. Ferner stand darin die Bitte, einige Portugiesen zu ihm, Barbosa, zu senden. Das sei von großer Wichtigkeit, um Gott und dem König zu dienen. Er selbst könne nämlich nicht kommen, weil er in der Festung Gileytor mit vierzig Portugiesen die Leibwache der Fürstin von Tigremahon, der Mutter des Priesters Johannes, zu übernehmen habe. Nachdem die zwei Schiffskapitäne diesen Brief gelesen hatten, holten sie sich Rat bei den vornehmsten Soldaten. Dann beschlossen sie, dass vier von ihnen mit Vasco Martin zu Barbosa ziehen und den Brief, welchen Antonio de Silvera an ihn gerichtet hatte, mitnehmen sollten. Mit drei anderen Soldaten wurde ich ausgewählt, diesen Beschluss auszuführen.

Wir brachen also am nächsten Tag auf und zogen auf Maultieren, welche der Hauptmann Siquaxy uns auf Befehl der Fürstin, der Kaiserinmutter, zur Verfügung gestellt hatte, übers Land.

Auf dieser Reise hatten wir sechs Abessinier zu Gefährten, mit denen wir am selben Tage unser Nachtquartier in dem vornehmen und reichen Kloster Satilgaon nahmen. Am nächsten Tage begaben wir uns vor Sonnenaufgang auf den Weg, an einem Bach entlang. Als wir fünf Meilen fortgezogen waren, kamen wir an einen Ort namens Bitoute, wo wir die Nacht in einem Kloster des hl. Michael zubrachten und wohl empfangen wurden. Eine Weile nach unserer Ankunft kam der Sohn des Bernagais, des Regenten im Kaisertum Äthiopien, ein geschickter Jüngling von ungefähr siebzehn Jahren, zu uns und leistete uns Gesellschaft. Er wurde von dreißig Männern begleitet, die auf Mauleseln ritten. Er selbst hatte ein Pferd, das auf portugiesische Weise ausstaffiert war. Sein Kleid war aus braunem Samt, mit goldenen Fransen besetzt. Nunho de Cunha hatte es ihm schon vor zwei Jahren aus Indien durch einen gewissen Lope Chanoca zugesandt, der später in Groß-Kairo zum Sklaven gemacht werden sollte. Dieser Jüngling, der Sohn des Regenten, wollte ihn sogleich, nachdem er hiervon Nachricht erlangt hatte, durch einen jüdischen Kaufmann aus der Stadt Azebibe loskaufen lassen. Aber als der Jude dorthin kam, erfuhr er, dass jener schon gestorben war. Darüber war der junge Herr, als er davon hörte, so betrübt, dass er – wie Vasco Martin uns berichtete – jenem die herrlichste Leichenfeier, die jemals gesehen wurde, im Kloster des hl. Michael ausrichten ließ. Nachdem er ferner vernommen hatte, dass der Verstorbene verheiratet gewesen war und in Goa drei junge, arme Töchter hinterlassen hatte, ließ der junge Fürst ihnen obendrein eine Spende von dreihundert Goldoqueas zukommen.

Früh am nächsten Morgen setzten wir unsere Reise mit Pferden fort, die uns der Fürst besorgt hatte. Er gab uns auch drei von seinen Männern als Begleiter mit, die uns überall großartig umsorgten. Unter anderem brachten sie uns in eine vorzügliche Herberge, Betenigus mit Namen, was »königliches Haus« bedeutet. Dies mit Recht, denn dieser Ort ist wohl rundum auf drei Meilen mit hohen Bäumen von großartigem, erfreulichem Aussehen umgeben, nämlich, wie in Indien, von lauter Zedern, Zypressen, Palmen, Dattel- und Kokospalmen. Hier verbrachten wir die Nacht denn auch hochzufrieden und begaben uns am folgenden Tage wieder auf den Weg. Wir reisten täglich fünf Meilen weit quer über eine große Ebene voll schönen Getreides. Hierauf kamen wir zu einem Berg namens Bangaleu, der von Juden bewohnt wurde. Diese waren weiß und von vortrefflicher Gestalt, lebten aber damals, wie wir sehen konnten, in großem Elend und tiefer Armut.

Dreieinhalb Tage danach gelangten wir an einen großen Ort namens Fumban, nicht weiter als zwei Meilen von der Festung Gileytor entfernt gelegen. Dort fanden wir Barbosa mit den erwähnten vierzig Portugiesen vor. Sie zeigten sich nicht wenig erfreut, obgleich sie uns mit vielen Tränen empfingen. Denn obwohl es ihnen dort wunschgemäß erging, sie auch Herren des umliegenden Landes waren, fiel es ihnen doch sehr schwer, außerhalb ihres Vaterlandes leben zu müssen. Weil wir bei Nacht ankamen und Ruhe vonnöten hatten, riet uns Barbosa, die Kaiserinmutter nicht eher als am nächsten Tage früh morgens zu besuchen. Bei Tagesanbruch gingen wir in Begleitung von Barbosa und seinen vierzig Portugiesen sofort zu ihrem Hofe. Sie hörte gerade in ihrer Kapelle die Messe. Nachdem ihr unsere Ankunft gemeldet worden war, ließ sie uns sogleich zu sich rufen. Wir knieten alle vor ihr nieder und küssten voller Demut den Fächer, den sie in der Hand hatte. Auch erwiesen wir ihr noch viele andere Zeichen der Ehrerbietung, nach der Art, wie es uns die Portugiesen gelehrt hatten, die uns zu ihr gebracht hatten. Sie empfing uns mit fröhlichem Angesicht und sprach, um uns ihre Freude über unsere Gegenwart zu bekunden, folgende Worte: »Ihr könnt gewiss nicht glauben, wie angenehm es mir ist, euch, wahre Christen, hierher kommen zu sehen. Ich habe allezeit dergleichen gewünscht und verlange noch danach, gleich einem lieblichen Blumengarten mit sehr schönen Blumen, der nach dem Nachttau Verlangen trägt. Also seid ihr auch noch zur rechten Zeit gekommen. Daher wünsche ich, dass euer Eintritt in mein Haus so glückselig sei, wie ehemals der Eintritt der tugendhaften Königin Helena ins Heilige Land und in die Stadt Jerusalem gewesen ist.« Nach diesen Worten ließ sie uns auf Matten Platz nehmen, welche nicht weiter als fünf oder sechs Schritt entfernt vor ihr lagen. Nachdem sie mit dieser Geste ihr ungewöhnliches Wohlwollen zum Ausdruck gebracht hatte, fragte sie uns nach verschiedenen Dingen, die sie zu wissen begehrte, so zum Beispiel nach dem Namen des Papstes, wie viele Könige es in der christlichen Welt gebe und ob jemand von uns ins Heilige Land reisen wolle. Hierauf beschuldigte sie mit scharfen Worten die christlichen Fürsten, dass sie so große Unachtsamkeit bei der Bekämpfung der türkischen Macht, ihres gemeinsamen Feindes, an den Tag legten. Sie fragte auch, ob die Macht der Portugiesen bei den Indern so groß sei, welche Festungen sie dort hätten und wie sie geschützt seien. Dergleichen und noch viele andere Fragen richtete sie an uns, und wir beantworteten sie, um sie zufrieden zu stellen, möglichst genau. Darauf schieden wir von ihr und begaben uns wieder zu unserer Herberge. Dort wohnten wir neun Tage lang, wobei wir öfter bei der Fürstin waren, um über die unterschiedlichsten Dinge zu reden. Als diese Zeit vorüber war, verabschiedeten wir uns von ihr und küssten ihre Hände. Sie war ziemlich betrübt. »Gewiss«, sagte sie, »ich bin traurig, da ihr die Absicht habt, so bald Abschied zu nehmen. Doch weil es, wenn auch zu meiner Betrübnis, so sein muss, wünsche ich, dass eure Reise glücklich und gesegnet sei. Möget ihr bei eurer Rückkehr nach Indien von den Euren so wohl empfangen werden, wie vormals der König Salomo unsere Königin aus Saba an dem wunderbaren Hof Seiner Hoheit empfangen hat!« Bevor wir von dannen zogen, vermachte sie jedem von uns zwanzig Goldoqueas, was zweihundertvierzig Dukaten gleichkam. Zudem ließ sie uns durch ihren Naike, der zwanzig Abessinier bei sich hatte, begleiten. Diese sollten uns nicht allein durch ihr sicheres Geleit vor den Straßenräubern beschützen, von denen es in diesem Lande viele gibt. Sie hatten auch den Auftrag, uns mit Futter, Lebensmitteln und Pferden zu versorgen, bis wir im Hafen von Arquico angekommen sein würden, wo unsere Schiffe auf uns warteten. Vasco Martin de Seixas erhielt auch ein herrliches Geschenk aus Gold und Edelsteinen, welches die Fürstin dem Statthalter in Indien zusandte. Dieses Geschenk ging jedoch auf der Reise verloren, wie wir später erzählen werden.

3. KAPITEL

Pinto gerät in türkische Gefangenschaft, wird in Mokka zum Sklaven gemacht und gelangt mithilfe eines Juden, der ihn loskauft, schließlich nach Ormuz

Als wir im Hafen von Arquico ankamen, sahen wir unsere Gefährten die Schiffe ausbessern und mit allem zur Reise Notwendigen versorgen. Wir halfen ihnen neun Tage bei der Arbeit. Als alles fertig war, ließen wir die Segel setzen und zogen von jenem Orte weg, mit uns Vasco Martin de Seixas, der das Geschenk und den Brief, welche ihm die Fürstin für den Vizekönig von Indien mitgegeben hatte, bei sich trug. In unserer Gesellschaft befand sich ferner ein abessinischer Bischof, der entschlossen war, durch Portugal nach Santiago in Galizien, nach Rom und Venedig und schließlich nach Jerusalem, das er besonders wegen der Heiligkeit des Ortes zu sehen wünschte, zu reisen. Eine Stunde vor Tagesanbruch liefen wir aus dem Hafen aus und segelten mit sehr gutem Wind an der Küste entlang, bis wir kurz nach Mittag zum Kap Gocam kamen. Bevor wir die Klippeninsel erreichten, sahen wir drei Schiffe, die wir für Gelvas oder Terrades hielten. Wir setzten ihnen nach und kamen ihnen mit Segeln und, als der Wind sich legte, mit Rudern innerhalb von zwei Stunden so nahe, dass wir alle ihre Ruder zählen konnten, woraus wir schlossen, dass es Türken sein müssten. Wir begaben uns deshalb sofort auf die Flucht und nahmen Kurs auf das Land, um der großen Gefahr, die uns vor Augen schwebte, zu entgehen. Die Türken jedoch verfolgten uns postwendend und kamen rasch, weil sie vorteilhaften Wind hatten, auf uns zu. Nahe genug herangekommen, um uns beschießen zu können, feuerten sie alle ihre Geschütze ab, wobei neun der Unseren getötet und sechsundzwanzig verwundet wurden. Unsere Schiffe gingen in die Brüche und ein guter Teil unserer Rüstung wurde vom Meer verschlungen. Ja, die Türken kamen so nahe heran, dass sie uns leicht mit ihren Spießen erreichen konnten. Wir hatten auf unserem Schiff noch zweiundvierzig wackere Soldaten, die unverwundet waren und noch tapfer zu fechten wussten. Als diese sahen, dass ihr Leben von ihrer Tapferkeit abhing, beschlossen sie, sich zu wehren und das Flaggschiff der Türken, auf welchem sich Solyman Dragut, der Admiral dieser Flotte befand, anzugreifen. Sie bestürmten es von vorn und hinten und töteten siebenundzwanzig Janitscharen. Die beiden anderen, ein wenig zurückgebliebenen Schiffe kamen unterdessen zum Einsatz. Von ihnen sprangen vierzig Türken auf unser Schiff, und diese setzten uns so zu, dass von unseren vierundfünfzig Mann nicht mehr als elf am Leben blieben. Zwei von ihnen gaben am folgenden Tag den Geist auf. Sie wurden von den Türken geviertteilt und zum Zeichen ihres Sieges ans Ende der Mastkörbe gehängt. So wurden sie in die Stadt Mokka gebracht, in der der Schwiegervater von Solyman Dragut, der uns gefangen hatte, Kommandant war. Derselbe erwartete, von den Einwohnern umgeben, seinen Schwiegersohn am Eingang des Hafens, um ihn herzlich zu begrüßen. Er hatte einen Kadi, Moulana genannt, bei sich, den das ganze Volk für einen heiligen Mann hielt, weil er wenige Tage zuvor auf einer Wallfahrt in Mekka und im Hause des großen Propheten Mohammed gewesen war. Dieser Betrüger wurde auf einem Triumphwagen, der mit einem seidenen Teppich behangen war, durch die Stadt geführt. Von ihm herab segnete er mit priesterlichen Gebärden das Volk und ermahnte es, seinem Propheten wegen des Sieges, den Solyman Dragut über uns erlangt hatte, Lob und Ehre zu erweisen.

Wir, die neun übrig Gebliebenen, gefesselt mit einer starken Kette, wurden ans Land gesetzt, mit uns der abessinische Bischof, der am nächsten Tag mit christlicher Reue und Buße verschied. Nachdem sie bemerkt hatten, dass wir Christen waren, gaben uns die Einwohner erzürnt und eifernd so viele Schläge, dass ich nicht mehr daran glaubte, ihren Händen lebendig entkommen zu können. Und dies geschah vor allem wegen der Bosheit des Kadis, welcher ihnen einredete, dass sie vollkommene Vergebung von Mohammed erlangen würden, wenn sie uns schlügen und übel mit uns umgingen. Man führte uns gebunden und übel zugerichtet im Triumph durch die Stadt, jauchzend, mit Gesang und Musik. Auch alle Weiber, die sonst völlig zurückgezogen lebten, liefen hinzu, um uns zu sehen und uns allerlei Verdruss anzutun. Denn all diejenigen, sowohl die kleinsten Kinder als auch alte Männer, die uns vorbeigehen sahen, schütteten aus den Fenstern zur Schmach und Verachtung des christlichen Namens Gefäße mit Harn, Menschenkot und allerlei Unrat über uns aus. Und dabei befleißigten sie

Pinto als Gefangener in Mokka

sich, sich gegenseitig zu übertreffen, weil ihr verfluchter Priester ihnen immerfort predigte, wenn sie uns übel behandelten, würden sie die Vergebung ihrer Sünden erlangen. Zumal die Sündenvergebung auf diese Art und Weise mühelos erlangt werden konnte, wollte sich deshalb niemand nachlässig oder säumig zeigen. Am Abend wurden wir in einem tiefen, finsteren Keller eingesperrt, in dem wir siebzehn Tage in großer Bange und Angst zubrachten und auch keine andere Speise erhielten als ein wenig Hafermehl, das jeden Morgen in aller Frühe ausgeteilt wurde. Bisweilen gab man uns auch das gleiche Maß Erbsen, die ein wenig eingeweicht waren und die wir ohne jede andere Zutat essen mussten.

Weil wir völlig erschöpft waren und man uns unsere tiefen Wunden nicht verbunden hatte und obendrein diese unbarmherzigen Leute in dem finsteren Gefängnis übel mit uns umgingen, starben zwei von uns. Sie hießen Nunho Delgado und Andreas Borges, beide tapfere Männer und aus gutem Geschlecht. Der Hüter des Gefängnisses, welchen sie Mocadan nennen, kam morgens und fand diese zwei tot auf. Da er sie aber nicht anrühren oder wegtragen durfte, schloss er das Gefängnis gleich wieder zu und brachte dem Guazil des Gerichtes, also dem Richter, die Kunde von ihrem Tode. Dieser kam daraufhin selbst mit einer großen Anzahl Offiziere und anderen Leuten herbei, ließ den Leichen die Ketten abnehmen und einen Strick um ihre Füße binden und sie so aus dem Gefängnis durch die ganze Stadt schleifen. Alle Einwohner, selbst kleine Kinder, folgten ihnen, Steine werfend und unter großem Gedränge, bis die Leichen schließlich ins Meer geworfen wurden.

Am folgenden Tag, nachmittags, wurden wir, die restlichen sieben, aneinander gebunden auf den Markt gebracht, um verkauft zu werden. Als das Volk versammelt war, wurde ich als Erster feilgeboten. Der Kadi Moulana, der Betrüger, den sie für heilig hielten, erschien auch sofort mit zehn oder zwölf anderen Kadis, seinen Untergebenen, die ebenfalls Priester waren. Er ging zu Heredim Sofo, dem Stadthauptmann, welcher die Aufsicht über den Verkauf hatte, und ersuchte ihn, uns dem Hause Mekka zu überstellen. Er selbst wollte sich auch dorthin begeben und eine Wallfahrt im Namen des Volkes unternehmen. Es sei aber, sagte er, höchst unziemlich, wenn er dahin ohne Opfer für den Propheten ziehe. Das würde Raja Dato Moulana, dem Oberpriester von Medina, sehr missfallen. Bei solch einer Unterlassung würde dieser den Einwohnern, welche die Gnade Gottes und seines Propheten sehr nötig hätten, keine Gnade und Vergebung der Sünden verheißen können. Der Hauptmann gab hierauf zur Antwort, dass er selbst gar keine Macht habe, mit uns nach seinem Belieben zu handeln. Er müsse erst zu seinem Schwiegersohn Solyman Dragut gehen, der uns zu Sklaven gemacht habe und deshalb mit uns nach seinem Gutdünken verfahren könne. Er glaube auch nicht, dass dieser sich einer so heiligen Absicht widersetzen werde. »Ihr habt Recht«, sagte der Kadi, »aber Ihr müsst auch wissen, dass die Sache Gottes und die Almosen, die man in seinem Namen gibt, ihre Würde verlieren, wenn sie gleichsam durch so viele Hände geschehen und menschlicher Meinung unterworfen sein müssen. Dies ist der Grund dafür, dass so selten ein göttliches Wort ergeht, besonders in dieser Sache, in der Ihr als oberster Hauptmann des Volkes ausschließlich zu gebieten habt. Daneben glaube ich auch nicht, dass dies Euch im Geringsten missfallen kann, da niemand dagegen etwas einzuwenden haben wird. Ich wünsche dieses auch zu Recht, weil es unserem Propheten, der ganz und gar Herr über diese Gefangenen ist, höchst angenehm ist. Denn von seiner Hand ist dieser Sieg bewirkt worden, dessen Ruhm von Euch mit großer Falschheit und Bosheit Eurem Schwiegersohn und dessen Soldaten zugesprochen wird.«

Ein Janitschare, Coja Geinal, Kapitän eines der drei türkischen Schiffe und ein tapferer Mann, war über die Reden des Kadis, welcher ihn und seine Spießgesellen, die uns ritterlich behandelt hatten, zu verachten schien, sehr erzürnt. Er gab ihm zur Antwort: »Es wäre gewiss besser für Euch und Eure Seelen, wenn ihr Euren überflüssigen Reichtum diesen armen Soldaten austeiltet, als Euch zu bemühen, sie mit Euren heuchlerischen und betrügerischen Worten dieser Sklaven, um deretwillen so viele tapfere Kriegsleute das Leben verloren haben, zu berauben. Sie sind uns, die wir am Leben geblieben sind, ohne Zweifel teuer genug verkauft worden, denn wir haben sie mit unserem Blut, das wir vergossen haben, bezahlt. Die Schläge, die wir von ihnen empfangen haben, und unser Blut, von dem sie geröteter sind als von ihren Wunden, geben davon gewiss Zeugnis. Dergleichen wird man von Eurer Cabayge nicht sagen können, die, mag sie auch nach außen noch so zierlich und sauber aussehen, Euch, den Dieben und Räubern fremder Güter, doch nur als Deckmantel für Eure böse Gewohnheit dient. Lasst daher ab von Eurem verfluchten Ansinnen, das ihr an die rechtmäßigen Besitzer dieser Beute, deren ihr Euch nicht erfreuen sollt, gerichtet habt. Sucht für die Kadis und Priester in Mekka ein anderes Geschenk, damit sie Eure Dieberei und Bosheit decken. Doch soll es nicht unser Leben und Blut, sondern Eure Güter kosten, welche Euch Eure Vorfahren hinterlassen haben und die ihr durch böse und betrügerische Machenschaften vermehrt habt.«

Der Kadi war über solche Reden sehr erbost. Er fing daher an, den Stadthauptmann und die umherstehenden Soldaten zu schmähen. Die Kriegsleute, Türken wie Araber, setzten sich daraufhin, so angegriffen, einmütig gegen ihn und das Volk zur Wehr, auf welches sich der Kadi verlassen hatte, als er so kühn redete. Der Stadtkommandant, der Schwiegervater des Solyman Dragut, bemühte sich mit allen Gerichtsverwaltern vergeblich, den Aufruhr zu stillen. Dieser nahm so gewaltige Ausmaße an, dass kein Ende davon abzusehen war, bis auf beiden Seiten sechshundert Mann ums Leben gekommen waren. In diesem Scharmützel erlangten die Soldaten schließlich die Oberhand und plünderten den größten Teil der Stadt, am schlimmsten aber das Haus des Kadis Moulana, dessen sieben Frauen und Kinder sie niedersäbelten, deren Leiber und den seinen sie in Stücke hieben und ins Meer warfen. Genauso wüteten sie auch gegen seine Hausgenossen und Blutsverwandten und schonten keinen von ihnen, wenn er nur denselben Namen hatte. Unterdessen konnten wir sieben Portugiesen, die wir zum Verkauf auf den Markt gebracht worden waren, kein besseres Mittel zur Rettung unseres Lebens finden, als in das finstere Loch zurückzukehren, aus dem wir gekommen waren, obgleich uns niemand dahin führte. Dieser Aufruhr dauerte den ganzen Tag lang und konnte nur durch die Macht und das Ansehen des Solyman Dragut, des Admirals der drei Schiffe, der uns gefangen genommen hatte, beendet werden. Er beruhigte die Aufrührer mit bedachtsamen und nachsichtigen Reden, woraus zur Genüge zu ersehen ist, wie Bescheidenheit und Freundlichkeit die Fähigkeit haben, auch diejenigen, welche sie nicht kennen, von ihrer Pflicht zu überzeugen. Heredim Sofo, der Stadtkommandant, entkam auch nicht unverwundet diesem Tumult; er verlor nämlich dabei einen Arm.

Dreizehn Tage nach diesem Aufruhr wurden wir, sieben an der Zahl, wieder auf den Markt gebracht und zusammen mit anderem Beutegut für einen sehr geringen Preis verkauft. Mich, den Allerunglücklichsten unter ihnen, ließ das Schicksal, mein hartnäckiger Feind, in die Hände eines abgefallenen Griechen geraten. Diesen will ich mein Leben lang verfluchen, weil er mich während der drei Monate, die ich bei ihm war, so unbarmherzig behandelte, dass ich fast verzweifelte; so unerträglich wurde mir schließlich sein Grimm. Ich war wohl sieben- oder achtmal entschlossen, mir das Leben zu nehmen. Das hätte ich auch gewiss verwirklicht, wenn nicht Gott durch seine göttliche Güte und Barmherzigkeit diese Absicht verhindert hätte. Was mich zum Teil hierzu bewog, war, dass ich den Griechen gern seiner Unkosten, die er für mich aufgebracht hatte, verlustig gesehen hätte. Denn er war der Geizigste, den man nur finden konnte, zugleich der ärgste Feind des christlichen Namens auf Erden. Aber ich wurde nach Verlauf dreier Monate dank der göttlichen Gnade aus der Hand dieses Tyrannen erlöst. Da er befürchtete, das meinethalben aufgewandte Geld zu verlieren, wenn ich mich ums Leben brächte, verkaufte er mich für dreihundert Realen einem Juden namens Abraham Mussa, gebürtig aus der Stadt Toro, welche ungefähr eineinhalb Meilen vom Berg Sinai entfernt liegt. Mit diesem neuen Herrn zog ich in der Gesellschaft einiger Kaufleute von Babylon nach Cayxem. Von dort führte er mich nach Ormuz und gab mich Don Fernando de Lima, dem damaligen Hauptmann der Festung, und dem Pedro Fernandez zum Geschenk. Letzterer war als Gesandter nach Indien unterwegs und stand zu dieser Zeit auf Befehl des Obersten Nunho de Cunha in Diensten der Portugiesen in Ormuz. Diese beiden, Fernandez und de Lima, bezahlten dem Juden für mich zweihundert Pardaos, jeder zwei Gulden wert, teils von ihrem eigenen Gelde, teils von den Almosen, die sie für mich in der Stadt hatten sammeln lassen. So war der Jude zufrieden gestellt und ich hatte wieder meine vollkommene Freiheit erlangt.

4. KAPITEL

Abenteuer an der indischen Küste

Von den geschilderten Beschwernissen glücklich erlöst, machte ich mich, nachdem ich mich siebzehn Tage in Ormuz ausgeruht hatte, auf die Reise nach Indien auf einem Schiff, das besagtem Georgius Fernandez Taborda gehörte und auf dem dieser eine Ladung Pferde nach Goa brachte. Wir hatten so guten Wind, dass wir bereits nach siebzehn Tagen die Festung Diu sichteten. Da wir, um Neues zu hören, nahe der Küste entlangsegelten, sahen wir die ganze Nacht über am Strand viele Feuer und hörten auch bisweilen Schüsse. Das bereitete uns große Sorge und Bekümmernis, weil wir nicht wussten, was dies bedeutete und warum man bei Nacht die Geschütze abfeuerte. Darüber gab es bei uns die unterschiedlichsten Meinungen. In dieser Ungewissheit segelten wir den Rest der Nacht über mit heruntergelassenen Segeln, bis wir des Morgens eine große Anzahl von Schiffen sahen, welche die ganze Festung umringten. Einige sagten uns, dies sei sicherlich die Ankunft des Vizekönigs, der aus Goa hierher gekommen sei, um den Tod des Sultans Bandur, des Königs von Cambaya, zu rächen. Andere dagegen meinten, es handle sich hierbei um einen der vornehmsten Herren aus Portugal, der gerade hier eintreffe und den man in Kürze in Indien erwarte. Wieder andere sagten, es sei der Patemaica mit hundert Schiffen des Camorin von Calicut. Einige bestanden auch darauf, dass es Türken seien. In solcher Ungewissheit und große Befürchtungen hegend, sahen wir fünf große, mit Flaggen und Bannern reichlich geschmückte Galeeren mitten aus dieser Flotte auf uns zusteuern, so stolz und selbstbewusst, dass es sich nur um Türken handeln konnte. Wir setzten deshalb sofort alle Segel, um ihnen auf die hohe See entfliehen zu können. Wir hatten nämlich große Angst, es würde uns ähnlich ergehen wie kurz zuvor. Sobald diese Galeeren uns fliehen sahen, jagten sie uns bis in die Nacht hinein nach. Da sie aber zu stark auf die Küste zu abgetrieben wurden, mussten sie sich schließlich wieder ihrer Kriegsflotte zuwenden.

Zwei Tage später erreichten wir die Stadt Chaul, wo allein unsere Kapitäne und die Kaufleute an Land gingen. Sie suchten sofort den Kommandanten der Festung, Simon Guedez, auf, dem sie das, was ihnen begegnet war, erzählten. Dieser ermahnte sie, Gott hierfür zu danken. Er sagte ihnen auch, dass diese Flotte, welche sie gesehen hätten, Türken seien, über die Solyman Pascha, der Vizekönig von Kairo, das Kommando habe. Sie hätten Antonio de Silvera zwanzig Tage lang belagert, und die Segel, welche sie gesehen hätten, gehörten zu achtundfünfzig königlichen Galeeren, die alle mit fünf schweren Kanonen am Vorderteil ausgerüstet seien. Außerdem gebe es noch andere große Schiffe, bemannt mit Türken, um diejenigen, die im Kampfe fielen, zu ersetzen. Sie seien überdies im Überfluss mit Lebensmitteln und Kriegsmaterial ausgestattet, unter anderem mit dreihundert schweren Geschützen, darunter zwölf Basilisken. Diese Rede entsetzte uns sehr und wir dankten Gott, dass er uns so gnädig aus dieser großen Gefahr erlöst hatte.

Wir blieben nicht länger als einen Tag in Chaul und zogen dann fort nach Goa. Als wir an den Fluss Carapatan kamen, trafen wir Fernando de Morais, Kommandant von drei Schiffen, die auf Befehl des Vizekönigs Don Garcia de Noronha neulich aus Portugal gekommen waren und nach Dabul fuhren. Sie sollten dort ein türkisches Schiff, welches mit Lebensmitteln beladen war und auf Befehl des Paschas im Hafen geblieben war, kapern oder verbrennen. Als Fernando de Morais unser Schiff sah, ersuchte er den Kapitän, ihm von seinen zwanzig Männern fünfzehn zu überlassen, weil er noch Männer benötigte, nachdem ihn der Vizekönig so eilig fortgesandt hatte. Nach einigem Hin und Her kamen sie endlich überein, dass unser Kapitän zwölf seiner Männer, darunter auch mich, dem Fernando de Morais überlassen sollte, womit dieser zufrieden war. Nachdem nun das andere Schiff nach Goa abgesegelt war, setzte Fernando de Morais seine Reise nach Dabul fort. Wir kamen am folgenden Tage früh um neun Uhr dort an und überfielen ein kleines Schiff von Malabar, das mit Kattun und Pfeffer beladen war und mitten im Hafen lag. Auf der Folter bekannten der Kapitän und der Steuermann, dass wenige Tage zuvor ein Schiff des Paschas hier angelegt habe, um Lebensmittel zu laden. Auf diesem Schiff sei ein Gesandter gewesen, der dem Hidalcan eine schöne Cabaya – das Gewand der Edelleute dieses Landes – gebracht habe. Dieser habe es jedoch nicht annehmen wollen, um sich nicht dergestalt den Türken zu unterwerfen. Denn die Mohammedaner hätten die Gewohnheit, dass ein Herr solch eine Ehre nur seinen Untertanen und Lehnsmännern erweise. Der Gesandte sei über diese Weigerung sehr erzürnt gewesen und, ohne Lebensmittel aufzunehmen, wieder fortgesegelt. Der Hidalcan habe ihm geantwortet, dass er die Freundschaft der Portugiesen weit höher schätze als die seine, die nur betrügerisch sei. Sie, die Türken, hätten ihn nämlich um Goa betrogen, das sie für ihn mit ihrem Heer wieder einzunehmen versprochen hätten. Es hieß auch, dass das Schiff, von dem die Rede war, nicht länger als zwei Tage aus dem Hafen weg sei und sein Kapitän, Cide Ale genannt, dem Hidalcan den Krieg angekündigt und geschworen habe, dass der Hidalcan entweder sein Königreich oder sein Leben verlieren sollte. Er wollte nur abwarten, bis man sich der Festung Diu bemächtigt hätte, was nur noch acht Tage dauern würde; dann solle der Hidalcan erfahren, wie wenig ihm die Portugiesen, auf die er sich verlasse, helfen könnten.

Morais kehrte hierauf wieder nach Goa zurück, um das Vorgefallene dem Vizekönig zu berichten. Wir begegneten dort Gonzallo vaz Continho. Dieser wollte mit fünf Schiffen nach Onor ziehen, um dort eine Galeere des Solyman, die durch den Wind in jenen Hafen abgetrieben worden war, von der Königin einzufordern. Ein Kapitän dieser Schiffe, welcher mein guter Freund war, ließ sich meine Armut zu Herzen gehen. Er nahm mich mit auf diese Reise und gab mir fünf Dukaten, die ich mit Freuden annahm, in der Hoffnung, dadurch zu einem besseren Stande zu gelangen. Auch andere Soldaten spendeten mir etwas von ihrer Habe, sodass ich bald wieder wie sie mit Kleidern versehen war. Früh am nächsten Tag verließen wir die Reede von Bardees und ankerten den Tag darauf im Hafen von Onor. Um dort kundzutun, dass wir diese große Macht nicht viel achteten, feuerten wir unser Geschütz ab, machten einen großen Lärm mit Trommeln und Trompeten und taten so, als wollten wir eine Schlacht liefern.

Als nun die Schiffsflotte dort vor Anker lag, sandte Gonzallo vaz Continho einen bescheidenen und redegewandten Mann namens Bento Castanho zu der Königin von Onor. Er sollte ihr einen Brief vom Vizekönig aushändigen und ihr mitteilen, dass er aus keinem anderen Grund komme, als um sich zu beschweren, dass sie trotz des zwischen ihr und den Portugiesen geschlossenen Friedens die Türken als Todfeinde der Portugiesen dennoch ihren Hafen benützen lasse. Darauf gab sie zur Antwort, dass er und seine Gesellschaft, weil sie als Portugiesen bei ihr in hohem Ansehen stünden, willkommen seien. Sie bekannte sich auch dazu, mit den Portugiesen Frieden geschlossen zu haben, den sie ihr Leben lang zu genießen wünsche. Was aber die Türken anlange, so müsse sie Gott zum Zeugen nehmen, dass diese gegen ihren Willen in ihrem Hafen angelegt hätten. Weil sie aber zu schwach sei, so mächtigen Feinden Widerstand zu leisten, habe sie dies hinnehmen müssen. Das würde sie nicht getan haben, wäre sie mächtig genug gewesen, jene aus ihrem Hafen zu vertreiben. Sie wolle ihnen aber ihre Macht und ihr Volk hierfür zur Verfügung stellen, nur solle Gonzallo den Anfang machen, weil er eine genügend große Streitmacht mitgebracht habe. Sie wolle ihm treulich beistehen. Solches schwor sie bei den vergoldeten Pantoffeln des obersten Gottes, den sie anrief. Sie fügte noch hinzu, dass sie sich, wenn Gott ihm den Sieg gäbe, so freuen würde, wie wenn der König von Narsinga – dessen Sklavin sie war – sie bei seiner Gemahlin am Tisch Platz nehmen ließe.

Nachdem Gonzallo diese Botschaft und die Komplimente und Höflichkeiten der Königin, von der er allerdings etwas anderes gehofft hatte, vernommen hatte, verbarg er seine Gedanken und übte sich in Vorsicht. Als er schließlich von den Einwohnern vom Vorhaben der Türken und von den Orten, an denen diese sich aufhielten, Nachricht erhalten hatte, überlegte er die Sache reiflich und griff schließlich und endlich die Galeere an, um diese in seine Gewalt zu bringen oder gar zu verbrennen. Zu diesem Zweck segelte er den Fluss hinauf und ließ den Anker auswerfen. Bald darauf kam vom anderen Ufer ein Boot, eine Alamadia, auf uns zu. Darin saß ein Brahmane, der gut Portugiesisch konnte und unseren Kapitän im Namen der Königin ersuchte, von dem beabsichtigten Angriff Abstand zu nehmen. Ein Angriff sei sehr vermessen, weil die Türken neben dem Graben, in den sie die Galeere gebracht hätten, eine Schanze aufgeworfen hätten. Der Kapitän müsse auch zu solch einer Attacke viel mehr Macht haben. Deswegen sei die Königin in großer Furcht, dass ihm ein Unglück geschehen würde. Der Kapitän antwortete hierauf ganz vorsichtig und sagte, dass er ihr für diesen guten Rat danke. Er könne ihn aber, was den Kampf mit den Türken anginge, nicht befolgen. Bei einem Angriff würden die Portugiesen nämlich nicht fragen, ob viel oder wenig Feinde zugegen seien. Denn wenn die Feinde zahlreich angriffen, wären sie auch besonders von Verlusten betroffen, wohingegen auf der eigenen Seite der Gewinn und die Ehre desto größer wären. Derart abgefertigt wurde der

Brahmane mit einem Stück von grünem Kamelott und einem Hut aus rotem Satin bedacht, was diesem sehr gefiel.

Gonzallo beschloss darauf sich den Türken zum Kampf zu stellen. Zuvor aber wurde er noch durch die Kundschafter unterrichtet, welche Kriegslist man gegen uns anzuwenden gedachte. Die Türken hatten in der vergangenen Nacht die Galeere in einen Graben gebracht und davor eine hohe Schanze aufgeworfen. Darauf hatten sie fünfundzwanzig grobe Geschütze in Stellung gebracht, was von der Königin alles geduldet wurde. Dessen ungeachtet zog Gonzallo gegen sie in den Kampf. Als er so nahe an sie herangekommen war, dass man ihn mit einer Kugel hätte erreichen können, ging er mit nur achtzig Mann an Land. Die anderen, hundert an der Zahl, die er zu diesem Zweck von Goa mitgebracht hatte, ließ er zur Bewachung der Schiffe zurück. Mit den achtzig Mann stellte er sich in Schlachtordnung auf und zog so gegen seine Feinde, die, als sie sich dessen bewusst wurden, zu hartnäckiger Gegenwehr entschlossen waren. Fünfundzwanzig oder dreißig von ihnen rückten aus der Schanze aus und beide Seiten stürzten sich mit solchem Eifer in den Streit, dass in kurzer Zeit fünfundvierzig auf dem Schlachtfeld blieben, unter welchen nicht mehr als acht der Unsrigen waren. Hierauf griff sie der Kapitän nochmals an und schlug sie, die durch ihr Zurückweichen Todesfurcht zeigten, in die Flucht. Wir jagten ihnen bis in ihre Schanze nach, wo sie uns dann wieder die Stirn boten. Dabei ging es so hitzig zu, dass wir schließlich in Verwirrung gerieten und uns mit den Degengriffen selbst verwundeten.

Inzwischen legten unsere Schiffe am Ufer an, um uns zu Hilfe zu eilen. Sie schossen mit ihren Geschützen so genau auf unsere Feinde, dass sie elf oder zwölf ihrer tapfersten Janitscharen trafen, von denen einige grüne Mützen zum Beweis ihrer adeligen Herkunft trugen. Das erschreckte die anderen so, dass sie alsbald das Feld räumten. Wir konnten uns nun ihrer Galeere bemächtigen und sie in Brand stecken. Nachdem wir fünf Gefäße mit Pulver hineingeworfen hatten, geriet sie in einen so schrecklichen Brand, dass sie bald in Asche gelegen hätte, wenn die Feinde die Gefahr nicht wahrgenommen und den Brand nicht voller Mut gelöscht hätten. Unterdessen drangen die Unseren mehr und mehr vor, um sich des Grabens zu bemächtigen und dasjenige, was sie schon besetzt hatten, zu sichern. Die Feinde aber versuchten ihr Äußerstes und feuerten noch ein Geschütz ab. Wie wir aus der Kugel schlossen, war es eine doppelte Kartaune. Sie tötete sechs von uns auf einmal, unter denen Diego vaz Continho, der Sohn des Oberhauptmanns, der Vornehmste war. Als die Feinde unseren Verlust sahen, schrien sie zum Zeichen des Sieges überlaut und dankten Mohammed dafür. Dessen ungeachtet griffen die Portugiesen, von Gonzallo ermuntert, noch einmal die Schanze an, aus welcher die Feinde auf die Galeere flohen, in der Absicht, dort wieder Kräfte zu sammeln. Aber die Unseren folgten ihnen sofort nach und nahmen alsbald die Hälfte der Schanze ein. Als die Türken sich aller Hilfe entblößt sahen, zündeten sie am Schanzeneingang eine Mine. Dadurch kamen sechs Portugiesen und acht Sklaven ums Leben, einige andere wurden gelähmt. Der Rauch war so groß und dick, dass wir einander kaum sehen konnten. Deswegen wandte sich auch Gonzallo, noch größere Verluste befürchtend, dem Ufer zu. Die am Leben geblieben waren, mussten die Toten und Verwundeten wegtragen. Gonzallo begab sich also wieder mit uns zu seinen Schiffen und kehrte mit großer Betrübnis an den Ort zurück, von welchem wir gekommen waren. Noch am selben Tag, der uns allen große Trauer bereitet hatte, zählten wir unsere Soldaten und fanden, dass von achtzig nicht mehr als fünfzehn getötet worden waren. Vierundfünfzig waren allerdings verwundet, worunter neun Gelähmte waren, für die man keine Hoffnung auf Genesung mehr schöpfen konnte. Die Übrigen bemühten sich, die ganze Nacht über aufmerksam Wache zu halten, damit sie nicht von einem Überfall überrascht werden konnten.

Am nächsten Morgen in aller Frühe kam ein Gesandter der Königin von Onor an und übergab Gonzallo zur Erquickung der Kranken ein großes Geschenk, bestehend aus Hühnern,

Küken und frischen Eiern. Obgleich man Derartiges dringend benötigte, wollte unser Oberst es nicht annehmen. Sein Missbehagen brachte er mit zornigen Gebärden überdeutlich zum Ausdruck und sagte schließlich schroffer, als der Sache eigentlich angemessen war, der Vizekönig solle bald von der Untreue, die sie den Portugiesen gegenüber erwiesen habe, zu hören bekommen und sie dafür bestrafen lassen. Diese Ausführungen nochmals bekräftigend fuhr er fort, dass er seinen erschlagenen Sohn und die anderen Portugiesen, deren Tod ihrer Falschheit – schließlich habe sie die Türken begünstigt – zuzuschreiben sei, in ihrem Land begraben wolle. Deswegen wolle er ihr auch zu einer anderen Zeit ausführlicher für das Geschenk danken, das sie ihm nur gesandt habe, um ihr heimtückisches Verhalten zu bemänteln. Zu gegebener Zeit werde er es ihr nach Verdienst vergelten.

Der Gesandte, über diese Rede sehr erschrocken, kehrte wieder um und führte der Königin die Antwort Gonzallos so lebendig vor Augen, dass sie daraus leicht ersehen konnte, dass diese Galeere noch den Untergang ihres Königreiches zu verursachen drohte. Um das drohende Unheil abzuwenden, versammelte sie ihren Rat, der um der Friedenserhaltung willen einmütig beschloss, einen anderen Brahmanen, einen betagten und ansehnlichen Mann, der mit ihr nahe verwandt war, als Gesandten auszusenden. Gonzallo empfing ihn freundlich und hieß ihn reden. Er sprach: »Die Betrübnis, welche die Königin von Onor, meine Herrin, wegen des Todes Eures Sohnes und der anderen Portugiesen, die gestern ums Leben gekommen sind, empfindet, ist unaussprechlich. Ich schwöre Euch bei ihrem Leben und bei dem Gürtel eines Brahmanen, den ich trage, welcher ein Beweis meiner priesterlichen Würde ist und der all denen, die in diesem Amt dienen, gegeben wird: Sie ist über Euer Unglück sehr betrübt und könnte nicht trauriger sein, wenn man ihr zur gleichen Stunde Kuhfleisch an der großen Tür des Tempels, wo ihr Vater begraben liegt, zu essen gegeben hätte. Das ist nämlich die größte Sünde, die man bei uns begehen kann. Ihr könnt also hieraus entnehmen, wie sehr sie an Eurem Unglück Anteil nimmt. Aber weil das, was geschehen ist, nicht mehr ungeschehen gemacht werden kann, bittet und ersucht sie Euch höflich, dass Ihr den Frieden, welchen die anderen Statthalter mit ihr geschlossen haben, auch Eurerseits bestätigen möget. Dies umso mehr, als sie weiß, dass Ihr hierin volle Gewalt und Macht vom Vizekönig habt. Sobald dies geschehen ist, wird sie die Galeere, welche Euch so viel Übel zugefügt hat, verbrennen lassen und die Türken von ihren Grenzen vertreiben. Das ist gewiss das Äußerste, was sie tun kann, wessen ich Euch versichere.«

Gonzallo, der wohl wusste, wie wichtig diese Sache war, nahm dieses Angebot des Brahmanen sogleich an. Er sagte ihm, dass er mit der Erneuerung des Friedens einverstanden sei. Dieser wurde auch alsbald in der gebührenden Weise ausgerufen. Der Brahmane kehrte zur Königin zurück, die fortan äußerst bemüht war, ihr Wort zu halten. Gonzallo, der wegen der Gefahr, in welcher unsere Verwundeten schwebten, nicht länger warten durfte, beschloss sich einzuschiffen, sodass wir uns am Nachmittag desselben Tages auf die Reise begeben konnten. Doch ließ er vorsichtshalber an diesem Ort einen gewissen Georgio Nogueyra zurück, damit dieser – entsprechend einer Bitte der Königin – auf alle Vorkommnisse achten und hierüber dem Vizekönig Bericht erstatten konnte.

5. KAPITEL

Pinto gelangt nach Malakka und erlebt Abenteuer auf Sumatra

Am nächsten Tage kam Gonzallo vaz Continho mit seiner Mannschaft nach Goa, wo er vom Vizekönig, demgegenüber er über seine Reise Rechenschaft ablegte, sehr wohl empfangen wurde. Ich verweilte indes dreiundzwanzig Tage in Goa, bis meine Wunden, die ich mir im Kampf zugezogen hatte, geheilt waren. Weil ich mich immer noch in großer Not befand, begab ich mich daraufhin in den Dienst eines Edelmannes namens Petrus de Faria, des damaligen Kommandanten von Malakka. Er nahm mich als Soldat auf und versprach mir, dass ich es in seiner Gesellschaft besser als andere haben sollte, solange er mit dem Vizekönig unterwegs sei. Denn der Vizekönig, Don Garcia de Noronha, rüstete sich zu dieser Zeit, um der Festung Diu zu Hilfe zu kommen, von deren Notlage infolge der türkischen Belagerung er so viel gehört hatte. Zu diesem Zweck versammelte er auch sofort in Goa eine mächtige Kriegsflotte aus zweihundert Schiffen, darunter viele überaus große Galeeren. Man sagte auch, in dieser Flotte seien zehntausend sehr tapfere Leute zu finden, außerdem noch dreiunddreißigtausend Ruderknechte und Matrosen, die für den Krieg und die Schifffahrt eines solch großen Heeres benötigt wurden, und eine große Anzahl von Sklaven. Aber das Schlimmste hierbei war, dass der Bassa, der General des türkischen Heeres, über alles, was vorging, Bescheid wusste, da Hidalcan, Camorin, der König von Calicut, Inezamaluk, Acedecan und andere heidnische und mohammedanische Fürsten ihn durch Briefe alles wissen ließen.

Als nun die Zeit zur Abfahrt gekommen und das Heer mit allem, was es vonnöten hatte, versorgt war, begab sich der Vizekönig aufs Schiff, wartete aber noch fünf Tage ab, bis das Heer vollständig versammelt war. Doch kurz bevor die Flotte Segel setzte, kam ein Catur von der Stadt Diu mit einem Brief von Antonio de Silvera, dem Hauptmann der Festung, in welchem er dem Vizekönig berichtete, dass die Türken die Belagerung aufgehoben hätten. Obwohl dies eine gute Nachricht war, breitete sich darüber in der Flotte doch spürbare Enttäuschung aus, weil alle die Türken sehr hassten und sie deshalb unbedingt bekämpfen wollten. Der Vizekönig blieb deshalb noch weitere fünf Tage und kümmerte sich in dieser Zeit um alle Dinge, die zur Erhaltung seiner Regierung in Indien vonnöten waren. Er sandte auch

»Nossa Senhora do Cabo«, Klosterkirche bei Goa

zwei Schiffe unter dem Kommando des Martin Alfonso de Sousa und des Vincent Pegado nach Portugal. Mit einem dieser Schiffe entsandte er Fernando Rodrigez de Castelbranco, seinen Rentmeister, mit dem Befehl, in Cochin Pfeffer zu laden und den vorigen Kommandanten, Nunho de Cunha, an Bord zu nehmen, welcher dort mit dem Schiff »Santa Cruz« vor wenigen Tagen angekommen war, ziemlich krank und überdies sehr unzufrieden darüber, dass man ihm hier seiner Meinung nach zu wenig Ehrerbietung entgegengebracht hatte.

Nachdem sich nun der Vizekönig so vorbereitet hatte, ließ er die Segel setzen, zog von Goa weg und ankerte am vierzehnten Tag der Reise vor Chaul. Dort blieb er drei Tage, während derer er mit Inezamaluk verhandelte und sich um den Schutz der hiesigen Festung kümmerte. Außerdem ergänzte er hier die Besatzung seiner Schiffe und versorgte sie mit Lebensmitteln, um anschließend nach Diu aufzubrechen. Aber nachdem er an das Kap Danu gekommen war und einen Meeresarm überquert hatte, geriet er in einen so schrecklichen und grausamen Sturm, dass die ganze Flotte zerstreut wurde und viele Schiffe untergingen, darunter eine große Galeere – auf ihr war sein Sohn, Don Alvaro de Noronha, Kapitän –, welche in der Einfahrt von Dabul zerstört wurde. In diesem Golf oder Meeresarm ging auch die Galeere »Espinheyro« unter, auf welcher Jan de Sousa, mit Beinamen Rabes, das Kommando hatte. Die meisten Besatzungsmitglieder konnten allerdings dank des Bemühens von Christof da Gama, der einige Zeit danach in Abessinien durch die Türken umgebracht wurde, ihr Leben retten. Sieben andere Schiffe gingen ebenfalls zu dieser Zeit unter, sodass der Vizekönig mehr als einen Monat damit beschäftigt war, sein zerstreutes Volk wieder um sich zu scharen und alles wieder in den alten Zustand zu versetzen. Schließlich kam er in Diu an und ließ dort die Festung, die weitgehend zerstört war, neu aufbauen. Man arbeitete dabei, ein jeder an einem bestimmten, genau abgemessenen Ort, so eifrig, dass die Wälle schon innerhalb von sechsundzwanzig Tagen in besserem Zustand waren als jemals zuvor.

Als Petrus de Faria sah, dass es nun an der Zeit war nach Malakka zu reisen, ging er nach Goa, wo er sich mit allem Notwendigen versah. Danach zog er mit einer Flotte, bestehend aus acht Schiffen und fünfhundert Mann, fort und kam glücklich in Malakka an. Er trat dort sofort die Stelle des Kommandanten an, welche vordem Estevan da Gama innegehabt hatte. Dieser blieb gleichwohl noch einige Zeit in seinem Amt, da seine Amtszeit noch nicht ganz abgelaufen war. Doch nachdem Petrus de Faria sein Amt angetreten hatte, ließen die benachbarten Könige ihn durch ihre Gesandten besuchen, um ihre große Freude über seine Ankunft zum Ausdruck zu bringen und ihm auch künftig Frieden und Freundschaft anzubieten. Unter ihnen war auch der Gesandte des Königs der Batas, welcher auf der anderen Seite des großen Meeresarmes auf der Insel Sumatra wohnte, wo man vermeintlich die goldene Insel zu finden glaubte, welche ehedem König Don Juan III. von Portugal auf den Rat einiger Kapitäne hin entdecken wollte. Dieser Gesandte, Aquarem Dabolay mit Namen, ein Schwager des Königs, überbrachte de Faria ein köstliches Geschenk aus Aloeholz, Calamba und fünfhundert Pfund eines wohlriechenden Krautes, dazu einen auf Palmenrinde geschriebenen Brief, in welchem zu lesen war: »Ich, Angeessiry Timorraja, König der Batas, sehne mich sehr nach Eurer Freundschaft, weil durch dieselbe Eure Untertanen sich an den Früchten meines Landes bereichern können. Daher biete ich Euch an, durch einen neuen Vertrag die Lagerhäuser Eures Königs, wie auch die meinigen, mit Gold, Pfeffer, Kampfer und anderen Waren zu füllen. Doch ist die Bedingung, dass Ihr mir zur vollkommenen Versicherung einen Geleitbrief, mit Eurer eigenen Hand geschrieben und unterschrieben, zusendet, damit durch dessen Autorität meine Lancharen und Jurupangen sicher fahren mögen. Ich ersuche Euch auch, dass Ihr mir mit großen Kugeln und Pulver aushelft, da ich jetzt mehr als sonst allerlei Kriegsvorrat vonnöten habe. Ich werde mich Euch gegenüber sehr verpflichtet fühlen, wenn ich nur einmal durch Eure Hilfe diese meineidigen Achemer, welche Todfeinde Eures alten Malakka sind, strafen kann. Ich schwöre, dass ich zeit meines Lebens nicht mit ihnen Frieden schließen werde, bis ich das Blut meiner Kinder gerächt und den Tränen ihrer Mutter Genüge getan habe. Denn sie sind, nachdem ich sie aufgezogen habe, von diesem grimmigen Tyrannen von Achem in den Städten Jacur und Lingau grausam umgebracht worden. Aquarem Dabolay, der Bruder der äußerst betrübten Mutter dieser Kinder, den ich zur Befestigung unserer neuen Freundschaft aussende, wird darüber mit Euch ausführlicher reden. Und er wird sich in allem so verhalten, wie es zum Dienste Gottes und zum Wohle Eures Volkes erforderlich ist.

In Panaju, am fünften Tag des achten Monats.«

Genannter Gesandte wurde von Petrus de Faria mit aller möglichen Ehrerbietung empfangen, und der Brief, den er mitgebracht hatte und der in malaiischer Sprache geschrieben war, wurde ins Portugiesische übersetzt. Der Gesandte erklärte uns durch seinen Dolmetscher auch die Ursache der Zwietracht zwischen diesem Tyrannen von Achem und dem König der Batas, die auf Folgendem beruhte: Der Achemer hatte vor einiger Zeit dem König der Batas angetragen, er, ein Heide, solle das Gesetz Mohammeds annehmen. Wenn er dies tue, so sein Versprechen, wolle er ihm seine Schwester zum Weibe geben. Er müsse dann aber seine Gemahlin, die eine Heidin und nunmehr seit sechsundzwanzig Jahren mit ihm verheiratet war, verlassen. Als nun dieser Tyrann von Achem, durch einen seiner Kadis aufgehetzt, einsehen musste, dass er sein Ziel nicht erreichen konnte, erklärte er ihm alsbald den Krieg. Und nachdem jeder von ihnen ein gewaltiges Heer herangeführt hatte, lieferten sie einander eine blutige Schlacht, welche über drei Stunden dauerte. Als der Achemer sah, dass der Feind ihn überwältigte, er auch schon eine große Anzahl der Seinen verloren hatte, floh er auf einen Berg namens Cagerrendan und wurde dort von den Batas dreiundzwanzig Tage lang belagert. Aber weil um dieselbe Zeit viele Soldaten krank wurden und im Lager der Feinde Mangel an Lebensmitteln herrschte, schlossen sie Frieden. Dabei kamen sie überein, dass der Achemer dem König der Batas fünf Goldbarren zur Bezahlung der ausländischen Soldaten erstatten sollte. Der König der Batas aber sollte seinen ältesten Sohn der Schwester des Achemers, derentwegen es zum Krieg gekommen war, zum Gemahl geben. Als dieser Vertrag auf beiden Seiten geschlossen, unterschrieben und der König der Batas in sein Land zurückgekehrt war, entließ er alsbald seine ganze Armee. Aber der Friede währte nicht länger als dreieinhalb Monate, denn dem Achemer wurden unterdessen dreihundert Türken geschickt, welche er schon lange aus dem Roten Meer erwartete. Er hatte sie, um ihm beistehen zu können, in vier Schiffen heranholen lassen, die mit Pfeffer und zugleich mit vielen Kisten voller Musketen und Schaufeln sowie mit verschiedenen Geschützen beladen waren. Sobald diese dreihundert Türken angekommen waren, gliederte er sie seinem Heer ein. Dabei tat er so, als wollte er nach Pacem ziehen, um dort einen aufrührerischen Hauptmann gefangen zu nehmen. Doch fiel er an zwei Orten, Jacur und Lingau, in das Gebiet des Königs der Batas ein und überraschte die Bewohner, die hierauf nicht vorbereitet gewesen waren, da der gerade erst abgeschlossene Friede dergleichen nicht hatte erwarten lassen. Er metzelte darauf den Sohn des Königs der Batas zusammen mit siebenhundert Ourobalonen, den Edelsten und Tapfersten dieses Reiches, grausam nieder. Der König der Batas, wegen dieses großen Meineides, der den Tod seiner drei Söhne und die Plünderung seiner Orte zur Folge gehabt hatte, von heftigem Zorn und Rachegedanken erfüllt, schwor nun beim Haupte seines Gottes Quiay Hocombinor – des vornehmsten Abgottes dieser Heiden, die ihn für einen Gott der Gerechtigkeit halten –, dass er so lange keine Früchte, Salz oder sonst irgendetwas Schmackhaftes mehr genießen wolle, bis er den Tod seiner drei Kinder gerächt und diesen Schaden und Verlust wieder ersetzt habe. Er erklärte auch, dass er bei der Führung eines so gerechten Krieges sein Leben einsetzen wolle. Er sammelte also mithilfe einiger Fürsten, seiner Freunde, eine Armee von fünfzehntausend Mann. Außerdem suchte er um den Beistand der Heeresmacht der Christen nach, weshalb er sich bei Petrus de Faria um eine neue Freundschaft bemühte, wie schon beschrieben wurde. Hierüber war Faria sehr erfreut, weil das den Portugiesen höchst zuträglich war und sie dadurch ihren Handel in den südlichen Ländern fortsetzen und verstärken konnten.

6. KAPITEL

Pinto kommt als Gesandter an den Hof des Königs der Batas und erfährt dort von den Kriegen zwischen den Batas und den Achemern

Nachdem Petrus de Faria den Gesandten mit aller gebührenden Ehrerbietung empfangen und den Inhalt des Briefes des Königs der Batas vernommen hatte, bewilligte er all das, worum dieser gebeten hatte, sogar eine große Menge Feuerwerk. Nach siebzehn Tagen begab sich der Gesandte wieder auf die Reise, und zwar so voller Zufriedenheit, dass er vor Freude weinte und große Versprechungen machte, für den Fall, dass sein Herr siegen sollte. Er bestieg wieder die Lanchare, in der er gekommen war, und wurde bis zur Insel Upe, eine halbe Meile vom Hafen entfernt, begleitet. Dort ließ ihm der Bendara von Malakka – der Oberaufseher des Gerichtes unter den Mohammedanern – auf Befehl von Petrus de Faria ein herrliches Mahl zurichten. Es wurde ihm dabei mit Pauken, Trompeten, Pfeifen, Schalmeien, Harfen und allerlei Saiteninstrumenten aufgespielt. Darüber war der Gesandte so verwundert, dass er die Finger in den Mund steckte, was eine Gewohnheit bei diesem Volk ist, wenn sie über eine Sache Erstaunen zum Ausdruck bringen wollen.

Als Faria von einem Mohammedaner unterrichtet wurde, dass er mit großem Vorteil Waren ins Reich der Batas senden oder von dort ausführen könne, ließ er, um dorthin zu fahren, ein Jurupango ausrüsten, was ihn nicht mehr als zehntausend Dukaten kostete. Als seinen Handelsbeauftragten schickte er einen Mohammedaner aus Malakka mit. Auch fragte er mich, ob ich mitziehen wolle. Er wäre mir sehr verpflichtet, wenn ich als Abgesandter in diesem Land den König der Batas besuchen und mit diesem gegen Achem ziehen könne, was für ihn von keinem geringen Nutzen sein würde. Damit ich aber nach meiner Rückkehr aus jenem Lande einen wahrheitsgetreuen Bericht über all das, was ich dort zu Gesicht bekäme, abliefern könne, solle ich auf alles, was dort vorfalle, genau achten und vor allem auch nachforschen, ob in diesen Gegenden die goldene Insel sei, von der man so viel rede, und ob ich darüber etwas in Erfahrung bringen könne.

Mir wäre es gewiss lieber gewesen, wenn ich diese Reise nicht hätte unternehmen müssen, weil mir diese Länder unbekannt waren und ihre Bewohner insgeheim für große Verräter gehalten wurden. Ich glaubte auch nicht, mir davon einen Vorteil verschaffen zu können, weil ich nicht mehr als hundert Dukaten besaß. Ich durfte mich aber Petrus de Faria nicht widersetzen und begab mich also, wenn auch gegen meinen Willen, zusammen mit dem mohammedanischen Kaufmann auf das Schiff. Der Steuermann nahm von Malakka aus Kurs auf den Hafen Surotialau im Königreich Aru. Wir fuhren an der Küste von Sumatra entlang, bis wir an einen Fluss mit Namen Hicandura kamen. Nachdem wir diesem Kurs fünf Tage lang gefolgt waren, liefen wir in einen Hafen namens Minhatoleo ein, neun Meilen vom Königreich Pedir entfernt. Von diesem segelten wir weiter, bis wir den Ozean erreichten. Danach warfen wir Anker in einem kleinen Fluss mit Namen Guateamgim, sechs bis sieben Meilen vom Meer entfernt. Auf diesem Fluss segelten wir glücklich weiter und bekamen in dem Gebüsch am Ufer eine große Menge Schlangen und andere Kriechtiere zu Gesicht, die nicht nur ihrer Länge, sondern auch ihrer seltsam fremden Gestalt wegen seltsam anzusehen waren. Daher würde es mich nicht verwundern, wenn diejenigen, welche diese Historie lesen, meinen Worten nicht glauben werden, besonders die, welche wenig gereist sind. Denn es ist mir wohl bewusst, dass diejenigen, welche nicht viel gereist sind, dem wenig Glauben schenken können, wohingegen die, welche viele Länder und Orte gesehen haben, einem mehr glauben. An den Ufern dieses Flusses, der nicht sehr breit ist, waren viele Krokodile, welche man eigentlich Schlangen nennen möchte. Sie haben Schuppen auf dem Rücken und sind so groß, dass sie ganze Menschen verschlingen können. Auch sahen wir eine schreckliche Art Tiere, die sie Caquesseitan nennen. Sie sind so groß wie eine große Gans und überall schwarz. Sie haben Schuppen und eine Reihe scharfer Federn, so lang wie eine Schreibfeder, auf dem Rücken Flügel wie die Fledermäuse und einen langen Hals. Und auf dem Kopf haben sie ein kleines Knöchlein, ähnlich dem Sporn eines Hahnes, mit einem langen Schwanz, schwarz und grün gefleckt, wie ihn die Eidechsen in diesem Lande haben. Die besagten Tiere hüpfen und fliegen wie die Heuschrecken. Auf solche Weise jagen sie den Affen und anderen Tieren bis in die Wipfel der Bäume nach und ernähren sich von diesen. Wir sahen daselbst auch Schlangen mit Kämmen oder Kronen, so dick wie das Bein eines Mannes und so giftig, dass nach Aussage der Mohren (gemeint sind die Eingeborenen Sumatras) in diesem Lande all dasjenige, was von ihnen angehaucht würde, alsbald hilflos sterben müsste. Auch sahen wir danach noch andere Schlangen, doch ohne Kämme und nicht so giftig wie die eben erwähnten, dafür aber viel dicker und länger und mit einem Kopf, so groß wie ein Kalbskopf. Man sagte uns, dass sie auf die folgende Weise auf Beute ausgehen: Sie steigen auf wilde Bäume, und nachdem sie ihren Schwanz um die Äste gewunden haben, lassen sie ihren Leib herunterhängen und hören mit dem Ohr an der Erde, ob sich bei stiller Nacht etwas regt. Und wenn ein Ochse, ein wildes Schwein oder ein anderes Tier unter dem Baum vorbeikommt, so packen sie es mit ihrem Maul und ziehen alles, was sie ergreifen können, zu sich auf den Baum, um den sie ihren Schwanz gewunden haben, herauf.

Wir erblickten hier auch eine große Menge grauer und schwarzer Affen von ziemlicher Größe. Vor diesen fürchteten sich auch die Mohren des Landes mehr als vor anderen Tieren, weil niemand ihrer Gewalt widerstehen kann.

Nachdem wir nun auf dem genannten Fluss ungefähr sieben oder acht Meilen aufwärts gefahren waren, kamen wir zu einer kleinen Stadt, deren Name Batorrendam war. Sie war nur eine viertel Meile von Panaju entfernt, wo sich damals der König der Batas aufhielt und sich zum Kampf gegen Achem rüstete. Sobald dieser König von dem Brief und dem Geschenk Nachricht erhielt, das ich von Petrus de Faria mitbrachte, ließ er mich durch den Xabandar – als dem Oberbefehlshaber der Armee – herzlich begrüßen. Denn dieser Kriegsoberste kam mit fünf Lancharen und zwölf Balonen zu mir in den Hafen, wo ich vor Anker lag. Er brachte mich, unter Trompeten- und Schellenklang und begleitet von einem großen Volkshaufen, bei der Stadt Compalator ans Land. Dort erwartete mich der Bendara, der Herrscher des ganzen Königreiches, mit großer Pracht, umgeben von Ourobalonen und Amborrajen. Dies sind die Edelsten an seinem Hofe, ungeachtet dessen, dass der größte Teil von ihnen sehr arm aussieht, sowohl was ihre Kleidung als auch ihre Lebensart betrifft. Daraus könnte man schließen, dass das Land nicht so reich ist, wie in Malakka vermutet wurde. Nachdem ich durch den Hof des Königs, über den ersten Vorhof, geführt worden war, stand am Eingang des zweiten Vorhofes eine alte Frau mit vielen anderen Leuten. Sie waren kostbarer gekleidet als diejenigen, welche mir zuerst begegnet waren. Diese alte Frau gab mir mit der Hand ein Zeichen, als wollte sie mir befehlen einzutreten, und sagte zu mir: »Du Mann aus Malakka, deine Ankunft in den Ländern des Königs, meines Herren, ist ihm so angenehm wie der Regen in unserem Reisacker zur dürren und trockenen Zeit. Tritt deshalb mit aller Freiheit ein. Denn die Völker, die du durch Gottes Güte siehst, sind ebensolche Leute wie die Deinen in eurem Lande. Die Hoffnung, die wir auf denselben Gott haben, bewegt uns nämlich zu glauben, dass er uns alle zugleich bis ans Ende der Welt beschirmen wird.« Nachdem sie dies gesagt hatte, brachte sie mich an den Ort, wo der König war, welchen ich nach Landessitte mit dreimaligem Niederknien ehrte. Hierauf übergab ich ihm auch den Brief und das Geschenk, das ich mitgebracht hatte. Er nahm dieses mit Freuden an und fragte zugleich nach der Ursache meines Kommens. Darauf gab ich ihm meinem Auftrag entsprechend zur Antwort, dass ich gekommen sei, um seiner Hoheit im Kriege zu dienen, und hoffe darin sein Gefährte zu sein und ihn nicht eher zu verlassen, als bis er seine Feinde überwunden habe. Ich wollte deshalb die Stadt des Achemers mit ihren Anlagen und Befestigungen sehen und erforschen, wie tief der Fluss sei und ob auch die großen Schiffe samt den Galeonen leicht dahin kommen könnten. Denn der Statthalter zu Malakka sei entschlossen, Seiner Hoheit Hilfe zu leisten, sobald nur seine Truppen aus Indien ankämen, und den Tyrannen Achem, der der Todfeind des Statthalters sei, in seine Hände zu liefern.

Dieser arme König meinte gleich, dass meine Worte wahr seien, zumal er dergleichen von Herzen wünschte. Er stand deswegen von seinem Thron auf und kniete vor einem Kuhkopf nieder, der, auf einem Brett an der Mauer befestigt, mit Blumen geschmückt war und vergoldete Hörner hatte. Vor diesem verrichtete er unter vielen Tränen mit gefalteten Händen das folgende Gebet:

»Du, die Du nicht aus mütterlicher Liebe, sondern freiwillig all diejenigen mit Deiner Milch erfreust, die sie begehren, wie es auch die natürlichen Mütter ihren Kindern anzutun pflegen, ungeachtet der Angst und der Schmerzen, die sie ausstehen müssen, wenn sie uns zur Welt bringen, gewähre mir die Bitte, dass Du auf der Wiese der Sonne – wo Du neben dem Dank, den Du empfängst, mit den Gütern, die Du hier schaffst, vergnügt bist – mir die neue Freundschaft dieses Hauptmanns für mich bewahrst, damit er seine Zusage verwirklicht.«

Alle Hauptleute, die wie er auf den Knien lagen, gaben dreimal zur Antwort: »Pachy par au ti nacor«, das heißt: »Oh, das sehen und dann sterben!« Hierauf stand der König auf, wischte seine Tränen ab und fragte mich nach vielen bemerkenswerten Dingen von Indien und Malakka. Nachdem ich mich dann einige Zeit lang daselbst aufgehalten hatte, wurde ich sehr freundlich verabschiedet. Er versprach mir, dafür sorgen zu wollen, dass die Waren, die der Mohammedaner mitgebracht hatte, entsprechend ihrem Wert verkauft würden, woran mir auch selbst am meisten gelegen war.

Nachdem ich nun neun Tage lang in Panaju, in der Hauptstadt des Königreiches der Batas, gewesen war, zog der König mit seiner Kriegsmacht gegen Achem aus, zu einem Ort namens Turban, der fünf Meilen von Panaju entfernt war. Dort erwartete ihn der größte Teil des Volkes, freilich ohne ihn fröhlich zu empfangen, weil die Trauer über den Tod seiner drei Söhne so groß war, dass er sich deswegen nicht anders als mit den Zeichen tiefster Betrübnis sehen ließ. Am folgenden Tag brach er frühzeitig auf, um gegen den Achemer zu ziehen, dessen Land achtzehn Meilen von diesem Ort entfernt war. Er hatte bei sich fünfzehntausend Kriegsleute, worunter sich achttausend Batas befanden. Die anderen waren Menancaber, Lusoner, Andragirer, Jamber und Borneer, welche ihm die benachbarten Fürsten nebst vierzig Elefanten und zwölf Wagen mit kleinem Geschütz zu Hilfe gesandt hatten. Täglich nicht mehr als fünf Meilen vorankommend, gelangte er endlich zu einem Fluss mit Namen Quilem. Dort erfuhr er von den Spionen des Königs von Achem, die man gefangen hatte, dass ihn der Feind in Tondacur, zwei Meilen von dieser Stelle entfernt, erwarte und viele fremde Truppen, nämlich Türken, Gusaraten und Malabaren von den Grenzen Indiens, bei sich habe. Auf diesen Bericht hin ließ der König der Batas den Kriegsrat einberufen, der ihm riet, seinen Feind anzugreifen, ehe dieser noch stärker würde.

Als er nun den Fluss verlassen hatte, zog er geschwinder als üblich fort und kam an einen Berg, eine halbe Stunde vom Lager des Feindes entfernt. Dort ruhte er länger als drei Stunden aus und zog dann in guter Streitordnung gegen Achem. Er teilte sein Heer in vier Haufen auf und nachdem er ein wenig vorgerückt war, erblickte er ein großes Reisfeld, auf dem die Feinde sich in zwei Haufen in Schlachtordnung aufgestellt hatten. Hierauf stürzten beide Armeen aufeinander mit großer Gewalt los, sobald das Zeichen zum Kampf gegeben war. Sie schossen mit vielen Pfeilen und mit Feuerwerk aufeinander und gerieten endlich mit solchem Ungestüm aneinander, dass mir darüber die Haare zu Berge standen. Das Gefecht währte länger als eine Stunde und man konnte nicht sehen, wer am Ende die Oberhand gewinnen würde. Als der König von Achem sah, dass ein großer Teil seines Kriegsvolkes, da es sehr ermattet war, verloren gehen könnte, wenn er den Kampf fortsetzte, führte er es zu einem Hügel, um sich dort zu verschanzen. Aber Andragia, ein Bruder des Königs der Batas, verhinderte dieses Vorhaben, indem er ihm mit zweitausend Mann den Weg abschnitt. Also erhob sich das Gefecht erneut mit solcher Heftigkeit, wobei man gut erkennen konnte, dass sie an Tapferkeit mit allen anderen Völkern zu vergleichen sind. Ehe der Achemer sich retten konnte, verlor er mehr als tausendfünfhundert Mann, darunter hundertsechzig Türken, die unlängst aus der Meerenge bei Mokka angekommen waren, ferner zweihundert malabarische Sarazenen und einige Abessinier. Dies waren die besten Leute, die er bei sich hatte. Aber weil es um Mittag und deshalb sehr heiß war, zog sich der König der Batas in ein Gebirge zurück. Dort verbrachte er den restlichen Tag mit Besuchen bei den Verwundeten und mit dem Begraben der Toten und ließ des Nachts überall aufmerksam Wache halten.

Als die Sonne aufging, sah er niemanden auf der Ebene, wo zuvor des Achemers Volk gelagert hatte. Also glaubte er den Feind völlig geschlagen zu haben. Er ließ deshalb die für den Krieg untauglichen Verwundeten zurück und setzte den Feinden bis zu ihrer Stadt nach. Dort zündete er alsbald zwei Vorstädte, vier Schiffe und zwei Galeeren, die die Türken von Mokka mit sich gebracht hatten, an und ließ sie niederbrennen. Als der König der Batas so weit Erfolg gehabt hatte, wollte er fortfahren und bestürmte eine Schanze, Penacao genannt, die mit zwölf Geschützen den ganzen Fluss beherrschte. Um diese einzunehmen, ging er vor den Augen der Seinen allen voran, um sich voller Eifer an der Bestürmung mit siebzig bis hundert Leitern zu beteiligen. Dieses gelang auch, wobei nicht mehr als siebenunddreißig Mann verloren wurden. Er erschlug dabei siebenhundert Mann mit seinem Schwert, keinen einzigen am Leben lassend. Hierdurch wurden die Seinigen so mutig, dass sie in derselben Nacht die Stadt angegriffen hätten, hätte er es ihnen nicht verwehrt.

Weil der König der Batas sah, dass der König von Achem gewichen war und sich als geschlagen betrachtete, wurde er vermessen und geriet so zweimal in Gefahr. Die in der Stadt unternahmen zweimal einen Ausfall. Doch wurden sie von den Leuten des Königs der Batas von zwei Seiten so heftig angegriffen, dass der König von Achem fürchtete, zu schwach zu sein, und zu derselben Schanze flüchtete, wo ihnen der Feind am vorigen Tage zwölf Geschütze abgenommen und sie mit einem Leitersturm überwältigt hatte. Aber als sie alle beide die Wälle erreicht hatten, setzten sich die Achemer tapfer zur Wehr. Während die einen einzudringen und die anderen den Angriff abzuwehren sich bemühten, legten die Leute des Achemers Feuer an eine große Mine, was bewirkte, dass der Hauptmann der Batas und mehr als dreihundert der Seinen mit einem solchen Krachen und einem so dicken Rauch in die Luft gesprengt wurden, dass dieser Ort ein lebendiges Bild der Hölle zu sein schien. Darauf erhoben die Feinde ein großes Geschrei, und gleichzeitig unternahm der König von Achem einen Ausfall mit fünftausend tapferen und beherzten Soldaten, die mit großem Ingrimm auf die Batas losgingen. Aber da sich beide Seiten wegen des dicken Rauches nicht sehen konnten, entstand ein wirres und ungestümes Gefecht, sodass in einer Viertelstunde auf beiden Seiten mehr als viertausend erschlagen wurden. Doch die größte Niederlage erlitt der König der Batas; er wich mit dem Rest der Seinen auf einen Felsen zurück, den man Minacalen nennt, um dort die Verwundeten, mehr als zweitausend an der Zahl, verbinden zu lassen. Die Toten, welche in den Fluss geworfen wurden, weil man sie nicht so schnell begraben konnte, sind hierbei nicht mitgerechnet.

Nach dem Ausgang dieses Scharmützels verhielten sich

die beiden Könige vier Tage lang still. Aber als die Zeit verflossen war, sah und hörte man unvermutet von Penatican her eine Flotte von sechsundachtzig Segelschiffen mit lauter Musik von Saiteninstrumenten und vielen Standarten und seidenen Fähnlein ankommen. Die Batas wussten nicht, was dieses bedeutete, und waren deshalb sehr bestürzt. Doch nahmen ihre Kundschafter in derselben Nacht fünf Fischer gefangen, die unter der Folter bekannten, dass dies das Kriegsvolk sei, das der König von Achem vor zwei Monaten nach Tevassery abgeschickt habe, um mit dem König von Siam Krieg zu führen. Man sagte auch, dass dieses Heer aus fünftausend Männern aus Luson und Borneo, alle tapfer und wehrhaft, bestehe, welche einen Türken namens Hametecam zum General hätten, der ein Enkel des Paschas von Kairo sei.

Als der König der Batas die Aussage der Fischer gehört hatte, beschloss er, alsbald aufzubrechen, da es die Zeit nicht mehr erlaubte, eine Stunde länger zu bleiben. Denn erstens war die Heereskraft seines Feindes viel größer als seine, und zweitens erwartete dieser von Pedir und Pacem Hilfe, wobei sich, wie man sagte, zehn Schiffe voll von Ausländern befänden. Nachdem der König diesen Entschluss gefasst hatte, brach er in der folgenden Nacht auf. Doch war er sehr betrübt wegen des üblen Ergebnisses der vorhergehenden Kämpfe, denn schließlich hatte er mehr als dreieinhalbtausend Mann verloren. Dabei waren noch nicht einmal die sehr vielen Verwundeten oder diejenigen, welche durch die Mine ums Leben gekommen waren, mitgerechnet.

Er kam also fünf Tage nach seiner Abreise wieder in Panaju an, wo er all seine Truppen entließ, sowohl die Einheimischen als auch die Fremden. Danach zog er in einer kleinen Lanchare flussaufwärts und nahm niemanden außer zwei oder drei seiner besten Freunde mit sich. Mit dieser kleinen Gesellschaft begab er sich an den Ort Pachissaris und verbarg sich dort vierzehn Tage lang in einem Tempel eines Götzen, den man Ginassereo nannte, was »Gott der Betrübnis« bedeutet.

Als er von dort zurückgekommen war, ließ er mich zusammen mit dem Mohammedaner holen, dem Petrus de Faria seine Handelsgeschäfte anvertraut hatte. Er fragte zugleich, ob der Verkauf der Waren abgeschlossen sei, und erbot sich, dem Mohammedaner auszuhelfen, falls er etwas schuldig geblieben sei. Der Mohammedaner und ich gaben zur Antwort, dass durch die Gunst Seiner Hoheit alles wohl gelungen sei und wir daher darüber, was verkauft worden sei, wohl zufrieden sein könnten. Auch werde der Hauptmann von Malakka die Freundschaft nicht unvergolten lassen, sondern ihm Beistand leisten, sodass er sich an seinem Feind, dem König von Achem, rächen und ihn zwingen könne die Länder zurückzugeben, die er unrechtmäßig eingenommen habe. Als der König mich so reden hörte, dachte er eine Weile nach und gab endlich zur Antwort: »O Portugiese, du bringst mich dazu, meine Meinung frei zu sagen. Denk doch nicht, dass ich glauben werde, dass derjenige, welcher sich in dreißig Jahren nicht hat rächen können, mir nun in kurzer Zeit helfen könnte. Meinst du, dass ich mich betrügen lasse? Woher kommt es, dass euer König und Statthalter diesem tyrannischen König von Achem nicht widerstanden hat, als er euch die Festung Pacem und die Galeere, die nach den Molukken segelte, raubte, ebenso die drei Schiffe in Queda und die Galione von Malakka, als Garcias dort Hauptmann war? Ich schweige von den vier Kriegsgaleeren, welche unlängst in Salangor geraubt wurden, und von den zwei Schiffen, die von Bengalen kamen, oder von dem Schiff des Lope Chanoca, ganz zu schweigen von vielen anderen Ungenannten, auf welchen dieser Tyrann mehr als tausend Portugiesen erschlagen hat, wie ich vernommen habe. Wenn dieser Tyrann mich nun wieder bekämpfen wird, wie werde ich mich dann auf die Worte derjenigen verlassen können, welche so oft besiegt wurden? Ich bin deswegen gezwungen, obgleich meine Söhne getötet und der größte Teil meines Königreiches verwüstet wurden, nichts zu unternehmen, dies auch, weil ihr in eurer Festung Malakka nicht sicherer seid als ich.« Obgleich diese Antwort sehr höflich war, machte sie mich ganz beschämt. Denn ich wusste, dass er die Wahrheit sagte. Ich durfte ihm deswegen nichts mehr von Beistand erwähnen und das Versprechen nicht wiederholen.

7. KAPITEL

Pinto verabschiedet sich vom König der Batas und gerät am Hof des Königs von Queda in Lebensgefahr

Als wir wieder in unser Quartier gekommen waren, brachten der Mohammedaner und ich vier Tage damit zu, unsere Waren aufs Schiff zu bringen. Als wir bereit zur Reise waren, begab ich mich zum Passeivan des Königs und teilte ihm mit, dass wir reisefertig seien, sofern es Seiner Hoheit gefalle, uns ziehen zu lassen. Er gab unserer Bitte statt und sagte, dass er von Hermon Xabandar, dem Obersten der Krieger, vernommen habe, wie teuer wir unsere Waren verkauft hätten. Das freue ihn sehr, weil er nicht gern sehe, wenn die Leute von Malakka sagten, die Leute von Panaju blieben ihren Worten und Versprechungen nicht treu. »Es ist nun«, sagte er ferner, »die beste Zeit, sich auf den Weg zu begeben und die große Hitze zu vermeiden, die man oft beim Übersegeln des Meeresarmes erleiden muss. Durch diese werden die Schiffe meistens nach Pacem geworfen. Aber ich bitte Gott, dass er euch davor bewahre, denn bei solchem Unglück würden euch die Kriegsleute von Achem mit ihren Zähnen zerreißen, ja, der König würde dabei sogar der Erste sein. Denn dieses ist der größte Ruhm der Tyrannen, dass sie zur Zierde ihrer Waffen den Namen ›Blutsäufer‹ führen. Diesen geben sie einander mit der Gunst des Hauses Mekka, zum Dank für die goldenen Lampen, die sie ihrem Mohammed verehrt haben. Warnt den Statthalter, wie ich das selbst auch oft getan habe, dass er sich gegen die Gewalttätigkeit des Achemers vorsehe. Denn jener versucht auf jede Weise, euren Herrn aus Indien zu vertreiben und den Türken, welcher ihm eine große Hilfstruppe senden will, dort einzusetzen. Aber ich hoffe, dass Gott diese Bosheit abwenden werde.« Hierauf gab er mir einen Brief als Antwort auf meine Botschaft und ein Geschenk, welches ich Petrus de Faria von ihm überbringen sollte. Dieses Geschenk bestand aus sechs Handspießen mit goldenen Spitzen und zwölf Caten calambukischen Holzes, von denen jeder vierzig Lot wog. Dabei war auch eine köstliche Schachtel, die aus dem Gehäuse einer Schildkröte angefertigt und mit Gold und kostbaren Perlen verziert war. Schließlich gab es noch sechzehn andere herrliche Perlen. Mir selbst aber verehrte er zwei Caten Gold und einen kleinen Säbel mit Goldverzierungen und verabschiedete mich unter großen Freundschaftsbezeigungen.

Ich begab mich daraufhin auf das Schiff, begleitet von seinem Schwager Aquarem Dabolay, welcher, wie schon erzählt wurde, als Gesandter in Malakka gewesen war. Nachdem wir nun aus dem Hafen von Panaju ausgelaufen waren, kamen wir des Nachts um zwei Uhr zu einer kleinen Insel namens Apefingau. Sie war eineinhalb Meilen von der Mündung entfernt und wurde von armen Leuten bewohnt, welche sich vom Fang der Elfen, einer Art Fische, ernähren. Von diesen essen sie freilich nur die Eier der Weibchen, weil diese trotz des hier herrschenden Salzmangels aufbewahrt werden können. Gleiches pflegt auch bei den Flüssen Anru und Siaca zu geschehen.

Am folgenden Morgen zogen wir wieder von dieser Insel Apefingau fort und segelten fünfundzwanzig Meilen weit an der Ozeanküste entlang, bis wir zur Meerenge Minhagaru kamen. Diese durchquerten wir und segelten an der anderen Küste Sumatras entlang. Wir erreichten endlich Pullo Bugay, wobei wir dreieinhalb Tage lang günstigen Wind gehabt hatten. Hierauf gelangten wir an den Perlenfluss im Königreich Queda, wo wir ankerten und wieder auf günstigen

Wind warteten. Während dieser Zeit gingen ich und der Mohammedaner zum König und nahmen ein passendes Geschenk mit, welches er mit viel Vergnügen annahm. Als wir in seinen Hof eingetreten waren, sahen wir, dass er in großem Rahmen, mit Gesängen, Freudentänzen und Spielen – wobei viele Arme beköstigt wurden – die Leichenfeier für seinen Vater abhielt, den er mit eigener Hand erstochen hatte. Er wollte nämlich seine Mutter, die er geschwängert hatte, zum Weibe nehmen. Um allem Aufruhr, der wegen einer so gräulichen Tat im Volke hätte entstehen können, zuvorzukommen, ließ er bei Strafe eines schmählichen Todes ausrufen, dass niemand von dem Vorgefallenen reden sollte. Doch sagte man zu uns, dass er mittlerweile in erneuter Gewalttätigkeit die Vornehmsten seines Königreiches und viele Kaufleute hingerichtet und ihre Güter konfisziert habe. Mein Gefährte, der Mohammedaner – sein Name war Coja Ale – hatte eine schnelle Zunge und sagte alles frei heraus, was ihm nur in den Mund kam. Weil er ein Fremder und ein Diener des Hauptmanns von Malakka war, meinte er, dass es ihm erlaubt sei, frei über alles zu reden, ohne deswegen eine Strafe vom König befürchten zu müssen. Hierüber befand er sich aber im Irrtum, sodass sein Frevelmut ihn das Leben kostete. Denn als er von einem anderen Mohammedaner, der ein fremder Kaufmann war, aus Patane stammte und sich seinen Freund nannte, zur Mahlzeit geladen wurde, geschah, wie ich später vernahm, Folgendes: Sie ließen sich Speise und Trank wohl munden und fingen an, ohne Scheu von dem viehischen Wesen und dem Vatermord des Königs zu reden. Das aber wurde alsbald dem König durch seine Kundschafter gemeldet, die er gerade deswegen überall herumhorchen ließ. Er befahl daraufhin sofort, das Haus abzusperren und die Gäste, siebzehn an der Zahl, gefesselt vor ihn zu führen. Kaum gesehen, ließ er sie auf eine Weise hinrichten, die sie Gregoge nennen. Diese wird so vollzogen, dass man demjenigen, der dazu verdammt ist, die Füße, die Hände, den Hals und endlich die Leibesmitte bis zum Rückgrat absägt, wie ich später gesehen habe.

Der König befürchtete, dass der Hauptmann von Malakka
sehr erzürnt sein würde, weil er seinen Diener mit den anderen Aufrührern ums Leben gebracht hatte, und dass man
einige Handelswaren, die er in Malakka hatte, beschlagnahmen würde. Deswegen ließ er mich in der folgenden Nacht
von der Jurupango, wo ich schlief, holen. Ich aber wusste
nichts von dem, was vorgefallen war. Ich ging also um Mitternacht zum Königshof und sah im Vorhof eine große Anzahl Männer, die mit Brustharnischen, Säbeln und Spießen
bewaffnet waren. Dies versetzte mich in große Furcht und
ich wollte mich wieder zurückziehen, weil ich den Grund
hierfür nicht wusste. Aber als meine Begleiter sahen, dass
meine Angst von dem Anblick dieser bewaffneten Krieger
herrührte, sagten sie, dass ich mich nicht zu fürchten
bräuchte. Dies seien Leute, die vom König ausgesandt würden, um einen Räuber gefangen zu nehmen. Dessen ungeachtet war ich doch vor Schrecken und Furcht so befangen,
dass ich nicht ein verständliches Wort hervorbringen konnte. Aber nachdem ich mich wieder etwas beruhigt hatte, bat
ich sie, mich wieder zu meinem Schiff gehen und mich dort
meine Schlüssel suchen zu lassen, die ich vergessen hätte.
Zur Belohnung wollte ich ihnen vierzig Goldkronen schenken. Die sieben Männer, die mich begleiteten, gaben zur
Antwort, dass sie mich nicht gehen lassen dürften, auch
wenn ich ihnen alles Geld aus Malakka geben wollte, ja,
dass der König sie köpfen lassen würde, wenn sie mir das
gestatteten. Diese Antwort vermehrte meine Furcht. Und
alsbald wurde ich von fünfzehn oder zwanzig Bewaffneten
umringt, welche mich die ganze Nacht bewachten. Des Morgens ließen sie dem König sagen, dass ich da sei, und man
ließ mich kurz danach eintreten, um mit ihm zu reden. Ich
war gewiss damals so von Furcht ergriffen, dass ich mehr tot
als lebendig war.

Als ich vor den König trat, fand ich ihn auf einem Elefanten sitzend, von hundert Mann umgeben, nicht gerechnet
die Leibwächter, deren Anzahl noch viel größer war. Wie er
mich nun so ganz erschrocken zu ihm kommen sah, sagte

Pinto erblickt die Leichen seiner Gefährten

er: »Fürchte dich nicht, sondern komm zu mir her! Ich will
dir erzählen, warum ich dich habe holen lassen.« Darauf gab
er zehn oder zwölf Mann, die neben ihm waren, ein Zeichen,
danach auch mir selbst. Ich wandte mein Gesicht dem Ort
zu, welchen er mir zeigte, und ich sah dort viele Leichname
in ihrem Blute liegen. Sofort erkannte ich darunter den Mohammedaner Coja Ale, mit welchem ich gekommen war. Als
ich dies sah, verging mir Hören und Sehen; auch entschwan-

den mir die wenigen Kräfte, die ich noch übrig hatte. Ich fiel vor den Füßen des Elefanten nieder, auf welchem der König saß, und sagte weinend: »Mein Herr, ich bitte Euch, macht mich lieber zu Eurem Sklaven, als dass ich so elend mein Leben verliere. Ich schwöre Euch als ein Christ, dass ich niemals etwas gegen Euch getan und deshalb den Tod nicht verdient habe. Bedenkt auch, dass ich der Enkel des Hauptmanns von Malakka bin, der so viel Geld, wie Ihr nur begehrt, für mich geben wird. Auch habt Ihr ja die Jurupango, mit welcher ich gekommen bin, in Eurem Hafen. In dieser ist viel Kaufmannsgut, welches Ihr ergreifen und an Euch nehmen könnt, wenn es Euch beliebt.« Als er mich so reden hörte, rief er: »Das sei mir ferne! Sei unerschrocken und erhol dich ein wenig, denn ich sehe, dass du ganz von Furcht ergriffen bist. Wenn du zu dir selbst gekommen bist, will ich dir erzählen, warum ich den Mauren, der mit dir gereist ist, habe töten lassen. In Wahrheit, wäre er ein Christ gewesen, schwöre ich dir bei meinem Gesetz, hätte ich ihn nicht umbringen lassen, selbst wenn er meinen leiblichen Sohn ums Leben gebracht hätte.« Aber als er sah, dass dies alles nicht helfen wollte, ließ er ein Gefäß mit Wasser bringen, von welchem ich sehr viel trank, und befahl einem der Seinen, mir mit einem Fächer Kühlung zu verschaffen. Dieser Schrecken dauerte wohl eine ganze Stunde lang.

Nachdem ich mich nun ein wenig erholt hatte, sagte er: »Ich weiß wohl, dass man in den vorigen Tagen zu dir gesagt hat, ich hätte meinen Vater ermordet. Nun, es ist wahr, ich habe ihn umgebracht, denn ich wusste, dass er mich töten wollte und sich dazu von einigen Sklaven anstacheln ließ, welche ihm einredeten, dass meine Mutter durch mich geschwängert worden sei. Daraus kannst du sehen, was böse Zungen anrichten können. Als ich mir sicher war, dass er dieser Verleumdung glaubte und mir den Tod geschworen hatte, bin ich ihm zuvorgekommen und habe ihn in demselben Netz, das er mir ausgelegt hat, gefangen. Aber Gott weiß, wie zuwider mir das gewesen ist und wie ich mich allezeit bemüht habe, ihm den schuldigen Gehorsam eines

Sohnes zu zeigen, was zur Genüge bekannt ist. Bedenke, ob man mich zu Recht beschimpft, weil ich meine Mutter zur Gemahlin genommen habe, damit sie nicht wie andere Witwen verlassen und betrübt sein möge. Vor allem, weil ich ihretwegen vielen Frauen die Ehe ausgeschlagen habe, die man mir zusammen mit reichen Geschenken in Patane, Berdio, Siaca, Jambe und Andragia angeboten hat und die alle Schwestern oder Töchter großer Könige waren. Nun habe ich ausrufen lassen, dass niemand von dieser Sache reden sollte, um auf diese Weise die Zungen der Lästerer im Zaum zu halten. Aber dein Gefährte, den du unter diesen anderen Hunden – solchen wie er selbst – dort liegen siehst, hat gestern öffentlich von mir so übel geredet, dass ich mich schäme, es zu erzählen. Er sagte nämlich, ich sei ein Schwein oder schlimmer als ein Schwein, und meine Mutter eine hitzige Hündin. Darum habe ich ihn zu seiner Strafe neben diesen anderen Hunden töten lassen. Entschuldige mein Tun, und glaube nicht, ich hätte so gehandelt, um die Waren des Hauptmanns von Malakka an mich zu bringen. Ich schwöre vielmehr bei meinem Gesetz, dass ich allezeit ein großer Freund der Portugiesen gewesen bin und es mein Leben lang sein werde.«

Als ich nun wieder etwas zu mir gekommen war, antwortete ich, dass der König seinem Freund und Bruder, nämlich dem Hauptmann von Malakka, einen großen Gefallen getan hätte, indem er diesen Mohammedaner hingerichtet habe. Dieser nämlich hätte einen Teil des Handelsgutes, welches ihm anvertraut gewesen sei, gestohlen und mich zweimal vergiften wollen, da er gesehen habe, dass sein Diebstahl entdeckt worden sei. Auch habe dieser Hund, wenn er betrunken gewesen sei, alle Menschen angebellt und geredet, was ihm nur in den Sinn gekommen sei. Diese unerwartete Antwort vergnügte den König dermaßen, dass er sogleich zu mir sagte: »Gewiss, ich entnehme deinen Reden, dass du ein aufrichtiger Mann und mein guter Freund bist. Denn du deutest meine Taten auf die beste Weise, und zwar ganz anders als diese Hunde, welche sich in ihrem eigenen Blut wälzen.«

Darauf gab er mir ein Geschenk samt einem Brief an Petrus de Faria und ließ mich mit der schlechten Ausrede, weswegen er den Mohammedaner habe umbringen lassen, von sich gehen. Ich sagte zu ihm, dass ich noch zehn bis zwölf Tage dableiben würde. Aber sobald ich auf meine Jurupango gekommen war, ließ ich die Segel aufziehen, den Anker lichten und eilte fort. Denn es war mir fortwährend so, als verfolgten mich die Einwohner, weil mir immer die große Gefahr vor den Augen schwebte, in welcher ich mich befunden hatte.

Als ich nun am Sonnabend bei Sonnenuntergang den Perlenfluss verlassen hatte, setzte ich meine Fahrt bis zum folgenden Dienstag fort und kam so zur Insel Pullo Sambillan, dem ersten Land in der Gegend von Mallayo. Dort fand ich drei portugiesische Schiffe, von denen zwei von Bengalen und eins von Pegu kam. Sie wurden von Tristan de Ga befehligt, welcher mir anbot, mir mit vielen notwendigen Dingen wie Stricken, Schiffsknechten, zwei Soldaten und einem Steuermann auszuhelfen. Diese trugen für mich stets Sorge, bis ich in den Hafen von Malakka kam.

8. KAPITEL

Pinto reist als Gesandter in das Königreich Aru, erleidet Schiffbruch und gerät auf Sumatra in die Sklaverei

Nachdem ich in Malakka an Land gegangen war, begab ich mich unverzüglich zum Hauptmann Don Petrus de Faria, um ihn zu begrüßen und Rechenschaft über meine Reise abzulegen. Ich berichtete ihm also von allem, was ich gesehen und gehört hatte, und übergab ihm zugleich die Antwort des Königs der Batas.

Fünfundzwanzig Tage nach meiner Rückkehr nach Malakka erschien dort ein Abgesandter des Königs von Aru, welcher um Unterstützung an Truppen, Pulver und Kugeln gegen den König von Achem bat. Dieser war mit einer großen Flotte gegen ihn ausgezogen, um ihn seines Königreiches zu berauben und danach sein Heer umso leichter gegen Malakka schicken zu können. Petrus de Faria erwog die Bedeutsamkeit dieser Angelegenheit und ließ Don Stephanus de Gama, der immer noch Hauptmann der Festung war, weil seine Dienstzeit noch nicht abgelaufen war, davon wissen. Aber keiner von den beiden wollte sich an diese Aufgabe machen und ein jeder schob sie immer dem anderen zu. Daher erhielt jener Abgesandte keinen richtigen Bescheid, indem der eine einwandte, er habe sein Amt noch nicht angetreten, und der andere, seine Amtszeit liefe nunmehr aus. Deshalb reiste auch der Gesandte sehr unzufrieden wieder ab. Als er nämlich am Morgen des Tages seiner Abreise den beiden Hauptleuten begegnete und Abschied nahm, beschwerte er sich ihnen gegenüber sehr, hob zwei Steine auf, schlug damit an die Geschütze und sagte weinend: »Der Herr, der uns geschaffen hat, wird uns auch beschützen, wenn es Ihm beliebt.« Darauf begab er sich also ganz missvergnügt auf den Weg. Petrus hörte danach, wie man in der Stadt darüber murrte, dass er und Stephanus diesem König so wenig Ehrerbietung erwiesen hatten. Dieser habe doch sonst den Portugiesen viele Dienste geleistet und laufe deswegen jetzt Gefahr, seines Königreiches beraubt zu werden. Er erkannte daher seine Fahrlässigkeit und sandte diesem König dreihundert Pfund grobes und fünfzig Pfund feines Pulver, hundert Feuertöpfe, hundertundfünfzig schwere Kugeln, zwölf Musketen, vierzig Säcke mit Steinen und sechzig Helme. Außerdem schickte er dem König zum eigenen Gebrauch ein Kriegsgewand mit vergoldeten Knöpfen und mit karmesinfarbenem Taft doppelt überzogen. Daneben auch verschiedene andere Gewänder und zwanzig Stück Caracas, das ist gefärbtes Leinen aus Indien, wie auch malaiische Tücher – mit welchen man sich gewöhnlich in diesen Ländern bekleidet – für seine Gemahlin und deren Damen. Dies alles ließ er in eine Ruderlanchare bringen und bat mich, es in seinem Auftrage dem König von Aru zu übergeben.

Ich nahm diese Aufgabe an und gelangte nach fünftägiger Reise an einem Sonntag auf den Fluss Punetican, an welchem die Stadt Aru errichtet ist. Dort ging ich sofort an Land und begab mich direkt zu einer Befestigung an der Flussmündung, an welcher der König fleißig arbeiten ließ, um sich gegen den Feind zu schützen. Er empfing mich selbst mit großer Freude und nahm den Brief an, welchen Petrus de Faria an ihn gerichtet hatte. Er machte ihm darin Hoffnung, dass er im Notfall ihm selbst zu Hilfe kommen wolle, und noch viele andere leere Versprechungen. Doch der König war darüber sehr erfreut, weil er meinte, diese würden tatsächlich so geschehen. Er nahm vor allem das Geschenk mit solcher Freude an, dass er mir um den Hals fiel und sagte: »Mein Freund! Mir hat in dieser Nacht geträumt, dass mir die Portugiesen das, was ich hier vor mir sehe, zusenden werden. Ich hoffe damit durch Gottes Hilfe mein Königreich zu beschützen und Euren Landsleuten wiederum zu dienen.« Er fragte mich nach verschiedenen Dingen, die er gern wissen wollte, und befahl danach den Seinen, weiter an der Schanze zu arbeiten. Darauf nahm er meine Hand und ging mit mir, wie er war, zu Fuß in Begleitung von fünf oder sechs Edelleuten zur Stadt. Diese war ungefähr eine viertel Meile von der Schanze entfernt.

An seinem Hofe empfing er mich herrlich und ich musste seine Gemahlin begrüßen, was in diesen Ländern gar selten geschieht und als eine besondere Ehre gilt. »Hier seht Ihr«, sagte er weinend, »warum ich die Ankunft meiner Feinde fürchte. Denn wenn ich nicht durch meine Gemahlin zurückgehalten würde, käme ich ihren Ratschlägen zuvor und verließe mich nur auf meine Leute. Ich weiß schon seit langer Zeit, was für ein Mann der meineidige König von Achem ist und wie weit seine Macht sich erstreckt. Allein das Gold, das er im Überfluss besitzt, verdeckt seine Schwäche und veranlasst die Ausländer, in seinen Dienst zu treten. Dagegen ist auch bekannt, wie gemein, trübselig und verhasst die

Armut ist und wie sie einem armen König zum Schaden gereicht. Darum klage ich mit Recht über das geizige Glück, wie ich Euch zeigen will.« Als er mir das gesagt hatte, führte er mich zu seinem Arsenal, das mit Stroh bedeckt war. Dort zeigte er mir alles, was sich darin befand und was man mit Recht für nichts erachten konnte, wenn man bedachte, was er zur Verteidigung brauchte. Denn der König von Achem hatte zweihundertdreißig Schiffe, die mit wehrhaften Männern besetzt waren, darunter Türken und Malabaren. Endlich schüttete er mir gleichsam sein Herz aus und sagte, dass er nur sechstausend Mann aus seinem Lande habe und keine Hilfstruppen. Außerdem habe er nur vierzig kleine Geschütze, vierzig Musketen, sechsundzwanzig Elefanten und vierzig Reiter zum Schutze der Stadt. Er kam noch auf viele andere Dinge zu sprechen und hielt mir seine Armut und sein Elend so eindringlich vor Augen, dass ich bald merkte, dass die Feinde sich seines Königreiches ohne viel Mühe bemächtigen würden. Zwar sprach ich ihm guten Mut zu, er aber widerlegte meine Worte so gründlich, dass ich nicht widersprechen konnte.

Nach dieser Rede begab er sich wieder in seinen Hof und schickte mich zu einem Kaufmann von Andragia, der mich beherbergen sollte. Dieser bewirtete mich während der fünf Tage meines Aufenthaltes vortrefflich. Aber es hätten mir zur gleichen Zeit viel besser schlechte Speisen in einer anderen Herberge geschmeckt, denn ich befand mich dort in beständiger Furcht vor dem Einfall der Feinde, dies vor allem, weil der König am Tage nach meiner Ankunft die sichere Nachricht erhielt, dass Achems Truppen schon aufgebrochen seien und innerhalb von acht Tagen hier sein würden. Deswegen bemühte sich der König, schleunigst alle noch ausstehenden Rüstungsanstrengungen zu machen und die Frauen und anderen wehrlosen Leute aus der Stadt zu entfernen. Letzteren befahl er, sie sollten sich fünf bis sechs Meilen weit in den Wald hineinbegeben. Das geschah so überstürzt und ungeordnet, dass ich selbst darüber erschrocken war und es bereute, dorthin gekommen zu sein. Es war erbärmlich anzusehen, wie die Königin auf einem Elefanten saß und sich mit vierundfünfzig alten Männern wegbegab. An der Furcht und dem Schrecken dieser Alten konnte ich leicht sehen, wie schnell die Achemer siegen würden.

Fünf Tage nach meiner Ankunft ließ mich der König zu sich holen und fragte, wann ich mich wieder aufmachen wolle. Ich antwortete, dass ich gleich reisen würde, sobald er mich gehen ließe. Denn der Hauptmann habe die Absicht, mich in Handelsangelegenheiten nach China zu senden. Darauf nahm er zwei goldene Armbänder von seinen Armen, ungefähr dreißig Goldkronen schwer, und sagte, indem er mir diese gab: »Ich bitte Euch, nicht zu glauben, dass ich Euch aus Geiz solch eine minderwertige Gabe verehre. Seid vielmehr dessen versichert, dass ich allezeit gewünscht habe, nur darum viel zu besitzen, damit ich es reichlich spendieren und verschenken könnte. Übergebt auch diesen Brief und diesen Diamanten Eurem Hauptmann, weil ich ihm wegen seiner Wohltaten äußerst verbunden bin. Ich will dieselben noch weiter vergelten, wenn ich der Bedrohung durch meine Feinde entgangen sein werde.«

Als ich meinen Abschied vom König von Aru genommen hatte, schiffte ich mich ein, fuhr bei Sonnenuntergang fort und ruderte den Fluss hinab bis zu einem kleinen Ort an der Mündung, der nur aus wenigen mit Stroh bedeckten Häusern bestand. Dessen Einwohner ernährten sich durch die Jagd auf Eidechsen, aus deren Leber sie ein Gift bereiteten, welches für Pfeilspitzen gebraucht wird. Solches Gift, besonders dasjenige, welches sie Pocausilim nennen, wird in diesen Gegenden für das beste gehalten. Denn die Wunden, in welche es gerät, sind unheilbar. Am Tag nach unserer Abreise segelten wir mit einem Winde, der vom Lande her kam, bis zum Abend an der Küste hin und erreichten die Insel Anchepisan. Weil es noch etwas hell war, entfernten wir uns dort vom Lande. Aber ungefähr um die Zeit der ersten Wache drehte der Wind nach Nordosten, wie er gewöhnlich auf der Insel Sumatra weht. Ein gewaltiger Sturm begann das Meer so sehr aufzuwühlen, dass wir meinten, es würde uns alle das Leben kosten, als der Wind Mast und Segel abriss. Auch drang durch drei Lecks am Kiel so viel Wasser ein, dass wir sehr schnell sanken und nichts zu erretten vermochten. Dabei ertrank eine große Zahl der Unseren, nämlich dreiundzwanzig Mann, sodass nach wenigen Minuten von den achtundzwanzig Menschen, die auf dem Schiff gewesen waren, nur fünf übrig blieben. Durch Gottes Barmherzigkeit wurden wir am Leben erhalten und brachten die restliche Zeit der Nacht verwundet auf einer Klippe zu, auf welche uns die Meereswellen gespült hatten. Und da wir nichts anderes unternehmen konnten, beklagten wir dort unter Tränen unser Unglück. Denn wir konnten auch kein Mittel erdenken, um durch die Sümpfe und das Dickicht, durch welches kaum ein Vogel fliegen konnte, wegzugelangen. Deswegen blieben wir drei Tage lang auf diesem Felsen, wo wir keine andere Nahrung fanden als Zitronen und Unrat, welchen die See dort angeschwemmt hatte.

Bei Ebbe machten wir uns dann auf den Weg über die Insel Sumatra. Nach einem Tag kamen wir gegen Abend zu einem kleinen Fluss, der einen Bogenschuss breit war. Wir durften aber nicht wagen hinüberzuschwimmen, weil das Wasser tief war und wir ermüdet waren. Deswegen sahen wir uns gezwungen die Nacht an diesem Ort zu verbringen, dabei bis an den Hals im Wasser stehend. Wir wurden auch von den Stechfliegen, welche aus dem nahen Busch kamen, so geplagt, dass wir alle blutrot aussahen. Endlich begann es zu tagen, wonach wir uns trotz unserer Hoffnungslosigkeit sehr gesehnt hatten. Da fragte ich meine vier Gefährten, die alle Seeleute waren, ob ihnen dieses Land bekannt sei und ob es in dieser Gegend nicht eine menschliche Ansiedlung gebe, zu der wir kommen könnten. Der Älteste von ihnen, der in Malakka verheiratet war, sagte, dass wir nichts als den Tod zu erhoffen hätten. Bald darauf starb er in meinen Armen, nachdem er seine Sünden bereut hatte. Denn er war so schwach, dass er ganz von Kräften gekommen war. Er hatte nämlich lange Zeit nichts zu sich genommen wegen einer großen Wunde am Kopf, die ihm ein Splitter von der

Lanchare verursacht hatte und die durch das Salzwasser und die Fliegen in einen üblen Zustand geraten war. Ich konnte ihm auch nicht helfen, denn ich fiel halb tot ins Wasser, weil ich aus den Wunden am Kopf und an den Schultern viel Blut verloren hatte.

Als wir ihn, so gut dies möglich war, begraben hatten, beschlossen die drei Schiffsknechte und ich, uns über das Wasser zu begeben. Wir wollten auf den großen Bäumen, welche wir auf dem anderen Ufer sahen, schlafen. Denn wir fürchteten uns vor den Tigern und Krokodilen, von denen es viele in dieser Gegend gibt; ebenso lebt hier eine unzählbare Menge stachliger und anderer giftiger Schlangen, welche allein schon mit ihrem Atem den Menschen töten. Als wir zu diesem Entschluss gekommen waren, bat ich zwei meiner Gefährten, sie sollten vorausschwimmen. Der dritte sollte bei mir bleiben, um mir im Wasser zu helfen, weil ich sehr schwach war und kaum auf meinen Füßen stehen konnte. Darauf gingen jene ins Wasser und ermahnten uns, wir sollten ihnen unerschrocken nachfolgen. Aber kaum hatten sie die Mitte des Flusses erreicht, wurden sie von zwei Krokodilen angegriffen, vor unseren Augen verschlungen und in die Tiefe gezogen. Das erfüllte uns mit solchem Schrecken, dass wir nicht einmal schreien konnten. Auch weiß ich nicht, wie ich wieder aus dem Wasser herausgekommen bin, in das ich mich mit dem dritten Schiffsknecht schon weit hineingewagt hatte. Dieser hielt mich an der Hand und war aus Furcht vor dieser Gefahr ganz außer sich. Ich selbst war auch drei Stunden lang so benommen, dass ich weder reden noch weinen konnte.

Am folgenden Tage sahen wir Leute in einer Barke, welche uns an der Flussmündung sehr nahe kam. Dieser näherten wir uns, fielen mit gefalteten und erhobenen Händen auf unsere Knie und baten die Leute, uns zu sich zu holen. Darauf hörten sie auf zu rudern und erkannten wohl an unserem erbärmlichen Zustand, dass wir Schiffbruch erlitten hatten. Deswegen fragten sie uns, was wir von ihnen wünschten. Da erzählten wir, was uns widerfahren war, und baten sie, uns mitzunehmen. Aber einer, welchen wir für den Vornehmsten unter ihnen hielten, sagte zu uns: »Ihr seid nicht zum Dienst zu gebrauchen und könnt das Brot nicht verdienen, welches wir euch auf unserem Schiff geben müssen. Wenn ihr aber etwas Geld habt, so gebt es uns, und wir wollen euch die Barmherzigkeit erweisen, um die ihr unter Tränen bittet. Wenn ihr das aber nicht tut, dann hofft ihr vergebens auf Beistand!« Sie gaben sich darauf den Anschein, als wollten sie umkehren, sodass wir sie baten, sie möchten uns als Sklaven mitnehmen und verkaufen, wo es ihnen beliebte. Außerdem versicherte ich ihnen, dass sie so viel Lösegeld, wie sie nur wünschten, für mich bekommen könnten, weil ich ein guter Freund des Hauptmanns von Malakka sei. »Wohlan«, sagten sie, »wir wollen euch mitnehmen, aber unter der Bedingung, dass wir euch an Händen und Füßen gefesselt in die See werfen, falls es sich herausstellen sollte, dass ihr gelogen habt.« Wir nahmen an, und vier von ihnen kamen an Land und brachten uns in ihre Barke, denn wir waren so schwach, dass wir uns kaum regen konnten. Sobald dies geschehen war, wurden wir an Händen und Füßen an den Mastbaum gebunden und mit doppelten Stricken grün und blau geschlagen. Wir sollten bekennen, wo wir unser Geld versteckt hätten, von dem sie viel bei uns vermuteten. Nachdem sie mich nun fast halb tot geschlagen hatten, hörten sie auf damit, um mich nicht ganz zu verlieren. Meinem Gefährten aber gaben sie einen Trank aus starkem Kalk, den man in Harn aufgeweicht hatte. Der verursachte ihm solches Erbrechen, dass er eine Stunde danach starb. Sie suchten darauf in dem Erbrochenen vergeblich nach Gold und sahen sich also in ihrer Einbildung betrogen. Das hatte zur Folge, dass sie mit mir nicht das Gleiche versuchten. Allerdings wuschen sie die Wunden, die sie mir durch ihre Schläge zugefügt hatten, mit demselben Trank aus, wobei mich die Schmerzen beinahe umbrachten.

Nachdem sie diesen Fluss – sein Name war Arissumhea – verlassen hatten, kamen sie zu einem Ort namens Ciaca, der zu dem Königreich Jambes gehört. Dort blieb ich zweiundzwanzig Tage lang bei ihnen und genas in dieser Zeit durch die Gnade Gottes vollkommen von meinen Wunden. Als jene aber sahen, dass ich nicht zu ihrer Arbeit, der Fischerei, zu gebrauchen war, versuchten sie vergebens mich zu verkaufen. Darum jagten sie mich davon, um mich nicht ernähren zu müssen, unnütz, wie ich ihnen war. Als ich nun wie ein verjagtes Pferd, das man »Todfresser« nennt, verstoßen war, ging ich ganze sechsunddreißig Tage lang von Haus zu Haus betteln. Aber ich bekam selten etwas, weil die Leute hier sehr arm waren.

Eines Tages, als ich mich am Ufer des Meeres in die Sonne gelegt hatte, um dort mein Unglück zu beklagen, geschah es unversehens, dass ein Mohammedaner vorüberging, der von der Insel Palumban stammte. Dieser hatte wohl früher in Malakka in portugiesischer Umgebung gelebt. Als er mich nun so nackt am Gestade liegen sah, fragte er, ob ich ein Portugiese sei. Ich gab ihm zur Antwort, dass ich reiche Eltern hätte, welche mich teuer genug zu dem Preis, den er wünschte, loskaufen würden, wenn er mich nach Malakka brächte. Ich sei nämlich ein Verwandter und Neffe des Hauptmanns der Festung. Der Mohammedaner fragte, wie ich denn in diesen erbärmlichen Zustand gekommen sei, wenn sich das so verhielte. Darauf erzählte ich ihm, wie ich in diese elende Lage geraten war und wie mich diese sieben Fischer schließlich verstoßen hatten, als sie keinen Käufer fanden. »Wisse, Fremdling«, sagte er da zu mir, »ich bin nur ein armer Kaufmann und so bedürftig, dass all mein Gut nicht hundert Pardaos wert ist. Ich habe mit diesem wenigen Geld, das ich nur mit Mühe zusammenbrachte, einen Handel mit den Eiern von Elfen, einer Fischart, angefangen. Damit verdiene ich mein Brot. Wenn ich nun mit Gewissheit wüsste, dass ich in Malakka mit meinen Waren einen guten Gewinn erzielen kann und mir dort auch kein Unrecht vonseiten des Hauptmanns geschieht, worüber ich doch viel habe klagen hören, dann will ich gern dorthin segeln. Wenn du also meinst, dass ich sicher hinkommen kann und nichts Widerwärtiges zu befürchten habe, will ich dich von diesen Fischern loskaufen.« Ich gab ihm mit weinenden Augen zur Antwort, ich könne mir gut vorstellen, dass er mir in meinem Zustande, sowohl wegen meiner äußersten Armut als auch wegen meines Ansinnens, kaum glauben könne. Ich wollte dennoch schwören und es ihm schriftlich geben, dass ihm der Hauptmann um meinetwillen nicht geringe Ehren erweisen würde, wenn er mich nach Malakka brächte. Er würde ihn von allen Steuern und Zöllen befreien und doppelte Bezahlung für meine Person erstatten. Er nahm dies an, bat mich aber, dass ich mir nichts anmerken lassen sollte, weil er befürchtete, sie würden den Preis erhöhen, wenn sie von unserer Absicht erführen.

Zu meiner Befreiung bediente sich dieser mohammedanische Kaufmann der Hilfe eines Einheimischen. Der ging heimlich zu den Fischern und wurde recht bald handelseinig mit ihnen, weil ich krank war und sie mich deshalb nicht gebrauchen konnten. Also kaufte mich der Mohammedaner ihnen für sieben goldene Mazen, also für wenig Geld, ab. Dann brachte er mich in sein Haus, wo ich fünf Tage lang, von dem tyrannischen Zwang dieser Fischer nunmehr erlöst, in einer besseren Gefangenschaft als zuvor lebte. Danach führte mich dieser neue Herr fünf Meilen fort an einen Ort, der Sorobaya hieß. Dort belud er sein Schiff mit Handelsgut, welches, wie gesagt, aus Elfeneiern bestand. Diese Fische gibt es in diesem Fluss in so großer Menge, dass die Einwohner einen einträglichen Handel mit deren Eiern führen können. Sie beladen damit jährlich mehr als tausend Schiffe, wobei schon die kleinsten zwischen hundertfünfzig und zweihundert Fässer fassen. Eines dieser Fässer beinhaltet die Eier von etwa tausend Fischen. Aus dem Rest der Fischkörper können sie keinen Gewinn schlagen. Der Mohammedaner steuerte sein Schiff nach Malakka und gelangte schließlich glücklich dorthin. Drei Tage nach der Ankunft führte er mich zur Festung, um den Hauptmann zu besuchen. Dem berichtete er von dem Vertrag mit mir.

Petrus de Faria war dermaßen bestürzt, als er mich in solch einem erbärmlichen Zustand sah, dass er in Tränen ausbrach. Er bat mich auch, laut und deutlich zu reden, damit er hören könne, ob ich es überhaupt sei. Ich kam ihm nämlich ganz fremd vor, da mein Gesicht so elend aussah. Es liefen so viele Leute herbei, um mich zu sehen, dass das Gebäude voll von ihnen war. Man hatte nämlich drei Monate lang von mir keine Nachricht erhalten und allgemein geglaubt, ich sei gestorben. Jeder war von Mitleid erfüllt und ich erhielt so viele Almosen, dass ich nunmehr reicher war, als ich es vor dieser unglücklichen Reise gewesen war. Petrus de Faria aber gab dem mohammedanischen Kaufmann, der mich gebracht hatte, sechzig Dukaten und zwei Stücke chinesischen Damast. Er befreite ihn auch von dem Zoll, der sich auf die gleiche Summe belief. Mir hingegen verschaffte er Quartier bei seinem königlichen Zollschreiber. Dort pflegte man mich gut und ich blieb einen Monat lang im Bett, ehe ich wieder völlig gesund war.

9. KAPITEL

Vom Ende des Königs von Aru und von Pintos Reise in das Königreich Pan

Als ich wieder genesen war, ließ mich Petrus de Faria zu sich in die Festung holen. Er fragte mich, wie meine Gesandtschaft verlaufen und wie und wo ich ins Unglück geraten sei. Ich erstattete ihm einen ausführlichen Bericht, der ihn sehr verwunderte. Aber bevor ich mit anderen Dingen fortfahre, halte ich es für notwendig mitzuteilen, was für ein Ende der Krieg der Könige von Aru und Achem gefunden hat:

Dem Tyrannen von Achem wurde von den Seinen geraten, nicht noch einmal zu versuchen, Malakka einfach durch einen Flottenangriff zu erobern. Er müsse sich vielmehr erst des Königreiches Aru bemächtigen. Dann könne er nämlich seine Streitkräfte umso leichter auf dem Fluss Punetican sammeln, und es werde ihm dann nicht schwer fallen, die Straße oder Meerenge von Singapur und Sabaon abzuriegeln. Auf diese Weise werde er verhindern, dass unsere Schiffe in das Chinesische Meer, in die Sundasee und die angrenzenden Meere ausliefen. Dadurch werde es ihm endlich möglich sein, den Gewinn des Gewürzhandels auf den dortigen Inseln an sich zu ziehen und so auch den letzten Vertrag mit dem Pascha von Kairo zu erfüllen. Der König von Achem fand diesen Rat gut. Er ließ eine Flotte von hundertsechzig Schiffen ausrüsten und siebzehntausend Mann Besatzung darauf bringen, und zwar zwölftausend Krieger und fünftausend Seeleute und Männer, die für Arbeiten bei der Belagerung Verwendung finden sollten. Darunter befanden sich viertausend Ausländer, nämlich Türken, Abessinier, Malabarer, Gusarater und Lusoner von der Insel Borneo. Zum Admiral dieser Flotte ernannte er Heredin Mohammed, seinen Schwager. Der zog nun mit dieser großen Flotte auf jenem Fluss heran. Dort befand sich damals der König von Aru nur mit tausend Mann aus seinem eigenen Land. Er hatte keine fremden Hilfstruppen, weil er fürchtete, sie könnten in seinem armen Lande Mangel leiden. Als die Feinde angelangt waren, fanden sie die verbesserten Befestigungen vor und fingen an, die Stadt vom Fluss aus mit großer Gewalt zu beschießen, nicht nur einen, sondern acht Tage lang. Die Einwohner wehrten sich tapfer, sodass auf beiden Seiten viel Blut vergossen wurde. Als der Admiral der Achemer sah, dass er wenig ausrichten konnte, brachte er seine Leute an Land. Dort zerstörten sie eine der Befestigungsanlagen völlig durch Beschuss. Außerdem griffen sie eine der wichtigsten Schanzen unter dem Kommando eines abessinischen Hauptmanns namens Mamedecan an. Der war vor ungefähr einem Monat von Dschidda gekommen, um das neue Bündnis, das der Pascha von Kairo im Namen des Sultans mit dem König von Achem geschlossen hatte, zu bekräftigen. Dieser Abessinier überfiel die Schanze mit sechzig Türken, vierzig Janitscharen und einigen malabarischen Mauren.

Der König von Aru aber feuerte derweil die Seinen dermaßen an, dass sie die Feinde wieder aus der eroberten Schanze trieben, wobei der abessinische Hauptmann mit all denen, die bei ihm waren, ums Leben kam. Der König von Aru wollte diesen Sieg ausnützen. Er stellte sich außerhalb der Stadt mit einem Teil seiner Truppe in Schlachtordnung auf, schlug die Feinde in die Flucht und eroberte zwölf Geschütze, die diese an Land gebracht hatten. Danach kehrte er voller Mut wieder um und sammelte neue Kräfte, um dem Angriff seiner Feinde zu widerstehen.

Der König von Achem war mehr um den abessinischen Hauptmann und den Verlust seiner Geschütze bekümmert als um die, die im Kampf gefallen waren. Deswegen hielt er eine Beratung ab, bei der er bestürmt wurde, die Belagerung fortzusetzen und die Stadt von allen Seiten anzugreifen. Diese Absicht setzte man sogleich in die Tat um, sodass innerhalb von siebzehn Tagen der Wall um die Stadt neunmal angegriffen und dabei stark beschädigt wurde, vor allem durch die Minen eines türkischen Feuerwerkmeisters. Der König von Aru konnte nichts dagegen ausrichten, obgleich die Seinen sich so tapfer wehrten, dass der König von Achem mehr als zweieinhalbtausend Mann verlor. Noch mehr wurden verwundet, wovon die meisten starben, weil sie nicht verbunden wurden. Der König von Aru hingegen verlor nicht mehr als vierhundert Mann. Aber weil die Anzahl der Seinen gering und die der Feinde größer war, unterlag er zuletzt im Kampfe am dreizehnten Tag des Monats.

Dies geschah infolge des Verrates des Kadis, auf den er sich sehr verlassen hatte. Dieser hatte sich vom König von Achem mit ungefähr vierzigtausend Dukaten bestechen lassen. Auf den Rat dieses Kadis hin machte nun der König von Aru einen Ausfall. Es begann ein heftiger Kampf, in welchem er nach Meinung vieler die Oberhand gewann. Der Verräter, welcher zum Schutze des Walles zurückgelassen worden war, begab sich daraufhin auch aus der Stadt fort. Er wollte den Feinden den Zugang freimachen, anstatt seinem König zu helfen. Nachdem nun einer der Hauptleute des Feindes,

Cutiale Marca genannt, davon Nachricht erhalten hatte, zog er gleich mit sechshundert Gusaratern und Malabarern hin, nahm ohne Schwierigkeiten den Wall ein und tötete alle Kranken und Verwundeten, die er vorfand. Von diesem Verrat wusste der König von Aru nichts. Als er daher sah, wie sein Wall erobert wurde, wandte er sich dorthin und wollte ihn unter äußersten Anstrengungen wieder zurückgewinnen. Da er aber dazu zu schwach war, räumte er das Feld und wollte sich hinter den Stadtgraben zurückziehen. Dabei wurde er jedoch von einem Türken erschossen. Sein Tod hatte den Untergang aller anderen zur Folge. Denn es entstand eine große Verwirrung, und sein Heer wurde geschlagen. So hatten die Feinde nicht viel Mühe, die Stadt und das Königreich zu erobern.

Um wieder auf mich zurückzukommen: Nach meiner Genesung sandte mich Petrus de Faria, um meinen Aufstieg zu fördern, mit zehntausend Dukaten in das Königreich Pan. Dieses Geld sollte ich seinem dortigen Beauftragten, Thomas Lobo, aushändigen und dann hundert Meilen weiter nach Patane ziehen. Er gab mir einen Brief und ein Geschenk für den König mit und befahl mir, mit diesem über die Freilassung von fünf Portugiesen zu verhandeln, welche im Königreich Siam als Sklaven des Monteo de Bancha, seines Schwagers, lebten. Als wir uns nun von Malakka auf den Weg gemacht hatten, kamen wir nach sieben Tagen in die Gegend der Insel Pullo Timano. Diese liegt ungefähr neunzig Meilen von Malakka und zehn oder zwanzig Meilen von der Grenze des Königreiches Pan entfernt. Da hörten wir kurz vor Tagesanbruch zweimal ein lautes Klagen auf dem Meer. Weil es aber noch finster war, konnten wir nicht sehen, was es war. Wir steuerten unser Schiff zu der Stelle hin, von welcher das Geschrei kam, und versuchten seine Ursache ausfindig zu machen. Nach einer Weile sahen wir, wie sich in der Ferne etwas Schwarzes auf dem Wasser bewegte. Weil wir es nicht erkennen konnten, berieten wir, was zu tun sei. Obgleich wir in unserer Lanchare nur vier Mann waren, vermochten wir uns nicht zu einigen. Man verlangte von mir, umgehend zu dem Ort zu segeln, zu welchem mich Petrus de Faria gesandt hatte. Wenn ich Zeit verlöre und meine Pflicht nicht bedenken wolle, sei die ganze Reise gefährdet, und ich könnte nicht Rechenschaft geben über meinen Handel.

Ich gab ihnen zur Antwort, dass ich wissen müsse, was wir da vor uns hätten, ganz gleich, was daraus für uns folge. Und wenn uns darüber ein Missgeschick ereile, wie sie mir weismachen wollten, so gehöre doch die Lanchare allein dem Petrus de Faria. Der werde von mir allein Rechenschaft verlangen und nicht von ihnen. Sie müssten nur etwas wagen, wie ich selbst übrigens auch.

Als wir so miteinander zankten, sahen wir beim ersten Licht des Tages Menschen auf dem Meer, die Schiffbruch erlitten hatten. Sie schwammen auf Brettern und anderen Holzstücken und wurden hin- und hergetrieben. Wir segelten auf sie zu und hörten, dass sie wohl sechs- bis siebenmal riefen: »Herrgott, sei uns gnädig!« Wir waren darüber sehr bestürzt und holten schließlich dreiundzwanzig Menschen auf unser Schiff. Es waren vierzehn Portugiesen und neun Sklaven, die alle so schwach und erbärmlich aussahen und kaum reden oder stehen konnten, dass wir erschraken. Als wir sie nun aufgenommen und so gut wie möglich versorgt hatten, fragten wir sie nach dem Grund ihres Unglücks. Einer aus dem Haufen begann zu weinen und gab schließlich zur Antwort: »Meine Herren! Mein Name ist Ferdinandus Gilles Porcalho. Das Auge, das ich verloren habe, haben mir die Achemer auf dem Wall von Malakka ausgestochen, als sie vormals Stephanus de Gaina überfallen wollten. Als dieser meine Armut sah, wollte er mir helfen und erlaubte mir, zu den Molukken zu ziehen. Aber es wäre besser für mich gewesen, nie dort hinzufahren und die Reise so unglücklich zu beenden. Auf dieser ist es uns folgendermaßen ergangen:

Wir fuhren vom Hafen von Talagame ab, nicht weit von der Festung Ternate entfernt. Dreiundzwanzig Tage lang segelten wir mit gutem Wind in einer Dschunke, die mit tausend Kisten voller Gewürznelken beladen war. Deren Wert betrug wohl mehr als hunderttausend Dukaten. Als wir aber dann das Kap Sarabaya auf der Insel Java erreicht hatten, überfiel uns ein gewaltiger Sturmwind von Norden, sodass unsere Dschunke schwer beschädigt wurde und wir die Ladung über Bord werfen mussten. In diesem Zustand verbrachten wir die ganze Nacht und konnten wegen des hohen Seeganges nicht segeln. Früh am Morgen begann die Dschunke zu sinken und wir vermochten nichts zu erretten. Auch sind von siebenundvierzig Mann nur die dreiundzwanzig, die ihr seht, am Leben geblieben. Danach sind wir vierzehn Tage lang auf diesen Brettern von der See hin- und hergetrieben worden. Zu essen hatten wir nur meinen Sklaven, mit dessen Fleisch wir uns acht Tage lang behalfen. Außerdem sind in dieser Nacht noch zwei Portugiesen gestorben. Doch wollten wir sie nicht aufessen, obwohl uns die Not fast dazu getrieben hätte. Wir meinten, jeden Augenblick könnte unser Elend mit dem Tod enden.«

Über diesen Bericht waren wir sehr entsetzt, gleichzeitig aber auch sehr über ihr wunderbares Überleben erstaunt. Wir bemühten uns, ihnen auf jede Weise behilflich zu sein mit Kleidern, Betten und anderen Dingen, die sie zu ihrer Ruhe vonnöten hatten. Denn sie hatten so lange nicht geschlafen und waren derart schlaftrunken, dass sie nicht wussten, was sie redeten oder taten. Hiernach setzten wir unsere Reise bis zum Hafen von Pan fort. Wir kamen dort ungefähr um Mitternacht an und ankerten bei einem kleinen Ort namens Campalaran. Bei Tagesanbruch ruderten wir einen Fluss hinauf, bis wir eine Weile oberhalb der Mündung zur Stadt Pan gelangten. Dort trafen wir Thomas Lobo. Dieser hatte hier, wie gesagt, die Angelegenheiten des Hauptmanns von Malakka zu verwalten und ich lieferte ihm das mir anvertraute Gut aus. Am selben Tage starben drei von den vierzehn Portugiesen, die wir gerettet hatten. Unter ihnen war Ferdinandus Gilles Portalho, der Kapitän der untergegangenen Dschunke, der uns alles erzählt hatte. Auch starben dort fünf christliche Jünglinge. Wir warfen sie ins

Meer und banden ihnen Steine an Hände und Füße, damit sie schnell sanken. Denn die Einwohner wollten ihre Beerdigung nicht gestatten, obgleich Thomas Lobo ihnen dafür vierzig Dukaten geben wollte. Sie gaben vor, wenn sie das zuließen, würde ihr Land deswegen verflucht und unfruchtbar sein. Denn die Verstorbenen seien noch nicht vom Schweinefleisch gereinigt, das sie gegessen hätten. Dies gilt bei ihnen als die verfluchteste und abscheulichste Sünde, die man sich nur denken kann. Die übrigen Portugiesen wurden von Thomas Lobo wohl versorgt und kehrten nach ihrer Genesung nach Malakka zurück.

Einige Tage später wollte ich meine Reise nach Patane fortsetzen. Thomas Lobo jedoch versuchte mich davon abzubringen. Er riet mir von meiner Reise ab, denn er hatte sichere Nachrichten, dass Tuan Nerrafa, einer der vornehmsten Männer der Stadt, geschworen habe, sein Haus mit allen Waren darin in Brand zu stecken. Denn ihm sei jeder Gewinn genommen worden, indem der Portugiese zu geringem Preis sehr kostbare Waren erworben habe. Er wolle durch einige aufgewiegelte Leute ihn, Thomas Lobo, umbringen lassen. Angesichts dieser Gefahr müsse ich dableiben, damit mein Handelsgut nicht verloren gehe. Ich versuchte, Ausflüchte zu machen und ihn zur Einwilligung in meine Absicht zu bewegen. Doch richtete ich nichts aus und sagte schließlich, dass ich mir nicht sicher sei, ob man ihm nach dem Leben trachte und seine Waren plündern wolle. Wenn er diese Nachricht für wahr halte, dann wundere es mich, wieso er länger bleibe und nicht schon längst mit den elf Portugiesen, die er hatte wegfahren lassen, nach Malakka zurückgekehrt sei. Am Ende kamen wir überein, dass ich noch zwei Wochen lang abwarten sollte, was er unternehmen würde, dann aber frei gehen dürfte. Er verkaufte daraufhin seine Waren zu so geringem Preis, dass sein Lagerhaus innerhalb von acht Tagen völlig geleert war. Statt Gewürzen, die viel Raum einnehmen, nahm er für seine Waren nur Gold, Diamanten und Perlen aus Borneo.

Als wir reisebereit waren, ereignete sich ein großes Unglück. Goja Geinal, ein Gesandter des Königs von Borneo, ermordete den König, als er ihn bei seiner Frau liegend überraschte. Das verursachte einen großen Aufruhr in der Stadt. Einige Nichtsnutze sahen jetzt die Gelegenheit gekommen, ungestraft plündern zu können. Sie versammelten eine Rotte von fünf- bis sechshundert Mann, überfielen das Haus des Thomas Lobo und drangen in es ein. Obgleich wir erbittert Widerstand leisteten, mussten wir das Haus räumen. Elf der Unseren verloren dabei ihr Leben, und Thomas Lobo wurde dabei so schwer verwundet, dass er beinahe daran gestorben wäre. Doch entkam er mit mir, obgleich er allen Besitz, der sich auf fünfzigtausend Dukaten belief, im Stich lassen musste. Wir retteten uns auf unsere Lanchare und kamen schließlich zu dem Entschluss, uns nach Patane in Sicherheit zu bringen, nachdem der Aufruhr schon viertausend Menschen das Leben gekostet hatte.

Sechs Tage später langten wir in Patane an, wo uns die dortigen Portugiesen wohl empfingen. Diese wollten uns behilflich sein und reichten deshalb am königlichen Hof eine Beschwerde ein. Der König willigte in alle Forderungen ein und sagte: »Es gebührt sich, dass ihr tut, wie man euch getan hat, und die beraubt, welche euch beraubt haben, besonders, was die Güter des Hauptmanns von Malakka betrifft.« Die Portugiesen bedankten sich höflich für diese Gunst und beschlossen Schiffe aus dem Königreich Pan anzugreifen, um sich schadlos zu halten. Nach neun Tagen erreichte sie die Nachricht von drei Dschunken auf dem Fluss Calantan, die reich beladen aus China für die mohammedanischen Kaufleute in Pan unterwegs waren. Achtzig der dreihundert Portugiesen in Patane schifften sich in drei Schiffen ein, um diese Dschunken zu überfallen. Sie segelten mit großer Geschwindigkeit fort, damit die Mohammedaner des Landes die Dschunken vorher nicht warnen konnten. Schon am nächsten Tage erreichten wir jenen Fluss und griffen die drei Dschunken an. Die wehrten sich anfangs tapfer, wurden nach einer Stunde aber doch übermannt, wobei vierundsiebzig von ihnen ihr Leben lassen mussten, von uns hingegen nur wenige. Wir kehrten gleich wieder nach Patane zurück und schossen vor Freude Salut. Das reizte die Mohammedaner bis aufs Blut, aber sie konnten beim König nichts gegen uns ausrichten. Er sagte ihnen, dass er den von seinen Vorfahren mit den Christen in Malakka geschlossenen Frieden keineswegs brechen und höchstens als Vermittler tätig werden wolle. So gaben wir denn den Necodas, den Kapitänen der Dschunken, ihre Schiffe zurück, und sie ersetzten uns die Verluste von Petrus de Faria und Thomas Lobo. Dies brachte den Portugiesen großen Ruhm und Ehre im ganzen Lande ein.

10. KAPITEL

Pinto kommt nach Lugor, lernt die Gepflogenheiten am dortigen Hof kennen und gerät abermals in Lebensgefahr

Nachdem wir sechsundzwanzig Tage lang in Patane still gelegen und chinesische Waren verkauft hatten, kam aus Malakka ein Schiff unter dem Kommando des Antonius de Faria de Sousa an. Dieser sollte sich im Auftrage des Petrus de Faria beim hiesigen König um einen neuen Vertrag bemühen und die alte Freundschaft erneuern. Im Namen unseres Königs überreichte er dem König von Pan ein Empfehlungsschreiben und ein herrliches Geschenk, das aus wertvollen Edelsteinen bestand. Außerdem hatte Petrus de Faria indische Tücher im Wert von zehn- bis zwölftausend Kronen mit sich geführt, die er jedoch nicht hatte absetzen können. Als er nun hörte, dass Lugor, das von hier aus hundert Meilen weiter nördlich im Königreich Siam lag, ein viel größerer Handelsplatz sei, ließ er dorthin ein neues Schiff, das er angemietet hatte, segeln. Zu seinem Beauftragten ernannte er Christoval Borralho, einen in Handelsgeschäften erfahrenen Mann, der diese Fahrt zusammen mit sechzehn Kaufleuten und Soldaten unternehmen sollte, darunter auch ich Unglückseliger, die sich alle der Hoffnung hingaben, sie würden mit einer Krone sechs oder sieben gewinnen.

Wir begaben uns also an einem Sonnabend in der Frühe auf das Schiff und kamen am Donnerstag darauf im Meerhafen von Lugor an. Dort hörten wir uns zunächst um, wie wir am besten unsere Waren verkaufen und einen Geleitbrief erhalten könnten. In Bezug auf Ersteres bestanden gute Aussichten, denn in diesem Herbstmonat, dem Monat des Sumbaya, des »Königs der Könige« herrschte hier Handelsfreiheit. Dazu muss man wissen, dass an der gesamten malaiischen Küste und im dortigen Land ein mächtiger König herrscht. Sein Land Sornau umfasst dreißig Königreiche und wird von uns gewöhnlich Siam genannt. Dieser König ließ die ihm untergebenen Könige ursprünglich im Winter zur Huldigung in seine Hauptstadt Odia, die im Landesinneren gelegen ist, kommen. Dorthin brachten ihm diese Tribute und küssten den Sumbaya, eigentlich aber nur dessen Säbel. Weil der König sah, wie beschwerlich dieses Verfahren war, setzte er in Lugor einen Vizekönig ein, vor dem die Könige nun alle drei Jahre erscheinen mussten. Während der Zeit dieser Huldigung genossen diese, wie auch alle einheimischen und fremden Kaufleute, völlige Zollfreiheit.

Als wir also in diesem Monat hier ankamen, trafen wir denn auch viele Kaufleute an, die auf über tausendfünfhundert Schiffen und mit vielen köstlichen Waren hierher gekommen waren. Die Nachricht von diesen hatte uns an der Mündung des Flusses, der nach Lugor führte, erreicht, weshalb wir auch sofort nach dorthin aufbrechen wollten. Aber ach, dieses Glück wurde uns nicht zuteil. Denn nach unserem Mittagsmahl erblickten wir auf dem Fluss eine große Dschunke. Als deren Besatzung uns bemerkte, steuerte sie sogleich auf uns zu. Und nachdem sie erkannt hatten, dass wir Portugiesen waren, fingen sie an, ein Geschrei zu machen. Es waren ungefähr siebzig bis achtzig Mann, Türken und andere Mohammedaner. Sie bewarfen uns mit Steinen, Pfeilen und Spießen, dicht wie Hagel, sodass von sechzehn Portugiesen bald nur noch die vier am Leben waren, die ins Wasser gesprungen waren. Einer davon ertrank dabei und wir drei Übrigen waren verwundet und versteckten uns, als wir an Land kamen, im Busch. Inzwischen wurde unser Schiff geplündert und versenkt. Dann hieben die Räuber ihre Ankertaue durch, um schnell und unerkannt fortzukommen. Wir waren zwar gerettet, wussten uns aber kaum zu helfen, weinten und fingen wie unsinnig an, uns ins Gesicht zu schlagen, denn wir waren ganz verstört. Auch konnten wir gar nicht fortgelangen, da wir in dem Sumpf, der hier gelegen war, bis zu den Hüften einsanken. Am anderen Morgen kamen wir an einen Graben, der in den Fluss mündete. Der war sehr tief und voller Krokodile. Fünf Tage lang konnten wir nicht weiterkommen, und unser dritter Gefährte, Bastian Anriquez, vordem ein reicher Mann, starb. Christoval Borralho und ich waren nun allein übrig. Wir beweinten den Verstorbenen, konnten ihn aber dort kaum halb begraben. Wir vermochten uns nämlich vor Schwäche fast nicht zu bewegen, konnten kaum reden und glaubten fest, dass auch wir in kurzer Zeit den Geist aufgeben würden.

Am folgenden Tag sahen wir bei Sonnenuntergang eine große, mit Salz beladene Barke auf uns zurudern. Als sie in unserer Nähe war, baten wir deren Besatzung kniend, sie möchten uns mitnehmen. Sie entsetzten sich, als sie uns mit zum Himmel erhobenen Händen klagen sahen, und wollten offensichtlich fortfahren. Darauf flehten und jammerten wir noch mehr, worauf eine alte Frau mit ehrbarem Gesicht auf dem Schiffsdeck erschien. Diese hatte Mitleid mit uns und veranlasste die Schiffsleute mit ein paar Schlägen, uns aufzunehmen. Als die Frau uns derart verwundet und verschmutzt sah, ließ sie uns Kleider und Speisen bringen und sprach: »Esst, esst, ihr armen Fremdlinge. Betrübt euch nicht zu sehr über euer Schicksal! Ich bin nur eine Frau und noch nicht fünfzig Jahre alt. Vor kaum sechs Jahren wurde ich leibeigen gemacht und meines Reichtums beraubt. Ja, dieses

Unglück vergrößerte der Tod meiner drei Söhne und meines Mannes, der mir teurer war als mein Augenlicht. Der König hat sie von Elefanten zerreißen lassen. Seit der Zeit bin ich immer traurig gewesen, und zu meinem Unglück ist noch ein größeres hinzugekommen: Ich habe mit ansehen müssen, wie man meine Töchter, meinen Vater und meine Mutter samt vielen Verwandten in glühende Öfen geworfen hat. Deren Jammern hätte Gott im Himmel barmherzig stimmen mögen. Aber die Menge und Größe meiner Sünden hat ohne Zweifel seine Ohren verstopft!« Nachdem sie von ihrem Unglück erzählt hatte, fragte sie nach dem unseren und wie wir in es geraten seien. Wir berichteten ihr alles, was sich zugetragen hatte, auch, dass wir nicht wüssten, wer uns so übel mitgespielt hatte. Ihre Leute gaben zur Antwort, dass die große Dschunke einem Mohammedaner von Gujarat namens Coja Acem gehöre, der am selben Morgen nach der Insel Hainan gesegelt sei. Die gute Frau sagte darauf bestürzt: »Ich kann nur die Wahrheit sagen, dass ich diesen Mohammedaner sich habe rühmen hören, dass er in Malakka eine große Anzahl von Menschen ums Leben gebracht habe und noch mehr töten wolle.« Erschreckt fragten wir sie nach diesem Mann. Sie antwortete, sie wüsste nur zu sagen, dass ein Kapitän der Unseren namens Hector de Silveira dessen Vater und dessen zwei Brüder erschlagen und deren Schiff geraubt habe. Mit diesem ehrlichen Weib kamen wir nach Lugor, wo sie uns in ihrem Hause versorgte. Sie war die Witwe des Xabandar Prevedim, den der König von Quaivan auf der Insel Java hatte umbringen lassen. Als wir uns erholt hatten, ließ sie uns von einem befreundeten Kaufmann, der gerade dorthin fahren wollte, nach Patane zurückbringen.

11. KAPITEL

Antonius de Faria macht sich mit Pinto auf, um den ihm zugefügten Schaden zu rächen

In der Hoffnung auf großen Gewinn hatte Antonius de Faria täglich unsere Rückkehr erwartet. Als er uns aber nun sah und berichten hörte, konnte er vor Kummer eine halbe Stunde lang nichts sagen. Und im Gedanken an seine Gläubiger in Malakka geriet er darüber fast in Verzweiflung. Er hielt es für notwendig, denjenigen, welche ihn des ihm anvertrauten Gutes beraubt hatten, nachzujagen. Darauf leistete er öffentlich einen Eid auf das Evangelium und schwor bei Gott, die Räuber zu suchen. Er wollte sie dazu zwingen, den Schaden hundertfach gutzumachen. Außerdem beteuerte er, dass dergleichen noch öfter geschehen würde, wollte man es nicht rächen. Alle Umstehenden lobten seine Absicht und viele boten freiwillig ihre Dienste an, sei es als Soldaten, sei es durch Zuwendungen. Das half ihm, innerhalb von acht Tagen die Abfahrt vorzubereiten und sich mit fünfundfünfzig Soldaten zu versehen. Unter diesen war auch ich Unglückseliger. Ich war übel dran, denn ich besaß nichts mehr, konnte auch von niemandem etwas geliehen bekommen und war zudem in Malakka mit fünfhundert Dukaten verschuldet. Ich hatte nichts zurückgebracht als meine Wunden, deretwegen ich schon mehrmals das Leben einbüßen zu müssen glaubte, vor allem als mir in Patane ein kleines Knochenstück am Kopf entfernt werden musste. Aber Christoval Borralho, mein Gefährte, war noch schlimmer zugerichtet.

Antonius de Faria segelte mit seiner Mannschaft nun nach dem Königreich Champa. Dort suchte er die Häfen und Flussmündungen ab, nicht zuletzt auch, um einen großen Raubzug zur Beutegewinnung unternehmen zu können. Dabei begegneten wir einer Dschunke von den Lequios-Inseln, auf der sich ein Gesandter befand, der mit einer Botschaft an den König von Siam unterwegs war. Als dieser uns erblickte, schickte er einen chinesischen Steuermann zu Antonius de Faria und ließ ihm einen kostbaren Säbel und sechsundzwanzig Perlen in einer goldenen Schachtel überbringen und seinen Gruß entbieten. Antonius de Faria war betrübt, dass er diesem Herrn nicht in ähnlicher Weise zu begegnen vermochte. Wir fuhren dann weiter und versorgten uns hier und da mit Wasser und Lebensmitteln. Antonius de Faria, begierig neue Dinge zu erfahren, befragte die Einwohner nach den Gegebenheiten ihres Landes. Sie erzählten ihm darauf von dem großen Fluss Pinator im Landesinneren und von den Dörfern an seinen Ufern. In einem von ihnen sollte es ein großes Goldbergwerk geben, so reich, dass einer seiner Herren sein Gold in Gefäßen im Vorhof seines Hauses vergrub – wie die Leute in Menancabo auf der Insel Sumatra. Wenn dreihundert unserer Leute hingingen, könnten sie sich des Bergwerkes leicht bemächtigen, sagten sie. In einem anderen Dorfe gebe es noch einen Brunnen, in welchem eine große Menge von Diamanten zu finden sei.

Wir segelten aber weiter nach Norden an der Küste des Königreiches Champa entlang. Schließlich kamen wir an einen Fluss namens Tobasoy und gingen in dessen Mündung vor Anker. Während wir uns noch darüber stritten, ob wir diesen Flusslauf landeinwärts segeln sollten oder weiter der Küste entlang, sahen wir ein großes Schiff hoch auf dem Meer auf uns zukommen. Als es in unsere Nähe kam, zogen wir ein in ihrem Lande gebräuchliches Fähnlein, eine Carachina, auf, zum Zeichen der Freundschaft. Jene aber grüßten nicht zurück, sondern zeigten uns, gleichsam zu unserer Verachtung, den Hintern eines Sklaven und machten dabei einen großen Lärm mit Trommeln und Trompeten. Antonius de Faria war darüber ungehalten und ließ einen Schuss aus grobem Geschütz abfeuern, um zu sehen, ob sie sich dann höflicher aufführen würden. Allein, sie antworteten mit fünf Geschützen. Das machte uns stutzig und wir beschlossen, die Nacht über an unserer Stelle zu bleiben und abzuwarten, bis wir die Lage besser beurteilen könnten. Wir hielten fleißig Wache, bis wir zwei Stunden nach Mitternacht etwas Schwarzes auf dem Wasser erblickten, wobei wir freilich nicht erkennen konnten, um was es sich handelte. Deswegen weckten wir Antonius de Faria, der oben auf dem Schiff lag, und zeigten ihm, was wir sahen. Er fürchtete, dass es Feinde waren, und rief: »Waffen! Waffen!« Die ergriffen wir auch sofort und jeder wurde an seinen Platz gestellt. Der Kapitän versuchte uns Mut zu machen und sprach: »Liebe Brüder! Das ist ein Seeräuber, der uns angreifen will. Er denkt wohl, wir seien, nach unserem Schiff zu urteilen, nur sechs oder sieben Mann stark. Darum lasst euch nicht sehen, und wir werden bald erfahren, was er im Sinn hat. Haltet euch bereit, aber lasst eure Lunten nicht sehen, sodass sie meinen, wir schliefen.« Das taten wir auch. Drei Boote kamen auf uns zu, fuhren erst um uns herum, um die Lage zu erkunden. Zwei von ihnen machten schließlich an unserem Schiffsbord fest. Darauf fielen sie, wohl an die vierzig Mann, schnell von allen Seiten in unser Schiff ein. Gegen diese stellte sich Antonius de Faria mit ungefähr vierzig Soldaten zur Wehr und fiel sie mit solcher Tapferkeit an, dass in kurzer Zeit fast alle niedergemacht waren. Wir warfen auch Gefäße mit Pulver in die drei Boote und überwältigten sie bald, sodass alle, die darin waren, ins Meer sprangen. Wir aber bemächtigten uns der drei Boote ohne Gefahr. Von all denen, die sich ins Meer gestürzt hatten, konnten wir nur fünf einfangen. Darunter war auch der Sklave, der uns seinen Hintern gezeigt hatte. Die anderen waren ein Türke, zwei Achemer und ein Kapitän namens Similau, ein großer Seeräuber. Antonius de Faria ließ sie gleich foltern, um von ihrer Herkunft und Absicht zu erfahren. Die Achemer antworteten sehr ungebärdig. Der Sklave aber fing an zu weinen und bat, ihn zu schonen, weil er Christ sei wie wir und ohne Folter die Wahrheit sagen wolle. Antonius de Faria ließ ihn losbinden, gab ihm etwas Zwieback und einen Schluck Wein und ermahnte ihn freundlich, als Christ die Wahrheit zu sagen. Er sprach: »Mein Name ist Sebastian. Ich war ein Gefangener von Caspar de Mello, welcher von diesem Similau, der dort steht, jüngst mit fünfundzwanzig Portugiesen in Liampo erschlagen wurde.« Als Antonius de Faria das hörte, rief er verwundert aus: »Halt! So ist dann dieser Similau der Hund, welcher deinen Herrn ermordet hat?« – »Ja«, antwortete der Sklave, »er wollte euch das Gleiche antun und euch wie meinem Herrn das Gehirn mit einem Strick aus dem Kopf schlagen. Er dachte, ihr wärt nur sechs oder sieben Mann. Gott gebe, dass er wegen seiner Untaten bestraft werde!«

Nachdem wir noch gehört hatten, dass Similau nur vierzig seiner Gesellen in seiner Dschunke zurückgelassen hatte, beschloss Antonius, diese Gelegenheit auszunützen. Erst ließ er den Similau und seine beiden Gefährten töten, indem man ihnen mit Stricken das Gehirn aus dem Kopf schlug. Dann stieg er mit dreißig Soldaten in die drei Boote, mit denen die Feinde gekommen waren, und gelangte zu der eine Meile entfernt ankernden Dschunke. Diese konnte er nun in aller Stille überfallen. Er bemächtigte sich des Hecks und ließ von da aus Pulvergefäße auf diese schlafenden Lotterbuben werfen. Vor Schreck sprangen einige ins Wasser, zehn oder zwölf kamen ums Leben, während der Rest sich ergab. Wir fanden reiche Beute, wohl vierundfünfzigtausend Dukaten wert, Silber aus Japan und viele kostbare Waren, die wir in der Kürze der Zeit noch nicht abschätzen konnten. Denn wir sahen, wie am Lande Leute zusammenliefen und Feuer anzündeten. Sie wollten einander wohl warnen, weswegen sich Antonius de Faria schnell aus dem Staube machen musste.

Wir segelten weiter an der Küste von Champa dahin. An der Mündung des Tinacoreu erkundigten wir uns nach Coja Acem. Denn alle Dschunken, die von Siam und Malaya nach China fahren, treiben auf diesem Fluss Handel mit Gold, calambukischem Holz und Elfenbein. Dort kamen uns bei einem kleinen Dorf viele Boote entgegen. Als uns die Einwohner, die vorher nie Menschen unserer Art gesehen hatten, erblickten, sprachen die einen: »Seht hier etwas Neues, womit uns Gott versucht. Lasst uns Gott bitten, er wolle nicht zulassen, dass diese bärtigen Menschen unser Land auskundschaften und plündern, unter dem Vorwand, sie seien Kaufleute.«

»Gott behüte uns«, sagten die anderen, »doch dürfen wir uns keine Furcht anmerken lassen, sonst fallen sie uns umso kühner an. Wir sollten sie lieber mit fröhlichem Gesicht fragen, was sie begehren, sodass wir dann gleich dem Hoja Paquir in Congrau davon berichten können.« Antonius de Faria tat so, als würde er das nicht verstehen, obgleich es ihm von einem Dolmetscher übersetzt wurde. Er empfing sie freundlich und bezahlte die Lebensmittel, die herbeigebracht wurden, wunschgemäß. Sie waren damit zufrieden und fragten ihn nach seiner Herkunft und Absicht. Er antwortete: »Ich bin ein Kaufmann aus dem Königreiche Siam und will zur Insel Lequios ziehen, um dort zu handeln. Auch suche ich nach meinem Freund Coja Acem, der gleichfalls dorthin reist.« Ferner sagte er, er wolle gleich aufbrechen, weil er wohl hier seine Ware nicht verkaufen könne. »Es ist wahr«, sagten sie, »denn hier gibt es nur Netze und Fischerkähne, mit welchen wir uns nur notdürftig mit Nahrung versorgen können. Wenn Ihr aber flussaufwärts bis nach Pilaucacem, der Stadt des Königs, fahrt, werdet Ihr nicht nur Eure Waren, sondern die aus zehn Schiffen verkaufen können, denn man findet dort reiche Kaufleute.« Antonius de Faria stellte ihnen dazu noch viele Fragen und sie antworteten darauf recht freimütig. So erzählten sie ihm auch manches Wunderbare von dem Königreich der Chintaleuhos, in welchem eine unzählbare Menge von Vögeln das ganze Land bedecke, sodass es ihretwegen schon seit zweiundvierzig Jahren unbewohnt sei, und auch von anderen Ländern.

12. KAPITEL

*Von den Abenteuern Pintos, die er an der Küste
Südchinas erlebt*

Vom Fluss Tinacoreu segelten wir weiter an der Küste
entlang nach Norden und kamen schließlich zur Insel
Hainan, wo Antonius de Faria den Coja Acem vermutete.
Unser altes Schiff aus Patane war so löcherig geworden,
dass die meisten von uns es verlassen mussten und auf das
Schiff überwechselten, das wir dem Similau abgenommen
und zum Glück mitgenommen hatten. Unser altes Schiff
folgte uns unter dem Kommando des Christoval Borralho.
Als wir die Küste von Hainan erreicht hatten, trafen wir
eines Mittags in einem Meerbusen auf viele Boote mit Per-
lenfischern und auch auf andere Schiffe.

Weil Antonius nicht wusste, welchen Kurs wir einschlagen
sollten, zogen wir das Friedensfähnlein auf, um die Einwohner von unseren guten Absichten zu überzeugen und
ruhig mit ihnen sprechen zu können. Darauf kamen zwei
Lanteaas, eine Art Lastkähne, auf uns zu, um uns Speise
und Trank zu bringen. Einige Leute kamen auf die große
Dschunke zu Antonius und fragten verwundert, was wir für
Leute seien und was uns in ihr Land führe. Ein Dolmetscher
antwortete für uns, wir seien Kaufleute aus dem Königreiche Siam und wollten hier Handel treiben, wenn dies erlaubt
sei. Ein alter und von den anderen geehrter Mann antwortete nun und sagte, dass es hier keinen Handel gebe. Wir sollten zu dem Hafen Guamboy segeln. Dorthin kämen Kaufleute aus Kanton, Liampo und anderen Küstenorten, in denen
die Fremden aufgenommen würden. Darauf erzählte er von
der Perlenfischerei, und Antonius de Faria behandelte ihn
recht freundlich. Er schenkte ihm Wachs und einen Sack mit
Pfeffer sowie einen elfenbeinernen Zahn. Das erfreute ihn
sehr.

Antonius fragte ihn sodann nach der Insel Hainan und ihrer Größe. Der Alte wollte aber erst genauer wissen, was wir dort wollten. Es wunderte ihn, dass bei uns so viele junge Leute waren. Auch sagte er, es sehe so aus, als ob die chinesische Seide in unserem Lande sehr billig geworden sei, sodass sie nicht mehr geachtet werde. Oder wir müssten sie viel billiger erhandelt haben, weil sie sähen, dass unsere Leute beim Würfelspiel ganze Stücke Damast einsetzten. Daraufhin musste Antonius lachen, denn er merkte, dass diese Fischer erkannt hatten, dass es Beutegut war. Er sagte, die Männer seien jung und Kinder reicher Leute, weswegen sie mit diesen Dingen so leichtsinnig umgingen. Jene verbargen ihren Argwohn und sagten: »Es scheint, dass Ihr die Wahrheit sagt.« Antonius gab nun seinen Soldaten auch ein Zeichen, nicht weiterzuspielen und den Gewinn zu verbergen, damit wir nicht für Räuber gehalten würden. Dann zeigte er dem Alten und seinen Begleitern die Pfeffersäcke aus dem besiegten Seeräuberschiff. Das verringerte das Misstrauen des Alten, worauf er vom Reichtum der Insel berichtete. Ihre Silberbergwerke und die Zölle in den Häfen erbrächten jährlich zweieinhalb Millionen Taeis. Diese Angaben waren für Antonius recht erstaunlich und der Alte fuhr fort: »Wenn Euch dieses wenige verwundert, was würdet Ihr erst sagen, wenn Ihr die Schätze in der großen Stadt Peking sehen würdet, wo der Sohn der Sonne – wie sie ihren Kaiser nennen – allezeit Hof hält. Dort nimmt man die Steuern aus zweiunddreißig Königreichen, die zu diesem Reich gehören, ein. Außerdem werden Gold und Silber aus sechsundachtzig Minen dorthin gebracht, in einer Menge von ungefähr zwei Millionen Pfund.« Für diese Nachricht und freundliche Antwort bedankte sich Antonius de Faria und bat, er möchte ihm sagen, wo er seine Waren am sichersten verkaufen könne. Denn es sei nicht die richtige Jahreszeit, um nach Liampo zu segeln. Der Alte antwortete ihm: »Es ist nicht ratsam, einige Häfen dieses Landes zu besuchen, noch weniger, sich auf die Chinesen zu verlassen. Niemand wird Euch vertrauensvoll helfen. Glaubt meinen Worten, denn ich will nicht lügen wie ein armer Mensch, weil ich reich bin. Fahrt zum Fluss Tanauquir, indem Ihr durch die Meerenge weitersegelt. Dort ist ein guter Hafen, in dem Ihr sicher sein werdet und Eure Waren verkaufen könnt. Doch bringt sie nicht an Land, sondern bietet sie auf dem Schiff feil. Denn auch bei friedfertigen Leuten erzeugt oft schon das bloße Sehen böse Begierden, ganz zu schweigen von noch schlimmeren Menschen.« Hiernach nahm er samt seinen Begleitern Abschied von Antonius de Faria und schenkte ihm noch eine kleine Schachtel aus der Schale einer Schildkröte. In dieser befanden sich zwölf Perlen von beträchtlicher Größe. Auch bat er um Verzeihung, dass er nicht mit uns handelte, denn dies sei verboten und es gebe ein strenges Gesetz, wonach solches Tun den Kopf kosten würde. Dann ermahnte er uns, schnell von diesem Ort zu weichen. Es werde hier nämlich ein Mandarin mit viel Kriegsvolk erwartet, der unsere Schiffe verbrennen und uns umbringen werde. Antonius de Faria schlug diesen Rat nicht aus. Er befahl Segel zu setzen, und wir segelten zum Fluss Tanauquir.

Dort beschlossen wir wegen der Sandbänke an der Mündung flussaufwärts zu rudern, um einen geeigneteren Ort zum Handeln zu finden. Wir bemühten uns eine ganze Nacht lang, gegen die starke Strömung anzukommen. Plötzlich sahen wir, wie sich zwei große Dschunken, zum Krieg ausgerüstet, uns näherten. Sie waren miteinander durch Ketten verbunden und beschossen uns aus ihren Geschützen so heftig, dass Antonius de Faria bald einsehen musste, dass er nur einzeln mit ihnen fertig werden konnte. Wir gaben uns den Anschein, als wollten wir flüchten, in Wirklichkeit ging es uns aber darum, Zeit zu gewinnen. Die Dschunken trennten sich daraufhin voneinander, um uns umso besser angreifen zu können. Sie deckten uns mit einem Pfeilhagel ein, und Antonius konnte mit den Seinen nur in Deckung gehen und sich mit Musketen zur Wehr setzen, bis alle Kugeln verschossen waren. Dies währte eine halbe Stunde lang, nämlich bis vierzig unserer Feinde auf unser Deck sprangen, im Glauben, sie könnten sich des Vorderteils des Schiffes bemächtigen. Antonius de Faria ging ihnen jedoch mit den Seinen so mutig entgegen, dass bald sechsundzwanzig der Angreifer gefallen waren. Dadurch gewannen die Unseren solchen Mut, dass zwanzig von ihnen in die eine feindliche Dschunke übersetzten, um sich ihrer schließlich zu bemächtigen. Denn die mutigsten Feinde waren schon auf unserem Schiff gefallen. Die Unseren ließen dort nur die Schiffsknechte am Leben, weil wir ohne diese mit den neuen Schiffen nichts hätten anfangen können.

Inzwischen war Christoval Borralho auf der zweiten Dschunke in einen erbitterten Kampf mit den Feinden verwickelt. Der Sieg war sehr zweifelhaft, weil die meisten seiner Leute verwundet waren und so kam Antonius de Faria ihm zum Entsatz. Die Feinde versuchten nun zu entkommen, aber die meisten von ihnen ertranken. Nachdem der Sieg errungen war, zählten wir die Verluste. Wir vermissten nicht viele unserer Portugiesen. Hingegen waren auf der Seite des Feindes achtzig ums Leben gekommen und fast ebenso viele gefangen worden. Als Antonius diese und noch ein paar Schiffsknechte, die er zu retten befohlen hatte, eben schon mit der Folter bedrohen wollte – denn sie gaben keine Antwort auf seine Frage nach ihrem Kapitän –, rief ihm Christoval Borralho von der anderen Dschunke zu, es gebe dort noch mehr zu tun, als wir meinten. Antonius de Faria zögerte nicht und setzte sogleich mit sechzehn Mann über. Borralho wies ihn auf das Vorderdeck hin und sagte: »Ich höre dort viele Leute miteinander reden und denke, dass sie sich dort versteckt haben.« Indem sie so beieinander standen, hörten sie das Geschrei von mehreren Menschen, die »Herr, barmherziger Gott!« riefen und ganz erbärmlich klagten. Antonius de Faria war hierüber bestürzt und schaute mit den Seinen durch eine Luke unter das Deck, wo sie viele Leute sahen, die an Ketten geschlossen waren. Er ließ zwei seiner Schiffsjungen hinabsteigen und diese brachten siebzehn Christen nach oben. Es waren zwei Erwachsene, fünf kleine Kinder, zwei Mädchen und acht Knaben, die alle erbärmlich anzuschauen waren. Sobald dieses geschehen war, ließ er ihnen die eisernen Hals- und Armbänder wie auch die Ketten abnehmen und sie mit allem, was sie nötig hatten, versorgen. Denn die meisten von ihnen waren ganz nackt. Danach fragte er einen dieser Portugiesen, wem diese Kinder gehörten, wie sie in die Hände des Räubers gefallen seien und wie er heiße. Der Portugiese antwortete:

»Dieser Räuber hat zwei Namen, den eines Christen und den eines Heiden. Der heidnische ist Necoda Xicaulem, der christliche Franciscus de Sa. Als Garcias de Sa in Malakka Kommandant der Festung war, bekannte er sich dort zum christlichen Glauben und wurde bei der Taufe nach diesem benannt. Der Kommandant bemühte sich, ihn mit einer verwaisten christlichen Jungfrau zu verheiraten, um ihn so umso mehr mit den Christen zu verbinden. Danach zog er in seiner großen Dschunke mit seiner Frau und sechsundzwanzig vornehmen Portugiesen nach China, zum Hafen Chincheo. Dort beschloss er, mit Hilfe seiner Schiffsknechte, Chinesen gleich ihm, diese armen Portugiesen zu töten und sich ihrer Waren zu bemächtigen. Dies führten sie des Nachts aus, indem sie alle mit kleinen Beilen erschlugen. Von seiner Frau verlangte er, sie solle ein Götzenbild anbeten. Sie dürfe dann seinen Freund, einen anderen chinesischen Kapitän, heiraten. Er selbst wollte dessen Schwester ehelichen. Als sie sich aber weigerte den Abgott anzubeten, schlug er ihr mit einer Axt den Kopf ab. Von da an verlegte er sich einesteils auf den Handel zwischen Liampo und Siam, andernteils aber auf die Seeräuberei. Auf diesen Fluss zog er sich immer wieder zurück, Zuflucht suchend, weil es hier nur wenige Menschen gab.«

Antonius de Faria fragte weiter, ob diese Kinder zu den eben erwähnten Portugiesen gehörten. Er antwortete: »Nein! Es sind die Kinder gewisser Leute, nämlich des Nunho Preto, des Gians de Diaz und des Pedro Borges, die alle zu Mompollacota in Siam getötet worden sind. Wir blieben nur am Leben, weil er uns zur Arbeit brauchte. So hat er uns schon vier Jahre lang mit sich geführt und uns vor Hunger und Schlägen fast umkommen lassen.« Antonius fragte ihn, ob er diesen Seeräuber erkennen würde, und zeigte ihm alle Toten, die oben auf dem Schiff lagen. Als er darunter nicht zu finden war, ließ er ihn mit einem Kahn unter den Toten suchen, die auf dem Wasser schwammen. Dort wurde er dann gefunden, mit einem Hieb im Kopf und einem Stich durch den Leib. Man brachte ihn auf das Schiff und fand an seinem Körper eine goldene Kette. Daran hing ein goldenes Götzenbild mit zwei Köpfen, das aussah wie eine Eidechse. Antonius ließ dem Toten den Kopf abschlagen, den Rumpf in kleine Stücke zerhauen und ins Meer werfen. Die beiden eroberten Dschunken waren sehr groß und gut. Weil wir aber zu wenig Ruderer zur Verfügung hatten, musste das eine Schiff verbrannt werden. Die Beute, die wir machten, wurde auf ungefähr vierzigtausend Taeis geschätzt. Antonius wollte nun diesen Fluss weiter erkunden, um dort Handel treiben zu können. Ein Fischer, den er hatte aufgreifen lassen, warnte ihn jedoch vor dem Oberhaupt dieser Landschaft, dem Chileu. Dieser habe mit dem Seeräuber gemeinsame Sache gemacht. Und der werde auf uns wohl nicht gut zu sprechen sein wegen des großen Schadens, den er durch den Tod des Seeräubers erlitten habe. Er habe sich auch schon darauf vorbereitet, uns zu bekriegen und unsere Schiffe mit dürrem Holz und Pech in Brand zu setzen, ganz zu schweigen von seinem zahlreichen Kriegsvolk, über das er gebiete.

Aufgrund dieser Auskunft beschloss Antonius de Faria, nach einem anderen Hafen namens Mutipinan zu segeln. Dort hielten sich viele reiche Kaufleute auf, sowohl Einheimische wie auch Ausländer aus den Ländern Lauhos, Pafuaas und Gueos. Wir entwichen also mit unseren Schiffen und segelten weiter an der Küste entlang. Einmal mussten wir wegen widriger Winde drei Tage lang bei einem Orte mit Namen Tilaumera ankern; wir hatten auch keine Lebensmittel mehr. Endlich kamen zu unserem Glück des Abends vier kleine Ruderboote auf uns zu. Mit diesen wollte eine Braut nach einem Dorfe namens Pandurea ziehen. Die Leute in den Booten machten fröhliche Musik mit Trompeten und

Schalmeien, sodass man wegen des Getöses sein eigenes Wort nicht mehr hören konnte. Wir wussten nicht, was das bedeuten sollte. Einige meinten, es seien Kundschafter von den Leuten des Kommandanten am Tanauquir, die sich freuten, als hätten sie uns schon gefangen. Antonius de Faria ließ die Ankertaue durchhauen und machte sich zum Widerstand bereit. Gleichzeitig befahl er jedoch, das Friedensfähnlein aufzuziehen, und erwartete die Boote. Diese kamen direkt auf uns zu, fest davon überzeugt, dass auf unserem Schiff der Bräutigam besagter Braut war, um sie zu empfangen. Sie begrüßten uns, wie es dort üblich war, und ließen dann, etwas näher zum Ufer, den Anker fallen. Wir wussten immer noch nicht, was wir davon halten sollten, und warteten ab, bis die Nacht hereinbrach.

Als nun diese Braut sah, dass der erwartete Bräutigam sie nicht, wie es üblich war, besuchte, wollte sie nicht mehr länger untätig bleiben. Sie schickte darum ihren Oheim, der dabei verschiedene Zeremonien vollführte, in einem Boot zu uns. Als er sich unserem Schiff näherte, gebot Antonius allen Portugiesen sich zu verbergen, und ließ nur die Chinesen an Deck, damit jene ohne Furcht auf das Schiff kämen. Drei Leute kamen nun herauf und fragten, wo der Bräutigam sei. Wir ergriffen sie sogleich und brachten sie zur Seite. Die anderen unten im Boot hörten vor Trunkenheit den Lärm auf unserem Schiff nicht. Nachdem wir dieses Boot rasch überwältigt hatten, eilte Antonius zu den anderen drei Booten, die ungefähr eine viertel Meile entfernt ankerten. Ohne auf Widerstand zu stoßen, stieg er in das erste Boot. Dort fanden sich neben der Braut und wenigen Bootsleuten sechs oder sieben Männer und einige betagte Frauen. Diese waren von der Braut eingestellt worden, damit sie tanzten, sangen und musizierten, wie dies in China üblich ist. Kaum waren sich die in den anderen Booten dessen bewusst geworden, entflohen sie so geschwind, dass es schien, als sei ein böser Geist in sie gefahren. Dessen ungeachtet konnten wir noch eines dieser Boote in unsere Gewalt bringen. Um Mitternacht brachten wir die Gefangenen in unsere Dschunke. Da es aber fast nur alte Weiber waren, befahl Antonius am nächsten Tage, sie alle an Land zu setzen – bis auf die Braut und ihre zwei Brüder, die er wegen ihrer Jugend und Schönheit bei sich behalten wollte, und auf zwanzig Bootsleute, die wir auf den Schiffen gebrauchen konnten. Später hörten wir, dass die Braut die Tochter eines Beamten und die Verlobte des Sohnes des Hauptmanns von Pandurea war. Dieser hatte ihr geschrieben, sie solle hier mit vier Dschunken auf ihn warten. Als wir fortzogen, kam uns der Bräutigam mit fünf Schiffen entgegen, um die Braut heimzuholen. Im Vorbeisegeln grüßte er uns mit viel Gesang und Musik, von seinem Unglück nichts wissend.

Unterdessen segelten wir fort und kamen innerhalb von drei Tagen in den Hafen Mutipinan, in der Hoffnung dort unsere Waren verkaufen zu können. Wir hissten die Kaufmannsflagge, um nicht für Räuber gehalten zu werden. Schon bald darauf kamen uns Boote aus der Stadt entgegen, die mit Lebensmitteln beladen waren. Antonius ließ drei Leute aus einem dieser Boote zu sich an Deck kommen. Er empfing sie freundlich, nahm mit ihnen auf türkischen Teppichen Platz und fing an, von sich zu sprechen. Er sei ein Kaufmann aus dem Königreiche Siam. Er habe gehört, dass man in dieser Stadt seine Waren viel schneller losschlagen könne als auf der Insel Hainan, weil die Kaufleute hier aufrichtiger seien. Sie gaben zur Antwort, man werde ihm als Kaufmann überall mit gebührender Ehrerbietung begegnen; er könne also ruhig schlafen. Aber wegen des Vorfalles mit dem Seeräuber war Antonius furchtsam und wollte deshalb seine Waren nicht an Land bringen. Er sandte also einen Boten in die Stadt mit der Nachricht, er könne seine Güter nicht an Land schaffen, weil seine große Dschunke so beschädigt sei, dass sechzig Mann ständig pumpen müssten. Er wolle aber trotzdem den Zoll bezahlen, wenn auch nur, wie in anderen Königreichen, den zehnten Teil des Wertes statt der dreifachen Summe. Sie gaben jedoch keine Antwort und hielten den Boten gefangen. Deswegen ließ Antonius alsbald die Segel setzen und viele Flaggen und Wimpel wehen, als wäre er fröhlich und gäbe nichts darauf, ob er seine Waren verkaufte oder nicht. Als nun die Kaufleute in der Stadt glaubten, er wolle wieder davonsegeln, baten sie die Stadtobrigkeit, man möge den Antonius zurückrufen; anderenfalls müssten sie sich beim Kaiser beschweren. Der Stadtkommandant und seine Offiziere bewilligten dies schließlich aus Furcht vor Bestrafung und verlangten von Antonius wenigstens die Hälfte des Zolls. Sie ließen ihn dies durch seinen eigenen Boten wissen. Zu guter Letzt ging Antonius darauf ein und so wurden die Waren innerhalb kurzer Zeit losgeschlagen. Nachdem wir schon hundertdreißigtausend Taeis dafür eingenommen hatten, erhielten die Einwohner doch noch Nachrichten vom Fluss Tanauquir über unseren Kampf mit dem Seeräuber. Dadurch wurden uns die Leute so abspenstig gemacht, dass sie nicht mehr zu unseren Schiffen kommen wollten, worauf Antonius bald von dannen zog.

Wir segelten an der Küste von Hainan entlang. Antonius suchte den Fluss Madel, auf welchem er die große Dschunke ausbessern wollte, in die Wasser eindrang. Zwölf Tage lang kreuzten wir gegen widrigen Wind bis zum Kap von Pullo Hinhor und versuchten überall, Nachrichten über den Seeräuber Coja Acem zu erlangen. Als uns solche aber nicht zuteil wurden, kehrten wir um und fuhren an der Küste der Insel entlang nach Süden, bis wir endlich den Fluss Madel fanden. Da wir wegen des Neumondes in dieser Gegend schwere Ungewitter fürchteten, denen unsere Schiffe nur noch mit knapper Not standgehalten hätten, verweilten wir hier vierzehn Tage lang. Darauf segelten wir wieder an der Küste entlang, um Coja Acem zu suchen. Sechs Monate lang hielt unsere Suche an, unter großen Gefahren, bis wir endlich zu einer herrlichen Stadt, die Quangiparu hieß, gelangten. Sie war voller prächtiger Tempel und Häuser. Uns als Kaufleute ausgebend, blieben wir dort einen Tag und eine Nacht und erstanden für gute Bezahlung, was wir brauchten.

Am Morgen verließen wir diese große Stadt wieder und

segelten weiter an der Küste entlang. Dabei bemerkten wir nichts Auffallendes. Wir sahen viele Dörfer, deren Einwohner uns aber wenig wehrhaft erschienen. Sie besaßen nämlich keine anderen Waffen als im Feuer gehärtete Stöcke und kurze Holzschwerter. Das Land war indes besonders fruchtbar, voller Äcker mit Roggen, Reis, Gerste und Hafer, und es wurde viel Vieh gezüchtet. Es gab große Wälder, in denen man viel Holz schlagen konnte, und viele Silber-, Kupfer-, Zinn-, Salpeter- und Schwefelgruben. Nachdem wir nun noch mehrere Wochen lang gesegelt waren und nichts von Coja Acem vernommen hatten, kamen die Soldaten zusammen. Sie baten Antonius, sie zu entlassen und ihnen ihren Beuteanteil zu geben. Nach einigem Hin und Her beschlossen sie sich nach Siam aufzumachen, dort den Winter über zu bleiben, ihre Waren gegen Gold zu verkaufen und dieses dann zu teilen. Als sie das mit einem Vertrag bekräftigt hatten, ankerten sie an einem Ort, der »Insel der Diebe« genannt wurde, um auf guten Wind zu warten. Nach zwölf Tagen aber, es war inzwischen schon Oktober geworden – vor diesem Monat fürchteten wir uns –, entstand solch ein Unwetter, dass es uns nicht mehr natürlich schien. Wir gerieten dadurch in äußerste Not, und zwar umso mehr, als es uns an Seilen und Segeln fehlte. Der Südwind wehte gewaltig und trieb die Meereswellen hoch in die Luft. Wir mussten die Mastbäume abhauen, die Stricke herunternehmen und mit diesen zusätzliche Anker fallen lassen. Auch warfen wir viele Güter ins Wasser, ohne dass dies viel geholfen hätte. Die Nacht war so finster, das Wetter so kalt, die See so ungestüm und der Sturm derart schrecklich, dass wir schließlich alles stehen ließen und unsere Zuflucht zu Gottes Barmherzigkeit nahmen. Doch mochten wir ihrer wegen unserer großen Sünden nicht wert sein. Denn ungefähr zwei Stunden nach Mitternacht erhob sich ein so gewaltiger Wirbelwind, dass vier Schiffe vom Anker abrissen, vom Meer ans Ufer geworfen und zertrümmert wurden. Von allen Insassen kamen nicht mehr als dreiundfünfzig an Land, wogegen die übrigen fünfhundertsechsundachtzig ertranken. Die Geret-

Am Morgen nach dem Schiffbruch

teten verbargen sich, nackt und verwundet, in einer Höhle und blieben dort die Nacht über. Am Morgen fanden wir das Ufer über und über mit toten Leibern bedeckt. Jeder, der diesen Jammer sah, fiel zur Erde, schlug an seine Brust und beklagte dieses Elend. Das währte den ganzen Tag über. Antonius de Faria war durch Gottes Gnade auch am Leben geblieben, was uns sehr erfreute. Er verbarg seine Betrübnis und hielt uns mit fröhlichem Gesicht eine kurze Rede. Darin stellte er uns die Vergänglichkeit der irdischen Dinge vor Augen. Auch sagte er: »Gott ist es wohl möglich, selbst an diesem wüsten Ort Mittel zu unserer Errettung bereitzustellen.« Er lebte nämlich in dieser Hoffnung und glaubte, dass er innerhalb kurzer Frist mehr als sechshunderttausend Kronen gewinnen könnte, nachdem er hier fünfhunderttausend verloren hatte. Seine Rede hörten wir mit viel Tränen und Seufzen an.

Danach verbrachten wir dreieinhalb Tage damit, die vom Meer an Land getriebenen Toten zu beerdigen. Das Meer spülte manches Essbare von den Schiffen an den Strand, sodass wir fünf Tage lang zu essen hatten. Doch mussten wir dort fünfzehn Tage lang ausharren, zudem waren jene Lebensmittel vom Wasser fast ungenießbar geworden. Als wir da nun so nackt herumliefen, starben viele von uns vor Hunger und Krankheit, denn diese Speisen waren für manchen schädlich. Unter solchen betrüblichen Umständen sahen wir eines Tages plötzlich einen Vogel, eine Weihe, vom Inneren der Insel her über uns hinfliegen. Gerade über Antonius fiel ihr ein geraubter Fisch, einen Fuß lang, aus dem Schnabel. Vor lauter Verwunderung verrichtete er gleich ein Gebet und ließ den Fisch auf Kohlen für die Kranken braten. Dort, wo der Vogel aufgeflogen war, sahen wir noch viele Vögel. Als wir uns nun dahin begaben, erblickten wir von einem Hügel aus ein tiefes Tal, darin Bäume mit Früchten und einen Bach mit frischem Wasser. Auch sahen wir einen Tiger, der gerade einen Hirsch angefallen hatte und ihn fressen wollte. Den verscheuchten wir mit lautem Geschrei, sodass wir uns zu dem Bach schleppen konnten und da genügsam Speise und Trank hatten. Zu dem Hirsch konnten wir Fische verzehren, denn viele Weihen flogen hier übers Wasser, um welche zu fangen. Wenn wir sie durch unser Rufen erschreckten, ließen sie die Fische oftmals fallen.

Nach einigen Tagen sahen wir eines Morgens ein Schiff auf unsere Insel zukommen. Voller Ungewissheit beobachteten wir es eine halbe Stunde lang, um sicher zu sein, dass es wirklich landen wollte. Dann versteckten wir uns im Gebüsch, um nicht gesehen zu werden. Als das Schiff herangekommen war, sahen wir, dass es ein Ruderschiff war. Dreißig Menschen kamen ans Ufer, versorgten sich mit Wasser und Holz, wuschen ihre Gewänder und bereiteten sich eine Mahlzeit zu. Einige balgten sich herum oder trieben andere Kurzweil ohne Furcht vor anderen Menschen. Das reizte den Antonius, in unserer äußersten Not etwas Unverantwortliches zu wagen und über das Schiff herzufallen, das jene einfach am Strand liegen gelassen hatten. Deswegen sagte er: »Brüder! Ihr seht, in welchen elenden Zustand wir um unserer Sünden willen geraten sind. Aber Gott ist barmherzig, und ich glaube gewiss, dass er uns nicht im Elend verderben lassen wird. Daher wird es vonnöten sein, dass wir uns dieses auf so wunderbare Weise hierher gekommenen Schiffes bemächtigen, ehe es jemand hört oder sieht. Wir müssen vor allem die Waffen darin ergreifen, sodass uns das Schiff nicht mehr entrissen werden kann.« Sobald er dies gesagt hatte, liefen wir alle zugleich dahin, machten das Schiff von den Stricken los, mit welchen es angebunden war, und ruderten es einen Bogenschuss weit weg. Die Chinesen hörten uns schreien, kamen zum Ufer gelaufen und erstarrten, als sie ihr Schiff geraubt sahen. Ihr Schrecken steigerte sich noch, als wir auf sie schossen, sodass sie ins Gebüsch flohen. Dort haben sie wohl den ganzen Tag lang über ihr Unglück geweint – wie vordem wir auch.

Im Schiff fanden wir einen alten Mann. Der bereitete gerade einige Speisen zu, die wir nun ungehindert und ohne Furcht vor den am Lande gelassenen Chinesen in aller Ruhe aufessen konnten. Weil wir kaum Kleider hatten, nahmen wir von den seidenen Stoffen der Chinesen. Jeder schnitt davon so viel ab, wie ihm beliebte. Antonius fand in dem Schiff auch einen schönen Knaben mit heller Haut von ungefähr zehn oder zwölf Jahren. Den fragte er nach der Herkunft des Schiffes, dem Grund des Besuches auf der Insel, dem Eigentümer und seinem weiteren Ziel. »Ach«, sagte der Knabe, »dieses Schiff gehörte bis vorhin meinem jetzt so unglückseligen Vater. In weniger als einer Stunde habt Ihr ihn all dessen beraubt, was er in mehr als dreißig Jahren zusammengebracht hat. Er kam von Qaoman, wo er für sein Silber diese von Euch geraubte Seide erstanden hatte. Die wollte er wieder den Kaufleuten aus Siam im Hafen Comhay verkaufen. Weil wir aber Wasser brauchten, ist er zu seinem Unglück an diesen Ort gekommen, wo Ihr ihn ohne Furcht vor der göttlichen Gerechtigkeit seiner Güter beraubt habt.« – »Weine nicht«, sagte Antonius, »ich will dich als meinen Sohn behandeln.« Der Junge antwortete ganz unerschrocken mit verächtlichen Gebärden: »Denkt nicht, weil Ihr ein Kind vor Euch habt, dass es einfältig glauben wird, Ihr würdet mich als Sohn betrachten, nachdem Ihr meinen Vater so betrogen habt. Wenn Ihr der seid, für den Ihr Euch ausgebt, dann bitte ich Euch um Gottes willen: Lasst mich zu diesem traurigen Lande schwimmen, wo mein Erzeuger geblieben ist. Denn der ist mein rechter Vater, und mit ihm werde ich lieber in diesem Gebüsch, in dem ich ihn weinen sehe, sterben, als mein Leben bei so gottlosen Leuten wie Euch zuzubringen.« Einer der Umstehenden wollte ihn wegen dieser Worte bestrafen und ihm zeigen, dass er ungebührlich redete. Doch er sprach: »Wollt Ihr wissen, warum ich dieses sage? Nämlich darum, weil ich sah, wie ihr nach der Mahlzeit Gott mit gefalteten Händen gedankt habt. Und mit aufgesperrten Mündern habt ihr ihn gepriesen, wie Leute, die ihre Zähne dem Himmel zeigen und doch nicht das zurückgeben, was sie geraubt haben. Aber glaubt mir, dass der allmächtige Gott dies gar nicht so sehr haben will. Vielmehr verbietet er, andere Leute zu berauben und sie zu töten. Das sind so große Sünden, dass ihr das endlich nach dem Tode durch die strenge Strafe seiner göttlichen Gerechtigkeit werdet fühlen und erkennen müssen.« Antonius fragte, voller Verwunderung über dessen Reden, den Knaben, ob er ein Christ werden wolle. Dieser sah ihn jedoch an und sagte: »Ich weiß nicht, was Ihr redet und meint. Gebt mir erst hierin Unterricht, dann will ich Euch antworten.« Antonius versuchte seinem Wunsch nachzukommen, konnte aber keine andere Antwort von ihm erlangen, als dass er mit gefalteten Händen zum Himmel blickte und sagte: »Herr! Gepriesen sei Deine Macht, die zulässt, dass auf Erden Menschen sind, die so wohl von Dir reden und so wenig nach Deinem Gesetz leben wie diese elenden, blinden Menschen. Sie glauben, Predigen und Rauben wären zwei Dinge, die Dir zugleich gefallen könnten. Darin gleichen Sie den Tyrannen auf Erden.« Danach wollte er nichts mehr antworten. Vielmehr setzte er sich in eine Ecke, um zu weinen, und wollte drei Tage lang nichts mehr essen und trinken.

Wir beschlossen dann, uns nach Liampo zu wenden, das zweihundert Meilen weiter nördlich lag. Unterwegs hofften wir, zu einem besseren und größeren Schiff zu kommen. Denn dieses Ruderschiff war zu klein für solch eine lange Reise. Vor allem hatten wir Bedenken wegen der Sturmwinde zur Zeit des Neumondes, welche im Chinesischen Meer viele Schiffe untergehen lassen. Am Abend zogen wir fort, die Chinesen ganz bestürzt am Ufer zurücklassend. Nach ein paar Tagen, als wir schon länger an der Küste entlanggerudert waren, ankerten wir um Mitternacht in einer Flussmündung, nahe bei einem Dorfe. Antonius glaubte nicht, dass wir mit diesem Schiff bis nach Liampo, wo er über den Winter bleiben wollte, kommen würden. Zunächst sahen wir freilich aufgrund unserer andauernden Schwäche kaum einen Weg, diese Stadt zu erreichen. Schließlich aber kam Antonius auf den Gedanken, eine kleine Dschunke zu rauben, die wir bei dem Dorfe liegen sahen. Sie lag allein da und die wenigen Leute auf ihr schienen zu schlafen. Antonius legte mit unserem Schiff an der Dschunke an und stieg mit sechsundzwanzig Soldaten und den acht restlichen Schiffsjungen hinüber. Von niemandem gesehen und gehört, fand er dort nur sechs oder sieben chinesische Bootsleute vor. Die ließ er fangen und an Händen und Füßen fesseln. Als er ihnen die Folter androhte, waren sie auch still. Darauf stachen wir ungeachtet der Finsternis in See. Nach ein paar Tagen kamen wir zu der Insel Luxitay und blieben dort fünfzehn Tage lang, damit sich die Kranken erholen konnten. Unser Ruderschiff hatten wir mitgenommen, um damit Wasser aus den Flüssen zu holen. Als unsere Kranken völlig gesundet waren, begaben wir uns nach Liampo. Wir hatten gehört, dass dorthin viele Portugiesen von Malakka, Sunda, Siam und Patane gekommen waren, um hier zu überwintern.

13. KAPITEL

Antonius de Faria schließt Freundschaft mit einem chinesischen Seeräuber und rächt sich an Coja Acem

Als wir zwei Tage lang unterwegs gewesen waren, erblickten wir eine Dschunke, die von den Lequios-Inseln kam. Ihr Kommandant war ein chinesischer Seeräuber namens Quiay Panjan, ein großer Freund der Portugiesen. Er hatte dreißig von ihnen in seinem Dienst und bevorzugte sie mit Gaben und Geschenken. Als dieser Kapitän uns erblickte, aber noch nicht als Portugiesen erkannte, beschloss er uns anzugreifen. Der Wind trieb sein Schiff auf das unsere zu, wobei er aus fünfzehn Geschützen schießen ließ. Antonius ermahnte uns, uns auf einen Kampf einzustellen. Plötzlich aber bemerkten wir zu unserem Glück auf dem Fähnlein des Chinesen ein Kreuz, und hinten auf seinem Schiff sahen wir rote portugiesische Kriegsmützen. Deswegen gaben wir ihnen ein Zeichen und sobald sie erkannten, dass wir Portugiesen waren, erhoben sie vor Freude ein großes Geschrei und ließen die Segel streichen. Dann sandten sie uns ein Boot mit zwei Portugiesen, um zu hören, woher wir kamen.

Die beiden wurden von Antonius mit Freuden empfangen. Er und verschiedene Soldaten unterhielten sich lange mit ihnen, vor allem über unsere Absichten. Hierauf schickte Antonius den Christoval Borralho mit ihnen zu Quiay Panjan und gab ihm einen sehr höflichen Brief an Letzteren mit. Der Seeräuber kam darauf gleich selbst zu Antonius herüber. Er war erfreut und übergab unserem Hauptmann ein kostbares Geschenk im Wert von zweitausend Dukaten, aus Bernstein, Perlen, Silber und Gold. Antonius nahm dies Geschenk mit großer Freude entgegen und erzählte dem Chinesen von seiner unglücklichen Reise und von seiner Absicht, sich jetzt in Liampo auszurüsten, um danach zu jener großen Goldmine am Fluss Pinator im Königreich Champa zu ziehen. Der Seeräuber erklärte sich bereit ihn dabei zu unterstützen. Er setzte dazu einen schriftlichen Vertrag auf, den er von zwölf seiner vornehmsten Leute unterschreiben ließ, und überreichte ihn Antonius.

Wir segelten nun zusammen weiter, um nach Liampo zu gelangen. Unterwegs trafen wir im Hafen Chincheo auf fünf portugiesische Schiffe. Auf ihnen erzählte man uns von einer großen chinesischen Flotte, die gerade zur Insel Goto gesegelt war. Dort sollte sie den König, der sich unter den Schutz des Kaisers von China gestellt hatte, gegen seinen Schwager verteidigen, der ihn seines Königreiches beraubt hatte. Diese Nachricht erfreute uns sehr, und wir nahmen fünfundzwanzig portugiesische Soldaten von diesen Schiffen mit. Wir kreuzten ein paar Tage lang gegen widrigen Wind am Ufer. Dabei begegneten wir eines Abends einem Fischerkahn, in welchem sich acht verwundete Portugiesen befanden. Unter ihnen waren zwei vornehme Männer, Mem Taborda und Antonius Anriquez. Sie alle waren von solch einem Unglück betroffen worden, dass man sie nicht ohne innere Regung ansehen konnte. Sie kamen auf unser Schiff und fielen vor Antonius auf die Knie. Der weinte vor Mitleid, als er sie so nackt, verwundet und blutig sah. Einer von ihnen fing dann an, voller Betrübnis von ihrem Unglück zu erzählen: Sie seien vor siebzehn Tagen von Liampo aufgebrochen, um nach Malakka zu segeln. Bei der Insel Sumbor seien sie von Coja Acem angegriffen worden, der drei Dschunken und vier Lanteaas mit fünfzehnhundert Mann unter sich gehabt habe. Von diesen seien sie nach dreistündigem Kampf überwältigt worden. Dabei seien zweiundachtzig Mann auf der Seite der Portugiesen gefallen, die Gefangenen nicht mitgerechnet. An Kaufmannsgut hätten sie Waren von mehr als hunderttausend Taeis verloren. Nur sie selbst hätten sich retten können. Als nämlich die Dschunken des Feindes mehrere Male während des Kampfes an ihr Schiff gestoßen seien, sei dieses so schwer beschädigt worden, dass viel Wasser eingedrungen sei. Aber auch eine der feindlichen Dschunken sei in Brand gesetzt und der Feind dadurch abgelenkt worden, weil er nicht noch mehr habe verlieren wollen. In diesem Wirrwarr hätten diese wenigen Portugiesen versucht, von dem lecken Schiff und vor der Wut der Feinde zu entkommen. Als Coja Acem das gesehen habe, habe er zwar seine Dschunke an der unseren fest gemacht und sei mit einer weiteren großen Zahl seiner Leute auf unser Schiff gesprungen, um dort noch viele zu töten. Er habe aber nicht verhindern können, dass fünfzehn Portugiesen mit einem Boot, das sich am Heck des Schiffes befunden habe, doch noch das Land erreicht hätten. Da die Feinde mit Pumpen beschäftigt gewesen seien, um ihre Beute zu retten, die sie gleich besehen hätten, hätten jene sich retten können. Antonius war einerseits über dieses Unglück sehr betrübt, freute sich andererseits aber auch über diese Nachricht von seinem Feinde. Er sagte: »Gewiss werden sie bei dieser Insel ganz ermattet und in Unordnung liegen. Seine beschädigten Dschunken und die große Zahl seiner Verwundeten werden ihm zu schaffen machen.« Jene bestätigten das, worauf Antonius beschloss zum Hafen Lailo zu segeln und sich dort zum Kampf gegen den lange gesuchten Seeräuber auszurüsten. Das ging dort auch gut vonstatten, weil Quiay Panjan daselbst viele Freunde hatte und Antonius dem Mandarin ein Geschenk im Wert von tausend Dukaten gab. Da Antonius alles reichlich von dem geraubten Gut bezahlte und auch die alten Schiffe darangab, konnten wir bereits nach dreizehn Tagen wieder mit zwei neuen Dschunken und zwei Lanteaas aufbrechen. Bei uns hatten wir wohl fünfhundert Mann, Bootsleute, Ruderer und Soldaten, darunter fünfundneunzig Portugiesen.

Mit diesen Leuten und mit denen von Quiay Panjan kamen

wir in drei Tagen zu dem Ort, wo Coja Acem die portugiesische Dschunke überfallen hatte. Als es finster geworden war, sandte Antonius Kundschafter zu einem Fluss, um dort die Fischer nach Coja Acem zu befragen. Sie bekamen zu hören, dass Coja Acem sich zwei Meilen entfernt an dem Fluss Tinlau befinde, wo er die geraubte portugiesische Dschunke instand setzen lasse, um dann mit all seinen Schiffen nach seinem Vaterlande Siam aufzubrechen. Antonius beschloss daraufhin, den Aufenthaltsort und die Stärke seines Feindes erst noch genauer auskundschaften zu lassen, um sich nicht unvorsichtigerweise in Gefahr zu stürzen. Er schickte daher als Kundschafter einen seiner besten Soldaten in chinesischer Kleidung, sodass er nicht erkannt würde, mit ein paar Fischern dorthin. Dieser Mann mit Namen Vincent Morosa erforschte alles zur Zufriedenheit und berichtete Antonius von der Schwäche der Feinde. Es fand nun eine Beratung auf der Dschunke des Quiay Panjan statt, wobei beschlossen wurde, dass wir uns des Nachts an der Mündung des Tinlau sammeln und den Feind dann bei Tagesanbruch überfallen sollten.

So geschah es denn auch. Am Morgen kamen wir mit günstigem Wind sehr schnell an den Feind heran. Dieser hatte aus Furcht vor den Einwohnern viele Wachen aufgestellt, die unser sofort gewahr wurden. Sie schlugen alsbald mit einer Glocke laut Alarm, sodass auf den Schiffen und auf dem Lande alles zusammenlief. Antonius feuerte uns gleichermaßen an, unsere Geschütze gaben Feuer und trafen den größten Teil der Vornehmen unter den Feinden, die da allzu stolz frei herumgelaufen waren. Auch unsere Musketiere räumten unter den Feinden, die dort gerade an Deck strömten, so auf, dass sich da keiner mehr blicken lassen durfte. Zwei unserer Schiffe enterten die ihren, ehe es noch recht Tag geworden war. Es begann solch ein harter Kampf, dass es mir graut davon zu erzählen, zumal es dabei auch um meine Haut ging. Was die Grausamkeit dieses Gefechtes besonders vermehrte, war der Lärm der Becken, Glocken und Trommeln, ganz zu schweigen von dem Krachen der Geschütze. Nach viertelstündigem Kampfe kamen unsere zurückgebliebenen Lanteaas zu unserem Beistand herbei. Einer der Portugiesen auf der Dschunke des Quiay Panjan namens Diego Meyrelez sah, wie ein Artillerist das Geschütz vor lauter Furcht nicht richtig einstellte, und stieß ihn deshalb mit solchem Unmut fort, dass dieser durch eine Luke nach unten ins Schiff fiel. Dann lud Diego das Geschütz sehr kunstfertig mit Kugeln und Steinen und traf ein Boot der Feinde genau über der Wasserlinie. Es sank sofort und alle Insassen ertranken. Zugleich wurde in einem anderen Boot ein Hauptmann mit sieben weiteren Feinden getroffen und die Unsrigen warfen auch Feuer hinein. Als die übrigen Feinde in der Dschunke, die noch ungefähr hundertfünfzig Mann stark waren, dieses Unglück sahen, befiel sie ein solcher Schrecken, dass viele von ihnen ins Wasser sprangen, um zu entweichen.

Coja Acem, den man bis dahin noch nicht gesehen hatte, kam herbeigeeilt, als gerade diese Verwirrung herrschte. Er wollte seine Mannen ermutigen und rief mit lauter und vernehmlicher Stimme: »Lah hilah hilah lah Muhamed rocol halah Massulmens: Gerechte Männer des heiligen Gesetzes des Mohammed! Lasst ihr euch so von solch schwachen Leuten, wie es diese Christenhunde sind, überwinden? Sie haben ja so wenig Mut wie die weißen Hühner und wie bärtige Weiber. Immer auf sie los! Denn wir haben doch die Gewissheit aus dem ›Buch der Blume‹, in welchem der Prophet den Darusen vom Hause Mekka ewige Wonnen versprochen hat. Er wird seine Verheißung auch an mir und euch erfüllen, wenn wir uns im Blut dieser gesetzlosen Hunde baden werden.« Durch diese Rede angefeuert, kamen sie wieder zusammen und stürmten mit großer Gewalt auf uns ein. Antonius hingegen trieb die Seinen an und ging frisch und unverzagt auf Coja Acem los, auf den er es am meisten abgesehen hatte. Er gab ihm einen solchen starken Schlag auf seine eisenbeschlagene Mütze, dass er niederfiel und nicht wieder aufstand. Als die Seinen das sahen, erhoben sie ein schreckliches Geschrei und gingen so grimmig auf Antonius und seine Soldaten los, dass sie ihn durch zwei schwere

Schläge fast zu Boden geworfen hätten. Doch kamen ihm die Unseren bald zu Hilfe, worauf ein solches Stechen und Würgen entstand, dass in einer Viertelstunde achtundvierzig Feinde, aber nur vierzehn von unseren Leuten erschlagen wurden. Darauf verloren die Feinde ihren Mut und wichen Hals über Kopf zum Vorderteil des Schiffes zurück, um sich da wie in einer Schanze zu wehren. Aber die Kriegsmänner des Quiay Panjan schossen gleich dorthin, wodurch jene gezwungen waren sich ins Wasser zu stürzen, wo die meisten dann ertranken.

Nach dem Sieg konnten die Unseren nur noch fünf Feinde auffischen. Sie warfen sie, an Händen und Füßen gefesselt, in den Kielraum eines Schiffes und befragten sie später unter der Folter über manches, was wir gern wissen wollten. Sie töteten sich jedoch selbst, indem sie sich gegenseitig mit den Zähnen zerrissen. Da wurden sie samt ihrem Hauptmann Coja Acem ins Wasser geworfen. Darauf ließ Antonius de Faria zuerst die Verwundeten, zweiundneunzig an der Zahl, verbinden. Danach wurden nochmals die Gefallenen gezählt und es fand sich, dass in dem ganzen Kampf zweiundvierzig der Unseren und dreihundertachtzig Feinde ums Leben gekommen waren. Der Verlust unserer Gesellen berührte uns sehr schmerzlich und wir vergossen ihretwegen viele Tränen. Denn sie lagen dort noch unbegraben vor unseren Augen, die meisten mit von Beilen zerspaltenen Köpfen. Antonius selbst war dreifach verwundet. Er ging aber dennoch an Land und sorgte den ganzen Tag über für die Bestattung der Toten. Danach besah er die Insel und fand dort viele Gärten mit unterschiedlichen Früchten und, in einem lieblichen Tal, einen schönen Bach mit süßem Wasser voller Fische.

Dort befand sich auch ein Dorf, bestehend aus ungefähr vierzig oder fünfzig niedrigen Häusern. Das hatte Coja Acem zuvor ausgeplündert, und viele Einwohner, die nicht zu fliehen vermocht hatten, waren dabei ermordet worden. Die Pagode des Dorfes, ein schönes Haus, war mit Kranken und Verwundeten überfüllt, die Coja Acem zu ihrer Heilung dahin gebracht hatte. Darunter waren Mohammedaner, einige seiner tapfersten Freunde, insgesamt sechsundneunzig Mann, die alle in seinem Sold gestanden hatten. Als Antonius zu ihnen kam, baten sie ihn um Gnade und Vergebung. Aber er wollte sie ihnen nicht gewähren, weil sie zu viel Christenblut vergossen hatten. Deswegen befahl er, das Gebäude an verschiedenen Stellen anzuzünden, und weil es leicht gebaut war, ging es sogleich in Flammen auf. Einige der Verwundeten sprangen zum Fenster hinaus, um sich zu retten, wurden jedoch von den Unseren mit Pfeilen, Spießen und Hellebarden übel empfangen.

Hiernach ging Antonius wieder zum Ufer, wo die Dschunke lag, die Coja Acem vor sechsundzwanzig Tagen den Portugiesen von Liampo abgenommen hatte. Sie war auf dem Lande ausgebessert worden, und so ließ er sie ins Wasser setzen. Dann übergab er sie ihren rechten Besitzern, nämlich dem Mem Taborda und dem Antonio Anriquez. Er befahl ihnen, nichts anderes darin an sich zu nehmen, als was vor dem Überfall durch Coja Acem in ihr gewesen war. Sie waren beide sehr erfreut und dankten Antonius auf das Höchste für seine Gunst. Hierauf nahmen sie ihre Sachen an sich. Diese hatten einen Wert von hunderttausend Dukaten. Antonius bekümmerte sich weiter um die Kranken; am nächsten Morgen ließ er auch die vielen Leichname, die sich in der eroberten Dschunke fanden, alle ins Meer werfen. Danach versammelte er alle Sklaven und Gefangenen, die mit uns dorthin gekommen waren, samt ihren Herren um sich und bat sie, dieselben freizulassen. Er versprach den Letzteren, sie von seinem eigenen Gut zu entschädigen, und alle stimmten zu. Sodann besah man die erbeuteten Güter, die vor allem aus Silberstücken aus Japan bestanden. Der Wert der Waren, die der Seeräuber sich an der Küste von Sumbor bis Funcheo zusammengeraubt hatte, belief sich insgesamt auf hundertdreißigtausend Taeis.

14. KAPITEL

Antonius' Leute werden von einem schrecklichen
Sturm nach Nouday verschlagen und geraten dort in
Gefangenschaft, woraus sie Antonius wieder befreit,
dann die Stadt anzündet und nach Liampo
weiterzieht

Nach vierundzwanzig Tagen schiffte sich Antonius mit allen Schiffen nach Liampo ein. Als wir am Kap Micuy vorübersegelten, überfiel uns ein so gewaltiger Sturm aus Nordwesten, dass die Steuermänner sich bald nicht mehr zu helfen wussten. Es kam noch Regen dazu, und die See ging so hoch, dass die zwei Lanteaas sich zum Land hinwenden mussten. Antonius fürchtete, dass ihnen ein Unglück zustieße, und setzte ihnen deshalb nach. Unterdessen war es Nacht geworden und wir gerieten unglücklicherweise auf eine Sandbank, wodurch das Schiff ein Leck am Kiel bekam. Ein Kanonier wollte einen Schuss abgeben, um die anderen zu Hilfe zu rufen. Antonius ließ dies jedoch nicht zu, um sie nicht zu gefährden. Stattdessen befahl er, die Mastbäume abzuhauen und die Aufbauten über Bord zu werfen. Obgleich das geschah und dabei vier Menschen ums Leben kamen, arbeiteten wir vergebens. Denn das Unwetter war so schrecklich, dass ihm niemand zu widerstehen vermochte. Es half auch nichts, dass hundert Mann unter Deck gingen und in einer Stunde alle Lasten über Bord warfen, auch die Kisten mit dem japanischen Silber. Die anderen Dschunken waren ebenfalls in großer Not, worüber Antonius sehr betrübt war und heiße Tränen vergoss. Wir banden uns mit Stricken fest, aus Furcht, wie schon einige Unvorsichtige zuvor auf die Klippen geworfen zu werden.

Als der Tag anbrach, legte sich der Wind etwas und zu unserem Glück wurden wir von der Dschunke des Mem Taborda und des Antonius Anriquez aus gesehen. Sie war die ganze Nacht über mit niedergelassenen Segeln hin- und hergetrieben worden. Diese Leute banden große Holzteile an Stricke und warfen sie uns zu. Die Wellen trieben sie zu uns hin und wir konnten uns damit retten. Doch brachten wir wegen der Unordnung eine ganze Stunde hiermit zu, denn jeder wollte der Erste sein. Dabei ertranken auch noch zwanzig Mann, was Antonius de Faria mehr betrübte als der Verlust der ganzen Dschunke und der Güter darin. Diese hatten sich auf über hunderttausend Taeis belaufen, denn man hatte die größte Beute aus dem Schiff des Coja Acem auf dieser Dschunke als der größten und stärksten untergebracht. Nachdem wir mit großer Mühe auf das Schiff Tabordas gekommen waren, verbrachten wir dort den Tag sehr betrübt und in Sorge um unsere Gefährten. Gegen Abend sahen wir endlich zwei Segel. Aber erst am nächsten Morgen kamen zwei Portugiesen zu uns von der Dschunke des Quiay Panjan. Der war es nicht viel besser ergangen; auch dort waren einige Männer über Bord gespült worden. Schließlich langte noch eine der vermissten Lanteaas an. Ihre Insassen berichteten uns von dem anderen Boot. Dieses war von seinem Anker gerissen und an Land getrieben worden. Dabei waren nur dreizehn Menschen davongekommen, und die waren obendrein von den Einwohnern gefangen und als Sklaven nach Nouday geführt worden. Schließlich dämmerte es uns, dass wir zwei Dschunken und ein Boot verloren hatten, insgesamt mehr als hundert Menschen, dazu noch Sklaven und die vielen Güter.

Nachdem der Sturm sich gelegt hatte, begab sich Antonius in die andere große Dschunke, die er Coja Acem abgenommen hatte. Mit dieser und den weiteren zwei Dschunken und einer Lanteaa segelte er zum Hafen von Nouday, um sich nach den dreizehn Gefangenen zu erkundigen. In der Nacht ließ er dort von einigen Kundschaftern den Fluss und die Lage des Ortes sowie manche andere Dinge erkunden. Außerdem nahmen sie einige Bürger der Stadt gefangen. Von denen wollte Antonius hören, was mit den Portugiesen geschehen war. Er fürchtete nämlich, dass man diese ins Hinterland verschleppt hatte. Als die Kundschafter nun sechs Männer und zwei Frauen mit einem sechs Jahre alten Kind vor Antonius brachten, erschraken die Gefangenen so sehr, dass sie lange nicht zu sich selbst kommen konnten. Antonius de Faria bemühte sich, sie zu beruhigen, erhielt aber keine Antwort, als die Worte: »Suqui hunudau Nivangae Lapopoa degotur«, das heißt: »Tötet uns nicht ohne Grund, denn Gott wird von Euch Rechenschaft für unser Blut fordern, weil wir arme Leute sind.« Antonius sah ihre Furcht und bat eine christliche Frau aus China, die beim Steuermann war, sich ihrer anzunehmen, sodass sie kein Leid befürchten mussten. Als diese mit den Gefangenen gesprochen hatte, versprachen sie, alles zu berichten, was sie gesehen und gehört hatten. Doch sollte der Hauptmann erst sie und ihr Boot wieder freigeben. Antonius schwor ihnen schließlich einen Eid, um ihnen das zu versichern. Daraufhin sagte einer der Chinesen: »Ich habe gesehen, dass die Männer, nach welchen Ihr fragt, vor zwei Tagen mit gefesselten Füßen in das Gefängnis von Nouday geführt worden sind, weil man sie für Seeräuber hielt.« Diese Worte erregten bei Antonius großen Zorn und Unmut. Er sandte einen der Chinesen mit einem Brief in die Stadt, um die Seinen loszukaufen, während er die anderen Gefangenen noch als Geiseln behielt. Bereits am Mittag kam der Bote zurück und brachte auf der Rückseite von Antonius' Brief eine Antwort von fünf Portugiesen mit. Sie schrieben von ihrem erbärmlichen Zustand und von schwerer Gefangenschaft, auch dass sie ein Todesurteil erwarteten. Antonius las diesen Brief allen vor, worauf ein großer Streit darüber ausbrach, was man tun sollte. Schließlich setzte sich Antonius durch. Er wollte lieber tausendmal sein Leben verlieren, als die Seinen im Stich lassen, was auch die anderen überzeugte.

Zunächst beschloss man, freundlich mit dem Mandarin der Stadt zu verhandeln. Er sollte die Gefangenen zu einem achtbaren Preis freigeben. Dazu schickte man zwei der Chinesen zu ihm mit einem Geschenk von zweihundert Dukaten. Aber der Mandarin entließ diese mit einer sehr spöttischen Antwort, die Antonius betrübte. Dennoch schickte er noch eine weitere Gesandtschaft zum Mandarin, durch die er ihm ein Lösegeld von zweitausend Taeis anbot. Außerdem ließ er ihm noch einen in scharfem Ton gehaltenen Brief übergeben. In dem stand geschrieben, er sei ein fremder Kaufmann und von Geburt Portugiese. Er wolle nach Liampo ziehen, wo sich viele seinesgleichen als Kaufleute aufhielten und die gewöhnlichen Zölle und Steuern zahlten, also keinerlei Diebstahl begingen. Zudem sprach er von der Freundschaft seines Herrn, des Königs von Portugal, mit dem Kaiser von China, die es mit sich bringe, dass die Portugiesen dort so Handel trieben wie die Chinesen zu Malakka, wo sie gerecht behandelt würden. Über diese Worte entrüstete sich der Mandarin heftig, allermeist aber darüber, dass Antonius den König von Portugal einen Bruder des Kaisers von China genannt hatte. Er ließ die Überbringer des Briefes erbärmlich geißeln, ihnen die Ohren abschneiden und schickte sie zu Antonius zurück mit einer Antwort, die auf zerrissenes und beschmiertes Papier geschrieben war. Darin hieß es: »Du stinkendes Aas! So edel, wie ich bin, wurde ich durch deine Bitte zu Mitleid bewogen. Allein, als mir deine hochmütigen und lästerlichen Worte zu Ohren kamen, mit denen du deinen König einen Bruder des Sohnes der Sonne nennst, zu dessen Füßen alle Kronen der Beherrscher des Erdkreises liegen und der mit seinen kostbaren Pantoffeln alle Zepter zertritt, entbrannte mein Zorn. So habe ich nicht allein deinen Brief verbrannt, sondern wollte wegen deiner Missetat so auch mit dir umgehen. Darum gebiete ich dir, dass du dich alsbald hinweg begibst, damit nicht das Meer, das dich trägt, um deinetwillen verflucht wird!«

Sobald der Dolmetscher, den man dort Tausud nennt, den Brief gelesen und erklärt hatte, fühlten sich alle sehr beschimpft, vornehmlich Antonius. Er war sehr ungehalten, weil er die Gefangenen nicht auslösen konnte. Darum beschlossen wir, an Land zu gehen und die Stadt anzugreifen, in der Hoffnung, sie mit unseren dreihundert Mann überwältigen zu können. Am folgenden Tag zog Antonius vor Sonnenaufgang mit allen seinen Schiffen den Fluss hinauf bis unmittelbar vor die Stadtmauer. Dort ließ er die Anker auswerfen und das Fähnlein wehen, als wäre er ein Kaufmann. Er verbarg auch seinen Zorn und sandte zu dem Mandarin einen weiteren Boten, der nochmals in aller Demut und Freundlichkeit um die Gefangenen bitten sollte. Aber dieser Tyrann gebot, ihn in Stücke zu zerreißen und uns diese von der höchsten Mauer aus zu unserer Kränkung zu zeigen. Hierauf zögerte Antonius nicht länger und ging umgehend mit ausgesuchten Soldaten an Land, während die auf den Schiffen Zurückgebliebenen fortwährend feuern mussten. Antonius zog mit den Seinen auf die Mauer zu, auf der viele Krieger mit Fahnen standen.

Als er nur noch einen Büchsenschuss von ihr entfernt war, kamen ihm aus zwei Toren viele Reiter auf schlechten Pferden und Fußsoldaten entgegen und begannen ein Scharmützel. Die Chinesen waren aber derart unerfahren, dass viele ihrer Reiter von den Pferden fielen. Sie rannten um uns herum, als wollten sie uns damit erschrecken. Als sie aber sahen, dass wir sie in fester Ordnung und ohne zu wanken erwarteten, sammelten sie sich zu einem Haufen. Antonius ließ nun sogleich seine Musketiere auf sie feuern, sodass der größte Teil der chinesischen Reiterei vor Schrecken niederstürzte. Als wir ihnen nachjagten, rannten sie sich selbst über den Haufen. Vor allem bei einer Brücke, die über den Stadtgraben führte, gerieten sie untereinander so ins Gedränge, dass sie weder vorwärts noch rückwärts gehen konnten. Dabei gingen die Unsrigen so tapfer und eifrig auf sie los, dass mehr als dreihundert der Chinesen fielen. Es war erbärmlich anzusehen, besonders weil sich niemand unter ihnen zu wehren vermochte. Dadurch hatten wir die Möglichkeit, weiter siegreich vorzudringen und schließlich zu einem Tor zu gelangen. Dort erwartete uns der Mandarin auf einem frischen Pferd mit einer großen Anzahl der Seinen und es sah aus, als würden wir hier auf größeren Widerstand als an der Brücke treffen. Aber einer der Unseren schoss den

Mandarin in die Brust, sodass er vom Pferd fiel. Das erfüllte die Chinesen mit solchem Schrecken, dass sie alle Fersengeld gaben und dabei nicht einmal das Tor verschlossen. Daraufhin trieben wir sie mit langen Spießen wie Vieh vor uns her zum entgegengesetzten Tore hinaus. Nach diesem wunderbaren Erfolg versammelte Antonius alle in fester Ordnung, um jeden Wirrwarr zu vermeiden, und wir zogen dann zu dem Gebäude, in dem die Portugiesen eingesperrt waren. Diese waren hocherfreut über unsere Gegenwart und ihre Befreiung.

Darauf gab Antonius den Seinen eine halbe Stunde Zeit, die Stadt zu plündern. Er selbst zog zum Haus des Mandarins, wo er achttausend Silbertaeis und fünf große Fässer voll Moschus fand. Was da sonst noch an Seide, Damast und Porzellan vorhanden war, überließ er seinen Knechten, die alles mit vielen Bootsfuhren auf die Dschunken brachten. Nach eineinhalbstündiger Plünderung hatte Antonius Bedenken wegen der hereinbrechenden Nacht. Darum ließ er die Stadt anzünden und weil die Häuser alle von leichter Bauweise waren, brannte sie in kurzer Zeit ab. Hierauf zogen wir uns alle auf die Schiffe zurück, ohne behindert zu werden. Dabei nahmen wir viele schöne Frauen mit. Es war erbärmlich anzuschauen, wie sie zu vieren oder fünfen aneinander gebunden wurden und bitter weinten, während sich die Unsrigen freuten. Antonius ließ sodann unsere Toten, neun an der Zahl, begraben und die Verwundeten, die ungefähr fünfzig zählten, verbinden.

Am nächsten Morgen versorgten wir uns in einem kleinen Ort auf der anderen Seite des Flusses mit Lebensmitteln und begaben uns dann auf die Reise nach Liampo. Nach sechstägiger Schifffahrt kamen wir in den Hafen dieser Stadt. Dieser wird auf natürliche Weise von zwei Inseln gebildet, welche eine Bucht gegen das Meer abschließen. Bei diesen Inseln ließ Antonius die Schiffe vor Anker gehen. Darauf begaben sich Mem Taborda und Antonius Anriquez in die Stadt, um zu hören, ob man hier Nachrichten von den Vorfällen in Nouday erhalten hatte. Wenn sich dies so verhielt, wollte Antonius zu der Insel Pullo Hinhor ziehen und dort überwintern.

Die beiden Abgesandten kamen in der Nacht nach Liampo. Über ihre Ankunft und ihre Reden wunderten sich die dortigen Portugiesen sehr. Sie versammelten sich in ihrer Hauptkirche und schrieben einen Brief mit dem folgenden Inhalt an unseren Hauptmann: »Herr Antonius möge sich wegen der Vorfälle in Nouday nicht sorgen. Denn es ist jetzt in China ein großer Aufruhr entstanden, und zwar wegen dreizehn Männern, die alle nach der Krone streben. Auch der Tutan Nay, der Erste nach dem König, wird in der Stadt Quoansy belagert von Prechau Muan, dem Kaiser von Cochinchina. Mit diesem im Bunde ist der König der Tataren, der eine Kriegsmacht von neunhunderttausend Mann zu einem Feldzug gegen uns versammelt hat. Daher besteht keine Ursache für Herrn Antonius, sich wegen des Geschehens in Nouday zu fürchten.« Sie baten ihn allerdings, noch sechs Tage lang an seinem Ankerplatz zu bleiben, damit sie ihn gebührend empfangen könnten.

Daraufhin schickte Antonius die Kranken und Verwundeten voraus und wurde schließlich selbst in der Stadt mit königlicher Pracht begrüßt und aufgenommen. Man führte ihn zur Kirche, wo ein ungelehrter Pfaffe in einer Predigt den Antonius dermaßen herausstrich und lobte, dass der Hauptmann selbst sich dessen schämte. Der Priester wurde deswegen von einigen an seinem Gewand gezogen und zu schweigen ermahnt. Der aber wandte sich ihnen zu und sprach: »Ich will nicht schweigen, sondern fortfahren. Denn was ich sage, ist wahr, und ich will es durch das Heilige Evangelium bekräftigen. Lasst mich deshalb reden, zumal ich vor Gott gelobt habe, dass ich den Herrn Hauptmann nimmermehr vergessen werde, weil er meine siebentausend Dukaten in der Dschunke des Mem Taborda gerettet hat, mit denen ich wuchern wollte. Diese hatte der Hund Coja Acem geraubt. Darum muss auch die Seele eines so heillosen Räubers und bösen Teufels verflucht sein und ewig die Strafe in der Hölle ertragen. Darauf sagt alle mit mir ›Amen‹!« Dieser

Schluss erweckte so großes Gelächter in der Versammlung, dass man sein eigenes Wort nicht mehr verstehen konnte. Nach dem Gottesdienst wurde Antonius mit einer prächtigen Mahlzeit bewirtet, welche die Vornehmsten unter den Portugiesen der Stadt für ihn hatten ausrichten lassen. Gegen Abend wollte er sich wieder zu seinen Schiffen begeben. Doch brachten ihn die Herren in ein ausgezeichnetes Quartier, in dem er dann die nächsten fünf Monate recht angenehm wohnte.

15. KAPITEL

Antonius überfällt die Insel Calempluy, um die chinesischen Kaisergräber auszuplündern

Während dieser Zeit rüstete Antonius sich zu dem Zug nach Champa, um dort zu dem Goldbergwerk vorzudringen. Doch unterdessen starb der Seeräuber Quiay Panjan, mit dem er hatte ziehen wollen. Antonius war darüber sehr betrübt und richtete ihm ein prächtiges Begräbnis aus. Man redete ihm nun diese Reise aus, nicht zuletzt auch, weil der König Prechau Muan von Cochinchina das Reich Champa kriegerisch überfallen hatte. Unterdessen wurde der Hauptmann mit einem berühmten Seeräuber namens Similau bekannt. Der erzählte ihm Wunderdinge von der Insel Calempluy: Dort lägen siebzehn chinesische Kaiser in goldenen Grabstätten begraben und es fänden sich da auch viele goldene Götzenbilder. Dieser könne man sich ohne größere Gefahr bemächtigen. Auch wusste der Seeräuber noch viel von anderen Schätzen auf besagter Insel zu berichten.

Antonius hatte sich von diesen Worten kein einziges entgehen lassen. Er schloss seine Vorbereitungen ab und machte sich mit zwei niedrigen Schiffen auf nach Calempluy. Diese Schiffe hatte er angeschafft, um nicht aufzufallen und weil man ihm dazu wegen der starken Strömungen im Meer bei Nanking geraten hatte. Er nahm auf diese Fahrt ungefähr hundertfünfzig Mann mit, sowohl Portugiesen als auch einheimische Bootsleute und Sklaven. Unsere Fahrt dauerte ungefähr zwei Monate und führte uns durch Gewässer, die noch nie ein Portugiese gesehen hatte. Der Hauptmann hatte dem Similau die Führung der Schiffe bis zu der Insel anvertraut. Als wir uns nun der Gegend von Calempluy näherten, riet Similau uns Portugiesen, uns verborgen zu halten; weil die Chinesen hier nämlich noch keinerlei Fremdlinge von unserem Aussehen kennen gelernt hatten, fürchtete er ein Unglück.

Ein paar Tage darauf kamen wir zu einer großen Stadt namens Sileupamor und ankerten dort nachts im Hafen. Hier erblickten wir zu unserem Schrecken sehr viele Schiffe, schätzungsweise dreitausend, was bewirkte, dass wir uns ohne Aufsehen wieder weiterbegeben konnten. Weil wir uns seit Tagen nur noch von ein wenig Reis ernährt hatten, suchten wir einen Ort an der Küste, wo wir uns mit Vorräten versehen konnten, und fanden früh am Morgen ein paar alte Gebäude. In einem von diesen lagen haufenweise Reis und Bohnen, Gefäße mit Honig, eingemachte Vögel, Zwiebeln, Knoblauch und Zuckerrohr. Wir nahmen davon so viel, wie uns beliebte. Einige unserer Chinesen sagten danach, dies sei das Vorratshaus eines Spitals, das zwei Meilen weiter von hier liege. Es sei für die Pilger eingerichtet, welche zu den Gräbern der chinesischen Kaiser zögen.

Hiernach waren wir eine weitere Woche lang unterwegs. Da fing Antonius aus Misstrauen gegen Similau an, offen zu sagen, dass er es bereue, diese Reise unternommen zu haben.

An einem Morgen fragte er ihn, wo wir wohl seiner Meinung nach seien. Er erhielt darauf von Similau eine ganz unsichere Antwort, wie von einem Manne, der seiner Sinne nicht mehr mächtig ist und zudem noch viel weniger weiß, welchen Weg er gekommen ist. Darüber geriet Antonius sehr in Wut und wollte ihn fast umbringen. Seine Freunde vermochten ihn davon nur mit Mühe abzubringen, indem sie ihm vor Augen führten, welches Unheil das mit sich brächte. Doch packte er den Similau beim Barte, um seinen Zorn etwas abzukühlen, und schwor ihm Rache, wenn er nicht innerhalb von drei Tagen die Wahrheit sage. Similau war äußerst bestürzt und ging mit Fluchtgedanken um. In der folgenden Nacht glückte es ihm denn auch, mit sechsunddreißig seiner siebenundvierzig chinesischen Bootsleute zu entkommen. Sie wurden erst nach dem Wechsel der Wache vermisst, worauf dies aber gleich Antonius mitgeteilt wurde. Der geriet darüber fast außer sich, setzte an Land und suchte dort die Entflohenen beinahe die ganze Nacht lang, freilich vergeblich. Zurückgekehrt verfielen er und die Seinen in so tiefen Gram, dass sie ihn nicht in Worte zu fassen vermochten und nur die Hände zum Himmel emporstreckten. Schließlich aber begannen wir doch uns zu beraten und beschlossen uns von jemand anderem den Weg nach Calempluy weisen zu lassen. Wenn wir dann ohne große Mühe dahin gelangen konnten, wollten wir unseren Weg auch fortsetzen, ansonsten jedoch umkehren. Nachdem wir diesen Entschluss gefasst hatten, begegneten wir einer kleinen Barke, die mitten im Golf von Nanking vor Anker lag. Diese überfielen wir in unserer Not und fanden darin fünf schlafende Männer. Die weckten wir auf und Antonius fragte jeden von ihnen gesondert, um zu sehen, ob ihre Reden übereinstimmten. Sie berichteten alle ein und dasselbe, nämlich, dass Calempluy nicht weiter als zehn Meilen flussaufwärts liege. Auf diese erfreuliche Nachricht hin ließ Antonius die fünf Chinesen an die Ruderbank ketten und setzte seinen Kurs eineinhalb Tage lang fort.

Endlich erblickten wir die seit so vielen Tagen unter Schmerzen gesuchte Insel Calempluy, wie sie hinter einem Ufervorsprung zum Vorschein kam. Schließlich lag die Insel mitten im Strom ganz vor unseren Augen, ein schönes, flaches Land und anscheinend nicht mehr als eine Meile lang. An ihrem Ufer ließen wir nachts unseren Anker fallen. Doch kamen wir bald zu dem Entschluss, die Insel erst in aller Ruhe zu umfahren und zu erkunden, weil uns ein so großer und herrlicher Ort nicht ohne Schutz zu sein schien. Wir ruderten also dicht am Ufer entlang und nahmen alles genauestens in Augenschein. Die Insel war mit einer Mauer aus Jaspisstein umgeben, ungefähr sechsundzwanzig Handbreit hoch. Zwischen den Steinen sah man keinerlei Fugen, sodass das Mauerwerk wie aus einem Stück gebaut aussah. Hierüber verwunderten wir uns alle sehr, weil wir in ganz Indien dergleichen nicht gesehen hatten. Den obersten Teil der Mauer umgab ein Rand aus demselben Stein. Auf dieser Mauer befand sich ein kunstvolles Gitterwerk, das aus Metall gegossen war. Es reichte jeweils von einem Mauerpfeiler zum anderen. Auf jedem Pfeiler aber stand ein Standbild einer Göttin mit einer Schale in der Hand. Hinter dem Gitter waren viele Götzenbilder in einer Reihe aufgestellt. Die fassten sich alle an den Händen, als ob sie tanzten, und umschlossen so die ganze Insel. Bei diesen seltsamen Figuren befanden sich noch Bögen, aus kostbaren Steinen von unterschiedlicher Farbe errichtet, die alle recht verwunderlich anzuschauen waren. Im Inneren war weiter ein Wald aus lauter kleinen Pomeranzenbäumen zu sehen, ferner dreihundertsechzig Einsiedeleien, die den Göttern des Jahres gewidmet waren. Ungefähr eine viertel Meile davon entfernt sah man auf einem Hügel mehrere schöne und große Häuser, jedes für sich, stehen, angeordnet nach der Art unserer Kirchen. So weit man es erkennen konnte, waren sie von oben bis unten vergoldet und hatten hohe Türme, die Glockentürme zu sein schienen. Weil diese Gebäude von allen Seiten so golden glänzten, mutmaßten wir, dass diese Tempel mit einem Überfluss an Reichtum ausgestattet sein mussten, wenn schon die Mauern so viel gekostet hatten.

Als wir nun lange genug alles ausgekundschaftet hatten, nahm Antonius sich vor, trotz der fortgeschrittenen Stunde noch weiter vorzudringen. Er wollte nämlich in einer dieser Einsiedeleien Erkundigungen einholen und dann entweder die Absicht dieser Reise ausführen oder sich wieder zurückziehen. Zuvor aber bestimmte er eine besondere Besatzung für die Schiffe. Dann ging er mit vierzig Soldaten und zwanzig Sklaven wieder an Land und nahm auch vier der vor kurzem gefangenen Chinesen als Dolmetscher und Wegweiser mit. Wie wir nun dahingingen, gelangten wir durch den kleinen Pomeranzenwald an die Tür der ersten Klause. Sie war ungefähr zwei Büchsenschüsse weit von unserem Landeplatz entfernt. Weil sie verschlossen war, befahl Antonius einem der Chinesen, anzuklopfen. Das tat der denn auch und beim letzten Pochen hörten wir eine Stimme diese Worte sagen: »Gelobt sei der Schöpfer, der die Schönheit der Himmel bereitet hat. Ach, wenn derjenige, der da klopft, nur herumgehen wollte, so würde er auf der anderen Seite eine offene Tür finden, sodass ich sein Begehren vernehmen kann!« Der Chinese ging um die Klause herum, trat von hinten hinein und öffnete die Tür, vor welcher er Antonius hatte stehen lassen. Antonius ging mit den Seinen hinein und fand da einen uralten, dem Anschein nach mehr als hundert Jahre alten Greis vor, der ein Gewand aus braunem Damast anhatte.

Als er sich nun von so vielen Leuten überfallen sah, sank er vor Bestürzung zu Boden und konnte lange Zeit nicht reden. Nachdem er sich endlich wieder etwas gefangen hatte, fing er an zu fragen, was wir für Leute seien. Der Dolmetscher gab auf Befehl des Antonius die folgende Antwort: »Ich bin ein fremder Hauptmann aus dem Königreich Siam. Ich habe auf der Reise nach Liampo mit meiner Dschunke und meinen Gütern Schiffbruch erlitten, bin aber auf wunderbare Weise gerettet worden. Deswegen habe ich eine Wallfahrt zu diesem heiligen Ort unternommen, um ein Gelübde zu erfüllen. Ich hoffe auch, hier einige Almosen zur Erleichterung meines armen Lebens zu erlangen, und will es nach drei Jahren doppelt zurückgeben.« Der Einsiedler, Hiticou mit Namen, bedachte die Worte des Antonius genau, sah ihn dann starr an und sprach endlich: »Ihr seid, wer Ihr wollt. Doch wisset, dass ich Eure Worte wohl verstanden und Eure verfluchte Absicht zur Genüge erkannt habe. Durch diese werdet Ihr in der Finsternis Eurer Verblendung wie ein höllischer Steuermann Euch und die anderen in den tiefen Abgrund der Nacht ziehen. Denn anstatt Gott für die große Gnade zu danken, die er Euch erwiesen hat, kommt Ihr nur hierher, um sein heiliges Haus zu berauben. Wohl an! Was meint Ihr, wie die göttliche Gerechtigkeit im letzten Augenblick Eures Lebens mit Euch verfahren wird, wenn Ihr diese böse Absicht ausführt? So lasst nun ab von Eurem Begehren und von dieser großen Sünde, zu der Euch Eure Einbildung drängt.« Antonius versuchte sich nun zu verstellen, als billige er diese Rede. Er bat ihn auch, sich nicht zu entrüsten, weil er, Antonius, kein anderes Mittel habe, sich zu retten. Der Klausner schlug hierauf seine Hände zusammen, richtete seine Augen zum Himmel auf und sagte: »Gelobt seist Du, Herr, der Du zulässt, dass Menschen auf der Erde sind, die unter dem Schein der Rettung ihres Lebens Dich erzürnen. Sie wollen Dir nicht eine Stunde lang dienen, obwohl sie wissen, wie beständig Deine Ehre und Herrlichkeit sind.« Und als er sah, wie wir einige Kisten von ihrer Stelle rückten und aufbrachen, geriet er ganz außer sich und bat Antonius, der bei ihm stand, er möge sich neben ihn setzen. Der tat das auch, gebot aber zugleich den Seinen, fortzufahren und das Geld an sich zu nehmen, das sie unter den Totengebeinen in den gerade aufgebrochenen Gräbern fanden. Dieser Anblick machte dem Einsiedler derart zu schaffen, dass er zweimal ohnmächtig von seiner Bank fiel. Schließlich raffte er sich auf und sagte zu Antonius: »Ich will Euch als einem bescheidenen Mann die Mittel zeigen, durch die Ihr die Vergebung der Sünden erlangen könnt, die Ihr nun begeht. Dann wird Eure Seele nicht ewig verderben, wenn sie mit dem letzten Seufzer aus dem Leibe scheiden wird. Weil Ihr vorgebt, dass Euch die Not zu solch einer großen Sünde treibt und Ihr den Raub vor Eurem Tode wieder erstatten wollt, so müsst Ihr drei Dinge tun: Fürs Erste müsst Ihr vor Eurem Ableben das Geraubte zurückgeben, damit der Oberste Herr seine Gnade nicht von Euch wende. Weiter müsst Ihr ihn unter Tränen um Vergebung Eurer Sünden bitten, denn Eure Übeltat missfällt ihm dermaßen, dass er nicht aufhören wird Tag und Nacht

Euer Fleisch zu plagen. Schließlich müsst Ihr den Armen so viele Güter spenden, wie Ihr selbst zu erhalten wünscht, und ihnen mit Bescheidenheit Almosen geben, damit der Diener der Nacht am letzten Tage nichts an Euch zu strafen hat. Endlich bitte ich Euch, zur Vergeltung dieses guten Rates den Euren zu befehlen, dass sie die Gebeine dieser Heiligen einsammeln und nicht weiter mit ihnen verächtlich umgehen.« Antonius versprach ihm, seinen Willen zu erfüllen, worauf sich der Klausner ein wenig beruhigte, freilich lediglich äußerlich. Antonius rückte näher an ihn heran, sprach ihm Mut zu und schmeichelte ihm mit freundlichen Worten: »Ich bereue, was ich angefangen habe. Doch die Meinen haben mir den Tod angedroht, falls ich sie nicht zufrieden stelle. Das will ich Euch hiermit insgeheim anvertraut haben.«

Als wir nun das Silber, das wir unter den Totengebeinen gefunden hatten, zusammengetragen und zu den Schiffen gebracht hatten, beschlossen wir, es für die Nacht mit dieser Klause sein Bewenden haben zu lassen und erst bei Tageslicht uns den anderen zuzuwenden. Antonius nahm Abschied von dem Einsiedler, dabei alle Schuld auf seine Leute schiebend. Er sagte: »Wenn ich Gelegenheit hätte, von ihnen loszukommen, würde ich durch die Welt ziehen, um Buße für diese große Misshandlung zu tun.« Der Klausner antwortete ihm: »Der Herr, der da lebt und auf der Schönheit der Sterne herrscht, möge Euch geben, dass Euch Euer großes Wissen nicht schade, denn ich versichere Euch: Wer dieses weiß und nichts tut, stürzt sich in viel größere Gefahr als derjenige, der unwissend sündigt.« Einer der Unsern, namens Nunho Coelho, wollte ihm widersprechen und sagte, dass jener sich unnötig über eine solche Kleinigkeit betrübe. Der Klausner sah ihn von der Seite an und sprach: »Gewiss, Ihr fürchtet Euch noch wenig vor dem Tod, weil Ihr Euer Leben mit so schwarzen Reden und Taten zubringt. Ihr habt keinen anderen Hunger als den nach Gold. So fahrt nur fort mit Eurem Rauben. Die Hölle wird Euch für Euren Diebstahl, den Ihr hier begeht, und für jeden künftigen Frevel verschlingen und an Euch nagen. Je schwerer die Last ist, die Ihr wegtragt, umso geschwinder wird sie Euch in die Hölle ziehen, wo Eure Werke bereits eine ewige Wohnung für Euch gebaut haben.« Nunho Coelho ermahnte ihn zu der Geduld, die ihm Gott in seinem Gesetz geboten habe. Der Klausner aber legte seine Hand auf sein Gesicht, schüttelte mehrmals den Kopf, wobei es aussah, als lächelte er, und gab ihm zur Antwort: »Ich sehe leider nunmehr, was ich nie zu sehen oder zu hören erwartet hätte, nämlich wie böse Werke unter dem schönen Schein der Tugend vollbracht werden. Eure Verblendung muss gewiss groß sein, weil Ihr unter dem Deckmantel guter Worte Euer Leben mit bösen Taten befleckt. In Wahrheit, ich weiß nicht, wie Ihr in den Himmel kommen oder Gott am letzten Tage Rechenschaft leisten wollt.« Danach wandte sich der Klausner an Antonius und bat ihn mit gefalteten Händen, den Leuten zu untersagen, auf den Altar zu speien. Diese Entweihung würde ihm im Herzen mehr wehtun als tausend Tote. Antonius kam dieser Bitte nach, was den Klausner ein wenig tröstete.

Weil es nun aber schon spät war, beschloss Antonius, hier nicht länger zu warten, sich aber sicherheitshalber doch noch nach mehreren Dingen zu erkundigen. Er fragte deshalb, wie viele Menschen in diesen Klausen lebten. Der Klausner antwortete: »Nicht mehr als dreihundertsechzig Einsiedler und vierzig Diener, welche jene mit Nahrung versorgen und sie während einer Krankheit pflegen.« Antonius fragte weiter, ob der Kaiser von China nicht manchmal zu diesem Ort komme. Jener antwortete: »Nein! Der Kaiser ist der Sohn der Sonne und kann von niemandem verdammt werden. Er hat aber Macht, jeden freizusprechen.«

Antonius fragte auch, ob es in diesen Klausen Waffen gebe, und der Klausner antwortete: »Nein, denn alle, die den Himmel zu ererben gedenken, haben viel mehr Geduld vonnöten, um das Unrecht zu erleiden, statt sich mit Waffen zu wehren.« Antonius fragte weiter, warum man so viel Geld unter den Totengebeinen begraben habe: »Dies Geld«, sagte der Klausner, »kommt von Almosen. Die Verstorbenen nahmen es mit in ein anderes Leben, um es im Mondhimmel im Falle der Not zu gebrauchen, weil sie ewig dort leben.« Zuletzt fragte ihn Antonius, ob sie auch Frauen hätten, und erhielt zur Antwort: »Die, welche das Heil ihrer Seelen suchen, dürfen die Wollust des Fleisches nicht genießen.« Darauf fiel Antonius dem Klausner um den Hals, bat ihn um Vergebung und ging mit den Seinen zu den Schiffen. Er wollte am folgenden Tage zu den anderen Klausen gehen. Wie es hieß, gab es dort viel Silber und goldene Götzen, weil daselbst die chinesischen Kaiser begraben lagen.

Darum ließen wir an dieser Seite der Insel unsere Anker fallen, in der Hoffnung, unsere zwei Schiffe mit vielen Schätzen beladen zu können. Und gewiss, der Anschlag wäre gelungen, hätte Antonius nur den Klausner mitgenommen und ihn dadurch gehindert, uns den Oberpriestern zu verraten. Antonius widersetzte sich jedoch der Absicht, ihn fortzuführen. Er meinte, der Klausner sei zu alt und mit seinen geschwollenen Beinen zu schwach, sodass er schwerlich auf den Füßen stehen könne. So bräuchten wir nichts von ihm zu befürchten. Wie wir aber später hörten, kroch der Klausner gleich nach unserem Abschied zur nächsten Klause, die einen Bogenschuss weit entfernt war. Dort berichtete er von unserem Überfall und befahl seinem Nachbarn, sich sofort zum Haus der Oberpriester zu begeben und ihnen die Kunde zu überbringen. Das konnten wir von dem Ort aus, wo wir lagen, hören. Ungefähr eine Stunde nach Mitternacht sahen wir auf der Mauer des großen Tempels mit den Gräbern der Könige ein großes Feuer als Warnzeichen. Als wir unsere Chinesen fragten, was das bedeute, gaben sie zur Antwort: »Eure Absicht ist schon bekannt geworden. Ihr müsst euch daher eilends davonmachen.« Dieses sagten wir Antonius, der sich schon in tiefem Schlaf befand. Er sprang sofort auf und ruderte zur Insel, um sich dies Getümmel dort anzuschauen. Da hörte er gleich die Glocken aller Klausen läuten und dazu die Stimmen der Leute. Die gefangenen Chinesen sagten darauf, er solle sein Leben in Sicherheit bringen. Aber er wollte sich nicht um ihre Reden scheren und trat mit sechs Soldaten, nur mit Degen und Schild bewaffnet, an Land. Dort ging er zu der Mauer, welche die Insel umgab, und lief an derselben wie ein Unsinniger hin und her, traf aber niemanden an. So kam er wieder zum Schiff zurück. Fast alle Soldaten meinten, dass wir flüchten sollten. Er stimmte dem zu, um einem Aufruhr vorzubeugen. Doch ließ er sie noch eine halbe Stunde lang dort warten. Einesteils wollte er genauer wissen, warum sie nun so ängstlich waren, andernteils hoffte er noch bessere Nachrichten über die Lage zu erhalten. Einige wollten aber sofort wegziehen und so ließ er alle schwören, auf ihn zu warten, und ging mit den genannten sechs Soldaten wieder an Land.

Dort ging er durch das Wäldchen, dem Klang einer Glocke nach, und kam so zu einer Klause. Die war viel reicher ausgestattet als diejenige vom Abend zuvor. In ihr fand er zwei Männer in geistlichen Kleidern mit einer großen Mütze auf dem Kopf. Er vermutete deshalb, sie seien andere Einsiedler, und ging auf sie los. Dabei erschrak der eine so, dass er lange nicht reden konnte. Vier der Soldaten traten in die Klause und raubten vom Altar eine silberne Götzenstatue, die eine Krone auf dem Haupt und ein Rad in der Hand hatte. Sie verschonten auch nicht silberne Leuchter mit dicken, langen Ketten. Antonius kehrte mit ihnen zu den Schiffen zurück und nahm dabei diese Einsiedler mit. Er befahl ihnen, kein Geschrei zu machen. Auf dem Schiff fragte er dann den zweiten Einsiedler unter Drohungen nach dem Vorgefallenen. Der Einsiedler antwortete, so gezwungen, endlich: »Ein heiliger Mann aus einer dieser Klausen hat um Mitternacht am Haus der kaiserlichen Gräber angeklopft und laut gerufen: ›O betrübte Menschen! Ihr liegt in der Trunkenheit des Schlafes begraben. Höret zu, höret zu, die ihr der Göttin Amida zugetan seid! Auf unsere Insel sind Fremdlinge vom Ende der Welt gekommen, welche lange Bärte und eiserne Leiber haben. Diese Bösewichter sind in das heilige Haus der siebenundzwanzig Pfeiler eingefallen, wie mir ein heiliger Hüter desselben gesagt hat. Daselbst haben sie die reichen Schätze der Heiligen geraubt, ihre Gebeine verächtlich auf die Erde geworfen und mit stinkendem Speichel verunreinigt. Ja, als verstockte Teufel belustigten sie sich ob ihrer Sünde. Deshalb rate ich euch, Acht zu geben. Denn man sagt, dass sie geschworen haben, uns bei Tagesanbruch alle ums Leben zu bringen. Darum flieht und ruft die Leute zu eurem Beistand herbei, weil ihr als Geistliche kein Blut vergießen dürft.‹ Auf dieses Rufen hin wachten sie auf, liefen zur Tür und fanden dort den Einsiedler halb tot vor Betrübnis und Schwachheit auf der Erde liegen. Hierauf zündeten alle Einsiedler und Diener das Feuer an, das ihr gesehen habt. Damit riefen sie die Städte Corbilem und Fonbana zu Hilfe. Und gewiss, die Bürger dieser Städte werden nicht zögern, wie verhungerte Geier mit großer Gewalt über euch herzufallen. Dieses ist es, was wir euch sagen können. Deshalb bitte ich euch, uns das Leben zu schenken und uns zu unserer Klause zurückkehren zu lassen. Widrigenfalls werdet ihr eine noch größere Sünde begehen, als ihr es gestern getan habt. Bedenkt auch, dass Gott uns reuige Sünder schützt und beinahe alle Tage besucht. Flieht darum, sobald ihr könnt, denn Ihr werdet schwerlich mehr gewinnen und kaum entkommen. Selbst die Erde, die Luft, das Wasser, die Winde, Menschen, Tiere, Fische, Vögel, Bäume, Pflanzen und alle geschaffenen Dinge werden euch verfolgen und so martern, dass niemand euch wird helfen können als der, der im Himmel ist.« Antonius hatte durch diese Rede genug erfahren. Er ließ die Segel setzen, um den Fluss hinabzusegeln. Dabei riss er sich vor Ärger das Haar aus seinem Bart und zerschlug ganz jämmerlich sein Gesicht, weil er sich die beste Gelegenheit, seine Absicht zu vollenden, durch Unvorsichtigkeit verscherzt hatte.

16. KAPITEL

*Nach einem Schiffbruch vor der chinesischen Küste,
bei dem Antonius untergeht, wird Pinto an Land
geworfen und von der dortigen Bevölkerung
freundlich aufgenommen*

Nachdem wir hierüber ganz betrübt und fast wahnsinnig geworden waren, segelten wir in großer Verwirrung sieben Tage lang an der Meeresküste vor Nanking entlang. Wir versorgten uns hier und da in Dörfern mit Lebensmitteln. Dann segelten wir etwas nach Süden, kehrten aber wieder an die Küste vor Nanking zurück und kreuzten dort dreizehn Tage lang in großer Bedrängnis und Furcht, weil es uns bald wieder an Lebensmitteln mangelte. Als wir die Berge von Conxinacau zu Gesicht bekamen, welche ungefähr auf dem zweiundvierzigsten Grad liegen, entstand ein Südsturm, den die Chinesen Taifun nennen. Der stürmte so heftig und gewaltig, dass er übernatürlich zu sein schien und uns in solche Angst versetzte, dass wir fast die Hoffnung aufgaben, noch am Leben zu bleiben, dies umso mehr, als unsere Schiffe nur recht schmal und schwach waren und wir nur mit einer schlechten Schiffsbesatzung versehen waren. In dieser Not ließen wir uns an Land treiben, weil wir lieber zwischen den Klippen sterben als der See zum Opfer fallen wollten. Allein, dies misslang, denn am Nachmittag drehte sich der Wind, und die Wellen waren so hoch, dass man dies nicht ohne Schrecken ansehen konnte. Vor lauter Furcht warfen wir alles, auch die Kisten mit dem Silber, in die See. Hierauf kappten wir unsere Masten, um die Schiffe auszubessern, die leck geworden waren. Damit verbrachten wir die ganze Zeit und hatten nun keinen Mast und keine Segel mehr. Um Mitternacht hörten wir vom Schiff des Antonius ein lautes Geschrei: »Herr, barmherziger Gott!« Wir mutmaßten daher, sein Schiff würde sinken, und antworteten ihnen auf die gleiche Weise.

Doch vernahmen wir nichts mehr von ihnen, als wären sie bereits ertrunken, worüber wir sehr erschraken. In solcher Angst brachten wir die ganze Nacht zu. Eine Stunde vor Tagesanbruch brach auch unser Schiffsboden auseinander, worauf sogleich viel Wasser hereinströmte. Das raubte uns alle Hoffnung davonzukommen und wir glaubten fest, dass wir nun zugrunde gehen würden. Sobald der Tag anbrach, sahen wir uns nach Antonius um. Wir fanden ihn aber nicht, worüber uns der Mut vollends zu sinken begann. In solcher Angst blieben wir bis zur zehnten Stunde. Da stießen wir an das Ufer, trieben dann noch weiter gegen eine spitze Klippe, die das ganze Schiff zerschmetterte. Wir hatten uns aneinander gehängt und gerufen: »Herr, barmherziger Gott!« Von fünfundzwanzig Portugiesen kamen nicht mehr als vierzehn davon. Die anderen elf, dazu achtzehn Sklaven und sieben chinesische Bootsleute, ertranken. Nach dem Schiffbruch klagten und weinten wir den ganzen Tag und die folgende Nacht hindurch über unser Unglück. Dazu kam noch, dass das Land überall wüst und öde war und wir niemanden trafen, der uns hätte helfen können.

Endlich beschlossen wir, weiter in das Land hineinzugehen, denn wir hatten die Hoffnung, in der Nähe oder in der Ferne jemanden zu finden, der uns als Sklaven gebrauchen könnte und uns zu essen geben würde. Nachdem wir sechs oder sieben Meilen weit durch steiniges Gelände gelaufen waren, kamen wir an einen großen See. Der war so breit, wie unsere Augen sehen konnten, und wir mussten wieder umkehren an den Ort, wo wir Schiffbruch erlitten hatten. Dort fanden wir an verschiedenen Stellen die von den Wellen angeschwemmten Leichen. Das gab uns zu neuen Klagen Anlass und am nächsten Morgen fingen wir an, sie im Sand zu verscharren, damit sie nicht von den vielen Tigern, die hier lebten, zerrissen wurden. Darüber verging der Tag, weil wir die Gruben mit unseren Händen aufheben mussten und die Zahl der Toten sich wohl auf sechsunddreißig belief. Danach begaben wir uns aus Furcht vor den Tigern in einen Morast und blieben darin die ganze Nacht über.

Am folgenden Tage machten wir uns auf den Weg nach Norden. Er führte uns durch Täler und so dichten Wald, dass zuweilen kaum durchzukommen war. Drei Tage lang begegnete uns kein Mensch. Wir gelangten dann zu einem kleinen Gewässer und beschlossen hinüberzuschwimmen. Allein, die vier Ersten, die sich dazu anschickten, ertranken elendiglich, weil sie wegen ihrer allzu großen Schwachheit der schnellen Strömung nicht widerstehen konnten. Wir mussten wieder Zuflucht zu Tränen und Seufzern nehmen und erwarteten alle Augenblicke den Tod. Die ganze Nacht lang wurden wir von Wind, Kälte und Regen geplagt.

Als es Tag werden wollte, sahen wir im Osten ein großes Feuer. Dem eilten wir entgegen, brauchten aber fast noch den ganzen Tag, bis wir endlich bei Sonnenuntergang in einem Dickicht auf fünf Männer trafen, die dort Kohlen brannten. Diesen fielen wir vor die Füße und baten sie, uns einen Ort zu zeigen, an dem wir ausruhen könnten. Einer von ihnen sah uns mitleidig an und sprach: »O ihr Unglücklichen! Wir haben nicht einmal Säcke genug, um eure Wunden zu verbinden. Wir können euch nur Reis und warmes Wasser geben. Ihr würdet besser zu jenem Ort gehen, der dort unten liegt. Da werdet ihr eine Herberge für Fremde finden.« Wir dankten ihnen für ihren guten Willen, nahmen die uns angebotenen Gaben und aßen ein wenig Reis. Dann gingen wir geraden Wegs zu dem Ort, den sie uns gezeigt hatten, einer kleinen Siedlung. Dort traten wir in die Herberge und wurden darin von drei Männern freundlich empfangen. Am nächsten Morgen fragten sie uns, wer wir seien und woher wir kämen. Wir antworteten. »Wir sind Fremdlinge aus dem Königreich Siam. Wir sind vom Hafen von Liampo in das Meer bei Nanking gefahren, haben durch einen Meeressturm Schiffbruch erlitten und nur unser Leben gerettet.« Sie fragten weiter, wo wir hinwollten, worauf wir antworteten: »Wir wollen zur Stadt Nanking reisen und von dort aus als Ruderknechte nach Kanton. Dort betreiben unsere Landsleute unter dem Schutz des Sohnes der Sonne ihren Handel.« Darum baten wir sie, uns bis zu unserer Genesung zu beherbergen und uns Kleidung zu geben. Hierauf sagten sie uns: »Eure Bitte ist recht. Aber weil dieses Haus arm ist, können wir euch nicht nach Gebühr helfen. Doch wollen wir unser Bestes tun.«

Sie führten uns also, so nackt wie wir waren, durch das ganze Dorf, welches aus ungefähr fünfzig Anwesen bestand. Die Leute waren alle arm. Dennoch sammelten sie Almosen für uns, ungefähr zwei Taeis an Geld, einen halben Sack Reis, ein wenig Mehl, Bohnen und Zwiebeln sowie ein paar alte Lappen, um unsere Blöße zu bedecken. Dazu kam noch etwas Geld von der Herberge. Wir versuchten, noch länger zu bleiben. Diese Bitte wurde uns jedoch ausgeschlagen, denn sie durften Arme nur drei bis fünf Tage dort beherbergen; lediglich Schwangere und schwer kranke Menschen durften länger bleiben. Sie berichteten uns von einer großen Stadt namens Sileyjacau, bei der es eine reiche Herberge gebe, in der man sich auch der Armen annehme. Auch wollten sie uns eine Bittschrift aufsetzen, mit der wir leichter dort aufgenommen werden könnten. Für diese Bereitwilligkeit dankten wir ihnen von Herzen und sagten: »Eure Hilfe werdet ihr nicht bereuen, denn ihr habt es aus Liebe zu Gott getan.« Einer von ihnen, ein sehr alter Mann, sagte hierauf: »Wir tun es auch in dieser Absicht und nicht um weltlichen Gewinns willen. Die Welt ist arm und elend und kann nichts geben. Gott aber ist sehr reich und ein Freund der Armen, die ihn in ihrem Leiden mit Geduld und Demut preisen. Die Welt ist rachgierig, Gott aber ist geduldig, die Welt ist böse, Gott gut. Die Welt ist voller Torheit und Unwissenheit, hingegen ist Gott der Brunnen der Weisheit. Deshalb, liebe Freunde, wenn ihr auch in einen erbärmlichen Zustand geraten seid, so verzweifelt doch nicht an den Verheißungen Gottes. Er wird es nicht an seiner Gnade fehlen lassen, wenn ihr euch ihrer nur würdig zeigt. Denn die Erfahrung zeigt, dass er die Seinen niemals verlässt. Dagegen können es die von der Welt Verblendeten nicht wohl ertragen, wenn sie von der Armut bedrückt und von jedermann verachtet werden.« Als er dies gesagt hatte, gab er uns die Bittschrift.

Wir reisten damit um Mittag fort und erreichten die Stadt noch vor Sonnenuntergang. Wir gingen sogleich zu der uns empfohlenen Herberge, welche die Chinesen das »Rasthaus der Armen« nannten. Dort übergaben wir unser Schreiben den dortigen Aufsehern, die Tanigoren genannt wurden. Diese kümmerten sich hier gemeinsam um die Armen. Sie befahlen dem Schreiber, unsern Brief vorzulesen, und sein Inhalt war folgender: »Wir allerärmsten Leute und unwürdigen Diener des Obersten Herrn, dessen Werke sehr wunderbar sind, wir Aufseher dieses Hauses Buatendo in diesem Dorfe Catihorau bitten Euch, demütige und zum Dienst des Herrn erwählte Leute, mit aller Ehrerbietung zum Beweis Eurer Liebe um dies: Ihr möget diese vierzehn Fremdlinge, von denen drei gelb und elf weiß sind, beherbergen und ihnen behilflich sein ihre nackten Leiber zu bedecken, deren Armut ihr deutlich genug sehen werdet. Wir bitten euch besonders darum, weil sie mit ihren Kaufmannsgütern Schiffbruch erlitten haben. Die Wellen haben mit ihrem gewöhnlichen Wüten dieses Werk der Hand des Allmächtigen ausgeführt. Dieser lässt oftmals zu, dass solche Dinge zu einer gerechten Bestrafung geschehen, um uns zu zeigen, wie schrecklich sein Gericht ist. Er möge uns alle am Tage unseres Todes davon erlösen.« Hierauf wurden wir in eine helle Kammer gebracht, in welcher vierzehn Lagerstätten, ein Tisch und viele Stühle waren. Wir erhielten auch gut zu essen und zu trinken und ruhten uns aus.

Früh am nächsten Tage kam auf Befehl der Aufseher der Schreiber und fragte uns, wer wir seien und aus welchem Volke wir stammten, auch, wo wir Schiffbruch erlitten hätten und noch vieles mehr. Wir antworteten ebenso wie in dem Dorfe, damit man uns keine Lüge vorwerfen konnte. Man fragte uns weiter, was wir denn nun tun wollten. Wir gaben zur Antwort: »Wir möchten gern mit eurer Erlaubnis in diesem Hause bleiben, bis wir vollständig genesen sind, weil wir uns noch nicht genügend wohl befinden.« Hierauf erfolgte eine so freundliche Antwort, dass wir uns alle mit weinenden Augen dafür bedankten. Der Schreiber führte auch bald einen Arzt herbei, dem man uns empfahl. Dieser schrieb dann unsere Namen in ein großes Buch und wir mussten auch alle selbst unser Zeichen dazusetzen. »Dieses«, sagte er, »ist notwendig zur Berechnung der für euch aufgewandten Kosten.«

17. KAPITEL

Pinto und seine Gefährten ziehen weiter nach
Nanking und geraten dort in Gefangenschaft

In dieser Herberge blieben wir achtzehn Tage lang und hatten Überfluss an allem, was wir brauchten. Als wir wieder gesund waren, zogen wir fort nach Nanking. Am Abend dieses Tages kamen wir in ein Dorf namens Suzoangance. Dort setzten wir uns am Dorfeingang auf den Rand eines Springbrunnens und wussten nicht weiter. Einige Dorfbewohner kamen hierher, um Wasser zu holen. Als sie uns da so betrübt sitzen sahen, kehrten sie mit leeren Krügen um und riefen andere herbei. Alle wunderten sich über uns, weil sie noch nie solche Leute gesehen hatten. Sie beratschlagten sich wegen uns und gerieten schließlich unseretwegen in Streit. Eine alte Frau fragte uns nach unserer Herkunft und unseren Absichten und Wünschen. Wir antworteten ihr auf unsere bisherige Weise.

Darauf hatte sie einen Wortwechsel mit den vielen Bauern, die um uns herumstanden, wandte sich dann aber wieder zusammen mit einem Priester an uns. Dieser war mit einem langen Gewand aus rotem Damast bekleidet, welches bei ihnen als Ehrenkleid gilt. Er kam zu uns an den Brunnen, trug eine Hand voll Weizenähren und befahl uns, zu ihm zu treten. Das taten wir denn auch mit großer Ehrerbietung, wenn er diese auch wegen unserer Armut wenig achtete. Er warf die Ähren in den Springbrunnen und sagte, wir sollten die Hände darauf legen. Dem kamen wir sogleich nach, in der Meinung, dies geschehe bei ihnen an Eides statt. Hierauf sagte er: »Wenn es sich in Wahrheit so verhält, wie ihr es dieser Frau erzählt habt, so wollen wir euch beherbergen. So sind wir es Gottes Armen schuldig. Wenn es aber nicht so steht, dann gebiete ich euch, alsbald fortzugehen, bei der Strafe, von den Zähnen der Schlange im Abgrund gebissen und verschlungen zu werden.« Wir blieben nun bei unseren Worten, worauf der Priester den Umstehenden gebot, uns zu versorgen. Wir wurden unter dem Eingang des Dorftempels beherbergt und mit allem Notwendigen versorgt. Am nächsten Morgen gingen wir von Tür zu Tür, um zu betteln, und brachten dabei genug für den Tag zusammen. Dann zogen wir weiter. Wir hatten beschlossen, auf diese Weise von Ort zu Ort weiterzuziehen und Almosen zu sammeln, bis wir nach Nanking kommen würden, das ungefähr hundertvierzig Meilen weit entfernt war. Von dort aus wollten wir uns als Ruderknechte nach Kanton durchschlagen.

Am Abend kamen wir zum nächsten Dorf und setzten uns vor diesem unter einen Baum in den Schatten. Drei Knaben, die das Vieh hüteten, erblickten uns und fingen an zu rufen: »Diebe, Diebe!« Darauf kamen die Einwohner mit Spießen und Bogen auf uns zugeeilt und schrien: »Fangt die Diebe, fangt die Diebe!« Wir wollten flüchten, aber sie jagten uns nach und bewarfen uns dermaßen mit Steinen und Knüppeln, dass wir alle verwundet wurden. Ja, einer von unseren Knechten gab darüber den Geist auf. Sie führten uns mit auf den Rücken gebundenen Armen ins Dorf und prügelten uns noch mehr. Wir waren ganz durchnässt von unserem Blut und fürchteten um unser Leben. Dann stieß man uns in einen Trog mit stinkendem Wasser. In dem mussten wir zwei Tage lang, bis zu den Hüften im Wasser stehend, verharren und wurden dabei von Blutegeln geplagt. Die zwei Tage kamen uns wie hundert Jahre vor. Endlich kam zu unserem Glück ein Mann aus dem erwähnten Dorf Suzoangance vorbei. Als derselbe von der an uns verübten Grausamkeit vernahm, legte er Fürbitte für uns ein und wir kamen frei. Ganz blutig gingen wir von dannen, wissend, dass wir einen weiteren solchen Tag kaum überstanden hätten.

Das nächste Dorf war nur von armen Leuten bewohnt. Wir trafen dort drei Männer beim Flachsbrechen. Bei unserem Anblick entflohen sie eilends zu einem Tannenwald und riefen den Vorübergehenden zu, sie sollten sich vor uns, da wir Räuber seien, in Acht nehmen. Aus Furcht, es könnte uns wieder schlimm ergehen, liefen wir fort und verbargen uns während der Nacht, vor lauter Angst und weil es auch regnete, in einem Viehstall.

Am nächsten Tag gingen wir bis zum Abend weiter in derselben Richtung. Auf einmal sahen wir von einem Hügel aus in der Abendsonne eine große Ebene mit vielen Bäumen; in deren Mitte, nicht weit von einem Fluss, stand ein schönes Haus mit vielen Türen. Wir gingen geradewegs darauf zu und rasteten bei einem Springbrunnen im Vorhof. Zu unserer Verwunderung ließ sich lange niemand sehen, bis endlich ein Jüngling von sechzehn oder siebzehn Jahren auf einem vortrefflichen Pferde auf uns zugeritten kam, in seiner Hand einen Hühnerhabicht haltend. Es begleiteten ihn vier Männer zu Fuß, von denen einer zwei Hasen trug. Ein anderer brachte fünf Nivatoren, eine Art Vögel, die den Fasanen gleichen, und zu beiden Seiten liefen mehrere Windhunde.

Als der Jüngling zu uns gekommen war, hielt er an, fragte, wer wir seien und ob wir auch etwas wünschten. Wir erzählten ihm darauf ausführlich die Geschichte unseres Unglücks, worüber er sich recht betrübt und traurig zeigte. Er sagte uns: »Wartet hier ein wenig. Ich will euch mit dem Notwendigen versorgen, aus Liebe zu dem, der im obersten Himmel herrscht.« Bald danach ließ er uns durch eine alte Frau holen, die ein Gewand nach der Art unserer Nonnen anhatte. Wir traten mit ihr in einen anderen Vorhof. Dieser hatte zwei Umgänge und war viel schöner als der erste. Er glich einem Kloster. Wir sahen da viele Malereien von Frauen zu Pferde, die mit Vögeln auf der Hand jagten. Am Eingang des Hofes befand sich ein Bogen von sehr kostbarer Bauweise. In seiner Mitte hing ein Schild an einer silbernen Kette und darauf war ein Mann abgebildet, der beinahe wie eine Schildkröte aussah. Seine Füße waren in die Höhe gerichtet und der Kopf nach unten. Rund herum las man diese Worte: »Ingualec finguau, potun aquarau.« Das bedeutet: »So geht es mit allem, das mir gehört.« Später verstanden wir, dass dieses lächerliche Bild die Welt darstellte, wie sie die Chinesen abzubilden pflegen. Sie wollen dadurch zeigen, dass in der Welt nichts als Lügen zu finden seien. Sie wollen hiermit diejenigen, welche die Welt lieben und hoch achten, von ihrem Irrtum befreien.

Von dort gingen wir eine breite, steinerne Treppe hinauf und kamen in einen großen Raum. Darin saßen eine ältere Frau von ungefähr fünfzig Jahren auf einem Teppich und an ihrer Seite ihre zwei schönen Töchter in kostbaren Kleidern und mit Perlenketten um den Hals. Nicht weit davon sahen wir einen alten Mann auf einem kleinen Bett liegen, dem die eine Tochter mit einem Fächer ein wenig Luft zuwedelte. Bei ihm war der edle Jüngling, sein Sohn, der uns hatte holen lassen. Ein wenig fort saßen auf einem anderen Teppich noch neun junge Töchter in weißen und roten Kleidern aus Damast bei einer Handarbeit. Als wir zu dem alten Mann geführt wurden, fielen wir vor ihm auf unsere Knie nieder, vergossen Tränen und erbaten von ihm demütig Almosen. Die Frau gab uns mit ihrer Hand ein Zeichen und sprach: »Ihr habt genug geweint. Eure Tränen betrüben mich sehr. Es ist genug, dass ich nun weiß, dass ihr um ein Almosen bittet.« Der alte Mann fragte hierauf, ob auch jemand unter uns Fieber heilen könne. Darauf fing eine von den Töchtern an zu lachen und sprach: »Ich weiß gewiss, dass sie lieber essen möchten, als hiernach befragt zu werden, was sie vielleicht nie gelernt haben. Mir scheint deshalb, dass es besser ist, sie zuerst mit dem Nötigen zu versorgen und danach von Dingen zu reden, die sie weniger angehen.« Die Mutter schalt ihre Tochter deswegen und sagte:

»Ihr pflegt immer zu reden, obgleich man Euch nicht dazu

aufgefordert hat. Ich will Euch diesen Vorwitz abgewöhnen.« Die Tochter gab lachend zur Antwort: »Das hoffe ich auch. Allein ich bitte Euch, zuerst diesen Leuten zu essen zu geben.«

Der alte Mann, dem seine Krankheit großen Verdruss bereitete, konnte es dennoch nicht lassen, uns nach vielen Dingen zu befragen. Wir antworteten, so gut wir konnten, und erzählten ihm, wie und wo wir Schiffbruch erlitten hätten, wie viele der Unseren ums Leben gekommen seien und wie wir so verwirrt durch die Welt zögen, ohne zu wissen, wohin. Er nahm diese Gelegenheit wahr, seinem Sohn einige Lehren und Unterweisungen zu geben. Der sah hierbei seine Schwester an und lachte. Der Kranke hatte unterdessen Speisen bringen lassen und gebot uns zu essen, was wir gerne taten. Ihm gefiel das sehr, seinen Töchtern, die mit ihrem Bruder über uns lachten, umso mehr, als sie uns mit Händen essen sahen. Denn diese Gewohnheit haben die Einwohner in China nicht, sondern sie benutzen dazu kleine Stäbchen, mit denen sie die Speisen zum Mund führen. Nachdem wir gegessen und Gott gedankt hatten, ließ uns der alte Mann drei Stücke Leinwand und vier Taeis an Geld geben. Er bat uns auch, die Nacht dazubleiben, weil es schon spät sei. Wir nahmen das mit Freuden an und dankten ihm auf die Weise des Landes, was seine Gemahlin und seinen Sohn besonders vergnügte.

Früh am nächsten Morgen reisten wir weiter zu einem Dorf mit Namen Fingilinau, vier Meilen von diesem Haus entfernt. Von dort aus zogen wir weiter über die Dörfer, denn wir wollten die großen Städte meiden. Wir hatten Angst, dass wir als Fremde dort von den Gerichten festgehalten würden. Auf diese Weise reisten wir fast zwei Monate lang umher und wären wohl ohne Zweifel in dieser Zeit auch nach Nanking gelangt, wenn wir einen Wegweiser zur Hand gehabt hätten. So aber gingen wir oft in die Irre und mussten dabei viel ausstehen. Einmal nahmen wir in einem Dorf, Chautir genannt, auch an dem prächtigen Leichenbegängnis einer reichen alten Frau teil. Sie hatte ihre Freunde enterbt und ihre Güter dem Dorftempel vermacht. Wir mussten mit anderen Armen im Leichenzug mitgehen, aßen nach der Landessitte auf dem Grab der verstorbenen Frau und empfingen sechs Taeis an Almosen.

Schließlich gelangten wir zu unserem Unglück in den Ort Taypor. Dort wohnte ein Chumbim, ein hoher Gerichtsbeamter, die alle drei Jahre durch die Provinzen gesandt werden, um dem König von allem Vorgefallenen zu berichten. Als dieser Chumbim uns von Tür zu Tür betteln sah, rief er uns durch ein Fenster zu sich und fragte: »Wer seid ihr und woher kommt ihr? Warum lauft ihr so durch die Welt?« Er fragte dies in Gegenwart von drei Schreibern und vielen anderen Leuten, die sich dort versammelten, um uns zu sehen. Wir gaben ihm unsere übliche Antwort. Der Chumbim wäre ohne Zweifel damit zufrieden gewesen und hätte uns gestattet weiterzureisen. Aber einer der Schreiber widersetzte sich dem und forderte ihn auf, uns festzuhalten. Denn er meinte, dass wir Müßiggänger unser Leben mit Betteln von Haus zu Haus zubrächten und die Almosen missbrauchten. »Darum«, sagte er, »dürft Ihr sie nicht fortlassen, aufgrund des Gesetzes im siebenten Buch der zwölf Bücher der Richter. Und obgleich ich nur Euer Diener bin, möchte ich doch raten, diese Leute sicher einzusperren, damit sie nicht weglaufen.« Der Chumbim folgte dem Rat des Schreibers und behandelte uns fortan sehr unfreundlich. Er ließ uns auch, nachdem er falsche Zeugen vernommen hatte, mit Stricken an Händen und Füßen fesseln und mit einem schweren Halseisen in eine tiefe Höhle werfen. Da mussten wir großen Hunger und viele Schläge erleiden.

Nach sechsundzwanzig Tagen wurden wir gemäß dem Urteil des Chumbim nach Nanking zum Gericht gesandt, weil dieser Chumbim nicht die Macht hatte, Gefangenen das Leben zu nehmen. Wegen des großen Ungemachs, das wir in dieser Gefangenschaft erlitten, schien uns jeder Tag tausend Jahre zu währen. Auch nahmen unsere Kräfte infolge des großen Elends, das uns bedrückte, so sehr ab, dass einer von uns, Johann Rodrigez Bravo, unter unseren Händen starb. Die Läuse hatten ihn geplagt, und wir konnten ihm nicht helfen, wie gern wir dies auch getan hätten. Schließlich wurden wir ganz schwach und elend, sodass wir kaum noch reden konnten, aus dem Gefängnis auf ein Schiff gebracht. Mit uns schickte man dreißig bis vierzig Chinesen, allesamt große Verbrecher, gleichfalls nach Nanking, wo jederzeit ein Gerichtshof von einem Vizekönig verwaltet wird. In dieser Stadt Nanking gibt es einen Rat von hundertzwanzig Gerazemos und Ferucuas, was so viel bedeutet wie Ratsherren, Richter und Ankläger in allen Gerichtsangelegenheiten. Man kann sich aber nach ihrem Urteil trotzdem noch auf ein höheres Gericht berufen. Das höchste Gericht wird »Kammer des Schöpfers aller Dinge« genannt; man darf es nur in den allerwichtigsten Angelegenheiten anrufen. In ihm sitzen vierundzwanzig Menigrepen, die ein sehr frommes und strenges Leben führen und sehr unseren Kapuzinern gleichen. Diese werden erst ernannt, wenn sie das siebzigste Lebensjahr erreicht haben. Sie werden auch auf besondere Weise erwählt und berufen. Kurz, es sind Männer, die sich nicht beugen lassen und in allen Sachen, die vor sie vorgebracht werden, so gerecht sind, dass man keine gerechteren finden kann. Denn sie lassen sich durch niemandes Ansehen, wie groß es auch sein mag, von dem abbringen, was sie für Recht erkennen, auch wenn es dem Kaiser selbst gelten sollte.

Nachdem wir nun so elend in das Schiff gebracht worden waren, kamen wir in der folgenden Nacht in die große Stadt Potinleu. Dort blieben wir wegen einer Überschwemmung neun Tage lang im Gefängnis. Wir trafen darin einen Gefangenen, der großes Mitleid mit uns hatte.

Wir fragten ihn in chinesischer Sprache, die er wohl verstand, woher er komme und welches Missgeschick ihn hierher geführt habe. Er gab zur Antwort: »Ich bin ein Moskoviter aus der Stadt Hiquegens. Ich bin ursprünglich des Mordes angeklagt und vor fünf Jahren zu ewigem Gefängnis verurteilt worden. Doch habe ich mich als ein Fremdling auf den Gerichtshof des Aytau in der Stadt Peking berufen, der als

Oberster unter den zweiunddreißig Aytaus, die in diesem Reich nach der Zahl der Provinzen eingesetzt sind, infolge eines besonderen Rechtes eine vollkommene Macht über alle Fremden hat, die von außerhalb in das Land kommen. Ich erhoffe Hilfe und Beistand von ihm, um wieder frei zu werden und mein Leben als ein Christ unter Christen beschließen zu können.«

Nach diesen neun Tagen wurden wir aus dem Gefängnis wieder auf das Schiff geführt und fuhren sieben Tage lang auf einem großen Fluss dahin, bis wir nach Nanking kamen. Dieses ist die zweitgrößte Stadt des Landes und die Hauptstadt von drei Provinzen, nämlich Liampo, Fanjus und Sambur. Wir saßen da eineinhalb Monate lang gefangen und standen in dieser Zeit so viel Elend aus, dass wir allmählich zu sterben drohten. Wir vermochten nichts anderes mehr, als den Himmel mit erbärmlichen Augen anzusehen. In der ersten Nacht beraubte man uns dort auch aller unserer Habe. Das Gefängnis war nämlich so groß gebaut, dass es damals dort über viertausend Gefangene gab. So konnte man schwerlich der Plünderung entgehen, ebenso wenig den Läusen. Der Anchacij, einer der Richter, der für unsere Sache zuständig war, fällte nach eineinhalb Monaten das Urteil über uns, dessen Inhalt folgendermaßen war: »Nachdem der Bericht des Chumbim von Taypor wohl erwogen ist, wird für recht und billig erkannt, dass diese Männer öffentlich auf den Hintern geschlagen und gegeißelt werden. Sie sollen hierdurch lernen, hinfort besser zu leben. Gleichermaßen soll man ihnen die beiden Daumen an den Händen, die sie zu Räuberei und anderen Übeltaten gebraucht haben, abhauen. Was die weitere Strafe betrifft, so berufen wir uns auf das Gericht des Aytau des Batampina zu Peking, vor das diese Angelegenheit gehört.« Dieses Urteil wurde uns im Gefängnis bekannt gegeben. Da hätten wir lieber sterben wollen, als diese Geißelung zu erleiden, die so grausam war, dass rundum die Erde von unserem Blut bedeckt war. Zwei von uns starben davon auch nach drei Tagen und danach noch ein Knecht.

18. KAPITEL

Wie Pinto und seine Gefährten von zwei Chinesen aus ihrer Not befreit werden und von den Besonderheiten der Stadt Nanking

Nachdem wir so erbärmlich geprügelt und gegeißelt worden waren, führte man uns im Gefängnis in eine große Kammer. Darin befanden sich, wie in einem Krankenhaus, viele Kranke und Verwundete, die teils auf Betten, teils auf dem Boden lagen. Man verband uns dort unsere Wunden und nach elf Tagen ging es uns etwas besser. Trotzdem waren wir sehr traurig darüber, dass wir dem Urteil zufolge noch unsere Daumen verlieren sollten. Eines Morgens kamen zu uns zwei Männer von ehrbarem Aussehen in langen Gewändern aus brauner Seide, die weiße Stäbe in ihren Händen trugen. Sobald sie in die Kammer traten, begannen die Kranken alle zu rufen: »Pitau hinacur Macuto Cheudoo«, das heißt: »Gesegnet seien die Diener der Werke Gottes!« Darauf erhoben jene ihre Stäbe und sprachen: »Gott gebe euch Geduld in eurem Elend!« Sie begannen Kleider und Geld auszuteilen und als sie endlich auch zu uns kamen, fragten sie: »Wer seid ihr, woher kommt ihr, und was legt man euch zur Last?« Wir erzählten ihnen hierauf von unserem unglücklichen Schicksal und was wir in diesem Gefängnis erlebt hatten. Mit Blick auf ihr Amt baten wir sie, den Armen beizustehen, besonders aber uns in unserer Not nicht zu verlassen, weil wir wegen unserer Armut von aller Welt verachtet und gehasst würden. Hierüber waren die beiden Männer zutiefst bestürzt. Sie erhoben weinend ihre Augen zum Himmel, fielen auf ihre Knie und sprachen: »O mächtiger Herr, der Du in der Höhe gebietest und dessen Geduld unbegreiflich ist! Gelobt seist Du ewig, weil Du Dir gefallen lässt, dass wir mit unseren Anliegen und Tränen vor Dich kommen, damit die große Ungerechtigkeit, mit welcher Deine göttliche Güte von den Dienern des Gerichtes beleidigt wird, nicht ungestraft bleibt. Wir hoffen, dass nach Deinem heiligen Gesetz früher oder später die Strafe erfolgen wird.«

Danach baten sie die Chinesen zu erzählen, was wir ihnen gesagt hatten. Sie ließen auch den Schreiber, bei dem sich unser Urteil befand, holen und befahlen ihm unter Androhung einer schweren Strafe, alle Gerichtsakten über uns herzuschaffen. Der kam denn auch sofort und begann, ausführlich von allem zu berichten. Hierauf verfassten sie alsbald eine Bittschrift und reichten sie ein. Darauf erging die folgende Antwort: »Die Barmherzigkeit hat keinen Ort, wo die Gerechtigkeit ihren Namen verliert. Deswegen kann eurer Bitte nicht entsprochen werden.« Diese Antwort war unterschrieben von den dortigen Oberrichtern. Die zwei Armenhelfer, wie sie dort genannt werden, konnten sich nicht genug über diese Ungerechtigkeit wundern. Sie verfassten daher in der herzlichen Absicht, uns zu helfen und uns von unserer Strafe zu befreien, eine weitere Bittschrift an den Obersten Gerichtshof, den ich schon erwähnt habe. Dieser wird in ihrer Sprache Xinfau nicar pitau, »Odem des Schöpfers aller Dinge«, genannt. In dieser Bittschrift bekannten wir als arme Sünder das, wessen man uns beschuldigte, und baten um Barmherzigkeit. Sie wurde ohne Verzug der genannten Kammer übersandt. Sobald sie dort eingetroffen war, versammelten sich jene Richter, um den ganzen Prozess nochmals von Anfang bis Ende zu überprüfen. Als sie sahen, dass man uns einen Verteidiger vorenthalten hatte, sandten sie einen von ihnen an das Gericht, welches uns verurteilt hatte, und ließen dort einen versiegelten Brief übergeben, in dem diesem Gericht untersagt wurde, in unserer Sache weiter tätig zu werden. Außerdem bewilligten sie unsere Überführung nach Peking vor den Gerichtshof des Aytau. Dies alles wurde uns von den zwei Armenhelfern berichtet.

Nachdem wir so viel Elend und Angst ausgestanden hatten, brachte man uns endlich aus dem Gefängnis auf ein Schiff. Mit uns wurden noch dreißig bis vierzig andere Gefangene verschickt, die wie wir ein höheres Gericht angerufen hatten. Wir waren zu je dreien aneinander gekettet. Vorher hatten uns die beiden Armenhelfer noch mit Speise und Kleidung versorgt. Wir baten sie auch mit großer Demut um ein Schreiben an die Amtsleute in Peking, weil wir uns so verlassen vorkamen. Sie gaben zur Antwort: »Erniedrigt euch nicht selbst auf diese Weise. Denn obgleich euch Unwissenheit vor Gott entschuldigt, so begeht ihr dennoch eine große Sünde. Je geringer ihr nämlich in der Welt geachtet werdet um Eurer Armut willen, umso höher werdet ihr vor den Augen der göttlichen Majestät gelten, wenn ihr das Elend geduldig ertragt. Und wie auch ein Vogel ohne Flügel nicht in die Höhe fliegen kann, so vermag auch die Seele sich nicht ohne heilige Übung zu Gott zu erheben. Was die Bittschrift anbelangt, so wollen wir euch damit gern behilflich sein und halten sie selbst für sehr wichtig, damit euch in der Not die Hilfe der Frommen zuteil wird.« Endlich, nachdem wir alles empfangen hatten, empfahlen sie uns dem Chifu, dem Amtmann, der uns begleitete, nahmen von uns mit freundlichen Worten Abschied und kehrten ins Gefängnis, in die Krankenkammer, zurück. Jenes Schreiben aber hatte folgenden Inhalt: »Wir allergeringsten Diener dieses heiligen Hauses Tauhinarel, das zum fünften Gefängnis in Nanking gehört, berichten Euch mit demütigen Worten von diesen neun Fremdlingen, die Euch diesen Brief aushändigen werden. Sie sind aus einem weit abgelegenen Lande gebürtig und die See ist so grausam mit ihnen umgegangen, dass von fünfundneunzig Menschen bei einem Schiffbruch allein sie mit ihrem Leben davongekommen sind. Sie waren daher gezwungen, blutig und verwundet, wie sie waren, ihr Dasein mit Bettelei zu fristen. Doch ließ sie in Taypor ein Chumbim gefangen nehmen und im Gefängnis wurden sie zur Geißelung und zum Verlust ihrer Daumen verurteilt. Doch bevor das Letzte geschah, wandten sie sich unter vielen Tränen an uns und wurden mit großer Mühe von dieser Strafe befreit. Die letzten Richter, welche sich mit ihnen befassten, haben das Urteil widerrufen und sie in diese große

Stadt Peking gesandt. Wir bitten Euch daher, ihnen Gnade zu erweisen und ihnen behilflich zu sein, damit sie in ihrem guten Rechte nicht unterdrückt werden. Das wäre eine große Sünde und eine ewige Schande für uns alle. Wir bitten Euch auch, ihnen mit Almosen zur Hand zu gehen, damit sie nicht ohne Beistand elend sterben. Zweifelt nicht daran, dass dieses heilige Werk dem hohen Herrn angenehm ist. Geschrieben in der Kammer des Eifers für Gottes Ehre am neunten Tag des siebenten Monats im fünfzehnten Jahr des Stuhls und des Zepters des auf dem Thron der Welt gekrönten Löwen.«

Mit diesem Brief reisten wir also fort. Als die Sonne untergehen wollte, hielten wir bei einem kleinen Dorfe, Muchacutem mit Namen, an. Dort war der Chifu, der uns begleitete, geboren worden, und seine Frau und beiden Kinder lebten hier. Nach drei Tagen fuhren wir weiter in Gesellschaft vieler anderer Schiffe, die auf diesem Fluss nach verschiedenen Orten des chinesischen Reiches unterwegs waren. Und obgleich man uns allesamt an die Ruderbank der Lanteaa gebunden hatte, sahen wir dennoch die an diesem Flusse gelegenen Städte und Dörfer. Von diesen will ich auch manches berichten.

Den Anfang möchte ich mit der Stadt Nanking machen, von der wir abgereist sind. Sie liegt an dem Fluss Batampina auf einem hohen Berg, von dem aus man weit auf die umliegende Ebene sehen kann. Die Luft ist dort etwas kalt, aber gesund. Der Umfang der Stadt beläuft sich auf acht Meilen, in der Breite auf drei und in der Länge auf eine. Die Häuser sind nur zwei Stockwerke hoch und aus Holz gebaut. Die Paläste der Mandarine sind indes aus gehauenen Steinen errichtet und mit Mauern und Gräben umgeben. Diese haben steinerne Brücken, über die man zu Toren mit kostbaren Bögen gelangt. Diese Gebäude sind alle sehr herrlich anzusehen und auffällig. Die hohen Beamten wohnen da in Häusern mit hohen Türmen. Diese haben sechs oder sieben Stockwerke und es gibt vergoldete Glockentürme und solche, in welchen sie ihre Waffen, Gewänder, Hausgeräte und

Schätze aufbewahren. Die Chinesen erklärten uns, dass diese Stadt achthunderttausend Familien oder Hausgenossenschaften und vierundzwanzigtausend Häuser der Mandarine habe. Auch gebe es hier zweiundsechzig große Märkte, hundertdreißig Schlachthäuser und achttausend Gassen. Darunter seien sechshundert sehr schön und groß, mit Balustraden aus Kupfer. Man versicherte uns auch, dass es in dieser Stadt zweitausenddreihundert Tempel gebe, von denen ungefähr tausend großartige Türme hätten. In jedem von ihnen hingen sechzig bis siebzig metallene Glocken. Die waren alle so groß, dass sie ein überaus lautes Getöse machten, das einen beinahe erschreckte. Ferner befinden sich in dieser Stadt dreißig große und starke Gefängnisse, von denen jedes zwei- bis dreitausend Gefangene aufnehmen kann. Ebenso gibt es ein Gasthaus für Arme, wo große Almosen gegeben werden und man Hilfe in Gerichtssachen erhalten kann. Schwingbögen und große Pforten sieht man an den Eingängen der vornehmsten Straßen. In den meisten Gassen gibt es Springbrunnen mit gutem Wasser. Zu allen Neumonden und Vollmonden versammeln sich auf verschiedenen Märkten die Kaufleute mit vielen Waren, darunter vor allem einem großen Überfluss an Lebensmitteln, besonders an Fleisch und Früchten. Auch fängt man in dem genannten Fluss Batampina eine unglaubliche Menge von Fischen. Den großen unter ihnen werden Binsen durch die Nasenlöcher gezogen, um sie dann lebendig verkaufen zu können. Viele andere Fische werden gesalzen oder gedörrt verkauft. Einige Chinesen erzählten uns auch, dass zehntausend Seidenhändler in dieser Stadt das ganze Kaiserreich mit Seide versorgten. Die Stadt ist mit einer starken Mauer aus gehauenen Steinen umgeben, die hundertdreißig Tore hat. Jedes von diesen ist mit einem Torhüter und zwei Hellebardieren besetzt. Diese müssen alle Tage Rechenschaft darüber ablegen, was zur Stadt herein- und was hinausgekommen ist. Weiter gibt es da zwölf Schlösser, Festungen und hohe Türme, jedoch ohne Geschütze. Die erwähnten Chinesen berichteten uns ebenfalls, dass diese Stadt dem

Kaiser täglich zweitausend silberne Taeis, das sind dreitausend Dukaten, abliefere. Von dem kaiserlichen Hof erzähle ich hier nichts, weil ich ihn nur von außen gesehen habe. Die Chinesen erzählten gleichwohl davon so großartige Dinge, dass man sich kaum genug darüber verwundern kann. Ich will davon schweigen, jedoch später von dem, was wir in der Stadt Peking sahen, berichten.

19. KAPITEL

Was Pinto und seine Gefährten auf einer Flussfahrt durch China alles zu sehen bekommen und erleben

Wir setzten unsere Reise fort und sahen in den ersten Tagen nur Dörfer und kleine Orte. Da wohnten in ärmlichen Hütten meist Fischer und andere arme Leute. Es gab hier nichts anderes als Tannen und Pomeranzenbäume, viele Wälder wie auch breite Kornfelder mit Reis, Gerste, Weizen, Hirse, Roggen, Erbsen, Flachs und Baumwolle. Hin und wieder sahen wir große Gärten und schöne Landhäuser, die den Mandarins und hohen Herren im Königreich gehörten. Zudem gab es dort auch so viel Vieh von verschiedenen Arten, dass ich mit Gewissheit sagen kann, dass es in ganz Äthiopien, im Lande des Priesters Johannes, nicht mehr davon gibt. Auf den Berganhöhen sah man viele Tempel mit vergoldeten Glockentürmen, die weithin glänzten.

Endlich kamen wir am vierten Tag unserer Reise zu der großen Stadt Pocasser. Die war zweimal größer als Kanton und hatte starke Mauern aus behauenen Steinen, die mit Basteien und Türmen, fast wie bei uns, befestigt waren. Am Flussufer lag ein runder Wall mit einem doppelten Gitter und starken Türen. Dort wurden die Güter aus den ankommenden Dschunken ausgeladen. Andere wurden mit Kupfer, Zucker und Alaun beladen, was es hier alles im Überfluss gibt, um damit die verschiedenen Gegenden des Kaiserreiches zu versorgen. Am Ende der Stadt erhob sich eine starke Festung mit drei Basteien und fünf Türmen. In einem dieser Türme soll der Vater des damals regierenden Kaisers neun Jahre lang einen tatarischen König gefangen gehalten haben. Dieser hat sich darauf selbst mit Gift getötet, das ihm seine Untertanen schicken mussten, damit sie dem Kaiser von China kein Lösegeld für ihn bezahlen mussten. Der Chifu erlaubte dreien von uns, in Begleitung von vier Hellebardieren in der Stadt Almosen zu sammeln. Wir wurden dazu gefesselt durch einige Straßen geführt und bekamen dabei Geld und Kleider im Wert von mehr als zwanzig Dukaten zusammen, dazu noch Fleisch, Reis und andere Lebensmittel. Diese teilten wir mit den Hellebardieren, weil das hier so üblich war.

Man brachte uns auch in einen Tempel, zu dem das Volk aus der ganzen Stadt eilte. Es wurde dort nämlich gerade ein großes Fest gefeiert. Es hieß, dieser Tempel sei vorher ein kaiserlicher Palast gewesen und ein früher regierender Kaiser sei darin geboren worden. Die Kaiserin, seine Mutter, sei aber bei der Geburt verstorben und im Geburtszimmer beigesetzt worden. Ihr zu Ehren wurde deshalb der Palast von einer der vornehmsten Sekten in China zum Tempel geweiht. Alle Gebäude und Wohnungen, alle Gärten und Wiesen, die zum Tempel gehören, befinden sich auf dreihundertsechzig Pfeilern über dem Erdboden. Jeder von diesen Pfeilern ist aus einem ganzen Stein gehauen, der so dick ist wie ein großes Weinfass und siebenundzwanzig Schuh an Höhe misst. Diese Pfeiler werden nach den dreihundertsechzig Tagen des Jahres benannt. An jedem von ihnen wird ein besonderes Fest mit vielen Almosen und blutigen Opfern, mit Spielen und Tänzen begangen.

Am schönsten Pfeiler befindet sich ein Bildwerk des Götzen, nach dem der Pfeiler benannt worden ist, und es brennt davor immer eine silberne Lampe. Der Raum unter dem Tempel, zwischen diesen Pfeilern, ist mit großen Gittern abgesperrt, damit das neugierige Volk und Fremde nicht einfach hinzulaufen können. Die Kammer, in welcher sich das Grab der Kaiserin befindet, ist wie eine runde Kapelle gebaut und von oben bis unten mit Silber verziert. Viel höher als der Wert des bloßen Silbers ist der seiner Verarbeitung. Mitten in dieser Kammer sieht man einen hohen Thron, ebenso hoch wie der Raum und mit sechs silbernen Gittern umgeben, die goldene Äpfel tragen. Auf dem höchsten Gitterwerk ruht eine große Kugel und auf derselben ein silberner Löwe. Der trägt auf seinem Haupt eine viereckige goldene Lade. Darin liegen nach ihrem Bericht die Gebeine dieser Kaiserin, welche sie als ein großes Heiligtum ehren. Am Unterteil des Thrones befinden sich vier kostbare silberne Lehnen, an denen dreiundvierzig zierliche silberne Lampen hängen. Es sind so viele, wie die Kaiserin bei ihrem Tode Jahre zählte. Außerdem gibt es noch sieben goldene Lampen zum Gedächtnis der von ihr geborenen Söhne, zudem am Eingang verschieden große silberne Lampen von sehr kostbarer Art. Diese sind später von den Frauen der Oberbeamten, der Chamen, Aytaus, Tutonen und Anchacijs, die beim Tode der Kaiserin anwesend waren, ihr zu Ehren gestiftet worden.

Außen, vor der Tür dieses Tempels, der über die Maßen groß ist, stand auf sechs Reihen von laubförmigem Gitterwerk, welches ihn umgibt, eine große Anzahl riesiger Bildwerke. Diese waren fünfzehn Schuh hoch und aus Kupfer gegossen. Sie trugen große Hellebarden und Keulen in den Händen, einige auch Beile auf den Schultern und waren sehr wunderlich anzusehen. Zwischen diesen Riesenbildern, zwölfhundert an der Zahl, befanden sich vierundzwanzig große kupferne Schlangen, auf denen jeweils eine Frau saß, die ein Schwert in der Hand und eine silberne Krone auf dem Haupt hatte. Diese vierundzwanzig Frauen wurden mit kaiserlichen Titeln und Würden verehrt, weil sie sich nach dem Tode der Kaiserin selbst geopfert hatten. Ihre Seelen sollten der Kaiserin im jenseitigen Leben dienen, so wie hier ihre Leiber dem Leib der Kaiserin aufgewartet hatten. Die Chinesen, welche von diesen Frauen abstammen, erachten das als eine große Ehre und haben ein besonderes Wappen.

Schreckliche Bildwerke in Pocasser

Außerhalb dieser Reihen mit den Riesenbildern war noch eine andere Reihe. Sie lief gleichfalls ringsum und bestand aus vielen Siegesbögen. An diesen hingen viele silberne Glöckchen, die im Winde solch ein lautes Geläut ergaben, dass einer den anderen nicht hören kann. Diese Bögen waren noch von einem zweifachen kupfernen Gitter umgeben. Wir sahen dort verschiedene abgesperrte kupferne Pfeiler mit Kugeln, auf denen sich Löwen befanden, wie sie die chinesischen Kaiser in ihren Wappen führen. An den Ecken eines Tempelplatzes standen vier kupferne Statuen von unglaublicher Höhe. Eine, gleich rechter Hand auf der Vorderseite des Platzes, wird von den Chinesen »Fressdiener der Hölle oder des tiefen Rauchhauses« genannt. In ihren Büchern wird er auch als Luzifer dargestellt und hat die Gestalt einer überaus hohen Schlange. Dieser krochen weitere, ebenfalls unförmige Schlangen mit grünen und schwarzen Schuppen aus dem Bauch. Jede von diesen erfasste mit ihrem Mund eine Frau, die in großem Schrecken war, sodass ihre Haare wirr durcheinander flogen. Das große Schlangenbild hatte in seiner Kehle ein Krokodil, das über dreißig Schuh lang zum Munde herausragte und dick wie eine Tonne war. Die Nasenlöcher dieses Krokodils waren so voller Blut, dass es den ganzen Leib damit besprengte. Diese schreckliche Schlange umwand mit ihrem entsetzlich langen Schwanz ein anderes, fast ebenso ungeheures Bild. Dieses befand sich an der nächsten Ecke des Platzes. Es stellte einen Mann von mehr als hundert Schuh Höhe dar. Die Chinesen nannten ihn Turcamparo. Sie gaben vor, er sei der Sohn jener Schlange. Dieses grässliche Bildwerk hatte seine beiden Hände in den Mund gesteckt, der in seiner Weite einer großen Tür glich. Darin sah man eine Reihe schrecklicher Zähne und eine schwarze Zunge, die ihm sehr weit zum Munde heraushing.

Das dritte Standbild war einer Frau ähnlich, siebzehn Faden lang und sechs dick. Die Chinesen nannten es Nadelgau. In der Mitte ihres Leibes bildete sich ein Gesicht von mehr als zwei Faden Größe. Sie blies durch die Nasenlöcher schwarzen Rauch und durch die Kehle viele Feuerfunken heraus. Man unterhielt nämlich nach der Aussage der Chinesen in ihrem Haupte ständig ein Feuer, welches dann zum Munde des schrecklichen Angesichts in der Leibesmitte herausloderte. Die abgöttischen Chinesen wollen hiermit andeuten, dass dies die Königin des umlaufenden Feuers sei, das nach ihrer Meinung am Ende der Welt die Erde verbrennen soll.

Das vierte Standbild stellte einen buckligen Mann dar. Der blies mit seinen großen, geschwollenen Backen so kräftig, dass sie wie ausgespannte Schiffssegel anzusehen waren. Dieses Bild war über die Maßen groß und so ungestalt, dass es dem Betrachter Furcht und Schrecken einjagte. Die Chinesen nannten es Uzanguenaboo und sagten, dass es auf der See die Stürme errege und die Gebäude umwerfe. Aus diesem Grunde gab ihm das Volk viele Almosen, damit es ihm nichts Übles antat. Ja, viele traten in eine besondere Brüderschaft ein und beschenkten es jährlich mit einem Maß Silber. Sie hofften dann, dass es ihre Dschunken nicht sinken lassen und ihren Schiffsleuten auf der See keinen Schaden zufügen würde. Ich schweige von vielen anderen närrischen Meinungen, denen sie so fest anhängen, dass sie tausendmal eher ihr Leben als diese aufgeben würden.

Am folgenden Tage nahmen wir von der Stadt Pocasser wieder Abschied und kamen in eine andere, die Xiligau hieß. Diese war gleichfalls groß und ansehnlich. Man sah hier viele Gebäude, die von Mauern aus Ziegelsteinen und Gräben umgeben waren. An beiden Seiten der Stadt befanden sich starke, mit Bollwerken wohl versehene Festungen. Sie hatten Tore mit Zugbrücken an großen eisernen Ketten. Mitten zwischen diesen zwei Festungen stand ein großartiger Turm, fünf Stockwerke hoch, mit vielen wunderbaren Gemälden. Die Chinesen hielten es für gewiss, dass in diesem und einem weiteren Turm sich ein Schatz befand, der mehr als fünfzehntausend silberne Picos wert war. Der Großvater des damals regierenden Kaisers hatte ihn anlässlich der Geburt seines Sohnes dahin bringen lassen und diesen Leuquinau genannt, das heißt: »alle Freude«. Die Chinesen verehren ihn hoch als einen Heiligen, weil er sein Leben in großer Heiligkeit und Gottesfurcht zugebracht hat. Man hat ihn in einem Tempel begraben, der dem Götzen Quiay Vatarel, dem »Gott aller Seefische«, geweiht ist. Die blinden, heidnischen Chinesen erzählen von ihm sehr viele lächerliche und närrische Dinge. Unter anderem berichten sie auch von Gesetzen und Unterweisungen aus seinem Munde, die sehr wunderlich sind. In dieser Stadt und einer anderen, die fünf Meilen weiter nördlich liegt, wird die meiste Seide des Kaiserreiches gefärbt. Denn das Wasser ist dort besonders dafür geeignet.

Nach unserer Abreise von Xinligau kamen wir am Abend des folgenden Tages auf eine große Ebene, wo sehr viel Vieh weidete. Es waren Pferde, Stuten, Fohlen sowie Kühe, alle mit besonderen Hütern. Die Fleischhauer, die diese Tiere kaufen, verkaufen danach deren Fleisch unterschiedslos und durcheinander vermischt.

Jenseits dieser Ebene kamen wir zur Stadt Junquileu. Diese hatte eine Mauer aus Ziegelsteinen. Doch sah man dort keine Spitzen, Basteien und Türme wie sonst an den Stadtmauern. Vielmehr wuchsen obenauf viele Disteln. Am Ende der Vorstadt, am Flussufer, standen im Wasser auf Pfählen einige sehr alte Häuser, gebaut als Warenlager. Vor dem Tor lag hinter einem eisernen, grün und rot bemalten Gitter ein steinernes Grabmal. Oben auf dem Grab standen fünf Kugeln, zwei davon aus Gusseisen. Darauf waren in chinesischer Sprache einige Worte mit vergoldeten Buchstaben zu lesen. Der Inhalt war: »Hier liegt Trannocem Mudeliar, der Oheim des Königs von Malakka. Der Tod hat ihn aus dieser Welt gerissen, ehe er sich an dem Hauptmann Alphons Albuquerque, dem Löwen der Seeräuberei, hat rächen können.«

Wir setzten unseren Weg auf dem Fluss fort. Der war hier nicht so breit wie bei Nanking, doch war das Land voller Dörfer und Lustgärten. Wir sahen fast immer Tempel, die nur einen Steinwurf weit von uns entfernt lagen, oder Häuser, in denen Handwerker oder Bauern wohnten. Einmal kamen wir an einer großen Kreuzung vorbei. Dort fand sich ein dickes eisernes Gitter, das zwei große kupferne Standbilder auf dicken Pfeilern umgab. Eins von diesen stellte einen Mann, das andere eine Frau dar. Beide hatten ihre Hände im Mund und so aufgeschwollene Backen und derart schreckliche Gesichter, dass man sie nicht ansehen konnte, ohne dass es einen schauderte. Das Bild des Mannes wurde Quiay

Xingalator und dasjenige der Frau Apancapatur genannt. Wir fragten die Chinesen nach der Bedeutung der Standbilder und erhielten zur Antwort: »Der Mann bläst mit seinen Backen das Feuer der Hölle an, um alle elend zu peinigen, die in ihrem Leben keine Almosen gegeben haben. Die Frau aber ist die Pförtnerin der Hölle. Sie bringt diejenigen, die ihr in der Welt Gutes erwiesen haben, in einen Fluss mit kühlem Wasser. Dort werden sie verborgen gehalten, damit sie nicht von den Teufeln geplagt werden wie die anderen Verdammten.« Einer von uns fing an, über diese Torheit zu lachen. Dies sahen drei Priester. Die ärgerten sich darüber dermaßen, dass sie dem Chifu mit ernsten Worten zu verstehen gaben, dass diese beiden Götter seine Seele peinigen und in der Hölle festhalten würden, wenn er uns nicht zu ihrer Versöhnung bestrafe. Den Chifu schreckte diese Drohung derart, dass er uns gleich an Händen und Füßen fesseln und jedem mit einem doppelten Strick mehr als hundert Schläge geben ließ. Das veranlasste uns, künftig nicht mehr über das zu spotten, was wir sahen.

Bei diesen Standbildern befanden sich gerade zwölf Priester. Die beweihräucherten mit silbernen Opfergefäßen die beiden Götzen und riefen überlaut: »Helft uns so, wie wir euch dienen!« Hierauf antworteten andere Priester im Namen der Götzen: »Ich verspreche es euch als gütiger Herr.« Die Priester gingen dabei um die Kreuzung herum und sangen auf unangenehme Weise zu dem Klang vieler Glocken, die sich da auf Türmen befanden. Andere machten mit Trommeln und Becken einen solchen Lärm, dass man fast erschüttert war.

Wir fuhren weiter den Fluss hinauf und sahen dicht beieinander Städte, Dörfer und Schlösser liegen, dazu viele Tempel mit schönen vergoldeten Türmen. Endlich kamen wir zu der Stadt Sempitay. Dort hielten wir uns wegen einer Unpässlichkeit der Gemahlin des Chifu fünf Tage lang auf. Wir durften an Land gehen und an Ketten durch die Stadt ziehen, um Almosen zu erbitten. Die Einwohner gaben uns reichlich. Sie verwunderten sich über unser Aussehen, liefen haufenweise herbei und fragten uns nach unserer Herkunft. Wir antworteten ihnen darauf wie bisher.

Dabei hörte uns eine Frau zu, die uns beipflichtete. Sie sagte zu den Umstehenden: »Was uns diese armen Fremden erzählen, ist bestimmt wahr. Denn oft erleiden Händler, welche über das Meer fahren, Schiffbruch.« Indem sie das sagte, gab sie uns ein Almosen und riet uns, nicht solche langen Reisen zu unternehmen, da das Leben kurz sei. Dann streifte sie den Ärmel ihres Gewandes hoch und zeigte uns ihren linken Arm. Auf diesem war ein Kreuz zu sehen wie das Zeichen eines Sklaven. Hierbei fragte sie uns: »Kennt einer von euch dieses Zeichen, das unter denen, die dem Weg der Wahrheit folgen, Kreuz genannt wird?« Als wir dies sahen, fielen wir auf unsere Knie nieder und bejahten mit Tränen in den Augen ihre Frage. Da erhob sie ihre Hände und rief auf Portugiesisch: »Vater unser, der Du bist im Himmel, geheiligt werde Dein Name!« Weil sie keine anderen Worte in unserer Sprache sprechen konnte, verlangte sie auf Chinesisch von uns sehr ernst, dass wir ihr sagten, ob wir Christen seien. Wir bestätigten dies, küssten das Kreuz und sprachen ihr dann den Rest des Vaterunsers vor. Sie war Christin, die Tochter eines Portugiesen namens Tome Pirez, und hieß selbst Inez de Leyria. Ihr Vater war als portugiesischer Gesandter nach China gekommen. Doch wegen des Aufruhrs eines portugiesischen Kapitäns in Kanton hatte man ihn für einen Spion gehalten und samt seinem Gefolge gefangen genommen. Schließlich war er in diese Stadt verbannt worden und hatte hier dann ihre Mutter, eine begüterte Frau, kennen gelernt und geheiratet. Die hatte er zum christlichen Glauben bekehrt, wie auch viele andere Chinesen daselbst. Dann war er nach siebenundzwanzig Jahren gestorben. Die Christen trafen sich seitdem heimlich in ihrem Hause, um den Katechismus aufzusagen und ein Gebet zu sprechen.

Der Chifu erlaubte uns, das Haus dieser Frau aufzusuchen. Sie zeigte uns ihren Gebetsraum und bewirtete uns überaus freundlich. Weil sie der Frau des Chifu ein Geschenk verehrte, durften wir die Christin fünf Tage lang täglich besuchen. Christoval Borralho schrieb ihr in chinesischer Sprache ein Büchlein mit Gebeten, denn die Gebetsbücher ihres Vaters waren gestohlen worden. Wir beteten mit diesen Christen und sie sammelten für uns viele Gaben. Zum Abschied gab uns Inez de Leyria heimlich fünfzig Taeis Silber, die uns später in vielen Ungelegenheiten gut zustatten kamen.

Nach unserer Abreise von der Stadt Sempitay kamen wir zu einer anderen, namens Lequinpau. Die war ansehnlich, gut befestigt und es wohnten da zehn- bis zwölftausend Familien. Außen vor der Stadt stand ein sehr langes Haus, in dem an jeder Seite dreißig kleine Öfen waren. Dort wurde viel Silber geschmolzen, das man auf Karren von einem fünf Meilen weit entfernten Berge namens Tuxenguim herbrachte. Wenn man den Worten der Chinesen glauben darf, dann waren da ständig mehr als tausend Mann mit der Bearbeitung und Reinigung dieses Silbers beschäftigt. Davon erhält der Kaiser von China jährlich ungefähr fünftausend silberne Picos. Hinter Lequinpau führte der Fluss an zwei Städten vorbei, Pacan und Nacau. Die lagen sich an den Flussufern direkt gegenüber und waren beide kleine, aber angenehme Orte mit starken Mauern und vielen Tempeln, die golden glänzten und wunderbare Glockentürme und Wetterhähne hatten.

Die nächste Stadt nach Norden zu, Mindo, war etwas größer. Eine halbe Meile vor ihren Toren befand sich ein großer Binnensee mit Salzwasser, um den herum es viele Salzgruben gab. Für den dritten Teil des dort gewonnenen Salzes erhielt der Kaiser von China jährlich hunderttausend Taeis. Aus der Stadt flossen ihm nochmals ebenso viele Abgaben allein von den Seidenhändlern zu. Außerdem wurde da mit sehr viel Kupfer, Zucker, Porzellan, Mennige und Quecksilber gehandelt. Die Stadt Mindo zog sich zwei Meilen weit hin. Es gab dort auch zwölf Häuser, die wie Speicher aussahen, in denen eine große Anzahl von Leuten damit beschäftigt war, Kupfer zu schmelzen und zu reinigen. Wir hörten da ein so schrecklich lautes Hämmern, dass es fast den Ohren wehtat. Weil wir sehr begierig waren, die Ursache dieses Lärms zu erfahren, bekamen wir endlich eines dieser Häuser zu sehen. Darin befanden sich vierzig Öfen, nämlich zwanzig an jeder Seite, und davor standen vierzig schwere Ambosse. Auf jeden von ihnen schlugen acht Männer mit solcher Geschwindigkeit, dass man die Schläge mit den Augen kaum unterscheiden konnte. In dieser Weise arbeiteten in jedem dieser Häuser dreihundertzwanzig Mann, alle zusammengerechnet also dreitausendachthundertvierzig Mann. Dazu kam noch eine große Anzahl von Leuten, die da noch mit anderem hantierten. Wir fragten, wie viel Kupfer dort jährlich zubereitet werde. Darauf antworteten sie uns, dass der Wert desselben sich auf hundertzehn- bis hundertzwanzigtausend Picos belaufe. Der Kaiser erhielt zwei Drittel davon, weil die Kupferminen ihm gehörten. Der Berg, aus dem das Metall gewonnen wurde, führte den Namen Corotum Baga, »Kupferfluss«, weil das Bergwerk seit seiner Entdeckung vor zwölfhundert Jahren nie erschöpft worden war. Man hatte dort im Gegenteil immer mehr Kupfer gefunden.

Als wir diese zwölf Häuser wieder verlassen hatten, kamen wir nach einer Weile an ein paar Tempelgebäuden vorbei. Der Chifu erlaubte uns, das Schiff zu verlassen und sie anzuschauen. Er begab sich nämlich selbst dorthin, weil er ein Gelübde abgelegt hatte, diesen Tempel zu besuchen. Er wurde Bigai potim genannt, das heißt »Gott der hundertundzehntausend Götter«. Denn diese Heiden glauben in ihrer Verblendung, dass jedem Geschöpf ein besonderer Gott zugeordnet ist. Der soll es geschaffen haben und auch am Leben erhalten. Nach ihrem Glauben hat der Bigai potim sie alle unter der Achsel geboren. Mir ist in dem Königreich Pegu, in dem ich öfters gewesen bin, ein ebensolcher Tempel aufgefallen, den die Einwohner Ginocoginana, »Gott aller Größe«, nennen. Diesen Tempel haben vor Zeiten die Chinesen erbaut, als sie noch über die indischen Länder herrschten, was nach ihrer Zeitrechnung von 1013 bis 1070 nach Christi Geburt gewährt hat. Daraus kann man entnehmen, dass diese Länder nur neunundfünfzig Jahre lang unter der Herrschaft der Chinesen gewesen sind. Denn der Nachkomme des Eroberers dieser indischen Länder, des Exivagano, hat diese freiwillig wieder aufgegeben, nachdem sie unter großen Verlusten, aber mit zu wenig Gewinn erobert worden waren. In diesen Tempelgebäuden sahen wir eine große Zahl von Götzenbildern, aus vergoldetem Holz geschnitzt oder aus Zinn, Kupfer und Porzellan gegossen und bereitet. Es waren so viele, dass ich sie gar nicht alle benennen kann.

Als wir fünf Meilen weiter gezogen waren, sahen wir eine Stadt von einer Meile Ausdehnung, die ganz zerfallen aussah. Wir fragten die Chinesen nach der Ursache ihrer Verödung. Nach dem, was uns die Chinesen darauf berichteten, hatte die Stadt vordem Cohilouza, das heißt »Blume des Feldes«, geheißen. Sie ist durch ein schweres Erdbeben so zerstört worden und dann verödet.

Danach kamen wir zu einer anderen großen Stadt. Die hieß Junquinilau, war reich und sehr belebt. Es gab dort viele Soldaten, Reiter und Fußvolk und viele Dschunken und andere Schiffe. Wir blieben hier fünf Tage lang, weil unser Chifu seine Gemahlin begraben wollte, die unterwegs im Kindbett gestorben war. Um der Seele seiner Gemahlin willen gab er einem jeden von uns Kleider und Speise, ließ uns von der Ruderbank losketten und vergönnte es uns auf unsere Bitte hin, ohne Fesseln und Halsketten in die Stadt zu gehen, was uns eine besondere Erleichterung war. Bei unserer Weiterfahrt sahen wir viele große und schöne Städte zu beiden Seiten des Flusses, umgeben von starken Mauern und festen Kastellen. Auch bekamen wir eine große Anzahl Tempel mit vergoldeten Türmen und eine unglaubliche Menge von Vieh zu sehen.

Was soll ich sagen von den vielen Schiffen, die uns in derselben Gegend auffielen, besonders in einigen Häfen, wo Markt gehalten wurde? Die schienen aus der Ferne volkreiche Städte zu sein. Dabei übergehe ich die Anzahl von kleineren Schiffsansammlungen von dreihundert, fünfhundert bis zu tausend Lastkähnen an beiden Flussufern, in denen man allerlei Waren verkaufte. Viele Chinesen sagten uns, dass in China nicht weniger Menschen auf dem Wasser als zu Lande lebten. Daher würde das gemeine Volk sich gegenseitig auffressen, wenn es nicht zur Arbeit angehalten würde und ein Handwerk erlernen müsste. Es ist aber zu bemerken, dass bei ihnen jeglicher Handel in mehrfacher Weise aufgeteilt ist. Diejenigen, welche vom Verkauf von Enten leben, verkaufen jeweils etwas ganz Besonderes. Einige lassen Eier ausbrüten, um die Jungen zu verkaufen. Andere treiben allein mit den Eiern Handel, manche mit Federn, Köpfen, Füßen, Brüsten oder Knochen. Ohne Erlaubnis darf keiner mit anderem als seinem Teil handeln, oder er wird gnadenlos gegeißelt. Was den Schweinehandel betrifft, so verkaufen einige die Schweine lebendig nach der Anzahl und andere dieselben tot nach ihrem Gewicht. Manche verdienen ihr Brot, indem sie Fleisch räuchern und verkaufen; andere verkaufen das Gekröse, das Fett, das Blut oder die Gedärme. Das Gleiche wird beim Verkauf der Fische beachtet. Denn einer verkauft frische Fische, darf aber keine gesalzenen oder gedörrten feilbieten. Ebenso geschieht es mit allen anderen essbaren Dingen wie Fleisch, Früchten, Vögeln, Wild und Erdgewächsen. Die hierzu eingeführten Gesetze werden so streng und ernst gehandhabt, dass es dazu besondere Ämter gibt, die darauf zu achten haben, dass niemand unrechtmäßig sich mit anderem Handel befasst. Andere bestreiten ihren Lebensunterhalt mit dem Verkauf lebendiger Fische. Die werden in großen Teichen gehalten und dann mit Ruderbooten zu den Orten geschafft, an welchen es nur gesalzene Fische gibt.

Ferner gibt es an diesem Wasser, auf welchem wir von Nanking nach Peking fuhren, eine solche Menge von Zuckermühlen, Wein- und Ölkeltern, dass oft die Ufer zu beiden Seiten völlig von ihnen besetzt sind, worüber man nur staunen kann. An anderen Orten sieht man viele Provianthäuser mit großen Vorräten, in denen viel Wildbret und Fleisch eingesalzen, geräuchert und gedörrt wird. Dort findet man an hohen Säulen Schinken, Bratschweine, Speck, Vögel, Enten, Kraniche, Strauße, Hirsche, Kühe, Büffel, Kamele, Rhinozerosse, Pferde, Tiger, Hunde, Füchse und allerhand andere Tiere, die man sich nur denken mag, hängen. Als wir diese ungewohnten und neuen Dinge sahen, verwunderten wir uns sehr darüber und sagten uns, es könnte nicht genug Menschen geben, um all diese Speisen zu verzehren.

Am selben Fluss lagen auch viele Schiffe, die sie Panouren nennen. Die sind von vorn bis hinten mit Netzen bedeckt, welche gebogen werden und als Vogelhäuser dienen. Sie sind voller Enten und anderer Vögel, welche von einem Ort zum anderen gebracht und am Ufer verkauft werden. Wenn nun die Herren solcher Panouren die Vögel füttern wollen, fahren sie mit ihren Schiffen an Land, wo es am fruchtbarsten und sumpfig ist. Wenn sie dort angelegt haben, öffnen sie die Türen der Vogelhäuser und schlagen drei- oder viermal auf eine Trommel. Darauf fliegen alle Vögel mit großem Geräusch aus und suchen auf dem Feld und im Morast ihre Nahrung. Wenn nun der Meister bemerkt, dass sie satt sind, schlägt er wieder auf die Trommel. Bei diesem Ton fliegen sie alle auf einmal mit dem gleichen Geräusch in ihre Häuser zurück, sodass kein einziger Vogel zurückbleibt. Wenn die Vögel Eier legen müssen, begibt sich der Meister wieder an Land und sucht einen trockenen, dicht mit Gras bewachsenen Platz aus. Dann öffnet er die Tür und rührt die Trommel, damit alle Vögel ausfliegen und ihre Eier legen. Danach bringt er sie auf die gleiche Weise zurück. Dann gehen zwei oder drei Männer mit vielen Körben ebenfalls an Land und sammeln die Eier ein. Wenn dies geschehen ist, fahren sie schleunigst zu einem Hafen, um ihre Ware zu verkaufen. Wenn sie aber zu wenig Entenvögel haben, kaufen sie welche bei den Verkäufern des jungen Federviehs, die ebenfalls mit nichts anderem als dieser Ware, den Entenküken, handeln dürfen.

Diejenigen, welche sich mit dem Mästen der Enten ernähren, haben bei ihren Häusern besondere Vogelställe, in denen sie bisweilen zehn- bis zwölftausend Enten mästen. Sie haben auch zum Ausbrüten der Eier besondere lange

Gänge, in denen zwanzig oder dreißig Öfen stehen, welche mit Mist angefüllt sind. In diesen Mist werden die Eier gelegt und der Ofen wird dann geschlossen, damit der Mist heiß bleibt. Die Eier bleiben darin, bis die Küken schlüpfen. Dann wird in jeden Ofen ein halb gerupfter Kapaun gesetzt, dem an der Brust die Haut abgezogen wurde, und danach wird das Ofenloch wieder verschlossen. Die Küken bleiben hiernach noch eine Weile eingesperrt, bis sie so weit gewachsen sind, dass sie mit den anderen im Sumpf ihre Nahrung suchen und fliegen können. Diese Leute dürfen nur mit Enteneiern und Küken umgehen, aber nicht mit Hühnereiern. Wenn der Verdacht aufkommt, dass einer von ihnen Hühnereier verkauft, dann wird er alsbald schonungslos mit dreißig Streichen auf den Hintern gegeißelt. Wenn sie nun Hühnereier bei sich haben, dann müssen diese oben angebrochen sein, damit man sieht, dass sie dieselben nur aufbewahren, um sie selbst zu essen. Dasselbe wird auch bei allen anderen Nahrungsmitteln beachtet. Was diejenigen angeht, welche lebendige Fische verkaufen, so müssen sie diese in große Wassertröge tun, wobei den Fischen Binsen durch die Nasenlöcher gebunden werden. Dann können nämlich die Käufer sie mit der Binse hochheben und betrachten, ohne sie zu beschmutzen. Wenn nun einige der Fische sterben, dann werden sie in Stücke gehauen und eingesalzen, damit sie noch wohlfeil zu verkaufen sind.

Wir sahen an den Flussufern auch große Herden von Schweinen und anderen wilden und zahmen Tieren. Die wurden von berittenen Hütern bewacht. Ferner sahen wir eine Menge gezähmter Hirsche, von Hirten gehütet. Alle diese Hirsche waren am rechten Fuß gelähmt worden, damit sie nicht weglaufen konnten. Das geschieht, wenn sie jung sind, weil sie dann noch nicht so gefährlich sind. Wir kamen auch an verschiedenen Orten vorbei, an welchen man eine Menge großer Hunde mästete. Die werden ebenfalls den Fleischhauern verkauft. Auch erblickten wir viele Lastkähne, teils voller Schweine, teils voller Schildkröten, Frösche, Schlangen, Aale, Schnecken und Eidechsen. Denn alles, was man gut zu essen findet, kann man dort kaufen.

Über etwas anderes mussten wir uns besonders wundern und ersahen daraus die unersättliche Begierde der Menschen. So ist denn zu wissen, dass es in diesem Lande sehr viele Kaufleute gibt, die ihren Handel mit dem Kauf und Verkauf des Menschenkotes betreiben. Dieser Handel ist unter ihnen so groß, dass sich viele daran bereichern und doch für ehrenhaft. gehalten werden. Sie gebrauchen den Kot zur Düngung des Landes und halten ihn für besser dazu geeignet als anderen Mist. Die Leute, die sich mit diesem Handel ernähren, gehen durch die Straßen und klingeln mit einer kleinen Schelle. Dabei rufen sie nicht, weil es eine Sache ist, die sich wegen ihres Gestankes von selbst verkauft. Diese Ware wird hoch geachtet und man treibt damit einen so großen Handel, dass man bisweilen in einem Hafen zwei- bis dreihundert mit Kot beladene Schiffe sieht. Er wird auch so gut verkauft, dass man bei der Austeilung genau aufpassen muss. Das Land trägt nämlich meistens dreimal im Jahr Früchte und muss deswegen oft gedüngt werden. Auch lagen daselbst viele Schiffe mit Pomeranzenschalen. Diese werden in den Garküchen zum Kochen des Hundefleisches gebraucht, dem dadurch der böse Geruch genommen wird. Auch ist es danach fester. Wir fanden so viele Vaucanen, Lanteaas und Barken für alle essbaren Dinge, die Wasser und Land hervorbringen, dass ich mich nicht genugsam darüber wundern konnte.

Vornehmlich an den Markttagen, wenn sie ihre Tempelfeste feiern, sieht man an den Ufern wohl zweihundert oder dreihundert Schiffe, jedes ausschließlich beladen mit einer einzigen Speise. Die Tempel stehen zum größten Teil an Flussufern, damit die Waren umso leichter dorthin geschafft werden können. Wenn Markt ist, werden die Schiffe in einer solchen Ordnung zusammengefügt, dass sie einer schönen und großen Stadt gleich scheinen. Sie liegen dann längs der Ufer eine Meile weit, der Breite nach eine dreiviertel Meile. Ihre Zahl beläuft sich manchmal auf mehr als zwanzigtausend, abgesehen von unzähligen kleinen Booten. Solch eine bewegliche Schiffsstadt hat sechzig Aufseher, nämlich dreißig, die alles anordnen und aufmerksam beobachten, und dreißig, die sich besonders um die fremden Kaufleute kümmern, damit diese sicher reisen können. Über all diesen steht noch ein Cham, zuständig für die hohe und niedere Gerichtsbarkeit während des Marktes. Ein Markt dauert fünfzehn Tage lang, von Neumond bis Vollmond. Viele Menschen kommen nur, um die Ordnung und Schönheit dieser Schiffsstädte zu sehen. Die ist auch in Wahrheit wunderbarer als die der Gebäude auf dem Lande, indem diese Städte nur aus Schiffen bestehen. Man sieht da bisweilen zweitausend lange und gleiche Wasserstraßen, auf beiden Seiten nur von Schiffen gebildet. Die meisten von ihnen sind mit seidenen Teppichen bedeckt und mit vielen Flaggen und fliegenden Fähnlein oder Wimpeln geschmückt. In manchen Straßen befinden sich so viele Handwerker und Buden, wie in einer Stadt auf dem Lande sein mögen. Zum Handeln fahren sie da mit ihren Kähnen ohne jede Unordnung hindurch. Wenn es vorkommt, dass jemand beim Diebstahl ertappt wird, so folgt der Missetat die Strafe auf dem Fuße.

Sobald die Nacht hereinbricht, werden alle Straßen mit Stricken abgesperrt, damit nachts keiner hindurchkann. An einer jeden Gasse hängen an den Mastbäumen brennende Laternen, damit man die Leute, die hindurchkommen, sehen und danach befragen kann, wer sie sind, woher sie stammen und was sie suchen. Davon wird dann morgens dem Cham berichtet. Die Laternen, die da des Nachts brennen, scheinen den Augen gewiss lieblich. Jede Straße hat eine Glocke und eine Schildwache. Wenn nun auf dem Schiff des Cham geläutet wird, fallen alle anderen Glocken in das Geläut ein, sodass es einen großen Lärm gibt. In jeder dieser Straßen befindet sich ein Tempel, auf großen Schiffen errichtet und meist sehr kostbar mit Gold und Wandbehängen geschmückt. Darin haben sie ihre Abgötter und Priester. Die versehen den Opferdienst und empfangen so viele Gaben, dass sie davon reichlich leben können. Aus jeder Straße wird ein vornehmer Mann gewählt und zur Nachtwache für die Straße bestimmt. Außen herum aber gehen die Aufseher, die mit lautem Geschrei die Diebe verfolgen.

Einmal waren merkwürdige Schiffe, hundert an der Zahl, zu sehen. Sie waren voller hölzerner, vergoldeter Abgötter. Die werden von den Gläubigen gekauft und in die Tempel gebracht. Auch gibt es da viele Füße, Beine, Arme und Köpfe zu kaufen, damit die Kranken sie den Tempeln verehren können. Andere Schiffe sind mit Teppichen bedeckt und es werden da vor vielem Volk allerlei kurzweilige Spiele und Komödien geboten. Dann gibt es welche, auf denen werden Ablassbriefe verkauft, wodurch die Priester viel verdienen. Sie erzählen dabei viele Fabeln, sodass die Gläubigen den letzten Bissen aus dem Mund hingeben, weil sie meinen, ohne Ablassbrief nicht selig werden zu können. Ferner gibt es Schiffe, auf denen werden Hirnschalen oder Totenköpfe feilgeboten. Die kaufen die Leute, um sie den Toten ins Grab zu legen, denn nach ihrem Glauben gelangen die Seelen der Verstorbenen durch die Gesellschaft solcher Knochen und Totenköpfe in den Mitgenuss der Almosen derjenigen, denen diese Knochen gehörten, und kommen deshalb in den Himmel. Je mehr Totenköpfe einer an der Paradiestür bei sich hat, umso eher kommt er hinein und wird wie ein Mann behandelt, der auch im Leben geherrscht hat. Auf manchen Schiffen sieht man eine große Menge Vögel in Käfigen. Vor denen spielen Musiker auf unterschiedlichen Instrumenten, um das Volk heranzulocken. Dabei bitten sie die Leute, die armen Vögel als Gottes Kreaturen freizukaufen. Jeder gibt nun, so viel ihm beliebt, und den Vogel, für den genug gesammelt wurde, lässt der Besitzer fliegen. Wenn er wegfliegt, ruft das Volk: »Flieg zu Gott und sag ihm, wie wir ihm hier auf Erden dienen.« Andere äffen dies mit lebendigen Fischen nach und ermahnen das Volk, Gott mit der Erlösung der unschuldigen Fische, die niemals gesündigt haben, zu dienen. Wieder auf anderen Schiffen wird man zum Klang vieler Instrumente bewirtet. Dann gibt es auch Priester, die auf Schiffen die Hörner von Opfertieren verkaufen, damit sie für abgestorbene Seelen geopfert werden können. Die Gläubigen meinen, dass die Seele dann in der anderen Welt von der Seele des Opfertieres essen und dazu befreundete Seelen einladen kann. Wir sahen weitere Schiffe, die, zum Trauern eingerichtet, mit Gräbern, Fackeln und Wachskerzen im Überfluss versehen waren. Es gibt da Weiber, die für Geld weinen und für Begräbnisse gedungen werden.

Ich schweige von den Pitaleus, die auf ihren Schiffen viele unterschiedliche wilde Tiere halten, die schrecklich anzusehen sind. So gibt es da Schlangen, Krokodile, Tiger und andere Tiere mehr. Diese sind abgerichtet, zum Trommelschlag artig zu tanzen. Dann gibt es Schiffe nur für Buchhändler. Die verkaufen Bücher, in denen man alles nachschlagen kann, was die ganze Welt und ihre Erschaffung, die Gewohnheiten und Gesetze der Völker, die Taten der chinesischen Kaiser und die Begebenheiten des ganzen Landes betrifft. Die Buchhändler verfassen auch Eingaben und Briefe, lassen sich als Advokaten oder Fürsprecher gebrauchen und verdienen so ihr Brot. Auf anderen Schiffen wird man wohl bewaffneter Leute gewahr, die denen ihren Dienst anbieten, die Unrecht erlitten haben. Weiter findet man solche mit Hebammen und andere mit Säugammen, die nach eines jeden Begehren die Kinder aufziehen. Auf besonders wohl ausstaffierten Schiffen betätigen sich ansehnliche Männer und schöne Frauen als Ehestifter oder trösten Trauernde und Unglückliche. Ferner gibt es Schiffe, auf denen freundliche Frauen mit Klistieren Leute verarzten, oder solche, auf denen junge Leute einen Herrn suchen, um sich für Geld zu verdingen; ferner Schiffe, auf denen vornehme Leute, die Morgilotos, sich der Rechtsstreitigkeiten annehmen. Andere Leute heilen da die Pocken und andere Krankheiten und Wunden mit schweißtreibenden Arzneien. Kurz – in solch einer beweglichen Schiffsstadt ist fast alles, was es auf Erden gibt, zu bekommen, und zwar in großer Menge. Von anderen Städten, Orten und Dörfern will ich daher nichts sagen, weil man sich hiernach deren Herrlichkeiten genugsam vorstellen kann.

Das Großartigste, was dieses Land, das zweiunddreißig Königreiche in sich fasst, so edel, reich und blühend macht, sind die vielen wundersamen Flüsse und Kanäle, die es durchlaufen. Denn es gibt da viele Flüsse, von Menschen eingerichtet, auf denen man durch das ganze Land fahren und Güter von einem Ort zum anderen schaffen kann. Die engsten dieser Gewässer haben sehr hohe, lange, breite und aus gehauenen Steinen gebaute Brücken. Einige davon bestehen sogar aus einem einzigen Stein. Hierüber muss man sich in Wahrheit wundern, denn es ist kaum auszudenken, wie man einen so großen Stein abbrechen und an seinen Ort schaffen kann, ohne dass er zu Bruch geht.

Alle Wege der großen und kleinen Städte, Dörfer und Festungen haben breite, mit Steinen bepflasterte Dämme. An ihren Enden sieht man Bögen, auf denen die Baumeister mit goldenen Inschriften gepriesen werden. Auch gibt es viele Ruhebänke für die armen Reisenden und überall Wasserrohre und Springbrunnen mit gutem Wasser. Ja etwas, das man sonst verdächtigen und missbrauchen könnte, wird bei ihnen als ein Werk der Barmherzigkeit erachtet. Es nehmen nämlich an wüsten Orten junge Dirnen die armen Reisenden auf, beherbergen sie und geben sich ihnen hin, ohne dafür Geld zu nehmen. Zu diesem Zweck erhalten sie viele Güter von Sterbenden, die sie in ihren Testamenten bedenken. Denn diese meinen, durch solche Spenden ihre Seligkeit zu befördern. Auf diese Weise werden in der Wildnis auch andere Häuser gestiftet, um die Reisenden mit großen Feuern auf den rechten Weg zu leiten und zu beherbergen. Daraus und aus anderen teuren Einrichtungen dieses Landes, die ich hier nicht erwähne, kann man ersehen, wie groß und herrlich hier alles sein muss.

Dies alles habe ich in einundzwanzig Jahren, die ich in Asien zugebracht habe, erfahren. An einigen Orten habe ich einen großen Überfluss an Esswaren gefunden, die es in Europa nicht gibt. Ich weiß nicht, ob in ganz Europa so viel zu finden ist wie allein in China. Das Löblichste aber, das diesem Reich seinen Glanz verleiht, ist die sehr strenge Beachtung der Gerechtigkeit. Daher gedeiht in diesem Lande eine so gute Ordnung, dass alle Länder es darum beneiden sollten. Gewiss, wenn ich mich der großen Dinge erinnere, die ich in China gesehen habe, und den Reichtum bedenke, mit welchem die göttliche Güte dieses herrliche Land so gnädig überschüttet hat, bin ich voller Bewunderung. Doch betrübt es mich, wenn ich die große Undankbarkeit dieser Völker beherzige, die solche großen Wohltaten des göttlichen Segens nicht anerkennen. Denn es sind unter ihnen unzählige schändliche und sündhafte Dinge im Schwange, mit welchen sie unaufhörlich die Güte Gottes erzürnen. Dies geschieht durch ihre tierische und ganz teuflische Abgötterei und ebenso durch andere, sodomitische Gräuel und Laster. Die treiben sie nicht nur in aller Offenheit, sondern halten sie auch nach der Unterweisung durch ihre Priester für eine große Tugend.

20. KAPITEL

Pinto und die Seinen stehen in Peking vor Gericht

Endlich kamen wir auf unserer Reise in die große Stadt Peking. Zu jeweils dreien aneinander gebunden, wurden wir in ein Gefängnis mit Namen Gofanjauferca gebracht. Dort begrüßte man uns mit dreißig Geißelschlägen, wodurch einige von uns krank wurden. Der Chifu übergab dem Aytau unser Urteil aus Nanking, das mit zwölf Wachssiegeln versiegelt war. Ein Chonchalis, ein Strafrichter, begleitete uns mit zwei Schreibern und sechs Dienern, die sie Hupen nennen und welche unseren Henkern gleich zu achten sind, in das Gefängnis.

Der Chonchalis sprach zu uns unter vielen Drohungen: »Im Namen des Aytau, des Vorstehers der zweiunddreißig Richter über die Fremden, gebiete ich euch herzukommen. Sagt mir an, von welchem Volk und aus welchem Land ihr seid und ob ihr einen König habt, der zum Dienste Gottes und zu fleißiger Wahrnehmung seines Amtes geneigt ist.« Wir antworteten ihm darauf, wie es auch bisher schon geschehen war. Der Richter bedachte unsere Worte und sagte endlich: »Es ist nicht nötig, dass ihr weiter klagt, denn ich habe genugsam verstanden, dass ihr arm seid. Eure Sache soll anders als auf die bisherige Weise untersucht und entschieden werden. Ich gebe euch meinen Pflichten gemäß fünf Tage Zeit, damit ihr euch einen Fürsprecher besorgt. Folgt daher meinem Rat und übergebt eure Bittschrift den Tanigoren des heiligen Amtes und fragt an, ob sie aus heiligem Eifer für Gottes Ehre sich um euer Recht bemühen wollen.« Nach diesen Worten gab er uns einen Taeis als Almosen und sprach: »Hütet euch vor den Gefangenen, die hier sind, denn es ist ihre Gewohnheit, einander zu berauben.« Darauf ging er in eine andere Kammer und verhörte dort länger als drei Stunden lang viele Gefangene. Danach ließ er siebenundzwanzig Männer, die am vorigen Tage verurteilt worden waren, zu Tode geißeln. Das war uns ein so schrecklicher Anblick, dass wir vor Entsetzen fast in Ohnmacht fielen.

Am Morgen des nächsten Tages wurden wir an den Händen und am Hals angekettet, was uns sehr beschwerlich war. In diesem Zustande verblieben wir sieben Tage und beklagten unser Elend aus Furcht vor einem schmählichen Tode. Besonders hatten wir Angst, dass unsere bösen Taten von Calempluy offenbar würden. Endlich kamen die Tanigoren vom Haus der Barmherzigkeit zu uns, die für dieses Gefängnis zuständig waren. Als die Gefangenen sie hereinkommen sahen, erwiesen sie ihnen Ehre und riefen mit bewegter Stimme: »Gesegnet sei dieser Tag, an welchem uns Gott durch seine Diener besucht!« Darauf antworteten die Tanigoren mit ernsten und ehrbaren Gebärden: »Die mächtige und göttliche Hand dessen, der den schönen Glanz der Sterne gemacht hat, bewahre euch.« Als sie zu uns kamen, fragten sie sehr bescheiden: »Was seid ihr für Leute und warum werdet ihr härter gefangen gehalten als andere?« Wir gaben ihnen zur Antwort: »Wir sind arme Fremdlinge und so von allen Menschen verlassen, dass niemand im ganzen Lande unseren Namen kennt. Wir können euch darum nur bitten, euch um Gottes willen um uns zu kümmern, wobei wir uns auf diesen an euch geschriebenen Brief der Brüderschaft vom Hause Quiay Hinarel zu Nanking berufen.« Christoval Borralho übergab nun gleich dieses Schreiben und sie nahmen es mit Bescheidenheit an. Sie erklärten sich bereit, unsere Sache wohl zu vertreten und für unseren Unterhalt Sorge zu tragen. Darauf besuchten sie uns mehrmals und befragten uns genau anhand einer besonderen Schrift mit vorgegebenen Fragen. Auch berieten sie sich mit dem Gerichtsschreiber, wie sie am besten vorgehen könnten.

Endlich überreichten sie den zwölf Chonchalis eine Bittschrift, in der zu lesen war, was wir schon alles zu unserer Verteidigung angegeben hatten. Vor allem wiesen sie darauf hin, dass es keinerlei Zeugen für den Vorwurf, wir hätten gestohlen, gebe. Der erste Richter hatte uns nach ihrer Meinung allein aus Feindschaft gegen die Armen geißeln lassen. Diese Bittschrift las auch der Hofgerichtsanwalt. Daraufhin sagte er den Richtern, dass er uns mit Zeugen überführen wolle. Vor allem hielt er uns vor, dass wir nicht nach der rechten Ordnung an der chinesischen Grenze als Kaufleute erschienen seien. Schließlich hielt er es für billig und recht, uns als Fremdlinge und Landstreicher ohne Kenntnis des Gesetzes und Gottes auf die folgende Weise strafen zu lassen: Es sollten uns mindestens die Hände und die Nasen abgeschnitten und über uns die ewige Verbannung in den Grenzort Ponxileytay ausgesprochen werden. Diese Anklage widerlegte unser Fürsprecher sogleich. Der Oberrichter befahl deswegen, auf die Anschuldigungen des kaiserlichen Anwaltes nicht einzugehen, solange er keine Zeugen für seine Klage hatte. Dafür setzte er ihm eine Frist von sechs Tagen. Dann befahl er unserem Armenfürsprecher, innerhalb von fünf Tagen alles, was für uns sprach, ausführlich in einer Eingabe darzulegen. Daraufhin zeigte sich der kaiserliche

Anwalt so ungehalten, dass der Gerichtsvorsteher ihn, darüber verärgert, zwanzig Taeis zur Strafe zahlen ließ.

Wir blieben weiter im Gefängnis. Nach ein paar Tagen kamen wieder die Tanigoren zu uns. Sie teilten im Krankenhaus des Gefängnisses Essen aus und berichteten uns von dem guten Stande unserer Sache. Wir fielen ihnen zu Füßen und wünschten ihnen unter Tränen, Gott möge ihnen ihre Wohltaten vergelten. Einer von ihnen antwortete: »Und wir bitten für euch auch, dass Gott euch in der Erkenntnis seines Gesetzes bewahre. Darin besteht die Belohnung der Frommen.« Dann versorgte er uns mit Decken für die Nacht, weil wir sehr unter der Kälte litten. Wir sollten uns nicht schämen, ihn um mehr zu bitten, denn, so sagte er: »Gott ist unser oberster Herr und erfüllt uns auch unsere Bitten.« Danach kam der Gerichtsschreiber zu uns, um das Urteil zu verlesen, das der Gerichtsvorsteher über den kaiserlichen Anwalt verhängt hatte. Die Summe von zwanzig Taeis Silber, die jener zur Strafe hatte zahlen müssen, wurde uns zur Linderung unserer Armut zuerkannt. Als wir sie empfangen und dafür unterschrieben hatten, bedankten wir uns bei dem Schreiber und baten ihn, hiervon so viel zu nehmen, wie ihm beliebte. Er weigerte sich aber und sprach: »Eure Belohnung schätze ich zu gering gegenüber der Vergeltung, die ich für die Dienste an euch vor Gott erwarte.«

Darauf vergingen zwölf Tage, an denen in unserer Sache nicht verhandelt wurde. Eines Morgens kamen in aller Frühe die Tanigoren, um die armen Kranken zu besuchen. Wir baten sie inständig, bei dem Cham ein gutes Wort für uns einzulegen, weil unsere Sache bei ihm lag und er nur noch das Urteil aussprechen musste. Wir erinnerten sie auch nochmals an unsere ihnen wohl bekannte Armut und unseren hilflosen Zustand. Dies war ihnen sehr zuwider und sie sagten uns sehr unwillig: »Wenn ihr Einheimische wäret, so würden wir euch hiernach billigerweise nicht mehr helfen und euch in eurem Unglück stecken lassen. Allein eure Unwissenheit und Einfalt mag eure Schwachheit entschuldigen und uns bewegen, euch diese Worte nicht vergelten zu lassen. Sonst hättet ihr auch zu erwarten, dass euch eure Unbescheidenheit für Wohltaten Gottes unwürdig gemacht hätte.« Wir waren über diese Antwort teils erschrocken, teils beschämt. Daher baten wir sie um Vergebung und sagten, dass unsere Unwissenheit Gottes und ihren Zorn besänftigen werde. Einer von ihnen sah uns darauf an und sagte: »Vielleicht haben diese Leute mehr Ursache, so zu drängen, als wir, uns darüber zu ärgern. Denn es ist zu vermuten, dass sie mehr aus Gewohnheit als aus einer bösen Absicht gesündigt haben.« Als er dieses gesagt hatte, wandten sie sich den anderen Armen im Spital zu und gaben auch denen Gaben.

Nach weiteren neun Tagen wurden wir von zwei Chumbimen in Begleitung von zwanzig Dienern, den Hupen, geholt. Diese Hupen waren mit Hellebarden, Spießen, Sturmhauben und anderen Waffen ausgerüstet und wir konnten sie nicht ohne Schrecken und Entsetzen anschauen. Die Männer banden uns mit einer langen eisernen Kette aneinander und brachten uns zu dem Caladigan oder Hof, in dem die Klage angehört und die Strafe vollzogen wird. Wie sehr wir uns fürchteten, ist leicht zu ermessen. Wir gerieten in eine solche Furcht und bebten dermaßen, dass wir gewiss nicht wussten, auf welchem Wege wir in den Hof gekommen waren. Ja, die Angst vor einem grausamen Tode packte uns dermaßen, dass uns war, als würden wir gleich hingerichtet werden. Daher fielen wir auf unsere Knie nieder, küssten einander und baten Gott um Vergebung unserer Sünden, worüber sich die Chinesen sehr wunderten.

Nach vielem Verdruss und großer Schmach, die uns die Umstehenden mit ihrem Rufen antaten, kamen wir in die erste Gerichtsstube. Da waren vierundzwanzig Henker, die von ihnen »Diener der Gerechtigkeit« genannt werden, zudem viele andere Menschen, die da zu tun hatten. Endlich wurde eine Glocke geläutet und verschiedene sehr kostbar verzierte Türen geöffnet. Sie waren mit dem Wappen der chinesischen Kaiser geschmückt, nämlich einem silbernen Löwen, der auf einer großen silbernen Kugel stand. Durch die Türen traten alle in einen großen Saal. Da hingen ringsherum viele prunkvolle Gemälde, auf denen die Hinrichtungen vornehmer Leute abgebildet waren. Unten an jedem Bild stand die folgende Unterschrift: »Dieser wird so mit dem Tode bestraft, weil er eine solche Missetat begangen hat.« Aus diesen Gemälden konnte man also gleich ersehen, mit welch strenger Strafe und hartem Tode jede Missetat bestraft wurde.

Von diesem Gerichtssaal ging es weiter in eine andere Kammer. Die war noch viel kostbarer und herrlicher anzuschauen. Dies bemerkten sogar wir, obgleich uns vor Angst kaum etwas erfreuen mochte. In der Mitte des Raumes stand ein Stuhl, sieben Stufen hoch und mit kunstvollem kupfernem und elfenbeinernem Laubwerk und Säulen geschmückt. Über ihm schwebte ein Himmel aus weißem Damast mit goldgrünen Seidenfransen und Quasten. Unter diesem Himmel saß der Cham ganz prächtig auf einem silbernen Sessel und vor ihm stand eine kleine Tafel. Um diese herum saßen drei kostbar gekleidete Knaben mit goldenen Ketten auf ihren Knien. Der mittlere von ihnen gab dem Cham die Feder in die Hand, mit der er unterzeichnete. Die zwei anderen empfingen die Bittschrift und legten sie vor den Cham.

Rechter Hand von ihnen stand ein Knabe von zehn Jahren, der dem Cham fast ähnlich war. Er war angetan mit einem weißen Atlasrock, der mit Rosen bestickt war, und um seinen Hals lief eine dreifache Perlenschnur. Sein Haar war so lang wie Frauenhaar und mit einem goldenen und purpurnen Seidenband und Perlen geschmückt. An den Füßen trug er goldene Schuhe. Die waren sehr dicht mit Perlen bestickt. Der Knabe war so lieblich wie die wunderschönste Frau. Er lehnte sich mit einem Arm auf den Sessel des Cham. In seiner Hand hielt er zum Zeichen der Barmherzigkeit einen kleinen Rosenzweig. Der war mit Seide, Gold und Perlen geschmückt. Neben ihm befand sich noch ein Knabe, der in ein purpurfarbenes Seidengewand mit goldenen Rosen gekleidet war. Sein rechter Arm war bloß und mit Zinnober blutrot gefärbt. In seiner rechten Hand hielt er ein blankes Schwert. Das sah aus, als hätte man es in Blut getaucht. Auf seinem Haupt trug er eine Krone, ähnlich einem Bischofshut. Diese war ringsherum mit Klingen besetzt, wie sie die Ärzte zum Aderlassen gebrauchen. Obwohl nun der Knabe und seine Kleidung nicht ohne Anmut waren, war er doch wegen der Zeichen, die er als Abbild der Gerechtigkeit trug, schrecklich anzusehen. Denn sie sagen: »Es müssen bei einem Richter, der den Kaiser vertritt und die Majestät Gottes auf Erden repräsentiert, notwendig beide Tugenden, Barmherzigkeit und Gerechtigkeit, hervorleuchten. Wer denselben nicht nachstrebt, ist ein Tyrann, der von keinem Gesetz weiß und alle Zeichen und Eigenschaften missbraucht.«

Der Cham hatte ein langes braunes Atlasgewand an. Das war mit goldgrünen Fransen zierlich benäht. Außerdem trug er einen schönen Übermantel, der auf der Brust von einem goldenen Täfelchen geschlossen wurde. Auf diesem war eine Hand zu sehen, die gleich aussehende Waagschalen trug, und rundherum lief eine Schrift. Deren Worte lauteten in unserer Sprache: »Es ist die Natur des Obersten Richters, in seiner Gerechtigkeit Maß und Gewicht zu beachten. Darum habt Acht auf das, was Ihr tut. Denn so Ihr misshandelt, werdet Ihr ewige Strafe erleiden müssen.« Auf seinem Haupte trug er eine sonderbare Mütze. Sie war mit kleinen goldenen Zweigen umflochten und zeigte auch einen kleinen goldenen Löwen auf einer goldenen Erdkugel. Wie ich schon erwähnte, werden dadurch der Kaiser und die Welt, auf deren Thron er sitzt, abgebildet. In seiner rechten Hand hielt er ein Zepter und ein langes Rohr aus Elfenbein.

Vor ihm auf den Stufen standen acht Trabanten mit silbernen Keulen und vor diesen waren noch sechzig kniende Männer zu sehen, die Hellebarden mit goldenen Troddeln in den Händen hielten, sowie zwei große, starke Gestalten, die fast wie riesenhafte Anführer der Knienden wirkten. Auf beiden Seiten des Richterstuhls standen zwei lange Tafeln. An jeder von ihnen saßen vier Richter, zwei Schreiber, vier Fürsprecher und zwei Chonchalis als Ratsherren. Ein Teil von ihnen hatte die Blutgerichtsbarkeit zu versehen, der andere Teil die übrigen Prozesse. Alle waren weiß gekleidet, um die Reinheit und Gerechtigkeit des Gerichtes zum Ausdruck zu bringen. Ihre Kleider waren sehr lang und hatten weite Ärmel. Die Tafeln waren mit braunem Damast bedeckt. Diejenige des Cham aber war aus Silber und unbedeckt. Es stand nur sein Schreibzeug darauf. In den übrigen Kammern befand sich eine Reihe von Bittstellern. Die Türen zur Gerichtskammer wurden von sechs Pförtnern von grausigem Aussehen bewacht.

Nach einem viermaligen Glockenschlag erhob sich einer der Chonchalis und sprach nach einer Verbeugung vor dem Cham: »Schweigt und hört mir mit aufmerksamen Ohren zu, damit niemand für die Störung der Stille bestraft werden muss, die das heilige Recht begleitet!« Danach verlas ein anderer Chonchalis, nach einer Ehrenbezeigung gegenüber dem Cham, die Urteile so langsam, dass er mehr als eine Stunde damit zubrachte. Während der Verlesung unseres Urteils mussten wir alle niederknien, zur Erde blicken und die Hände zum Himmel erheben. Es war so, als wollten wir zu Gott beten und so in Demut unser Urteil anhören. Dieses lautete folgendermaßen: »Bitau Dicabor, der neue Cham dieses heiligen Gerichtes, in dem man den Fremdlingen Recht spricht nach dem Willen und Befehl des Sohnes der Sonne: Ich bezeuge, dass ich die Bittschrift gesehen habe, welche diese Fremden an mich gerichtet haben, aufgrund meiner Amtspflicht, die ich für den Aytau von Batamina vertrete. Ich bezeuge auch, dass ich die Anklage des Chumbim von Taypor empfangen habe. Nachdem nun aber diese Klage nicht hat bewiesen werden können und auch der kaiserliche Anwalt dies nicht vermocht hat, ergeht das folgende Urteil: Weil es mit dem heiligen Recht so beschaffen ist, dass Beschuldigungen nicht stattgegeben wird, wenn sie nicht klar erwiesen sind, halte ich die Anklage des kaiserlichen Anwaltes für ungerecht. Er konnte sie nicht beweisen und wurde deswegen bestraft. Ich erachte nun nach reiflicher Überlegung diese Dinge gemäß dem fünften Buch der Rechte, das die zwölf Chamen nach dem Willen des Sohnes der Sonne verkündet haben, für Recht: Diese neun Fremdlinge werden von allen Anklagen freigesprochen. Ich verweise sie trotzdem für ein Jahr in die Festung Quansi, damit sie die Kosten verdienen, die sie uns verursacht haben. Aber aus Gutwilligkeit befehle ich allen Beamten und Dienern daselbst, sie freizulassen, wenn acht Monate von diesem Jahr verstrichen sind, und sie mit sicherem Geleit fortziehen zu lassen.«

Nachdem wir nun dieses Urteil auf unseren Knien, mit gefalteten Händen und dem Cham zugewandten Gesichtern angehört hatten, sprachen wir mit lauter Stimme: »Euer klares Urteil haben wir alle für gut befunden und es ist uns so angenehm, wie die Reinheit Eures Herzens dem Sohn der Sonne angenehm ist.« Danach stand einer der Chonchalis auf, verbeugte sich vor dem Cham und fragte mit lauter Stimme fünfmal das Volk, das zahlreich zugegen war: »Ist jemand in dieser Gerichtskammer, in dieser Stadt oder im Kaiserreich, der gegen dieses Urteil und die Freilassung der Gefangenen etwas einzuwenden hat?« Da niemand eine Antwort gab, fügten die zwei Knaben, welche die Gerechtigkeit und die Barmherzigkeit darstellten, ihre Zeichen zusammen und sagten mit heller Stimme: »Diesem Urteil zufolge soll man diese Freigesprochenen frei und unbekümmert lassen. Doch sollen sie an den genannten Ort geschickt werden.« Einer der Hupen schlug dreimal an eine Glocke und zwei Chumbimen nahmen uns darauf alle Ketten ab. Dafür dankten wir dem höchsten Gott herzlich. Denn wir hatten uns allezeit fest vorgestellt, dass man uns vor lauter Argwohn zum Tode verurteilen würde.

Dann wurden wir, wenn auch ohne Ketten und Fesseln, wieder ins Gefängnis gebracht. Dort trugen zwei Chumbimen unser Urteil in das Buch des Kerkermeisters ein. Bis zu unserer gänzlichen Befreiung von allen Ansprüchen mussten wir zwar noch dienen, aber der Chifu des Gefängnisses empfahl uns den Tanigoren, damit sie uns weiter unterstützten.

Diese kamen denn auch bald wieder entsprechend ihrer Gewohnheit ins Gefängnis und zeigten sich sehr erfreut über unseren Freispruch. Wir sagten ihnen unter Tränen Dank und sie trösteten uns wegen der kommenden acht Monate. Vor allem versprachen sie uns, sich für uns bei einem der Befehlshaber in Quansi einzusetzen. Dieser hatte anderen viel Gutes getan und die Tanigoren führten uns alsbald zu ihm und zu seiner Gemahlin, da sie gerade in Peking waren. Der Hauptmann und seine Gemahlin antworteten auf die Bitte der Tanigoren für uns so freundlich und denkwürdig, dass wir es recht erstaunt anhörten. Denn wir sahen, wie sie den Ausgang aller Dinge dem Ursprung alles Guten zuschrieben, als hätten sie das Licht des lebendigen Glaubens und die Kenntnis des göttlichen Gesetzes. Die Tanigoren und der Hauptmann beredeten sich dann noch gesondert. Darauf kam der Hauptmann oder Monteo wieder zu uns, zeichnete unsere Namen in ein Buch ein und sprach: »Ich helfe euch nicht, um für fromm gehalten zu werden. Doch will ich euch die Zeit abkürzen, die ihr noch dienen sollt, und euch aus Liebe zu den heiligen Brüdern, die für euch geredet haben, nicht vergessen.« Darauf nahmen die vier Tanigoren von uns Abschied, gaben jedem von uns vier Taeis und sprachen: »Vergesst nicht, Gott für den guten Ausgang eurer Sache zu danken! Denn ihr würdet schwer sündigen, wenn ihr für solche große Gnade Undank zeigtet!« Wir wurden im Hause des Hauptmanns wohl empfangen und reisten nach zwei Monaten nach Quansi, um dort die bestimmte Zeit zu dienen. Der Hauptmann leistete uns Gesellschaft und wir genossen seine Gunst reichlich. Dies währte, bis die Tataren hereinbrachen und viel Elend verursachten, wie später erzählt werden soll.

21. KAPITEL

Von der Stadt Peking, ihren Einrichtungen und ihrer Bevölkerung

Bevor ich weiterberichte, wie wir mit dem Schiff nach Quansi gefahren sind, halte ich es für sinnvoll, eine kurze Beschreibung der Stadt Peking folgen zu lassen. In Wahrheit kann sie wegen ihres Reichtums und ihrer Schönheit, aber auch wegen ihrer Größe, ihrer wohl eingerichteten Regierung, ihres wunderbaren Wohlstandes und ihrer Einwohner Hauptstadt des Reiches der Welt genannt werden. Auch die Unterhaltung des chinesischen Heeres, die strenge Beachtung der Gesetze und viele andere Dinge, die ich nicht gründlich darstellen kann, zeugen davon. Um meine Absicht aber doch auszuführen, will ich ganz einfach und so gut ich es kann, beschreiben, was ich gesehen habe. Denn ich schreibe vor allem für meine Kinder, damit sie erfahren, was ich erlitten habe.

So beginne ich denn mit der Größe der Stadt und ihrem Aussehen. Wie uns die Chinesen erzählten und ich selbst in einem kleinen Buch gelesen habe, das die Stadt beschreibt, ist die Stadtmauer dreißig Meilen lang. Sie ist doppelt angelegt und mit vielen Kastellen und Türmen befestigt. Vor dieser Doppelmauer befindet sich noch eine zweite und in dem Zwischenraum finden sich einige Dörfer, eine große Menge schöner Häuser und Schlösser. Dort stehen auch die Häuser für die kaiserlichen Statthalter. Weiter findet man da Friedhöfe mit den Gräbern von vierundzwanzigtausend Mandarinen, die wie kleine Kapellen aussehen. Bei diesen Kapellen sieht man zugleich schöne Gärten und viele Fischteiche, Springbrunnen und Wassergräben. Die Mauern der Gärten sind inwendig mit Porzellan verkleidet, das aus einer besonders kostbaren Erde gewonnen wird. Auf ihnen stehen viele goldene Fähnlein, auf denen Löwen zu sehen sind. An den

Mauerecken sind Glocken angebracht. In dieser Gegend stehen auch fünfhundert prächtige Häuser für all die Soldaten, die im Dienste des Sohnes der Sonne verwundet worden sind. Für kranke und alte Soldaten sind die Häuser auch geöffnet, sodass allein dort wohl über hunderttausend von ihnen unterhalten und beköstigt werden, da jedes Haus für fünfhundert gebaut ist. Auch sahen wir eine lange Straße, in der vierundzwanzigtausend Ruderer und Schiffsleute des Kaisers in niedrigen Häusern wohnen. Ferner gibt es eine lange Straße, eine Meile lang, in der nur Schänken stehen. In einer weiteren wohnen unzählige Huren, die alle von den Steuern befreit sind. Die müssen an ihrer Stelle die Bürger zahlen, wenn sie freien Zutritt bei ihnen haben wollen. Nicht weit davon sind die Wäscherinnen anzutreffen, hunderttausend an der Zahl. Sie wohnen dort wegen der schon erwähnten tiefen Wasserbäche. Bei diesen Wasserbächen und Teichen hat man auch dreizehnhundert ansehnliche Häuser für die geistlichen Männer und Frauen errichtet. Weiter sieht man da Häuser und Paläste des Adels mit Wildgärten. In den Adelshäusern kann man sich teuer beköstigen lassen, denn sie sind größtenteils für Gastmähler gebaut. Man spielt dort auch Komödien und bei den Gastmählern geht alles recht großartig zu mit prächtiger Musik, Fischerei, Jagd und Kampfspielen. Solche Gastmähler werden von reichen Kaufleuten mit großem Gewinn abgehalten.

Wenn jemand zu solch einem Mahl kommt, legt ihm der Xipaton, der Aufseher des Hauses, ein Buch vor, aus welchem der Gast die verschiedenen Mahlzeiten und ihren Preis ersehen kann. Ich habe dieses Buch einige Male gesehen und erinnere mich, dass in den ersten drei Kapiteln von Mahlzeiten die Rede ist, zu denen Gott eingeladen wird. Dann folgen die des Kaisers von China und die der Tutonen und Chamen, die unter ihm stehen. Zu den Mahlzeiten für Gott werden die Armen eingeladen. In dem Buch ist alles genau beschrieben, was zur Vorbereitung des Essens vonnöten ist, und wenn das einem zu teuer ist, so findet er auch andere Mahlzeiten darin verzeichnet. Bei den Gastmählern, die in unterschiedlichen Kammern stattfinden, kann man viel Musik hören und es wird einem sehr freundlich von Männern oder Frauen aufgewartet. Für jede Mahlzeit wird eine Gabe für die Armen abgezogen. Diese werden dort an besonderen Tafeln gespeist, wie auch mancher, der nur dort sitzen mag. Die Armen erhalten da auch drei Tage lang eine Kammer und ein gutes Bett, länger aber nur schwangere Frauen und Kranke, die nicht gehen können.

In dieser Vorstadt, die sieben Meilen lang und mehr als drei Meilen breit ist, stehen ferner zweiunddreißig große Gebäude, die hohen Schulen dieses Kaiserreiches. Jede Schule hat wohl an die zehntausend Schüler, und über all diese Schulen, Gelehrten und Schüler ist ein Cham des Gerichtes als Oberster gesetzt. Der genießt eine ganz besondere Würde und wird angeredet mit »Aller Edlen Herr«. Er zieht auch mit einem besonders glanzvollen Gefolge einher, in welchem dieselben Gestalten zu sehen sind, die wir schon vorher im Gericht erblickt hatten, darüber hinaus aber noch viele Reiter, Frauen und Prunkwagen, sodass es überaus prächtig anzuschauen ist.

Um noch mehr von dieser Stadt Peking zu schreiben, weiß ich in Wahrheit wegen der sehr wunderlichen und denkwürdigen Sachen fast nicht, womit ich anfangen soll. Denn man möge nicht denken, dass mit der Stadt Peking in Europa Rom, Konstantinopel, Venedig, Paris, London, Sevilla oder Lissabon und außerhalb Europas Kairo in Ägypten, Tauris in Persien, Martaban und Bagou in Pegu, Odia in Somau oder andere Hauptstädte großer Königreiche zu vergleichen sind. Betrachtet man die Menge des Volkes, die Kaufleute, Schiffer, Rechtsgelehrten, Beamten und Hofbediensteten der großen Herren, so sind sie fast unzählbar und dem großen Reichtum und dem unermesslichen Überfluss in allen zum Leben notwendigen Dingen an die Seite zu stellen.

Die eigentliche Stadt ist, wie schon erwähnt, von einer doppelten Ringmauer umgeben. Sie hat, nach den Tagen des Jahres, dreihundertsechzig Tore und ist mit Zugbrücken und Wächtern versehen. In dieser Stadt findet man dreitausendachthundert Tempel. In denen wird stets eine große Menge Vögel und Wild geopfert, denn sie halten solche Opfer für frommer als die von zahmen Tieren. Die Tempel sind herrlich gebaut, besonders diejenigen der Sekten Xaca, Amida, Gizom und Canom. Diese übertreffen an Alter die anderen zweiunddreißig Sekten dieses Irrgartens des Teufels, der in ihnen oft in sonderbarer Gestalt, um sie zu betrügen, erscheint. Die vornehmsten Straßen der Stadt sind alle sehr lang und breit und haben an beiden Seiten schöne Häuser von zwei Stockwerken Höhe, auf dem Boden aber schöne Balustraden. Die Straßen sind untereinander durch kleine Quergassen verbunden und werden von Bögen mit kleinen Glocken für die Schildwache abgeschlossen. Die Wächter müssen alle zehn Tage im Stadthaus berichten, was in ihrer Straße vorgefallen ist, sodass die Beamten überall Ordnung stiften können. Die Stadt wird auch von zwölfhundert Wassergräben durchzogen. Darüber führen Brücken, mit Ketten als Geländer und mit Bänken zum Ausruhen.

In der Stadt finden sich weiter hundertzwanzig Plätze oder Märkte, wobei an jedem Tag auf vieren von ihnen Markt gehalten wird. In den zwei Monaten besuchten wir diese Märkte und sahen da eine unzählbare Menge von Menschen, zu Fuß und zu Pferde, aus Kisten und aus Schachteln, die sie sogar an den Hälsen trugen, alles Erdenkliche verkaufen. Es war wie bei unseren Krämern. Die reichen Kaufleute hatten da ordentliche Buden. Da konnte man Seide, geblümten Atlas, golddurchwirkte Gewänder, Baumwolle, Leinwand, Marder- und Hermelinfelle, Bisam, Aloe, Geschirr aus Porzellan, Gold oder Silber und dergleichen mehr in großer Fülle oder ballenweise angeboten sehen, ebenso, dass es mir an Worten fehlt, eine solche Menge von Eisen, Stahl, Blei, Kupfer, Zinn, Korallen, Kristallen, Quecksilber, Zinnober, Elfenbein, Gewürzen wie Nelken, Muskatnüssen und Ingwer, Tamarindenbaumrinden, Zimtrinden, Pfeffer und Kardamom, Borax, Zucker und anderen Lebensmitteln wie Mehl, Fleisch, Fisch, Reis und Gemüse. Die Chinesen berichteten uns ferner von hundertundsechzig

Schlachthäusern, in welchen all die Tiere geschlachtet werden, von denen ich schon bei der Beschreibung unserer Reise als Gefangene sprach. Außer in den Fleischbänken der Schlachthäuser kann man noch in jeder Straße bei fünf oder sechs Fleischhauern bestes Fleisch einkaufen. In den Herbergen ist ebenfalls viel gekochtes Fleisch zu bekommen und es gibt außerdem eine Unzahl damit gefüllter Keller.

Von den kostbaren Gebäuden der Stadt will ich nur die besonderen und die vornehmsten beschreiben. Zu diesen zählt das Gefängnis, Xinanguibaleu, »Schloss der Gefangenen«, genannt. Es hat eine Mauer, die zwei Meilen lang und von einem großen, tiefen Wassergraben mit vielen Zugbrücken umgeben ist. In diesem Gefängnis befindet sich zwischen zwei Türmen ein großer Bogen, an dem sechs große Glocken hängen. Die werden nur zusammen mit den anderen Gefängnisglocken, mehr als hundert an der Zahl, geläutet, was einen schrecklichen Lärm ergibt. Im Allgemeinen leben in dem Gefängnis dreihunderttausend Gefangene, von siebzehn bis zu fünfzig Jahren alt. Die Chinesen erzählten uns, dass vor Zeiten so viele Gefangene von einem Kaiser zusammengeführt worden sind, um die Große Mauer zwischen China und der Tartarei errichten zu lassen. Infolge ihrer Zahl hatte er hierzu genügend Arbeiter, im Kriegsfalle zudem zugleich auch Truppen, sodass diese nicht erst in der Weite des Reiches ausgehoben und herangeführt werden mussten. Ein Nachfolger dieses Kaisers hat dann befohlen, die Gefangenen, welche zum Bau der Mauer an die Grenze gebracht worden waren, nach Peking zu führen, um von ihnen dieses Gefängnis errichten zu lassen. Die Gefangenen tragen seit jener Zeit um ihren Hals eine Tafel, worauf die Art ihres Vergehens und die Zeit ihrer Haft verzeichnet sind.

In diesem Gefängnis wird zweimal Markt abgehalten, im Januar und im Juli. Er wird mit frommen Zeremonien begonnen, unter Anrufung der Abgötter, und man kann dabei völligen Ablass erlangen. Bei diesen Märkten brauchen die Kaufleute nichts zu verzollen. Darum werden sie von einer unglaublich großen Menge aufgesucht. Damit man die Besucher von den Gefangenen unterscheidet und die Ersteren das Gefängnis wieder verlassen können, erhalten sie beim Eintritt vorne an den Armen ein besonderes Zeichen aus einer Farbe, welche aus Pech, Lack, Rhabarber und Alaun besteht. Dieses Zeichen bekommen sie recht schnell von vielen geschickten Beamten an den Toren, aber nur die Männer. Die Frauen können frei eintreten, weil in dem Gefängnis keine weiblichen Gefangenen sind. Verliert einer von den Besuchern im Gefängnis sein Zeichen, obgleich man es nicht leicht abwaschen kann, so muss er im Gefängnis bleiben.

Innerhalb der Mauern gibt es drei Abteilungen mit einer großen Anzahl von Häusern und langen Straßen mit starken Toren für Wachen und Glocken. Es findet sich da auch eine herrliche Palastanlage mit vielen Häusern für den Cham des Gefängnisses. Dazu gehören auch viele weite Plätze, Gärten und Fischteiche, sodass dort ein König mit seinem ganzen Hofstaat bequem und nach seinem Belieben wohnen könnte. Von dieser Anlage gehen zwei besondere Straßen ab, in welchen die Gefangenen allzeit das kaufen können, was sie begehren. Dort werden auch jene zwei Märkte abgehalten. Innen an der Gefängnismauer stehen viele Bäume und fließen viele Bäche in Fischteiche. Dort können die Gefangenen waschen. So gibt es hier alles, was man in einer großen Stadt suchen mag. Dazu haben die meisten Gefangenen Frauen und Kinder bei sich.

Der zweite Ort in der Stadt, den ich beschreiben will, ist fast so groß wie dieser und ebenfalls von einer starken Mauer und einem tiefen Graben umgeben. Dieser Ort wird von den Chinesen Muxiparan genannt, das heißt: »Behältnis der Toten«. Dort stehen viele Glockentürme und die Mauer ist oben mit einem reich verzierten Gitter versehen. Darauf sind die Figuren von Menschen und vielen Tieren zu sehen, wie wir sie anderswo kaum merkwürdiger und kunstvoller fanden. Als wir dorthin kamen, traten wir auf einen großen Hof. Der war mit weißen und schwarzen Steinen gleich einem Brettspiel so glatt gepflastert, dass man sich darin spiegeln konnte. In seiner Mitte stand eine Säule aus Jaspis und auf dieser eine Frauengestalt. Die war anzusehen, als wollte sie mit ihrer Hand eine Schlange erwürgen. Jenseits des Hofes, zwischen vielen Säulen, standen vor einer Pforte mit zwei hohen Türmen zwei Standbilder mit eisernen Keulen, als sollten sie diesen Eingang bewachen. Sie waren recht groß und schrecklich anzuschauen, weil sie entsetzliche Gesichter hatten. Die Chinesen nennen sie »Bläser des Rauchhauses«.

An dieser Pforte wachten zwölf Männer mit Hellebarden und zwei Schreiber. Die saßen an einer Tafel und schrieben alle auf, die eintraten. Man musste ihnen auch ein wenig Geld geben. Durch die Pforte kamen wir auf eine sehr breite Straße, an deren Seite viele herrliche Bögen mit kleinen Messingglocken standen. Diese Glocken hingen an kupfernen Ketten und bimmelten im Winde dermaßen laut, dass man sich fast nicht unterhalten konnte. Die Straße erstreckte sich ungefähr über eine halbe Meile. An ihren Seiten, hinter den Bögen, standen Häuser, so groß wie Tempel und mit vergoldeten Glockentürmen und vielen Malereien versehen. Die Zahl dieser Häuser soll sich auf dreitausend belaufen und sie sind von oben bis unten mit Totenköpfen angefüllt. Hinter diesen Häusern sah man zwei hohe Berge mit Menschengebeinen. Die waren so kunstvoll zusammengefügt, als wären sie so von Natur aus zusammengewachsen. Wir fragten die Chinesen, ob diese Gebeine gezählt würden. Sie bejahten das und erzählten uns auch von den Aufsehern dieser Häuser. Diese erhalten von den Menschen, die ihre Gebeine dort nach dem Tode hinbringen lassen, reichlich Güter um der Erlösung ihrer Seelen willen. Von diesen Geldern werden auch die vielen Gefangenen unterhalten. Wir gingen diese Straße voller Verwunderung entlang.

In einer Quergasse fanden wir große kupferne Gitter mit einer dicken und sehr hässlichen Schlange. Die Chinesen nannten sie »fressende Schlange des Rauchhauses«. Mitten auf ihrem Kopfe saß eine schrecklich große Kugel, die aussah, als wäre sie von weit her auf sie geworfen worden.

Zwanzig Schritt weiter stand ein riesenhaftes Standbild eines Mannes, vor Größe und Dicke ganz schauderhaft zu betrachten. In den Händen hielt es eine Kugel von der Größe der vorigen und schaute mit gerunzelter Stirn gleich einem ergrimmten Manne auf die Schlange, als wollte es die Kugel nach dieser werfen. Ringsherum befanden sich viele kleine vergoldete Figuren von Menschen, alle auf ihren Knien und mit erhobenen Händen, als wollten sie das große Standbild anbeten. Außerdem brannte da eine Fülle von Lichtern in silbernen Lampen. Dieses Standbild war zu Ehren des großen Gottes Mucluparon errichtet worden, der nach dem Glauben der Chinesen die Totengebeine bewacht. Sie erzählten auch, wie einst diese schlingende Schlange die Gebeine rauben wollte und von dem Gott daran gehindert wurde. Doch würde sie aus dem Abgrund des Rauchhauses wiederkehren, wenn sie von dem Gott nicht alle dreitausend Jahre daran gehindert würde. Die Chinesen glauben ferner, dass nach dem Tode der Schlange jene Seelen wieder in ihre früheren Leiber zurückkehren und im Hause des Gottes wohnen würden. Sie glauben solche lächerlichen Erdichtungen infolge der Einflüsterungen ihrer Bonzen oder Priester so fest, dass sie davon nicht abzubringen sind. Sie halten die Aufbewahrung der Gebeine an diesem Orte für das wahre Mittel, die Seligkeit zu erlangen. Daher werden an jedem Tag wohl zweitausend von ihnen dahin gebracht. Sollte aber jemand gar zu weit entlegen gestorben sein, so werden zwei von seinen Zähnen hierher geliefert. Denn die Priester machen ihnen weis, dass sie durch eine Spende ebenso viel dazugewännen, wie wenn sie den ganzen Plunder hierher geschafft hätten.

Auf einem großen Feld außerhalb der Mauern der Stadt sahen wir ein anderes prächtiges und herrliches Gebäude. Dieses ist der Königin des Himmels, welche die Chinesen Pacapirau nennen, geweiht. Sie und der Herr des Himmels sind die Eltern der Sterne. Wenn der Nebel aufsteigt und sich in der Luft in Regen verwandelt, dann bedeutet dies nach dem Glauben der Chinesen, dass eins von diesen Sternenkindern stirbt. Darüber weinen seine Brüder und benetzen mit den Tränen die Erde zum Wohle der Menschen und ihres natürlichen Lebens. Doch wollen wir solche Fabeln, von denen man in den vielen Sekten dort sehr ausführlich hört, hintenansetzen und allein von dem reden, was zu diesem Bau gehört. Zu diesem Gebäude zählen hundertvierzig Kollegien, in denen sich Männer und Frauen dem Götzendienst widmen. Es sind da viele tausend Priester und dienende Brüder. Als der tatarische König Peking belagerte, nahm er dort sein Quartier und ließ viele der Männer und Frauen aus unterschiedlichen Orden enthaupten.

Zu den Baulichkeiten an diesem Ort gehört auch ein ummauertes Gelände, in welchem man sehr viele Götzenbilder sieht. Vornean stehen an einer großen Pforte, neben anderen schrecklichen Bildern, zwei abscheuliche Pförtner der Hölle. Dahinter liegt eine lange, breite Straße mit vielen Torbögen, auf die man Götzenbilder gesetzt hat, mehr als fünftausend an der Zahl. Am Ende der Straße war wieder ein Platz aus schwarzen und weißen Steinen mit vier Reihen von Riesenbildern.

An diesem Platz erhob sich Quiay Huyan, der »Gott des Regens«, und aus seinem Munde, seinem Kopf und aus der Brust flossen an vielen Stellen Wasserstrahlen. Das Wasser kam aus einem Turm, an dem die Götzenstatue lehnte, auf so verborgene Weise, dass die Gläubigen, die das Wasser schöpften, dies nicht merkten. Wir gingen unter seinen ausgespreizten Beinen hindurch in ein großes Gewölbe. Dieses war so lang wie eine Kirche und mit vielen Säulen, goldenen Götzenbildern und vielerlei Schmuck versehen. An seinem Ende stand ein erhöhter Altar mit dem Bildnis der Königin des Himmels in der Gestalt einer schönen Frau. Sie erhob ihre Hände zum Himmel und ihre Haare lagen lose auf ihren Schultern. Ihr Leib war ganz mit feinem Gold belegt und blendete bei Sonnenschein die Augen. Rundherum standen die silbernen Bildnisse von zwölf chinesischen Kaisern, etwas tiefer noch drei Reihen kniender Götzen. Es gab da noch ähnliche Straßen und einen großen Markt mit vielen großen

Glocken. Dahinter gelangte man durch eine Pforte mit vier hohen Türmen, wo ein Chifu samt zwei Schreibern und vielen Hellebardieren amtierte, um die Namen der Besucher aufzuschreiben, wieder ins Freie.

Die großartigste Anlage sahen wir auf einer Insel inmitten des Flusses Batampina. Dort befanden sich hinter einer Mauer und zweierlei Gitterwerk, geschmückt mit silbernen Löwen, den Wappentieren des Kaisers von China, hundertdreizehn in die Runde gebaute Kapellen. In jeder von ihnen hatte man aus kostbarem Alabaster ein Grab über den Bildwerken von Schlangenköpfen errichtet. Die Schlangen waren aus Silber, hatten Frauengesichter und dazu drei Hörner auf dem Kopf, und ihre Leiber waren ineinander verwickelt. In der Mitte eines großen Platzes mit vielen Götzenbildern stand da ein hoher Turm, der in fünf Glockentürmen mit silbernen Löwen an den Spitzen auslief. Nach dem, was die Chinesen uns mitteilten, hat man aus den Kapellen dorthin die Gebeine von hundertsiebenunddreißig chinesischen Kaisern geschafft. Diese unwissenden Völker sind in dem Wahn befangen, dass diese von ihnen für sehr heilig gehaltenen Gebeine sich zu jedem Neumond dort zu einem Festmahl gegenseitig einladen. Deshalb werden ihnen zu diesen Tagen von den Chinesen viele Lebensmittel wie Reis, Schweine, Geflügel, Zucker, Honig und anderes dargebracht und alles durch die Priester angenommen. In ihrer Blindheit glauben die Chinesen, dafür Ablass und völlige Vergebung ihrer Sünden zu erreichen.

Ein Gemach dieses Turms ist von oben bis unten mit silbernen Platten ausgekleidet. Darin stehen die hohlen Statuen von hundertdreizehn chinesischen Kaisern, und in diesen werden deren Gebeine verwahrt. Von ihren Priestern dazu überredet, glauben die Chinesen, dass diese Statuen sich des Nachts unterhalten und mit allerlei Kurzweil belustigen. Doch dürfen dem nur besonders hohe Priester, die Cabizundes, lauschen. Die werden so geachtet wie bei uns die Kardinäle. So werden noch viele andere Fabeln erzählt. Bei dem Turm ist in einer herrlichen Kapelle auf Säulen das Bildnis der Göttin Amida zu sehen. Es ist aus Silber gegossen, hat vergoldete Haare und steht auf einem Thron, der mit feinem Gold überzogen ist. Sie hat ein schön gemaltes Angesicht und ihre beiden Hände sind zum Himmel erhoben. Von ihren Achseln hängen viele kleine ineinander geflochtene Abgötter herab, ungefähr einen halben Finger lang. Ihre Scham bedecken zwei Schalen aus Perlmutter, die mit Gold verziert sind.

Als wir danach fragten, erzählten uns die Chinesen eine lange Geschichte von dieser Göttin. Danach ist sie eine Tochter der Königin des Himmels und nach der Sintflut auf die Erde gekommen. Gott hat sie dorthin gesandt, um die Menschen zu ersetzen, die ertrunken waren. So hat sie denn nach ihrem Glauben eine große Anzahl von Kindern unter ihren Achseln ausgeschwitzt. Daher war sie nicht einer solch elenden Entbindung durch einen mit Gestank behafteten Körperteil unterworfen, wie dies die anderen Frauen wegen ihrer Sünden sind. Doch hatte sie auch niemanden, der ihr in der Not beigestanden hätte, sodass sie hiernach tot zur Erde gefallen ist. Wir wunderten uns über diese lächerliche Geschichte der sonst so verständigen Chinesen und verließen diese Stätte. Dabei sahen wir noch einen prächtigen Nonnentempel. Doch konnten wir ihn als Fremdlinge nicht betreten. Von da aus gelangten wir an ein hohes Ufer, wo viele Pilgerschiffe lagen. Die Frommen waren von weit her gekommen, um hier Ablass ihrer Sünden zu erlangen. Sie erhielten dabei ihren Unterhalt umsonst. Ich schweige hier von vielen anderen Tempeln, die wir in dieser Stadt außerdem noch sahen.

Der chinesische Kaiser hat aufgrund seines Eides, den er an seinem Krönungstag leisten muss, seine Residenz und seinen Hofstaat in Peking. In dieser Stadt gibt es weiter in einer gewissen Gasse besondere Häuser, die »Schulen der Armen« genannt werden. In diesen werden die vater- und mutterlosen Findelkinder im Lesen und Schreiben wie auch in allen möglichen Handwerken unterwiesen, damit sie sich ihren Unterhalt selbst verdienen können. Auch die Säugammen für die aufgefundenen Kinder wohnen in bestimmten Häusern. Aber ehe ein Findelkind da aufgenommen wird, stellt ein Gericht sehr genaue Nachforschungen an, um vielleicht die Eltern des Kindes doch noch aufzufinden. Wenn sie bekannt werden, dann bestraft man sie hart und verbannt sie an unangenehme und unfruchtbare Orte. Wenn ein Findelkind für ein Handwerk zu ungeschickt ist oder zu gebrechlich, dann findet sich doch eine Arbeit, die es verrichten kann. So werden die Blinden unter ihnen an Dreh- oder Handmühlen gestellt. Mit den Gesunden und Tüchtigen verhält es sich etwas anders. Denn es erhält kein Handwerksmann die Erlaubnis, als Meister zu arbeiten, wenn er nicht verspricht, einen oder zwei von diesen Armen zu unterrichten und zu versorgen, bis sie sich selbst weiterhelfen können. So tragen nach ihrer Meinung die Handwerker auf ihre Weise ihre Schuld gegen Gott ab. Jeder Blinde erhält seinen Unterhalt und zudem am Ende des Jahres sechs Geldstücke. Von diesen kann er bei seinem Tode eine Spende für seine Seele hinterlassen. Für die Lahmen wird ebenso gesorgt. Man lässt sie Strümpfe stricken oder Haare flechten. Die, welche lahme Hände haben, können Lasten auf ihren Schultern tragen, und diejenigen gar, welche an Händen und Füßen gelähmt sind und also ihre Nahrung nicht selbst erwerben können, müssen in großer Menge zusammensitzen und für die Toten bitten. Die Almosen, die sie dafür erhalten, werden zwischen ihnen und den Priestern aufgeteilt. Falls sie aber stumm sind, lässt man sie in einer Art Gasthof wohnen und ihr Unterhalt wird von den Geldern bezahlt, welche böse Weiber zur Strafe für Beleidigungen und Streitereien zahlen.

Was die alten Weiber betrifft, denen niemand mehr beischlafen will oder die an unheilbaren Krankheiten leiden, so werden sie in besondere Häuser gebracht. Dort pflegt man sie, falls sie krank sind, und unterhält sie auf Kosten der gesunden Huren. Darum weiß jede Dirne, wie viel sie auch zahlen muss, dass ihr diese Einrichtung am Ende gleichfalls zustatten kommen wird. Diejenigen Frauen, welche von ihren Männern des Ehebruchs überführt werden, müssen für die Unkosten von Waisenkindern aufkommen. Die werden auch in besonderen Häusern aufgezogen. In wieder anderen Häusern versorgt man fromme Arme. Für diese müssen besonders die bestechlichen Anwälte und Richter den Unterhalt aufbringen.

Hierauf will ich von einer Einrichtung erzählen, mit der die chinesischen Kaiser sowohl für die Armen als auch für die eigene Hofhaltung Sorge getroffen haben. Ihre Geschichtsschreiber berichten von einem Kaiser namens Chusizarao Panagor, den das Volk wegen seiner Tugend und Mildtätigkeit sehr geliebt hat. Als er durch Krankheit seines Sehvermögens beraubt wurde, beschloss er, ein Gott wohlgefälliges Werk zu tun. Er ließ alle Fürsten im Reich Kornspeicher für die Zeit des Mangels errichten. Der Kaiser bestimmte selbst den zehnten Teil seines Einkommens für diesen Zweck.

Nachdem er dieses Werk vollbracht hatte, wurde ihm nach der Erzählung der Geschichtsschreiber seine Sehkraft wiedergegeben. Was die anderen Einkünfte des Kaisers betrifft, so werden sie von den Gütern eingezogen und für den Hofstaat, die Unterhaltung der Truppen und den Schutz der Provinzen verwandt. Ein Teil wird auch in der kaiserlichen Schatzkammer in der Stadt Peking niedergelegt. Diesen Schatz darf der Kaiser jedoch nur in Notzeiten angreifen, etwa wenn der Kaiser der Tataren das Land überfällt und deshalb viele Kosten entstehen. Die Chinesen nennen diesen Schatz Chidampur, die »Mauer des Kaiserreiches«. Denn sie sagen, dass die ersparten Gelder verhindern, dass die Armen mit Steuern bedrückt werden.

Aus all dem wird zur Genüge deutlich, was für eine rühmliche Ordnung in diesem Reich in allen Dingen herrscht. Daher hat ein vornehmer Mann gesagt, dass man auch unter den Römern bei all ihrer Größe und ihrem Glück eine so gute Zucht und Ordnung nicht gefunden habe. So können die Chinesen in Regierungssachen diesen und allen anderen Völkern vorgezogen werden. Und weil ich befürchten muss, dass die Leser das, was ich mit eigenen Augen gesehen habe, schwerlich alles glauben werden, übergehe ich hier viele verwunderliche und unterhaltsame Dinge. Dabei habe ich keine Ursache, auf die Leser wegen ihres begrenzten Verständnisses hinabzusehen, denn ich habe oft meinen eigenen Augen nicht geglaubt und bin vor Verwunderung erstarrt.

Allein in dem Palast des Kaisers von Peking wohnen schon tausend Eunuchen, dreitausend Frauen und zwölftausend Wächter, die viel Besoldung vom Kaiser empfangen. Außerdem sind da die vielen Beamten, als höchste die zwölf Tutonen, welche die Chinesen »Strahlen der Sonne« nennen, da sie den Sohn der Sonne umgeben. Unter ihnen stehen die Chamen, die Anchacijs, Aytaus, Ponchacijs und Chumbimen, insgesamt im Palast fünfhundert an der Zahl. Jeder von ihnen hat dazu noch wenigstens hundert Diener, die um des höheren Ansehens willen bei anderen Völkern wie den Mongolen, Persern, Tataren und Burmesen angeworben werden. Denn sie erachten ihre eigenen Landsleute für weniger tapfer als diese Fremden. Doch sind die Chinesen im Ackerbau und im Handwerk sehr geschickt. Sie sind auch mit einer guten Vernunft begabt, um schwere und verworrene Dinge wohl zu durchforschen und zu bedenken. Die Frauen haben ein sehr helles Angesicht, sie sind keusch und arbeitsamer als die Männer.

Das Land ist an allen Dingen so fruchtbar, dass es fast unbeschreiblich ist. Trotzdem erkennt dieses ungläubige Volk die Wohltaten Gottes nicht, sondern schreibt allen Segen den Verdiensten des Kaisers zu. Aus dieser Verblendung entspringt auch ihr vielfältiger Aberglaube, der so weit geht, dass sie Menschenblut opfern und dieses mit wohlriechenden Blumen vermischen. Ihren Priestern geben sie viele Geschenke, sodass diese ihnen große Güter in diesem und unaussprechlichen Reichtum im jenseitigen Leben verheißen. Da sind auch noch Priester von einer anderen Sekte, Naustolinen genannt. Die versichern hoch und teuer, dass es dem vernünftigen Menschen im Leben und Sterben wie den anderen Geschöpfen und Tieren gehen würde. Deshalb solle ein jeder sein Leben genießen, solange er könne. Diejenigen, die das nicht tun, halten sie für töricht. Ferner gibt es eine Sekte namens Trimechaus, die den Glauben verkündigt, dass ein Mensch nach seinem Tode so lange unter der Erde bleiben müsse, wie seine Lebenszeit gewährt habe. Danach könne infolge des Gebetes eines Priesters seine Seele die Gestalt eines Kindes von sieben Tagen annehmen und in dieser Kräfte sammeln, bis sie mit ihrem alten Leib in den Himmel einzugehen vermöge. Dort solle sie dann lange Jahre schlafen und sich endlich in einen Stern verwandeln und ewig am Himmel stehen. Einige von einer anderen Sekte mit Namen Gison glauben, dass den wilden Tieren wegen ihrer Buße und schweren Arbeit in diesem Leben nach dem Tode der Himmel zur Ruhe bestimmt und zu Besitz gegeben würde.

Den Menschen aber werfen sie vor, dass sie ihr Leben nach dem Willen des Fleisches zubringen und nicht ablassen von Mord, Totschlag und anderer Bosheit. Ja, nach ihren Worten kann kein Sterbender selig werden, wenn er nicht in seiner Todesstunde alle seine Güter den Tempeln und den Priestern vermacht. Daraus ist zu ersehen, wie ihr Aberglaube nur von der Herrschsucht der Priester herrührt, die durch ihr Geschwätz die abergläubischen Leute verführen. Von den übrigen zweiunddreißig Sekten will ich jetzt schweigen, um den Leser nicht zu langweilen. Dafür möchte ich ein wenig von den großen Widerwärtigkeiten berichten, die wir in der Zeit unserer Verbannung in Quansi erfahren mussten, bis wir von den Tataren gefangen wurden.

22. KAPITEL

*Pinto kommt mit seinen Gesellen nach Quansi und
wird dort von den Tataren gefangen genommen*

Nachdem wir nun zweieinhalb Monate in der Stadt Peking geblieben waren, wurden wir endlich nach Quansi geführt, um dort Dienst zu tun. Als wir angelangt waren, teilte uns der Befehlshaber seiner Leibwache, bestehend aus achtzig Hellebardieren, zu. Dies erachteten wir als eine große Gnade Gottes, weil dieser Dienst nicht schwer war und nicht lange währen sollte. Noch vor kurzem hatten wir nicht zu hoffen gewagt, so gut zu fahren. Allein, der Teufel, dem unsere Eintracht zuwider war, säte zwischen zweien unserer Kameraden solche Zwietracht, dass es ein böses Ende mit uns nahm. Die beiden bekamen Streit darüber, ob am Königshof in Portugal die Würde der Madureyras oder diejenige der Fonsecas höher sei. Wir wurden alle in ihr Gezänk hineingezogen und gerieten uns so in die Haare, dass wir zu den Waffen griffen und uns verwundeten. Den Lärm hörte der Befehlshaber und er erschien mit seinen Beamten und Dienern, die uns unverzüglich verhafteten. Der Cham ließ uns geißeln und sechsundvierzig Tage lang mit schweren Ketten gefesselt in einem Loch unter der Erde liegen. Darauf wurden wir vor Gericht gestellt und schließlich zu einer weiteren Gefängnisstrafe verurteilt. Endlich kümmerte sich der Cham aus Mitleid um uns und beschloss, dass es mit den Geißelhieben, die wir zur Strafe schon erhalten hatten, sein Bewenden haben solle. Doch mussten wir dort als Sklaven bleiben, bis der Tutone etwas anderes anordnen würde. Und weiterer Streit war uns bei Todesstrafe verboten. Daraufhin wurden wir zu dritt aneinander gebunden und in eine Schmiede zu schwerer Arbeit geschickt. Weil wir dabei vor Hunger körperlich nach und nach verfielen, ließ man uns schließlich betteln gehen, damit wir uns wieder erholten.

Streit und Kampf in Quansi

Wir wählten für jeden Monat einen von uns zu unserem Obersten, um uns besser gegenseitig beistehen zu können. Unser erster Oberster war Christoval Borralho. Der verteilte unter uns die anderen Arbeiten wie Betteln, Wasser holen und Kochen sowie Holz sammeln.

Eines Tages musste ich mit meinem Gesellen Caspar Meurelez Holz holen und wir gingen zu diesem Zweck in den Wald. Meurelez war ein guter Musiker, konnte vortrefflich mit Instrumenten umgehen und singen. Unterwegs trafen

Das große Kriegsheer der Tataren

wir auf einen Leichenzug, der mit Musik und großem Pomp aus der Stadt zog. Der vornehmste Mann unter den mitziehenden Musikern kannte meinen Gefährten, weil dieser schon bei Gesellschaften in der Stadt aufgetreten war. Der Chinese nötigte nun Meurelez, in dem Zuge mitzugehen und zu musizieren. Er wollte erst nicht, aber sie brachten ihn gar mit Gewalt dazu, mitzuziehen, bis der Leichnam, wie es dort üblich ist, verbrannt war. Unterdessen ging ich allein weiter und sammelte viel Holz, das ich dann auf meinem Rücken nach Hause trug. Auf dem Wege begegnete mir ein alter Mann, der in schwarzen Damast und einen Lämmerpelz gekleidet war. Er rief mir etwas zu, aber da ich schon an ihm vorbeigegangen war, hielt ich ihn erst für einen Straßenräuber und wollte schon mit einem Holzknüppel aus meinem Bündel auf ihn losgehen. Da suchte er das Weite, hörte aber, als er meinen Argwohn bemerkte, nicht auf zu rufen. Als ich mich noch einmal nach ihm umwandte, sah ich unverhofft, wie er ein Kruzifix hervorgeholt hatte und beide Hände zum Himmel emporhob. Ganz bestürzt stand ich da und er winkte mir unaufhörlich mit wehmütigen Gebärden zu und begrüßte mich unter Tränen im Namen unseres Herrn Jesu Christi. Als er sich etwas gefangen hatte, sagte er zu mir: »Mein Bruder! Ich bin ein armer Christ und von Geburt ein Portugiese. Mein Name ist Vasco Calvo. Ich bin ein Bruder des Diego Calvo aus Alcouchete, der ein Kapitän des Schiffes ›Don Nunho Manuel‹ war. Vor siebenundzwanzig Jahren bin ich in diesem Lande zum Sklaven gemacht worden.«

Sein Schicksal machte mich sehr betroffen. Ich begleitete ihn deshalb zu seinem Hause, wobei er mir seine ganze Lebensgeschichte erzählte. Fortan besuchten wir des Öfteren diesen Mann und seine Familie, wobei wir von ihm und seiner frommen Frau, die ihren Glauben aus Furcht vor ihren vornehmen heidnischen Freunden verbargen, stets bewirtet wurden.

Seit dem Streit, der uns wieder ins Unglück geworfen hatte, waren über acht Monate vergangen und wir lebten immer noch vom Betteln. Eines Tages hörten wir um Mitternacht ein lautes Geschrei, von einem Aufruhr unter dem Volk herrührend, als wolle die ganze Stadt zusammenbrechen. Wir gingen deshalb zum Hause des Vasco Calvo und fragten ihn nach der Ursache des Lärms. Er war ganz erschüttert und gab uns zur Antwort, dass der König der Tataren feindlich gegen Peking ziehe und ein so großes Heer anführe, wie man es noch nie gesehen habe. Dieser habe angeblich siebenundzwanzig Könige unter sich und achtzehnmal hunderttausend Mann an Truppen, unter welchen sechshunderttausend Reiter seien, dazu noch achtzehntausend Rhinozerosse, welche die Wagen mit der Bagage zögen. Die Fußtruppen seien schon auf siebzehntausend Schiffen den Fluss Batampina hinabgesegelt. Die Leute schrien besonders, weil einem Gerücht zufolge der Kaiser von China vor dieser Kriegsmacht bereits nach Nanking geflüchtet war. In Quansi aber erwartete man innerhalb von zwei Stunden den Angriff eines tatarischen Kriegsobersten oder Nauticors. Der lagere mit seinen Truppen in einem Walde, einneinhalb Meilen vor der Stadt. Über diese Nachricht erschraken wir dermaßen, dass wir einander ansahen und nichts zu sagen vermochten. Wir brachten die ganze Nacht voller Angst vor dieser Gefahr zu.

Am nächsten Tag, kurz vor Sonnenaufgang, griff der Feind die Stadt an. Er kam in sieben Haufen mit einem schrecklichen Geschrei und grün und weiß gefleckten Fahnen daher. Unter Trommelschlägen zog er vor einem Tempel auf, der an der Stadtmauer stand. Dort verharrte er eine halbe Stunde lang still und umschloss dann in Form eines Halbmondes die Stadt. Dann erhoben die Feinde solch ein Geschrei, dass Himmel und Erde davon erbeben mochten. Sie brachten mehr als zweitausend Leitern an die Mauer und erstiegen sie tapfer. Obwohl die Bürger der Stadt es an Widerstand nicht fehlen ließen, bemächtigten sich die Tataren doch bald der Tore und öffneten sie mit besonderen Werkzeugen, die mit Eisenspitzen versehen waren. Darauf drangen sie mit solcher Gewalt ein, dass darüber der Cham, viele Mandarine und Edelleute, welche sich dort zum Kampf stellten, ihr Leben verloren. Als nun die Feinde auf keinen nennenswerten Widerstand mehr stießen, drangen sie bei acht Toren ein und erwürgten alle Einwohner, die sie fanden. Auf diese Weise sind dort mehr als sechzigtausend Menschen ums Leben gekommen. Darunter waren auch die Frauen und die schönen Töchter der Reichen dieses Ortes, die ebenfalls nicht verschont wurden. Die Stadt wurde in Brand gesteckt, die Häuser verwüstet, die prächtigsten Tempel bis auf den Grund zerstört und nichts in seinem alten Zustand belassen.

Nachdem der Feind sich sieben Tage lang in Quansi aufgehalten hatte, zog er seiner Hauptstreitmacht nach gegen die Stadt Peking. Er nahm viel Silber und Gold mit sich, verbrannte aber alle Kaufmannswaren wegen fehlender Wagen. Zwei Tage nach ihrem Abzug kamen diese Tataren vor eine Festung, die hieß Nixiamcoo. Der tatarische Kriegsoberst wollte sich an dieser Festung rächen, weil sie ihm widerstanden hatte, als er gegen Quansi gezogen war, wobei hundert Tataren ums Leben gekommen waren. Als er nun die Festung mit fünf Reitern mehrere Male umritten hatte, hielt er in seinem Zelt einen Kriegsrat mit siebzig Hauptleuten ab. Dabei wurde beschlossen die Festung am folgenden Tage mit fünfhundert Leitern anzugreifen. Diese wurden in der Nacht vorbereitet und bei Sonnenaufgang wurden die Soldaten in vierzehn Haufen vor den Mauern in Reih und Glied aufgestellt. Dann gingen sie gegen die Festung vor, warfen die Leitern an die Mauern und stiegen, von Angriffslust erhitzt, hinauf. Sie stießen aber auf solch tapferen Widerstand, dass innerhalb von zwei Stunden mehr als zweitausend von ihnen fielen. Als das der Oberste sah, ließ er die Trommel zum Abzug schlagen, worauf sich die Seinen in völliger Verwirrung zurückzogen. Die übrige Zeit des Tages verbrachten sie mit dem Begraben der Toten und dem Versorgen der Verwundeten. Viele von diesen starben noch, weil die Chinesen ihre Pfeile mit Gift bestrichen hatten. Die Hauptleute der Tataren befürchteten, bei ihrem König wegen dieses misslungenen Angriffs in Ungnade zu fallen. Sie verlangten daher, auch die ihnen unterstellten Führer zu den Beratungen hinzuzuziehen. Sie scheuten nämlich die Verantwortung für einen neuen Angriff. So berieten sie alle recht lange, konnten aber zu keinem Beschluss kommen.

Wir waren unterdessen mit vielen Chinesen beim Brand der Stadt Quansi als Sklaven fortgeführt worden. Einer der Vornehmsten unter den Tataren, der an diesem Kriegsrat teilgenommen hatte, hielt uns gefangen. Als dieser Tatar nach den Beratungen noch mit Freunden bei sich tafelte und sie die Lage besprachen, sahen sie uns in unserer Betrübnis hinten im Zelt sitzen. Einer von den Tataren fühlte sich bei unserem Anblick bewogen, uns nach der Herkunft und dem Grund unserer Gefangenschaft bei den Chinesen zu fragen. Wir gerieten darüber in ein Gespräch und schließlich fragte der Tatar, ob unsere Landsleute gute Krieger seien. Darauf antwortete einer der Unsrigen namens Georg Mendez mit Ja. »Die Portugiesen werden von Kind an zum Krieg erzogen«, sagte er. Dem Tataren gefiel dies und er unterhielt sich darüber mit seinen Freunden. Sie stellten uns daraufhin noch manche Frage und schließlich sagte einer, der der Klügste zu sein schien, zu Georg Mendez: »Ihr habt euren Reden nach gewiss viel gesehen. Wenn jemand von euch eine Kriegslist erdenken könnte, um diese Festung zu erobern, dann würde der Mitaquer Nauticor euch die Freiheit schenken.« Georg Mendez gab gleich zur Antwort, ohne die Gefahr zu bedenken: »Wenn der Mitaquer uns im Namen des Königs eine schriftliche Versicherung unserer Freilassung und freien Geleites gibt, sodass wir ungehindert zur Insel Hainan kommen, will ich eine List ersinnen, um auf leichte Weise diese Festung zu erobern.« Wir waren über die Reden des Mendez sehr erregt und verübelten ihm seine Unbesonnenheit, die uns den Hals kosten konnte. Er antwortete aber: »Ich fürchte mich nicht vor dem Tod und sterbe lieber heute als morgen.« Die Tataren wunderten sich über unsere Auseinandersetzung und sagten: »Solch ein Streit ziemt sich unter Männern nicht, denen ein Schwert zu tragen gebührt. Wenn eure List gelingt, wird euch der Mitaquer keine Bitte versagen.« Damit verließen sie uns, denn es war spät in der Nacht. Einer von ihnen ging noch zum Ataquer Nauticor, dem Kriegsobersten, und berichtete ihm von dem Anerbieten des Georg Mendez. Darauf ließ uns der Mitaquer trotz der späten Stunde noch zu sich bringen.

Als wir nun mit unseren Fesseln vor ihm und siebzehn seiner Hauptleute standen, empfing er uns freundlich. Man nahm uns einige Fesseln ab, und der Mitaquer ließ uns auch noch, als wir ihm sagten, dass wir seit drei Tagen Hunger litten, Reis und geräucherte Enten bringen. Wir aßen mit solchem Heißhunger, dass die Hauptleute belustigt zu dem Mitaquer sprachen: »Herr, falls diese nur hergekommen sind, um ihren Hunger zu stillen, so habt Ihr Glück, dass sie nicht vor Hunger gestorben sind. So könnt Ihr sie auf jeden Fall für tausend Taeis verkaufen, wenn sie Euch sonst nichts nützen.« Schließlich begann der Mitaquer sich ausführlich mit Georg Mendez zu unterhalten, und er ließ es dabei nicht an Versprechungen fehlen. Georg Mendez wollte sich erst die Örtlichkeiten genau ansehen und so wurden wir für die Nacht erst einmal entlassen. Wir gingen, uns nicht wenig fürchtend, in ein Zelt, das uns zum Schlaf zugewiesen worden war. Denn sollte das Vorhaben des Mendez misslingen, was war dann von den Barbaren anderes als der Tod zu erwarten?

Am nächsten Morgen brachen Mendez und zwei andere von uns in Begleitung von dreißig Reitern auf, um die Festung in Augenschein zu nehmen. Danach berichtete er gleich dem Kriegsobersten und sagte ihm, dass die Festung leicht einzunehmen sei. Das erfreute den Tataren so sehr, dass er uns sogleich von unseren letzten Fesseln befreien ließ und einen Eid leistete, wonach er uns zum König bringen und zufrieden stellen wollte. Uns allen erwies er weiter große Ehren, was uns zwar recht erfreute, aber dennoch nicht die Angst nehmen konnte. Mendez entwickelte dem Mitaquer gegenüber nun einen Plan, nach dem sich alle Hauptleute richten sollten. Zuerst wurde viel Holz gesammelt, um die Festungsgräben damit zu füllen. Danach wurden so starke und breite Sturmleitern angefertigt, dass auf ihnen drei Mann nebeneinander aufsteigen konnten. Auch schaffte man viele Schaufeln und Hacken aus den umliegenden Dörfern herbei. Die meisten Krieger mussten sich dann zum Sturm am nächsten Tage bereithalten. Georg Mendez ritt an der Seite des Mitaquers überall herum, was seinen Stolz noch mehr vergrößerte. Einige von uns konnten sich vor Neid nur noch in verachtungsvollen Worten ergehen. »Demnächst«, sprachen sie, »wird er wohl so hoch in der Gunst der Barbaren stehen, dass wir uns werden glücklich schätzen dürfen, seine Diener zu sein.«

Am nächsten Tag wurden die Truppen in zwölf Haufen zur Schlacht aufgestellt. Die Krieger mit dem Holz und den Schaufeln zum Zuschütten der Gräben liefen voran. Obgleich sie mit Pfeilen, Spießen, Steinen und Gefäßen mit ungelöschtem Kalk empfangen wurden, vermochten sie die Gräben zu füllen, worauf die Nachfolgenden die Leitern aufstellen konnten. Die Mauern schienen jetzt viel niedriger, da die Gräben gefüllt waren. Georg Mendez war selbst der Erste, der mit zwei Portugiesen, die sich auch hervortun wollten, hinaufstieg. Sie hatten dabei Glück und konnten sogar eine Fahne auf der Mauer befestigen. Bei diesem Anblick erstarrten der Mitaquer und die bei ihm stehenden Tataren fast vor Verwunderung. Die tatarischen Krieger waren inzwischen längst den Portugiesen gefolgt und stürmten so tapfer darauf los, dass bald fünftausend Mann die Mauer erklommen hatten. Die Chinesen mussten ihnen weichen. Zweitausend von ihnen verloren ihr Leben und bald war die Festung in der Hand der Tataren, von denen nur hundertzwanzig gefallen waren. Die Tore wurden geöffnet und der Mitaquer zog feierlich ein. Er war voller Erstaunen über die Menge der erschlagenen Chinesen. Als Erstes verbrannte er dann die Fahne der Chinesen und ließ an deren Stelle die der Tataren aufziehen. Dann hielt er als Siegesfeier sein Mittagsmahl in der Festung ab und ließ die Portugiesen, allen voran Georg Mendez, daran teilhaben. Auch schenkte er ihnen goldene Armbänder. Nach der Mahlzeit befahl er, den Ort gänzlich niederzubrennen und auch die Mauern niederzureißen. Alles, was noch nicht völlig in Schutt und Asche lag, wurde mit dem Blut der Feinde besprengt. Ja, vor lauter Blutgier ließ er sogar die Köpfe der toten Chinesen abschlagen. Die tatarischen Gefallenen aber wurden sorgfältig begraben und die Verwundeten verbunden. Anschließend zog sich der Mitaquer in sein Zelt zurück, wobei Mendez stets um ihn sein musste. Er schenkte diesem zum Dank tausend Taeis, uns anderen aber nur jeweils hundert. Darüber murrten einige von uns, da sie meinten, Mendez habe nicht mehr Ehren als sie verdient.

Wir zogen darauf mit den Tataren vor die Stadt Peking, wo

die Hauptmacht des tatarischen Heeres mit ihrem König im Felde lag, um die Stadt zu erobern. Nachdem der Mitaquer dort gebührend empfangen worden war, ließ er uns in seinem Quartier wohnen und versprach uns, dem König bald von uns zu berichten. Unterdessen befahl er, uns mit allem Notwendigen zu versehen. Vierzehn Tage nach unserer Ankunft im Feldlager wurden wir zum Mitaquer gerufen. Er war von einigen Edelleuten umgeben und sprach zu uns: »Haltet euch morgen früh bereit, damit ich euch vor meinen Oberherrn bringen kann. Seine Majestät will euch in allem begnadigen und euch die Freiheit schenken.« Wir fielen auf die Knie und dankten ihm untertänigst für diese Gnade.

Am folgenden Morgen begleiteten wir ihn zum König. Er selbst begab sich dorthin in einer Sänfte, die von Pferden getragen wurde, wir aber ritten hinterher, samt seiner Leibwache und sechs Edelknaben in feinen Kleidern und auf weißen Pferden. Der König hielt sich in dem großartigen chinesischen Gebäude Nacapirau, dem Tempel der Königin des Himmels, auf, welches ich bereits beschrieben habe. Nachdem der Mitaquer Einlass erhalten hatte, zog er in der Sänfte voran und wir folgten zu Fuß nach. Dann begab sich der Mitaquer allein zum König und wir warteten lange auf seine Rückkehr. Endlich kam er wieder, in Begleitung von vier kleinen Knaben in türkischen Kleidern mit grünen und weißen Schnüren.

Wir mussten nun mit ihm einen weiten Weg durch die vielen Gänge des Tempels und einen lustigen Pomeranzengarten gehen, bis wir schließlich an ein Lusthaus kamen, in welchem der König wohnte. Am Eingang dieses Hauses standen vier junge Edelleute in kostbarer Kleidung und mit Räuchergefäßen für den Gottesdienst in den Händen. Als nun eine Glocke läutete, knieten sie nieder und begannen zu räuchern. Das Haus war von sechzig Hellebardieren bewacht. Diese waren in golddurchwirktes Leder gekleidet und trugen recht kunstvolle Helme. Innen im Haus waren sehr viele Edelleute, an denen vorbei wir endlich mit dem Mitaquer und den Knaben in einen großen Saal vor den König gelangten. Er saß dort auf einem Thron, umgeben von vielen Fürsten, Herren und Hauptleuten, sowohl tatarischen als auch fremden. Auf besonderen Stühlen saßen da auch die Könige von Pafua, Mecuy, Capinper, Raja, Benan und andere. An der Seite sah man zweiunddreißig Frauen von unbeschreiblicher Schönheit, die auf Saiteninstrumenten spielten. Vor dem König, unter seinem Thronhimmel, knieten zwölf Kinder, und hinter ihm erblickte man eine über die Maßen schöne junge Frau. Diese war sehr kostbar gekleidet und fächelte dem König Luft zu. Sie war die Schwester des Mitaquer und der König liebte sie sehr, weshalb er auch ihren Bruder schätzte. Der König selbst war ungefähr vierzig Jahre alt, groß und mager, jedoch von angenehmer Gestalt. Er hatte einen Knebelbart nach der Manier der Türken, Augen wie ein Chinese und ein ernsthaftes und strenges Wesen. Seine braune Kleidung ähnelte einem türkischen Rock, an den Füßen hatte er grüne Pantoffeln mit Perlen und goldenen Schnüren, und auf dem Kopf trug er eine seidene Mütze mit vielen Perlen und Diamanten.

Als wir vor ihm erschienen, erwiesen wir ihm die gebührende Ehre und küssten dreimal die Erde. Der König gebot den Musikantinnen innezuhalten und sprach zum Mitaquer: »Frage diese Leute, die vom Ende der Welt hergekommen sind, ob sie einen König haben, wie ihr Land heißt und wie weit es von China entfernt ist!« Einer von uns antwortete nun und sagte: »Unser Land heißt Portugal und hat einen sehr reichen und mächtigen König. Die Reise von da bis nach Peking dauert über ein Jahr.« Der König wunderte sich sehr über diese Antwort, denn es schien ihm kaum glaublich, dass die Welt so groß sein könnte. Er winkte uns näher heran, bis zu den Königen, und fragte dann nach dem Grund einer so langen und gefährlichen Reise, die noch dazu auf dem Wasser statt zu Lande unternommen wurde. Nachdem wir ihm gebührend geantwortet hatten, sagte er eine Weile nichts. Dann wandte er sich unter Kopfschütteln einem alten Mann zu, der neben ihm saß, und sagte: »In diesem Lande muss es gewiss viel Ehrgeiz und wenig Gerechtigkeit geben,

wenn sie so weit ziehen, um fremde Länder einzunehmen.«
»Das ist wahr«, sagte der alte Mann, »denn die Menschen
werden entweder durch Armut oder durch Verblendung und
unersättlichen Geiz bewogen, keine Mühe zu sparen und
ohne Bedenken übers Meer zu fahren, um das zu rauben,
was Gott ihnen nicht gegeben hat. Darüber vergessen sie
auch ihr Vaterland und verlassen Gott und ihre Eltern ganz
und gar.« Hierauf ging der König in eine andere Kammer und
durfte dabei von den Musikantinnen und der Schwester des
Mitaquer begleitet werden. Der Letzteren wurde als besondere Gnade gestattet, noch weiter dazubleiben. Uns ließ er
sagen, wir sollten schon in unsere Zelte gehen und er werde sich weiter um unsere Sache kümmern.

In diesem Lager blieben wir dreiundvierzig Tage. Während
dieser Zeit gab es viele Scharmützel zwischen den Tataren
und den Chinesen. Doch die Tataren konnten nicht die Oberhand gewinnen und die Stadt nicht einnehmen.

Schließlich hielt der König einen Kriegsrat ab, wobei beschlossen wurde, die Belagerung aufzugeben. Denn der
Winter stand vor der Tür, und Überschwemmungen hatten
im Lager bereits großen Schaden angerichtet. Auch waren
viele Krieger durch überhand nehmende Seuchen wegge-
rafft worden oder, weil es mehr und mehr an Lebensmitteln
mangelte, vor Hunger gestorben. So ließ der König das Fußvolk auf die Schiffe gehen, das Lager in Brand stecken und
machte sich mit den Reitern auf den Heimweg. Fast vierhun-
dertfünfzigtausend seiner Krieger waren gestorben. Überdies waren auch viele Rhinozerosse verzehrt worden, die
vorher die Lasten herbeigeschleppt hatten. Dreihunderttausend Krieger waren zudem zu den Chinesen übergelaufen,
weil bei ihnen viel Sold zu bekommen war.

Wir zogen also los und kamen nach einigen Wochen, die
wir noch auf dem Gebiete der Chinesen verbrachten, um uns
Proviant zu verschaffen und noch manche Stadt zu bestür-
men, über die Große Mauer, welche die beiden Reiche
trennt. Als der König nun wieder auf seinem eigenen Boden
war, entließ er nach der Verteilung der Beute sein Heer und

befahl, einige Gefangene zu töten. Dann zog er missmutig weiter, bis er in die große und schöne Stadt Tuymican kam. In dieser begrüßten ihn Fürsten und Gesandte einiger benachbarter Reiche. Die kamen von Xamatas, dem König von Persien, von Siamors, dem König der Gueos, dessen Land an Burma grenzt, vom König von Siam, dem der Corazener, deren Land bei Persien liegt, und von anderen Königen, nicht zu vergessen den König von Cochinchina.

Hiernach verbrachten wir eine gewisse Zeit bei den Tataren, bis der König von seinen Hauptleuten angestachelt wurde, noch einmal gegen Peking zu ziehen und so seine Schande auszulöschen. Er begann, wieder sein Heer zusammenzuziehen und Bundesgenossen zu suchen. Für uns stand nun zu befürchten, dass hierdurch unsere Hoffnung fortzukommen, zunichte gemacht würde. Deshalb gingen wir zu dem Mitaquer und erinnerten ihn an sein Versprechen, uns zu helfen. Er zeigte sich bereitwillig und sagte uns zu, den König an unser Schicksal und an unsere Kinder in der Heimat zu erinnern. Am folgenden Tag ging er zum König in die Audienz und bat ihn in unserem Namen, uns zu entlassen. Darauf wurde ihm die Antwort zuteil, dass wir mit dem Gesandten ziehen sollten, den der König bald zum König von Cochinchina senden wollte. Diese gute Nachricht erfüllte uns mit Freude und wir warteten zehn Tage lang ungeduldig, bis uns der Mitaquer zum Hof des Königs führte. Der empfing uns mit freundlichen Gebärden und fragte durch den Mitaquer, ob wir ihm dienen wollten. Der Mitaquer gab ihm darauf in unserem Namen diese Antwort: »Sie sind in ihrem Lande verheiratet und haben viele Kinder. Sie sind so arm und können diese deshalb nur damit trösten, was sie durch ihrer Hände Arbeit verdienen.« Diese Worte bewogen den König, unserer Bitte zu entsprechen, denn er sagte zum Mitaquer: »Ich bin froh, dass ein solch festes Band sie nach Hause zieht. Deswegen kann ich umso eher geruhen, Euer Versprechen zu erfüllen.« Wir erhoben bei diesen Worten vor Dankbarkeit unsere Hände zum Himmel, küssten dreimal den Boden und sprachen: »Das Land unter Euren Füßen möge sich vermehren, damit Ihr Herr über das ganze Erdreich und seine Bewohner werdet!« Der König sagte hierauf lachend zu einem Fürsten, der neben ihm stand: »Diese Leute reden, als wären sie bei uns aufgezogen worden.« Dann wandte er sich an Georg Mendez, der ihm am nächsten stand, und fragte ihn: »Und du, willst du auch gehen oder bleiben?« Mendez hatte schon auf diese Frage gewartet und sagte: »Herr! Ich habe kein Weib und keine Kinder, die meine Abwesenheit beweinen. Mein größtes Verlangen ist es, Euch zu dienen, falls es Euch gefällt.«

Nach der Audienz gingen wir mit großer Freude zurück in unser Quartier, wo wir drei Tage lang warteten. Auf Fürbitte des Mitaquer und seiner Schwester hin wurden wir vom König mit einem Geschenk von zweitausend silbernen Taeis bedacht. Dann empfahl er uns seinem Gesandten, den er zusammen mit dem Gesandten von Cochinchina ebendort hinschickte. Als noch fünf Tage vergangen waren, bestiegen wir endlich das Schiff, mit dem diese beiden fortzogen. Zum Abschied verehrte Georg Mendez uns noch tausend Dukaten. Die große Abhängigkeit bedenkend, in die er sich nun so unvorsichtigerweise begeben hatte, ließ er uns schließlich unter vielen Tränen von dannen ziehen.

23. KAPITEL

Pinto kehrt zur Meeresküste zurück und geht wieder auf See

Wir zogen also mit den beiden Gesandten fort und fuhren mit ihren Schiffen auf einem Fluss nach Süden. Sein Lauf führte an vielen kleinen und großen Städten vorbei, wobei wir manchen prächtigen Tempel und Häuser mit Totengebeinen, ja ganze Berge von ihnen, die über die Häuser ragten, sahen. Dazu erblickten wir auf einem oben ebenen Hügel ein solch großes und schreckliches Götzenbild, wie man es sich kaum vorstellen kann. Es war aus Eisen gegossen und mehr als dreißig Klafter hoch, hatte ebenmäßige Glieder, aber einen viel zu kleinen Kopf. In seinen Händen hielt es eine riesengroße Kugel aus Eisen. Wir fragten den tatarischen Gesandten nach der Bedeutung dieses Bildes, worauf er uns zur Antwort gab: »Dieser große Heilige, welchen ihr seht, bewahrt die Gebeine all derer auf, die in dieser Welt gelebt haben. Er wird am Ende der Zeit, wenn alle Menschen wieder geboren werden, jedem wieder die seinen geben. Ihr sollt aber auch wissen, dass er diejenigen, welche ihn hier nicht geehrt und beschenkt haben, in der anderen Welt nicht gnädig ansehen wird. Deshalb rate ich euch, in seine Bruderschaft einzutreten und ihn zu beschenken!« Schließlich nannte er noch den Namen dieses Götzen: Er hieß Pachinavau du Beculem pinaufaque und war vor vierundsiebzigtausend Jahren von einer Schildkröte namens Migrania und dem Seepferd mit Namen Tybrem Vucam, dem König der Riesen von Fanjus, gezeugt worden. Der Gesandte erzählte uns noch viele andere erdichtete Geschichten, welche von den Einwohnern geglaubt werden. Auch berichtete er von der unbeschreiblichen Summe von Almosen, die für den Götzen gegeben wurden, und von zwölftausend Priestern, die ihm dienten. Diese Priester, welche von den Gläubigen unterhalten wurden, kamen ohne die Erlaubnis ihres Obersten nie aus ihrem Kloster heraus. Außerhalb desselben waren Hunderte von Dienern, die für sie sorgten. Nur einmal im Jahr durften die Priester das Kloster verlassen, um das Gelübde der Keuschheit zu brechen. Denn draußen war es ihnen erlaubt, Hurerei zu treiben, wofür in einem abgeschlossenen Haus hierzu bereite Weiber gehalten wurden. Deren Vorsteherinnen billigten den Umgang mit den Priestern dieser teuflischen Sekte.

Nach unserer Abreise von dem Ort dieses Klosters kamen wir zu der schönen Stadt Quanginau. Dort blieben die zwei Gesandten einige Tage lang, um sich mit Lebensmitteln zu versorgen und um das Fest mitzufeiern, das die Einwohner zu Ehren des Talapicors von Lechune, ihres Papstes, begingen. Dieser war gerade unterwegs zum König der Tataren, um ihn wegen seines unglücklichen Kriegszuges nach China zu trösten. Der Talapicor gab allen Einwohnern zum Dank für den Empfang, den sie ihm bereitet hatten, Ablassbriefe für den Himmel. Die Gesandten und auch wir Portugiesen hörten bei diesem Anlass in einem Tempel eine Predigt des Talapicor. In dieser sprach er die folgenden Worte, indem er seine Augen und seine Hände zum Himmel hob: »Gleich wie das Wasser alles reinigt und die Sonne alle Kreaturen erwärmt, so ist es Gottes Eigenschaft, allen Menschen Gutes zu tun. Deswegen sind wir auch verpflichtet, dem Herrn, der uns geschaffen hat und noch ernährt, nachzufolgen und denen, die in Not sind, ebenfalls Gutes zu tun. Wir wollen ihnen so helfen, wie wir selbst es uns an ihrer Stelle wünschen würden. Denn gleich wie sich ein guter Hausvater freut, wenn man seine Kinder beschenkt, so freut sich dieser göttliche Herr, wenn wir uns aus Liebe Wohltaten erweisen. Dagegen werden diejenigen, welche dem zuwiderhandeln, in den Pfuhl der Nacht kommen und zur Strafe für ihren Geiz unaufhörlich wie Frösche quaken. So seht nun zu, dass eure Liebe so groß sei, dass auch die Vöglein in der Luft sie genießen mögen. Dies alles müsst ihr tun, damit die Armen nicht aus Not gezwungen sind, anderer Leute Güter zu rauben. Ich befehle euch auch, an das zu denken, was im Buche der Wahrheit geschrieben steht von den Wohltaten, die ihr den Priestern schuldig seid. Denn es wäre eine große Sünde vor Gott, wenn sie Mangel leiden müssten, obgleich sie für euch bitten. Solche Untat gliche der Tötung eines jungen weißen Kalbes neben seiner Mutter, durch dessen Tod tausend Seelen sterben müssten. Die liegen in ihm begraben wie in einem goldenen Grab und erwarten den Tag, an welchem die Verheißung sich erfüllen wird, die sie empfangen haben. Dann werden sie in weiße Perlen verwandelt werden und im Himmel tanzen wie die Sonnenstäubchen in den Sonnenstrahlen.« Diesen Worten fügte er noch viele andere hinzu und machte dabei so seltsame Gebärden, dass wir acht Portugiesen ihn und die ihm ganz und gar ergebenen Gläubigen mit immer größerem Erstaunen anschauten. Das Volk erhob oft seine Hände zum Himmel und wiederholte fortwährend das Wort »Taiximida«, das heißt: »So glauben wir.«

Als einer unserer Gefährten, Vincent Morosa, das eine Weile lang angesehen hatte, fing er an, sie nachzuahmen. Er sprach die Worte: »So möge mein Leben sein«, und vollführte dabei solch natürliche Gebärden, sodass es nicht den Anschein hatte, als wollte er spotten. Im Gegenteil, alle Gläubigen begannen zu lachen. Er hörte aber nicht auf und steigerte sich immer mehr in Zeichen der Verehrung hinein, bis ihm die Tränen kamen. Seine Augen waren ständig auf den Talapicor gerichtet. Dieser erblickte ihn endlich und konnte nicht umhin, wie alle anderen in Lachen auszubrechen. Auch die Vorsteherin eines Nonnenklosters bei jenem Tempel und die Geistlichen vermochten nicht länger ernst zu bleiben beim Anblick des Portugiesen, seiner Miene und seiner Worte. Wenn aber jemand auf den Gedanken gekommen wäre, dass er sie verspottete, hätte man ihn so gezüchtigt, dass ihm das Spotten für immer vergangen wäre. Nach der Predigt wurde der Talapicor von den Vornehmen der Stadt und den Gesandten in sein Quartier geleitet.

Am folgenden Tag fuhren wir weiter den Fluss hinunter, bis wir nach mehreren Tagen in Lechune, dem Hauptort dieses falschen Glaubens, eintrafen, der hier fast so angesehen ist wie unter den Christen Rom. In dieser Stadt gibt es einen großen, weitläufigen Tempel, in welchem siebenundzwanzig Könige der Tataren begraben liegen. Ihre Gräber befinden sich in kostbaren Kapellen, deren Wände mit silbernen Platten getäfelt sind und in denen Götzenbilder von wildem Aussehen stehen. Auf der Nordseite dieses Tempels liegt ein großer Platz, auf dem zweihundertachtzig Häuser für Männer und Frauen stehen, welche ihr Leben den Göttern geweiht haben. In diesen Häusern sahen wir sehr viele Götzenbilder aus vergoldetem Messing und aus Silber. Von all diesen Götzen erzählte man verwunderliche Geschichten. Sie vergolden nämlich die Bilder nach dem

228

Maß der Tugenden, welche die vergötterten Heiligen in ihrem Leben geübt haben. Das soll die Lebenden zur Nachfolge ermuntern.

Wir verließen diese Stadt und verfolgten unseren Weg nach Süden weiter. Nach fünf Tagen kamen wir zu der großen Stadt Rendacalem, die an der äußersten Grenze der Tatarei liegt. So zogen wir auf dem Fluss von Ort zu Ort. Die Gesandten wurden überall wohlwollend empfangen und wir mit ihnen. Um einem berühmten Seeräuber, der auf dem Fluss sein Unwesen trieb, auszuweichen, steuerten wir mit unseren Schiffen einen besonderen Kurs. Dadurch kamen wir auf den großen See Singapamor, dessen Umfang sechsunddreißig Meilen beträgt. Wir sahen auf ihm so viele unterschiedliche Arten von Vögeln, dass es nicht zu beschreiben ist.

Diesem mitten im Land liegenden See entspringen vier breite und tiefe Flüsse: Der Ventrau fließt durch Siam in das Meer, der Ganguma fließt durch Chiammay, Laos und Gueos, dann weiter durch Dandambiur, bis er sich bei Martaban im Königreich Pegu ins Meer ergießt. Der Pamphilau strömt durch die Länder Capunper, Sacotay, Monginoco, Meleytay und Savady, bis er bei Arracan ins Meer mündet. Der vierte große Fluss ist nicht mit Namen bekannt und auch die Gesandten konnten uns dies nicht erklären. Doch ist anzunehmen, dass es sich um den Ganges handelt, der durch das Königreich Bengalen fließt. Den hält man für den größten aller indischen Flüsse.

Nachdem wir über den See gesegelt waren, kamen wir in eine wenig bevölkerte Gegend. Bei Caleypute wollten wir an Land gehen, die Einwohner vertrieben uns jedoch mit Steinwürfen und schossen uns Pfeile nach. Deswegen begaben wir uns auf einen breiten Fluss und kamen nach neun Tagen zu der Stadt Talem, deren Herr dem König von Cochinchina unterworfen ist. Dort wurden wir wohl empfangen und wir versorgten uns mit Lebensmitteln. Nach weiteren neun Tagen gelangten wir zu der sehr großen und befestigten Stadt Xolor, wo man viel Porzellan herstellt. Da blieben wir mehrere Tage lang und besahen die Silbermine des Königs von

Cochinchina, die ganz in der Nähe liegt. Auf dem Fluss waren dort viele Schiffe zu sehen und auf den Feldern wuchsen Reis, Gemüse und Zuckerrohr in Fülle. Die Männer gingen meist in seidenen Gewändern, und die Frauen waren rein und schön.

Hinter Xolor passierten wir die Stadt Manaquileu, welche an der Grenze der zwei Reiche China und Cochin liegt, und kamen schließlich nach Quinancaxi. Diese Stadt gehörte einer Freundin des Königs, und von dieser erfuhren die Gesandten, dass er nicht in seiner Hauptstadt Uzangea weilte, sondern sich in Fanaugrem auf die Jagd begeben hatte. So zogen wir zu Land dorthin und sandten Boten voraus. Bald darauf ließ der König den Bruder seiner Gemahlin, Passilau Vacam, uns entgegenziehen und in die Stadt geleiten. Als wir in den Palast kamen, in welchem sich der König aufhielt, wurde der tatarische Gesandte von einem achtzig Jahre alten Mann, dem Oheim des Herrschers, und vielen vornehmen Herren zur Audienz geführt. Wir gingen hinterher und liefen durch eine Kammer voller Leibwächter, an die sich ein großer, schöner Saal anschloss. In dem sahen wir vierundsechzig Standbilder aus Messing und neunzehn aus Silber. Die hatten alle eiserne Ketten um ihren Hals, worüber wir sehr erschraken. Einer der Priester, die sich da aufhielten, redete uns an und berichtete von der Herkunft dieser Götter. Sie waren von dem König während eines Krieges aus einem großen Tempel der Timochouhos geraubt worden. Denn dieser hatte es für seine größte Ehre gehalten, die Götter der Feinde zu besiegen und fortzuführen, um sie in einem Triumphzug zu zeigen.

Endlich betraten wir die Halle, in welcher der König auf einem Thron saß. Alte Männer, Musikantinnen und Knaben, die mit Zeptern in der Hand vor ihm lagen, umgaben ihn. Eine alte Frau fächelte ihm Luft zu. Der Herrscher war ungefähr fünfunddreißig Jahre alt und von angenehmen Gebärden. Seine Augen waren groß, sein Bart gelblich und sein ernstes Gesicht ließ auf einen tapferen Sinn schließen. Als die Gesandten vor ihn hin getreten waren, fielen sie dreimal auf die Knie. Dann trat der tatarische Gesandte näher an den Thron heran und sprach: »O Stütze aller Kräfte der Erde und Atem des hohen Gottes, der alles geschaffen hat! Ach, dass doch das herrliche Wesen Eurer Majestät ewig glückselig sei wie der große Fürst der Silberberge, auf dessen Befehl ich Euch besuchen komme.« Damit übergab er dem König einen Brief mit dem königlichen Siegel seines Herrn. Der Herrscher von Cochin aber antwortete ihm: »Die Sonne soll durch die süße Wärme ihrer lieblichen Strahlen die Wünsche des Königs und die meinen vereinen, damit die Freundschaft zwischen uns beständig bleibt!« Darauf fielen alle mit den Worten ein: »Das gebe der allmächtige Herr, der den Tag und die Nacht werden lässt!« Hiernach fingen die Frauen wieder an zu spielen und der König fügte nur noch hinzu: »Ich werde den Brief meines Bruders Xinarau durchsehen und nach deinem Begehren antworten, sodass du wegziehen kannst.« Der Gesandte schwieg, verbeugte sich nochmals vor dem königlichen Thron und legte sein Haupt auf die Stufe davor. Hierauf nahm ihn der Hauptmann der Leibwache bei der Hand und brachte ihn in seine Herberge.

Nach dreizehn Tagen brach der König in seine Hauptstadt Uzangea auf. Inzwischen hatte ihn der tatarische Gesandte noch zweimal aufsuchen können und dabei auch einmal mit ihm über uns gesprochen, wie es ihm sein König ausdrücklich befohlen hatte. Der König wollte uns gern weiterhelfen und bat den Gesandten, ihn nochmals daran zu erinnern, damit wir nicht die günstigste Zeit zur Seefahrt versäumten. Über diese gute Nachricht freuten wir uns sehr. Darauf zog der König von Cochin erst nach Lingator und vergnügte sich dort mit der Vogeljagd, bis er endlich in seine Hauptstadt kam. Dort hielt er einen großen Triumphzug nach dem Sieg über die Timochouhos ab. Alle Beutestücke wurden als Siegeszeichen vorgeführt, darunter auf zwölf Wagen jene Götzenbilder. Diesen folgten ihre Priester, die aneinander gekettet waren und heulten. Darauf sah man vierzig Wagen mit Waffen und Fahnen, die von je zwei Rhinozerossen gezogen wurden. Schließlich fuhren zwanzig Wagen mit großen Kisten einher. In denen soll der Schatz der Timochou-hos verwahrt worden sein. Weiter folgten zweihundert Elefanten, die ganze Kastelle auf ihren Rücken trugen und an deren Stoßzähnen scharfe Klingen befestigt waren, wie auch eine große Anzahl von Pferden, die mit Säcken voller Totenköpfe beladen waren. So führte dieser König seinem Volk seinen Sieg vor.

Nachdem wir einen ganzen Monat in Uzangea verbracht hatten, willigte der König endlich in unsere Abreise ein und befahl, ein Schiff für uns bereitzustellen. So fuhren wir weiter den Fluss hinunter, der hier mehr als eine Meile breit war und sich in lauter Windungen dahinzog. Auf dieser Fahrt konnten wir wieder viele Städte und Dörfer besichtigen, während unsere Begleiter dort mit Perlen und Silber handelten. Nach ungefähr einem Monat gelangten wir schließlich ans Meer, in die chinesische Hafenstadt Sanchan. Weil wir dort keine Schiffe antrafen, die nach Malakka segelten, zogen wir sieben Meilen weiter nach Lampacau, wo wir Dschunken aus Patane und Lugor in Malaya vorfanden. Da entstand auf einmal unter uns Portugiesen ein heftiger Streit nach der Art unseres Volkes, weil jeder alles nach seinem Sinn haben will. Wir hätten uns fast gegenseitig umgebracht, aus einem Anlass, der so schändlich war, dass ich ihn lieber verschweige. Der Kapitän, welcher mit uns von Uzangea gekommen war, erschrak so sehr über unseren Grimm, dass er nichts weiter mit uns zu tun haben wollte und eilends umkehrte. So blieben wir einige Tage lang dort liegen, denn jene zwei Schiffe wollten uns nicht nach Süden mitnehmen.

Nachdem wir siebzehn Tage hier auf unerquickliche Weise zugebracht hatten, kam endlich ein Seeräuber namens Samipocheca, der sich auf der Flucht befand, in diesen Hafen. Der Aytau von Cincheo hatte ihm sechsundzwanzig Schiffe abgenommen, und auf seinen zwei übrig gebliebenen waren alle seine Leute schwer verwundet, sodass er zwanzig Tage lang in Lampacau stillliegen musste. Unsere Notlage trieb uns zu ihm und wir baten ihn, uns mitzunehmen, ganz gleich wohin er wollte. Drei von uns gingen auf das eine Schiff und fünf auf das andere, das der Neffe des Seeräubers kommandierte. Daraufhin segelten wir mit den Seeräubern fort und nahmen Kurs auf den achtzig Meilen entfernten Hafen Lailo. Als wir aber zu dem Salzfluss kamen, fünf Meilen von Chabaquea entfernt, wurden wir von einem anderen Seeräuber angegriffen. Vier Stunden lang bestürmten uns dessen sieben große Dschunken, wobei wir so mit Pfeilen und Feuertöpfen beworfen wurden, dass eine von unseren Dschunken, auf der die fünf Portugiesen waren, und zwei von denen des Feindes in Brand gerieten. Unseren Freunden war nicht zu helfen, weil die meisten von uns verwundet waren. Doch kam unser Schiff glücklich davon und segelte trotz seiner Beschädigung drei Tage weiter, bis es von einem wütenden Sturm überfallen wurde, sodass wir über Nacht völlig von der Küste abkamen und sie nicht wieder finden konnten. Wir trieben auf die Lequios-Inseln zu, die unser Seeräuber gut kannte. Doch vermochten wir das Land selbst nicht zu erblicken und hatten auch keinen Steuermann, weil unser letzter im Gefecht ums Leben gekommen war.

So dauerte es dreiundzwanzig Tage, bis wir tatsächlich Land sahen und daraufhin versuchten einen Hafen zu finden. Endlich warfen wir den Anker an einer Stelle des Ufers aus, wo wir von weitem ein großes Feuer sahen. Wir hofften dort Menschen zu finden und nach kurzer Zeit kamen wirklich zwei Boote mit sechs Männern auf uns zu. Sie fragten nach unserer Herkunft, worauf wir uns als chinesische Kaufleute ausgaben, die auf den Inseln Handel treiben wollten. Einer von ihnen antwortete: »Der Herr dieser Insel Tanixuma wird dies gern erlauben, wenn ihr nur bereit seid, den Japanern, denen dieses Land gehört, den gewöhnlichen Zoll zu bezahlen.« Wir waren sehr erfreut, das zu hören, und lichteten den Anker. Die Männer erklärten uns auch, wie wir in den Hafen dieser Insel gelangen würden, und bald langten wir im Hafen von Miaygima an. Dort kamen uns viele kleine Boote mit frischen Nahrungsmitteln entgegen.

24. KAPITEL

Pinto kommt zum ersten Mal nach Japan

Zwei Stunden nach unserer Ankunft im Hafen kam der Nautaquin, der Fürst dieser Insel, zu unserer Dschunke. Viele Edelmänner und Kaufleute, die viel Silber zum Handeln mitgebracht hatten, begleiteten ihn. Als der Nautaquin unser Schiff betreten hatte, sah er uns Portugiesen und fragte gleich: »Was sind das für Leute?« An unseren Bärten und Gesichtern konnte er nämlich sofort erkennen, dass wir keine Chinesen waren. Der Seeräuber antwortete: »Sie kommen von Malakka, wohin sie vor vielen Jahren aus einem Land namens Portugal gesegelt sind. Das liegt am anderen Ende der Welt.«

Bei diesen Worten geriet der Nautaquin sehr in Verwunderung, sah die Männer seines Gefolges an und sagte: »Ich will nicht leben, wenn diese Männer nicht die Chenchicogims sind, von denen unsere Bücher schreiben: Diese fliegen über die Meere hin und werden die Bewohner der Erde unterwerfen, denen Gott Reichtümer geschenkt hat. Darum wird es gut für uns sein, wenn sie in unser Land als Freunde kommen.« Der Nautaquin fragte nun den Seeräuber mithilfe einer Inselbewohnerin, die Chinesisch verstand, nach unseren Absichten. Der Seeräuber antwortete: »Es sind Kaufleute. Der Sturm hat sie so weit verschlagen, dass ich sie aus Barmherzigkeit aufgenommen habe. Vielleicht hat mich Gott deswegen in diesem Unwetter überleben lassen.« Dies schien dem Nautaquin so überzeugend, dass er sich erst das Schiff ansah und sich dann hinsetzte, um uns nach vielen Dingen zu fragen. Wir antworteten so, wie es ihm am angenehmsten scheinen mochte. So verbrachte er eine lange Zeit mit uns und zeigte große Neugierde, fremde Dinge zu erfahren. Endlich verabschiedete er sich von uns und von dem Seeräuber mit den folgenden Worten: »Kommt morgen in mein Haus zu Besuch. Dann könnt ihr mir noch ausführlicher von Unbekanntem erzählen!«

Am folgenden Morgen sandte er uns ein großes Boot mit vielen Nahrungsmitteln wie Rosinen, Birnen, Melonen und anderen Früchten. Der Seeräuber schickte ihm seinerseits ein Boot mit kostbaren Geschenken und ließ ihm seinen Besuch ansagen. Er wollte ihm auch einige Proben von Waren mitbringen. Am nächsten Tage machte er sich auch wirklich mit zehn Chinesen, die er um des Ansehens willen mitnahm – woran seinem Volk sehr viel gelegen ist –, und mit uns drei Portugiesen auf den Weg zum Fürsten. Der Nautaquin empfing uns sehr freundlich in seinem Haus und wurde vom Seeräuber reich beschenkt. Der zeigte ihm auch viele Muster von Waren, worauf der Nautaquin die vornehmsten Kaufleute rufen ließ, um den Handel voranzubringen. Danach wandte er sich wieder mit Fragen an uns. Wir antworteten ihm mehr, um seine Begierde zu stillen, als um der Wahrheit willen. Zunächst fragte er, ob Portugal wirklich reicher und größer als ganz China sei, wie er von den Chinesen gehört habe. Wir bejahten das. Dann wollte er wissen: »Hat euer König den größten Teil der Welt erobert?« Auch das bekräftigten wir. Drittens fragte er: »Ist euer König in der Tat so reich an Gold und Silber, dass er mehr als zweitausend Häuser besitzt, die damit gefüllt sind?« Darauf antworteten wir: »Das können wir nicht gewiss sagen. Denn Portugal ist überaus reich, groß und dicht besiedelt.« Als er nun mit solchen Fragen über zwei Stunden mit uns verbracht hatte, wandte er sich an die Seinen und sagte: »Fürwahr, keiner unter allen Königen, die wir auf der Welt kennen, kann für glücklicher gehalten werden, wenn er nicht Untertan dieses großen Fürsten ist.« Danach verabschiedete er den Seeräuber und bat uns, die Nacht über bei ihm zu bleiben, damit wir sein Verlangen stillen könnten, weitere wunderbare Dinge zu hören. Er versprach auch, uns am nächsten Tag ein bequemeres Quartier in der Nähe seines Hauses zuzuweisen. Das nahmen wir mit Freuden an. Wir kamen denn auch wirklich für die nächsten zwölf Tage in das Haus eines reichen Kaufmannes, der uns zu unserer Zufriedenheit aufnahm.

Am nächsten Tage lud der chinesische Seeräuber all seine Waren aus und brachte sie in Gewölbe, die Handelszwecken dienten. Innerhalb von drei Tagen vermochte er seine Waren zu verkaufen, denn sie waren im Lande zwar sehr gefragt, aber kaum vorhanden. Er bekam auch den Preis, den er dafür verlangt hatte, und machte so mehr als dreißigtausend Taeis Gewinn. Wir drei Portugiesen hatten nichts zu verkaufen. Wir verbrachten unsere Zeit mit Fischen und Jagen oder besahen die Tempel dieser Heiden. Sie waren sehr prächtig und reich, und die Bonzen, die dort als Priester amtierten, empfingen uns sehr freundlich. Denn die Menschen in Japan sind äußerst zuvorkommend und höflich.

Da wir wenig zu tun hatten, ging einer von uns, der Diego Zeimoto hieß, zum Vergnügen mit seiner Arquebuse öfter auf die Jagd. Er war ein sehr guter Schütze. Als er daher eines Tages an einem Sumpf viele Vögel sah, war es ihm ein Leichtes, bald sechsundzwanzig Wildenten zu schießen. Als die Leute sahen, auf welche Weise er das Wild erlegte, waren sie ganz verblüfft. Sie hatten dergleichen noch nie gesehen. Das Aufsehen war so groß, dass auch bald der Nautaquin, der gerade ausgeritten war, davon hörte und Zeimoto zu sich rufen ließ. Als er ihn kommen sah, wie er die Arquebuse auf der Schulter trug und zwei Chinesen die Enten hinter ihm herschleppten, war der Fürst über die Maßen beeindruckt. Denn da niemand vorher in diesem Lande ein Gewehr gesehen hatte, konnte man seine Wirkungsweise nicht verstehen. Sie kannten das Geheimnis des Pulvers nicht und mussten daher alle meinen, dass es sich hierbei nur um Zauberei handeln könne. Als Zeimoto sie so erstaunt sah, gab er vor dem Nautaquin drei Schüsse ab und erlegte damit eine Weihe und zwei Turteltauben. Der Nautaquin war so begeistert, dass er Zeimoto gleich hinter sich aufs Pferd steigen ließ und so mit ihm in die Stadt ritt. Eine große Volksmenge begleitete sie, und vier Diener mit Stäben in der Hand liefen ihnen voraus und riefen in den Straßen: »Der

Nautaquin, der Fürst dieser Insel Tanixuma, befiehlt allen Einwohnern, diesen Chenchicogim vom anderen Ende der Welt zu ehren. Denn er macht ihn für immer zu seinem Verwandten, und er soll an der Tafel in seiner Nähe sitzen. Wer dem nicht Folge leistet, wird seinen Kopf verlieren!« Darauf antwortete das ganze Volk laut: »So wollen wir es immer halten!« Nachdem Zeimoto auf so feierliche Weise zum Tor des Palastes geleitet worden war, sprang der Nautaquin vom Pferd und reichte ihm die Hand zum Absteigen. Wir beiden anderen Portugiesen kamen hinterher, während der Fürst unseren Kameraden in seinen Palast führte und dort an seinem Tisch Platz nehmen ließ. Er erwies ihm weiter viele Ehren, seinetwillen auch uns.

Als Zeimoto nun im Palast wohnte und sich so großartig behandelt sah, kam ihm der Gedanke, dass er diese Ehren nur dadurch richtig würdigen könnte, indem er dem Nautaquin die Arquebuse als das passendste Geschenk übergab. Als er daher eines Tages von der Jagd kam, übergab er sie ihm samt einigen Tauben, die er geschossen hatte. Der Fürst nahm das Geschenk erfreut an und sagte, dass er es für wertvoller als alle Schätze Chinas ansehe. Er gab Zeimoto dafür auch tausend Silbertaeis und bat ihn, ihm die Pulverherstellung zu zeigen. »Denn«, sagte er, »die Arquebuse ist ohne Pulver für mich wertlos und nur ein Stück Eisen.« Zeimoto versprach es ihm. Als nun der Nautaquin ganz in seinen Schießübungen aufging und seine Untertanen bemerkten, dass ihn nichts anderes mehr fesselte, nahmen sie ein Muster von der Waffe, um andere danach herzustellen. Sie waren darin so geschickt, dass es nach einem halben Jahr, zum Zeitpunkt unserer Abreise, bereits sechshundert von ihnen hergestellte Arquebusen gab. Als mich schließlich im Jahre 1556 der Vizekönig Don Alphonso de Noronha mit einem Geschenk zum König von Bungo sandte, sagten mir die Japaner, dass es allein in Funcheo, der Hauptstadt, über dreißigtausend dieser Waffen gebe. Da ich darüber sehr erstaunt war, sagten mir gewisse Kaufleute von gutem Rufe, dass in ganz Japan inzwischen über dreihunderttausend Arquebusen vorhanden seien. Die beruhten alle auf dem Muster der einen Waffe, die Zeimoto dem Nautaquin als Dankgeschenk überreicht hatte. Sogar in den kleinen Ortschaften findet man sie jetzt und daraus kann man schließen, um wie viel mehr als andere Völker dieses Volk kriegerische Neigungen hat.

Nachdem wir uns dreiundzwanzig Tage lang auf der Insel Tanixuma aufgehalten hatten, landete hier ein Schiff von der Insel Bungo. Auf ihm waren Kaufleute und ein Gesandter des Königs. Der Nautaquin empfing diesen ehrenvoll und erhielt von ihm einen Brief des Königs. Der König hatte von unserer Ankunft gehört, sogar von den vielen Geschichten, die wir über die weite Welt und ihre unterschiedlichen hellen und dunklen Menschen erzählt hatten, und er wünschte deshalb, einen von uns kennen zu lernen. Der Nautaquin sagte darauf zu uns: »Der König von Bungo ist mein Herr, aber auch mein Onkel, ja, er ist für mich wie ein Vater. Ich habe euch mit seinem Wunsch bekannt gemacht und hoffe nun sehr, dass einer von euch diesem nachkommen wird.« Er wollte aber nicht Zeimoto, den er zu seinem Verwandten gemacht hatte, nach Bungo ziehen lassen.

Daher war es an Borralho oder mir, die Mühe der Fahrt nach Bungo auf sich zu nehmen. Der Fürst wählte schließlich mich dazu aus, weil ich, wie er sagte, ein humorvoller Mann sei. Der König hatte auch geschrieben, dass er leidend sei, und der Nautaquin hoffte, ihn durch mich zu erheitern. Die Japaner haben überhaupt eine große Vorliebe für Humor. Der Fürst rief hierauf den Gesandten zu sich und vertraute mich ihm an, sodass ich mich getrost auf die Reise machen konnte.

In der folgenden Nacht setzten wir über nach Bungo und erreichten den Hof des Königs am Nachmittag des nächsten Tages. Ein zehnjähriger Sohn des Königs kam uns mit vielen Edelleuten entgegen, um den Gesandten zu empfangen. Er nahm ihn bei der Hand und führte ihn zum König, der krank zu Bette lag. Der Gesandte überreichte nun einen Brief des Nautaquin und als der König diesen gelesen hatte, ließ er mich aus dem Vorzimmer, wo ich gewartet hatte, rufen. Er empfing mich recht freundlich und sagte zu mir: »Deine Ankunft in meinem Lande gefällt mir nicht weniger als der Regen, der vom Himmel auf unsere Reisfelder fällt!« Ich war durch diese Begrüßung etwas verwirrt, sodass ich nichts zur Antwort zu sagen wusste. Der König sah meine Verwirrung und wandte sich an sein Gefolge: »Ich glaube, dieser Fremde ist verwirrt und ängstlich, weil hier so viele Leute sind. Es ist wohl besser, ihn erst wieder zu rufen, wenn er sich beruhigt hat und nicht mehr so verlegen sein wird.« Darauf antwortete ich durch einen Dolmetscher: »Seine Hoheit hat Recht, wenn Sie mich für erschrocken hält. Doch ist es nicht wegen der vielen Herren um ihn, denn ich habe schon große Volksmengen gesehen. Ich bin nur bestürzt, weil ich mich vor solch einem großen König befinde. Das könnte mich auf tausend Jahre hinaus verstummen lassen.« Ich kam mir vor dem König und seinen vornehmen Herren fast wie eine dumme Ente vor und sagte das auch.

Darauf klatschten die Herren vor Verwunderung in ihre Hände und hielten mich nicht mehr für einen Kaufmann, sondern für einen Priester. Der König befahl ihnen zu schweigen, denn er wollte vor allem selbst mit mir reden. Er meinte auch: »Es macht mir so viel Freude, mich mit ihm zu unterhalten, dass ich dabei keinen Schmerz mehr fühle.« Darüber waren seine Gemahlin und seine Töchter, die neben ihm saßen, hocherfreut. Sie fielen auf die Knie und dankten Gott für diese Gnade. Hierauf bat mich der König, näher an sein Bett zu kommen. Er wollte gern wissen, ob ich ihm helfen könnte, ob ich in meiner Heimat am anderen Ende der Welt nicht ein Mittel gegen seine Krankheit kennen gelernt hätte. Er litt an Schmerzen und Appetitlosigkeit. Ich war nun leider kein Arzt und konnte ihm nur von einem Holz erzählen, das die Chinesen auf dem Schiff, mit welchem wir nach Tanixuma gekommen waren, zu Heilzwecken benutzten. Das konnte ihm vielleicht helfen. Er war sehr erfreut, das zu hören, und sandte sofort jemanden dorthin, um von diesem Holze holen zu lassen. Tatsächlich half ihm dieses auch, sodass er nach dreißig Tagen von seinem Leiden genesen war, das ihm zwei Jahre lang zu schaffen gemacht hatte. Diese ganze Zeit über hielt ich mich in seiner Stadt, Funcheo, auf. Viele Leute am Hofe suchten sich mit mir zu unterhalten, worauf ich mich gerne einließ. Auch besuchte ich ihre Tempel, ihre kriegerischen Übungen und die Flotte des Königs und ging mit ihnen auf die Jagd. Vor allem liebten sie es, mit Falken zu jagen. Ich vertrieb mir oft die Zeit damit, Wachteln und Turteltauben zu schießen, die es in diesem Lande in großer Zahl gibt. Die Japaner machten ob dieser für sie neuen Jagdweise solch ein Aufheben, dass ich es nicht beschreiben kann.

Dies führte auch dazu, dass mich der zweite Sohn des Königs, der sechzehn Jahre alt war und den der Vater besonders liebte, eines Tages bat, ihn das Schießen zu lehren. Aber ich versuchte, ihn davon abzubringen, und sagte ihm, wie lange es dauerte, diese Kunst zu lernen. Darüber beklagte er sich bei seinem Vater. Dieser bat mich darauf, den Prinzen doch ein paar Schüsse abgeben zu lassen und dem vermochte ich nicht zu widersprechen. Da der Prinz aber an jenem Tage mit seinem Vater die Mittagsmahlzeit einnehmen sollte, wurde die Sache auf den Nachmittag verschoben. Am Nachmittag wurde jedoch auch nichts daraus, weil der Prinz mit seiner Mutter eine Feierlichkeit in der Stadt aufsuchte, wo Pilger für die Gesundheit des Königs beteten. Am nächsten Morgen kam der junge Prinz mit zwei jungen Edelleuten, die ihn bedienten, zu meinem Quartier.

Als er mich dort auf einer Matte schlafend und die Arquebuse an einem Haken an der Wand hängen sah, wollte er mich nicht wecken. Er wollte viel mehr erst ein paar Schüsse abgeben, wie er mir später sagte, sodass er öfter schießen konnte, als ich es seinem Vater zugestanden hatte. Er befahl also einem der beiden jungen Edelleute, die Lunte anzuzünden, und nahm selbst die Arquebuse vom Haken. Dann machte er sich daran, sie zu laden, wie er es bei mir gesehen hatte. Da er jedoch nicht wusste, wie viel Pulver er nehmen durfte, lud er sie mit viel zu viel Pulver und mit der

Kugel. Dann setzte er sich vor meinem Quartier auf den Boden, um auf einen Orangenbaum zu schießen. Aber wie es das Unglück wollte, zerbrach die Arquebuse in drei Stücke und verletzte ihn schwer. Sein rechter Daumen wurde nämlich beinahe ganz abgerissen, worauf der Prinz in Ohnmacht fiel, sodass er wie tot dalag.

Als die beiden Edelleute das sahen, rannten sie durch den Palast auf die Straße und schrien laut: »Die Arquebuse des Fremden hat den Prinzen getötet.« Auf diese traurige Nachricht hin kamen die Einwohner sogleich bewaffnet und in Scharen zum Palast und zogen schreiend zu der Ecke, wo ich schlief. Gott weiß, wie bestürzt ich bei diesem Tumult erwachte. Als ich zudem den Prinzen auf dem Fußboden vor meinem Quartier in seinem Blute liegen sah, war ich so außer mir, dass ich nicht anders konnte, als ihn in den Arm zu nehmen. Gerade in diesem Augenblick erschien auch der König, von vier Männern getragen und so blass und schwach, dass er mehr tot als lebendig zu sein schien. Hinter ihm folgte gleich seine Gemahlin mit ihren Töchtern und einer großen Zahl ihrer Damen, die alle weinten.

Als sie nun den Prinzen wie tot in meinen Armen, beide blutüberströmt, liegen sahen, glaubten sie alle, ich hätte ihn getötet. Zwei der Leibwächter des Königs zogen alsbald ihre Waffen und hätten mich beinahe getötet. Doch der König rief: »Haltet ein, wir wollen erst hören, was geschehen ist. Ich fürchte, dieser Mann hier ist mit jenen Verrätern im Bunde, die ich vor kurzem habe hinrichten lassen!« Darauf befahl er, die zwei jungen Edelleute rufen zu lassen, die seinen Sohn bedienten, und befragte sie genau. Ihre Antwort war: »Die verzauberte Arquebuse des Fremden hat ihn getötet!« Diese Worte versetzten die Leibwächter noch mehr in Wut und sie riefen laut: »Wessen bedarf es noch, Herr? Lasst ihn grausam hinrichten!«

Inzwischen hatte man eilends nach meinem Dolmetscher geschickt. Er kam bald voller Furcht und sie drohten ihm, ja richtig zu übersetzen, was sein Zittern nur noch verstärkte. Derweil musste ich da mit gefesselten Händen knien, und ein Bonze, ihr oberster Richter, sprach zu mir: »Ich beschwöre dich, du Sohn eines Teufels, uns laut zu bekennen, warum du mit deinen Zaubereien diesen jungen Prinzen, den wir verehren, getötet hast!« Ich war immer noch so bestürzt, dass ich gar nichts antworten konnte. Als der Bonze dies sah, fuhr er mit drohender Miene fort: »Wenn du mir nicht antwortest, wirst du zum Tode verurteilt werden. Dein toter Körper wird sich auflösen wie die Federn eines toten Vogels, die der Wind von einem Ort zum anderen bläst.« Nachdem er das gesagt hatte, gab er mir einen Fußtritt und schrie wieder: »Sprich! Bekenne, wer dich dazu angestiftet hat! Wie viel Geld haben sie dir gegeben? Wie heißen sie und wo sind sie zu finden?« Jetzt war ich endlich wieder etwas zu mir gekommen und antwortete ihm: »Ich bin unschuldig und Gott ist mein Zeuge!« Aber er war immer noch nicht zufrieden und begann noch mehr, mir mit Folter und Strafen zu drohen.

Doch unterdessen gefiel es Gott schließlich, den jungen Prinzen wieder zu Bewusstsein kommen zu lassen. Als er den König, seinen Vater, und seine Mutter samt seinen Schwestern vor sich in Tränen aufgelöst sah, begann er sogleich, sie zu trösten, und sagte dann: »Beschuldigt niemanden! Es ist nur meine eigene Schuld, wenn ich beinahe gestorben wäre!« Darauf beschwor er sie bei seinem Blut, mich loszubinden, wenn sie ihn nicht ganz umbringen wollten. Darüber war der König erneut bestürzt und so war ich bald wieder frei.

Inzwischen kamen Bonzen mit Arzneien für den Prinzen. Als sie aber sahen, wie schwer er an der Hand verwundet war, indem sein Daumen fast nur noch durch die Haut mit der Hand verbunden schien, wussten sie vor Schreck gar nicht mehr, was sie tun sollten. Der Prinz sah das und rief: »Fort mit euch! Lasst andere kommen, um meine Wunde anzuschauen, die ich mit Gottes Willen erlitten habe!« Daraufhin kamen vier andere Bonzen. Aber denen fehlte es gleichfalls an Mut, den Prinzen zu verbinden. Darüber geriet der König so sehr in Sorge, dass er nicht wusste, was er tun sollte. Endlich schlugen seine Räte ihm vor, einen hoch angesehenen Bonzen aus der Stadt Facataa kommen zu lassen, die über siebzig Meilen von der Hauptstadt entfernt war. Aber der verwundete Prinz konnte nicht so lange warten und sagte: »Ich weiß nicht, warum ihr meinem Vater diesen Rat gebt. Ihr würdet mich in diesem traurigen Zustand auf einen alten Mann warten lassen, der frühestens innerhalb eines Monates hier eintreffen kann. Wenn ihr mir aber helfen wollt, dann befreit diesen Fremden ein wenig von der Furcht, die ihr ihm eingeflößt habt, und lasst diese vielen Menschen hier verschwinden. Der Fremde, der mich nach eurer Meinung verletzt hat, wird mir so gut helfen, wie er kann. Denn ich will lieber unter den Händen dieses armen Mannes sterben, der so viel um meinetwillen geweint hat, als von diesem Bonzen von Facataa angerührt zu werden, der in seinem Alter von zweiundneunzig Jahren nicht weiter als bis zu seiner Nasenspitze sehen kann.«

Der König von Bungo, den das Unglück seines Sohnes äußerst bekümmerte, wandte sich daraufhin zu mir und schaute mich mit freundlichem Gesicht an. »Fremdling«, sagte er zu mir, »ich bitte dich, versuch meinem Sohn in dieser Lebensgefahr beizustehen. Wenn du es vermagst, will ich dich so ehren wie ihn selber und dir geben, was immer du wünschen wirst!« Hierauf bat ich ihn, die Leute wegzuschicken, die mich umgaben, weil ich mich von ihnen beengt fühlte. Dann wollte ich sehen, wie gefährlich die Verletzungen waren. Wenn ich dazu fähig sei, wollte ich ihn nämlich gern heilen. Es geschah, wie ich gewünscht hatte, und ich ging zum Prinzen und untersuchte seine Wunden. Es waren nur zwei, eine leichte Verletzung an der Stirn, die nicht viel ausmachte, und die andere am Daumen der rechten Hand. Als ich das sah, gab mir unser Gott neuen Mut und ich bat den König, sich nicht weiter zu grämen, denn ich hoffte, seinen Sohn innerhalb kurzer Zeit zu heilen.

Während ich mich nun anschickte, den Prinzen zu behandeln, wurde der König von den Bonzen scharf getadelt. Sie sagten ihm, dass sein Sohn sicher in der kommenden

Nacht sterben werde. Darum sollte der König mich besser vorher hinrichten lassen, ehe ich den Prinzen noch vollends umbrächte und das Volk darüber in Aufruhr geriete. Sie verlangten nochmals von ihm, nach jenem alten Bonzen zu schicken. Doch der Prinz klagte wieder über seine Schmerzen, die er kaum noch aushalten konnte. So war der König hin und her gerissen zwischen der Meinung der Bonzen und der Gefahr, in welcher sein Sohn schwebte, und seinem ausgesprochenen Wunsch nach Hilfe. Der König fragte auch seine Berater, die um ihn waren. Die meisten von ihnen rieten die sofortige Behandlung des Prinzen an. Der König wandte sich also endlich wieder an mich und bat mich unter vielen Versprechungen, seinen Sohn zu heilen. Mit Tränen in den Augen sagte ich ihm darauf: »Mit Gottes Hilfe werde ich es versuchen und bitte Euch, es mit anzusehen!«

So empfahl ich mich Gott und fasste mir ein Herz. Denn ich sah, dass es keinen anderen Weg gab, mein Leben zu retten, und bereitete so alle Dinge vor, die zur Behandlung notwendig waren. Ich begann mit der Verletzung am Daumen, weil sie am gefährlichsten war. Mit sieben Stichen nähte ich ihn fest, die Wunde an der Stirn bloß mit vieren, weil sie viel leichter war. Als ich das geschafft hatte, tränkte ich Werg mit Eiweiß und band es fest auf die Wunden, wie ich es in Indien gesehen hatte. Nach fünf Tagen konnte ich die Fäden ziehen und die Wunden nochmals auf die gleiche Weise verbinden. Nach zwanzig Tagen war der Prinz geheilt und behielt nur eine gewisse Schwäche des Daumens. Der König und alle seine Edelleute erwiesen mir für diese Heilung große Ehren. Die Königin und ihre Töchter verehrten mir viele Seidengewänder, und der König obendrein sechzig Taeis. Insgesamt habe ich für diese Kur über fünfzehnhundert Dukaten – nach unserem Gelde – erhalten und mit mir genommen.

Nachdem dies sich so zugetragen hatte, erhielt ich einen Brief von meinen beiden Kameraden von der Insel Tanixuma. Sie schrieben mir, dass der chinesische Pirat, mit welchem wir dorthin gekommen waren, die Absicht habe, nach China zurückzukehren. Ich bat nun den König von Bungo, mich ziehen zu lassen, was er mir gern gewährte. Er sagte mir noch viele anerkennende Worte für die Heilung seines Sohnes und ließ ein Boot für meine Reise ausrüsten. Auch gab er mir dazu eine vortreffliche Bootsbesatzung, und so schied ich eines Sonnabendmorgens von der Hauptstadt Funcheo.

Am folgenden Freitag kamen wir bei Sonnenuntergang zur Insel Tanixuma, wo meine Kameraden mich sehr erfreut empfingen. Wir blieben da noch weitere fünfzehn Tage, bis die Dschunke ganz reisefertig war, und segelten dann nach Liampo. Wir kamen mit gutem Wind dahin und unsere Landsleute empfingen mich freundlich. Doch wunderten sie sich darüber, dass wir mit einem Chinesen segelten, und fragten deshalb, woher wir denn gerade kämen. Darauf erzählten wir ihnen alles, was wir wussten. Besonders sprachen wir von dem vielen Silber, das es in jenem Lande gab, und von dem reichen Gewinn, den man dort erzielen konnte. Darüber waren sie sehr erfreut und beluden alsbald die neun Dschunken, die sie dort gerade zur Verfügung hatten, mit Kaufmannsgut.

25. KAPITEL

Pinto gerät auf der Insel Groß-Lequios mit seinen Gefährten erneut in Lebensgefahr

Als die Kaufleute in See stachen, begleitete ich sie, um nunmehr schon zum zweiten Male zu den Lequios-Inseln zu segeln – unglücklicherweise, wie sich herausstellen sollte. Sie waren nämlich überstürzt abgefahren. Es war hierzu überhaupt nicht die rechte Jahreszeit und sie hatten auch keine erfahrenen Steuermänner, die sich in jener Ge-

Schiffbruch bei den Lequios-Inseln

gend auskannten. Vor lauter Habgier machten sie sich dennoch auf die Reise. Ungefähr um Mitternacht überfiel uns ein
solch heftiger Sturm mit finsteren Wolken und Regen, dass
wir weit abgetrieben wurden und sieben von unseren neun
Schiffen auf einer Sandbank kenterten. Dabei ertranken
sechshundert Menschen und alle Waren gingen verloren.
Die beiden übrig gebliebenen Dschunken – auf einer von ihnen befand ich mich – wurden weiter in Richtung der Lequios-Inseln getrieben. Als wir aber schon die Insel Groß-Le-

quios gesichtet hatten, wurde der Sturm so heftig, dass wir das andere Schiff aus den Augen verloren.

Um Mittag drehte sich der Wind und blies nun aus Nordwesten derart stark, dass die Wellen himmelhoch über uns hereinbrachen. Unser Kapitän Caspar Melo sah, dass das Schiff am Bug beschädigt war und im Kielraum schon viel Wasser stand. Er beschloss daher die zwei Mastbäume zu kappen. Einer von ihnen erschlug trotz aller Vorsicht beim Niederfallen vierzehn Mann. Uns andere befiel darauf eine große Niedergeschlagenheit und Angst. Der Sturm wurde immer furchtbarer und wir konnten gar nicht mehr steuern, sondern mussten uns vielmehr treiben lassen. Wir gaben alle Hoffnung auf und vermochten nur noch Gott um die Vergebung unserer Sünden zu bitten. Um Mitternacht zerschellte das Schiff schließlich auf einer Sandbank, wobei vierundsechzig Mann von der Besatzung ertranken. Nur vierundzwanzig Männer und einige Frauen konnten sich retten. Fünf Tage lang ernährten wir uns allein von dem, was die See von den Schiffsgütern noch an Land spülte. An Land fanden wir nichts anderes zu essen als Kräuter.

Nach einigen Tagen trafen wir endlich auf einen Knaben, der Vieh hütete. Als er uns sah, lief er fort ins nächste Dorf und rief die Leute zusammen. Nach drei Stunden kamen sie in einem großen Haufen auf uns zu, ungefähr zweihundert Männer, davon vierzehn zu Pferde. Unser Kapitän fiel bei ihrem Anblick auf die Knie, beschwor uns, unser Schicksal Gott anheim zu stellen und uns in seinen heiligen Willen zu ergeben. Nachdem er uns so ermahnt hatte, erhob er seine Augen und Hände weinend zum Himmel und sagte: »Herr, barmherziger Gott!« Wir anderen sprachen es alle nach.

Unterdessen kamen sechs Reiter auf uns zu. Als sie uns so nackt und wehrlos auf dem Boden knien und vor uns zwei tote Frauen liegen sahen, wurden sie von Mitleid ergriffen. Vier von ihnen kehrten um und hielten die herbeiströmenden Dorfbewohner auf. Dann kamen sie mit drei Männern, welche Gerichtsdiener zu sein schienen. Diese banden uns auf Befehl der Reiter zu je dreien zusammen und sagten uns mitleidig: »Ihr braucht nichts zu fürchten. Denn der König dieser Insel ist ein gottesfürchtiger Mann, der den Armen sehr geneigt ist.« Von diesen Leuten wurden wir zur nächsten Ortschaft namens Cypautor geleitet. Doch starben unterwegs noch zwei unserer Frauen und wir mussten sie unbegraben im Walde liegen lassen, den vielen wilden Tieren zum Fraß.

Cypautor war ein Ort von ungefähr fünfhundert Häusern und hatte einen Tempel, der von einer hohen Mauer umgeben war. Dort wurden wir verwahrt, von hundert Mann bewacht. Am nächsten Tage besuchten uns einige ehrliche Frauen und versorgten uns mit Reis, gekochtem Fisch und Früchten. Dann gingen sie im Ort herum und sammelten Kleider für uns.

Am dritten Tag wurden wir von zwei Richtern und zwanzig Reitern abgeholt, die uns in die Stadt Pungor bringen sollten, wo man von uns bereits gehört hatte. Als wir dort zum Gericht geführt wurden, lief das Volk in großer Menge zusammen. Alle bemitleideten uns, besonders die Frauen. Wir mussten erst noch lange in einem Saal warten, bis schließlich dreimal an eine Glocke geschlagen wurde und wir vor den Stadtvogt gebracht wurden. Der thronte da recht feierlich mit Leibwächtern und Dienern und der Gerichtssaal war voller Menschen.

Der Vogt stand endlich auf, hielt einen Säbel in seiner Hand und sprach zu uns: »Ich, Pinaquila, Broquen dieser Stadt Pungor nach dem Willen des Königs der Lequios-Inseln, befehle euch, mir ohne List und Betrug zu sagen, von welchem Volk ihr seid und wie euer Land genannt wird!« Wir antworteten ihm zufrieden stellend und er fragte weiter: »Warum seid ihr in diese Gegend gekommen und wohin wolltet ihr vor eurem Schiffbruch segeln?« Wir erzählten ihm nun von unserer Absicht, in Tanixuma Handel zu treiben, und ausführlich von unserem Schiffbruch. Hierauf machte der Broquen viele Worte über unseren Reichtum – mit Blick auf die viele Seide, die man am Ufer gefunden hatte. Er hielt uns deshalb für Räuber. Wir mochten einwenden, was wir wollten, und uns auf unseren Gott berufen, der Diebstahl verboten hatte. Allein, es half nichts, denn nach einer Stunde sagte er schließlich: »Sagt mir, warum eure Landsleute, als sie früher unser Land eingenommen haben, unsere Einwohner ohne Erbarmen töteten.« Wir antworteten: »Es ist wohl eher infolge unglücklicher Kriegszufälle geschehen als aus böser Absicht.« – »Was?«, sprach er darauf. »Könnt ihr leugnen, dass derjenige, welcher ein Land feindlich besetzt, nicht raubt, dass der Gewalttätige nicht mordet?« Damit stand er von seinem Richterstuhl auf und befahl den Gerichtsdienern, uns ins Gefängnis zu bringen. Nun verloren wir alle Hoffnung für unser Leben.

Der Broquen berichtete am folgenden Tage dem König von uns, ohne das zu verschweigen, was wir zu unserer Entlastung eingewandt hatten. Das soll auch, wie wir später hörten, den König davon abgehalten haben, uns auf die Einflüsterungen einiger Chinesen hin töten zu lassen. Wir blieben hiernach fast zwei Monate lang im Gefängnis, ohne dass in unserer Angelegenheit etwas geschah.

Endlich sandte der König uns einen Mann namens Randina, der sich das Aussehen eines Kaufmanns gegeben hatte, um uns so leichter aushorchen zu können. Doch wir waren auf der Hut, sodass uns die List dieses Mannes nicht zum Nachteil gereichte. Er stellte uns viele Fragen nach unserer Herkunft und verwandte sich schließlich für uns beim Kerkermeister. Dann versorgte er uns mit einer Menge Reis und begab sich wieder zum König. Es gelang ihm tatsächlich, den Argwohn, welchen die Chinesen im König geweckt hatten, zu zerstreuen.

Doch unglücklicherweise kam eben, als der König uns auf den Bericht des Kaufmanns hin schon freilassen wollte, ein chinesischer Seeräuber mit vier Dschunken im Hafen an. Mit diesem Seeräuber hatte der König einen besonderen Vertrag geschlossen. Jener überließ dem König die Hälfte seines Beutegutes und hatte dafür immer freien Zugang zum Hafen. Natürlich war er beim König gut angeschrieben. Dieser Seeräuber war den Portugiesen sehr übel gesonnen. Denn wir hatten vor Lamau mit ihm gekämpft und er hatte dabei zwei Dschunken und dreihundert Mann verloren. Als er erfahren hatte, dass man uns gefangen hielt, der König uns jedoch freilassen wollte, bemühte er sich beim König mit allen Kräften uns anzuschwärzen. Er stellte uns als die ärgsten Seeräuber dar. Das erbitterte den König dermaßen, dass er sein Urteil widerrief und befahl, uns zu vierteilen. Dann sollten unsere Leiber öffentlich auf Pfähle gesteckt werden, damit jeder ersehen könnte, was für schlimme Menschen wir gewesen wären und dass wir diesen Tod verdient hätten.

Dieses Urteil erging an den Broquen, der es innerhalb von vier Tagen vollstrecken musste. Der Bote aber kehrte unterwegs im Hause seiner Schwester ein, die verwitwet und eine ehrliche Frau war. Sie hatte uns während unserer Gefängniszeit geholfen. Ihr Bruder teilte ihr mit, was er über unser bevorstehendes Schicksal wusste, und sie berichtete darauf ihrer Base, der Tochter des Broquen, davon. Bei dieser Dame aber wohnte die einzige überlebende Portugiesin, die Frau des Steuermannes, die mit uns gefangen genommen worden war. Die Tochter des Broquen wollte diese Frau trösten und verriet ihr dabei, wozu der König uns verurteilt hatte. Als die Frau das hörte, fiel sie vor Entsetzen in Ohnmacht und konnte lange nicht reden. Nachdem sie wieder zu sich gekommen war, fing sie an, sich das Gesicht dermaßen zu zerkratzen, dass ihr das Blut in Strömen herunterrann. Dergleichen hatte man in diesem Lande noch nicht gesehen.

Deswegen hörte bald die ganze Stadt durch die erschrockene Tochter des Broquen davon, und es erregte solchen Schrecken unter den Frauen, dass sie mit ihren Kindern aus den Häusern liefen. Sie eilten zum Hause des Broquen, wo sie die portugiesische Frau mehr tot als lebendig vorfanden. Daher beschlossen sie, von großem Mitleid ergriffen, einen Brief an die Mutter des Königs zu schreiben, in welchem sie sich für uns verwandten. Sie schrieben darin alles, was sie von unserer Sache gehört hatten und dass sie das Urteil für allzu hart hielten. Auch berichteten sie von dieser portugiesischen Frau und was diese sich vor lauter Kummer angetan hatte, um so den kommenden Tod ihres Mannes zu beklagen. Sie ließen es auch nicht an einer Warnung vor dem Zorne Gottes fehlen. Diesen Brief unterzeichneten mehr als hundert Frauen, die vornehmsten der Stadt. Dann ließen sie ihn an die Mutter des Königs überbringen, durch eine junge Dame, die Tochter des Mandarinen, der auf der Nachbarinsel Bancaa Gouverneur war.

Diese begab sich in Begleitung zweier Brüder und zehn vornehmer Verwandter nach Bintor, das sechs Meilen von Pungor entfernt war. Dort hielten der König und seine Mutter Hof. Die vornehmste Hofdame der alten Königin war eine Base dieser jungen Dame, und an die wandte sie sich mit dem Brief. Die Hofdame wollte der Verwandten und den vornehmen Frauen von Pungor gern helfen. Deswegen begab sie sich morgens in aller Frühe in das Schlafzimmer der alten Königin, was sie, weil sie kränklich war, lange unterlassen hatte. Als die Königin erwachte, war sie zunächst sehr verwundert, dann aber, als sie von der Hofdame den Brief erhalten und gelesen hatte, sehr bewegt. Es kamen ihr selbst die Tränen und sie sprach: »Gott möge verhüten, dass diese armseligen Menschen so elend untergehen! Die Gefahr, welche sie auf dem Meere ausgestanden haben, ist für sie Strafe genug. So beruhige dich jetzt und sei guten Mutes! Wir wollen zum König, meinem Sohn, gehen und du sollst ihm den Brief vorlesen, sodass er aus Mitleid sein Urteil widerrufen wird.«

Die alte Königin suchte nun mit der Hofdame und der jungen Verwandten von dieser den König auf, der noch zu Bette lag. Der König hörte der Verlesung des Briefes aufmerksam zu, sah dann seine Mutter an und sprach:

»Meine Frau Mutter! Ich bekenne, dass ich in dieser Nacht viel Unruhe wegen dieser Fremdlinge erlitten habe. Ich will deswegen und um Eurer Bitte willen ihnen das Leben schenken und die Freiheit geben fortzureisen. Ja, ich will, dass man ihnen auf meine Kosten ein Schiff ausrüstet und sie mit allem Notwendigen versorgt!« Die Mutter bedankte sich ergebenst für diese Gnade und befahl den beiden Damen, dem König die Füße zu küssen. Das taten die beiden denn auch.

Der König ließ danach alsbald den Chumbim rufen und durch diesen die Vollstreckung des strengen Urteils aufheben. Außerdem gab er der jungen Dame einen langen Brief an den Broquen mit. Sie begab sich mit diesem eilends auf den Weg und händigte ihn dem Broquen aus. Der las ihn aufmerksam durch und rief darauf alle Gerichtsbeamten und Wächter zusammen. Sie kamen nun alle miteinander auf das Verlies zu, in welchem wir gefangen lagen, und wir gerieten bei ihrem Anblick in große Furcht, sodass wir mehrmals riefen: »Herr, barmherziger Gott!« Das bewegte den Broquen und seine Begleiter so sehr, dass sie weinen mussten. Doch tröstete er uns bald mit vielen Worten des Mitleids und befahl, uns loszubinden. Dabei erzählte er, was sich zugetragen hatte, und schloss mit den Worten: »Freunde! Weil Gott euch eine so große Gnade erwiesen hat, sollt ihr ihm dafür von ganzem Herzen danken! Er wird euch dann auch die Ruhe der Seligkeit gewähren, welche höher zu achten ist als die Zeit, die wir in dem Elend dieser Welt verbringen.«

Nachdem er geendet hatte, ließ er uns Kleider bringen. Danach führte er uns in sein Haus, wo uns seine Frau und all die anderen Damen besuchten, die sich hocherfreut über unsere Befreiung zeigten. Sie sprachen uns ebenfalls guten Mut zu. Daraus konnte man die freundliche Natur der Frauen dieser Inseln genugsam ersehen. Ja, sie ließen es nicht damit bewenden, sondern holten uns reihum in ihre Häuser, um uns bis zu unserer Abfahrt zu bewirten.

Nach sechsundvierzig Tagen schifften wir uns, mit allem wohl versehen, ein. Der Broquen hatte uns vorher eindringlich dem chinesischen Schiffer, der uns nach Liampo brachte, anempfohlen und sich versichert, dass dieser nicht verräterisch mit uns umging.

Wir segelten also von Pungor, der Hauptstadt der Lequios-Inseln, ab, welche ich hier beschreiben will. Das Land hat große Ähnlichkeit mit Japan, ist aber in der Mitte ebener und fruchtbarer. Es gibt da viele Felder mit einem Überfluss an

Reis. Außerdem findet man Berge, in welchen viel Kupfer gewonnen wird. Dieses führt man nach China und Japan aus. Es werden dort auch Eisen, Blei, Zinn, Salpeter und Schwefel gewonnen und man kann ferner viel Honig, Wachs, Zucker und Ingwer bekommen. Desgleichen wachsen dort viele Bäume, deren Holz gut zum Schiffbau zu gebrauchen ist. Einige der westlichen Inseln haben auch Silberminen und es wird dort nach Perlen gefischt. Amber, Weihrauch, Seide und edle Hölzer kann man auf den Inseln ebenfalls erstehen. Die Einwohner kleiden sich wie die Chinesen in Gewänder aus Baumwolle und Seide, obgleich man diese hier nicht so reichlich findet wie in China. Seide und Damast werden zum Teil auch aus Nanking eingeführt. Die Einwohner geben sich gern Tafelfreuden hin, aber vor allem den Freuden der Liebe. Sie sind dem Waffenhandwerk abgeneigt und daher schlecht mit Waffen versehen. Wir segelten nun glücklich nach Liampo und wurden dort von den Portugiesen wohl empfangen.

26. KAPITEL

Was Pinto auf dem Wege nach Burma erlebt

Von Liampo segelte ich mit dem Portugiesen Tristan de Gaa nach Malakka. Ich hoffte, dass mir dort das Glück geneigter sein würde als auf meinen bisherigen Fahrten. Nachdem ich in der Festung angelangt war, suchte ich alsbald den Kommandanten Petrus de Faria auf. Er war immer noch sehr geneigt, mich zu fördern. Daher beauftragte er mich, in der Zeit, die er noch als Kommandant in Malakka verbrachte, nach Martaban zu reisen. Dabei könnte ich guten Gewinn machen. Der Kommandant brachte mich deswegen mit einem Mohammedaner namens Necoda Mamude zusammen. Der hatte Weib und Kinder in Malakka.

Der wichtigste Zweck der Reise war es, mit dem Chambainha, dem König von Manaban, Frieden zu schließen. Das konnte für beide Seiten gut sein, denn wir wollten gern mit dem Lande Handel treiben und die Schiffe des Landes waren dazu ebenfalls sehr gut verwendbar. Sie hätten uns nämlich Lebensmittel nach Malakka bringen können, weil die Festung daran wegen vieler Kriege auf der Insel Java Mangel litt. Außerdem hatte ich noch den Auftrag, den Lancarote Guerreyro ausfindig zu machen. Der streifte als rebellischer Freibeuter mit vier Schiffen vor der Küste von Tanaucarim herum. Ich sollte ihn dazu überreden, der Festung Malakka zu Hilfe zu kommen, denn man hatte sichere Nachrichten, dass der König von Achem sie überfallen wollte. Petrus de Faria fürchtete die Gefahren einer Belagerung und wollte den Lancarote und dessen hundert Mann in seinen Dienst nehmen. Ich sollte auch die Schiffe, die von Bengalen kamen, warnen. Ich segelte also wohlgemut von Malakka los und mein Schiff kam mit gutem Wind nach Pullo Pracelar. Dort verlangsamte der Steuermann wegen vieler Sandbänke die Fahrt. Dann kamen wir nach mühseliger Fahrt zur Insel Pullo Sambillan, und von da an erkundete ich genau alle Küsten und Flussmündungen, um Lancarote Guerreyro zu finden.

Eines Tages erreichten wir die Insel Pisandurea. Dort gingen wir an Land, um uns mit frischem Wasser, Holz und einem Ankerseil zu versorgen. Da wir es nicht eilig hatten, fragte mich der Sohn unseres mohammedanischen Kapitäns, ob ich mit ihm dort auf die Hirschjagd gehen wolle. Ich war dazu gern bereit und machte mich bald mit ihm auf den Weg in den Busch. Als wir nun ungefähr hundert Schritt weit gekommen waren, sahen wir bei einem Wasserloch viele Wildschweine die Erde aufwühlen. Wir pirschten uns vorsichtig an sie heran und erlegten zwei von ihnen. Die anderen rannten davon und wir zwei liefen mit freudigen Rufen auf unsere Beute zu. Doch an der Stelle, wo die Schweine gewühlt hatten, erwartete uns ein schrecklicher Anblick. Da lagen zwölf menschliche Leichname, welche die Schweine

Grausiger Fund bei der Jagd

aus dem Boden gewühlt hatten, und noch zwölf andere, die schon fast aufgefressen waren. Sie stanken sehr und wir wichen vor Entsetzen zur Seite. Mein Gefährte sagte darauf zu mir: »Ich finde es ratsam, meinem Vater hiervon zu berichten. Denn es könnten sich hier Seeräuber aufhalten und uns in Lebensgefahr bringen.«

Dieser Rat gefiel mir wohl und wir kehrten zum Ufer zurück. Dort berichtete er seinem Vater von unserem Erlebnis,

worauf dieser erfahrene Mann sofort die Frauen, welche uns
begleiteten, von der Insel aufs Schiff kommen ließ. Sie hatten nämlich am Ufer die Wäsche gewaschen. Dann rief er
vierzig Männer zusammen und wir gingen mit Spießen und
Musketen bewaffnet wieder auf die Insel. Zuerst besahen
wir nochmals die Stelle mit den Leichnamen. Der Kapitän
ließ die Schiffsleute eine große Grube ausheben, um sie zu
begraben. Dabei betrachteten wir die Leichen erst einmal
genau und fanden bei ihnen kostbare Juwelen. Der Necoda
wusste aus Erfahrung schon, was er sich dabei denken sollte, und empfahl mir, in dem mitgeführten Ruderschiff einen
Boten an Petrus de Faria zu senden. Die Erschlagenen waren nämlich Achemer und hatten sich bei Tanaucarim gesammelt, um gegen den König von Siam Krieg zu führen. Es
musste sich um Hauptleute der Achemer handeln, welche
sich gewöhnlich mit ihrem Schmuck begraben ließen. Um
sich dessen mehr zu versichern, befal der Necoda, noch
weitere Leichen auszugraben. Dabei wurden unter siebenunddreißig Toten sechzehn mit goldenen Armbändern und
zwölf mit anderen kostbaren Kleinodien gefunden. Wir hatten also anstelle von Jagdbeute Juwelen im Werte von mehr
als tausend Dukaten gewonnen. Der Necoda, unser Kapitän,
nahm alles an sich, abgesehen von dem, was einige heimlich wegstecken konnten. Doch gereichte es uns nicht zu
wirklichem Gewinn, da viele der Unsrigen infolge des großen Gestanks dieser Leichname krank wurden. Ich schickte
das Ruderschiff sofort nach Malakka zurück und ließ dem
Hauptmann von allem berichten, auch von den Vermutungen des Mohammedaners über die Achemer.

Unterdessen segelten wir weiter an der Küste von Tanaucarim entlang, wo ich den Lancarote zu treffen hoffte. Bei
der Insel Pullo Hinhor trafen wir auf ein Boot mit sechs gelben Männern, alle recht elend bekleidet. Sie grüßten uns
beim Herannahen voller Freude und fragten den Kapitän, ob
ein Portugiese an Bord sei. Der Necoda bejahte das, aber sie
wollten ihm nicht recht trauen. Sie verlangten, einen von
uns zu sehen, und ich begab mich aus meiner Kammer, in

der ich mich wegen einer Unpässlichkeit eingeschlossen hatte, an Deck.

Als jene mich als Portugiesen erkannten, erhoben sie ein Freudengeschrei, klatschten in die Hände und kamen an Bord. Einer von ihnen, der am freimütigsten redete, sagte zu mir: »Mein Herr! Ehe ich mit Euch reden darf, bitte ich Euch, diesen Brief zu lesen. Dann werdet Ihr meinen Worten umso mehr glauben.« Bei diesen Worten zog er aus einem schmutzigen Sack einen Brief hervor. Ich öffnete ihn und fand darin die folgenden Worte: »Meine Herren Portugiesen, die Ihr wahre Christen seid! Dieser Mann, der Euch den Brief übergeben wird, ist der König und oberste Herr dieser Insel. Er ist unlängst zum christlichen Glauben bekehrt worden und hat uns viel Gutes getan. Denn durch ihn haben wir von der verräterischen Absicht der Achemer und der Türken erfahren, sodass wir durch seine Hilfe über sie einen großen Sieg erringen konnten. Wir haben ihnen eine Galeere, fünf Ruderschiffe und vier andere Schiffe abgenommen und dabei mehr als tausend Sarazenen ums Leben gebracht. Wir bitten Euch deshalb, ihm beizustehen, damit andere sich ebenso verhalten wie er.« Dieser Brief war von mehr als fünfzig Portugiesen unterzeichnet worden. Darunter befanden sich die vier Hauptleute, die ich suchte, nämlich Lancarote Guerreyro, Antonius Gomez, Petrus Ferreyra und Cosmo Bernaldez.

Ich bot dem König dieser Insel meinen Rock und ein rotes Barett an. Die waren zwar beide abgenützt, weil ich damals recht mittellos war, sahen aber immer noch besser als seine Kleider aus. Auch setzte ich ihm eine magere Mittagsmahlzeit vor, so gut ich es vermochte. Derweil erzählte er weiter von seinem Elend. Er erhob die Hände zum Himmel und sprach unter Tränen zu mir: »Christus, der uns selig macht, und seine heilige Mutter wissen, wie sehr ich die Hilfe der Christen vonnöten habe. Denn weil ich mich zur christlichen Religion bekannt habe, hat mir mein mohammedanischer Sklave Gewalt angetan und mich um mein Land gebracht. Ich kann nichts anderes tun, als meine Augen zum Himmel zu erheben und mein Elend zu beweinen. Weil Ihr aber allein seid und mir nicht helfen könnt, bitte ich Euch demütig, mich aufzunehmen. Dann wird die Seele, welche mir Gott gegeben hat, nicht vergehen und ich will mein Leben lang Euer Sklave bleiben.« Das sagte er unter so vielen Tränen, dass alle Umstehenden ihn mitleidig ansahen. Der Necoda selbst gab ihm Reis zu essen und Leinen, damit er sich bekleiden konnte. Denn er ging in so zerrissenen Lumpen einher, dass man überall seine nackte Haut sehen konnte.

Der Necoda erkundigte sich hierauf nach allem Notwendigen und fragte schließlich geradeheraus, wo sein Feind abgeblieben und wie stark dieser sei. Er antwortete: »Er befindet sich eine viertel Meile von hier entfernt in einer mit Stroh bedeckten Hütte und hat nicht mehr als dreißig unbewaffnete Fischer bei sich.« Der Necoda wandte sich mir zu, sah mich traurig an, weil ich diesem armen König nicht helfen konnte, und sprach zu mir: »Herr! Wenn Ihr an meiner Stelle Kapitän dieser Dschunke wäret, was würdet Ihr dann wohl tun?« Darauf konnte ich vor lauter Mitleid mit diesem armen König nichts antworten. Der Sohn des Necoda bemerkte das und bat seinen Vater um zwanzig Bootsleute. Mit diesen wollte er den König wieder einsetzen und die Räuber von der Insel vertreiben. Der Necoda gab ihm dazu seine Erlaubnis für den Fall, dass auch ich mitziehen wollte. Ich war darüber sehr froh, fiel ihm zu Füßen und sagte: »Ich will Euer Sklave sein und Euch dienen, so gut ich es vermag, wenn Ihr diesem Armen helfen wollt. Wenn ich für Euch bei den Portugiesen ein gutes Wort einlegen kann, dann will ich dies auch nicht vergessen!« Darauf willigte der Necoda ein.

Wir gingen nun an Land und zogen geradewegs zu dem Ort, an welchem sich der Feind aufhielt. Der Sohn des Necoda marschierte mit vierzig Mann, darunter zwanzig Musketiere, vorneweg. Der Necoda selbst führte die Nachhut und nahm eine Fahne mit, die ihm Petrus de Faria bei seiner Abreise von Malakka verehrt hatte. Darauf war ein Kreuz abgebildet, sodass er sich vor portugiesischen Schiffen als ein portugiesischer Untertan ausweisen konnte. In der Begleitung dieses Königs kamen wir nun zu dem Ort, an welchem die Räuber sich aufgestellt hatten. Es waren ihrer ungefähr fünfzig, doch sie waren ganz schwach und wehrlos. Denn sie hatten keine anderen Waffen als Stöcke in den Händen. Zehn oder zwölf von ihnen trugen Spieße und einer eine Muskete. Sobald einige der Unsrigen ein paar Schüsse abgaben, entflohen sie. Wir holten sie aber ein und schlugen sie schließlich allesamt tot. Nur dreien von ihnen schenkten wir das Leben, weil sie sich als Christen ausgaben.

Dann gingen wir zum nächsten Dorf, das nur aus zwanzig niedrigen Hütten mit Strohdächern bestand. Darin fanden wir sechzig Frauen mit einigen kleinen Kindern. Als sie uns sahen, riefen sie alle zugleich: »Christen! Christen! Jesus! Jesus! Heilige Maria!« Aus diesen Worten schloss ich, dass sie Christen waren. Ich bat daher den Necoda, sie zu verschonen und ihnen von den Seinen kein Leid antun zu lassen. Dem wollte er auch nachkommen, konnte aber nicht verhindern, dass einige der Bootsleute zu plündern anfingen. Doch fanden sie nichts, was auch nur fünf Dukaten wert gewesen wäre. Denn die Einwohner dieser Insel sind sehr arm. Sie leben von Fischen, die sie mit der Angel fangen und ohne Salz auf Kohlen braten. Im Übrigen meinen sie, wenn einer nur ein Stück Land mit einer kleinen Hütte besitze, dann könne er sich deswegen schon König nennen. Auch haben sowohl Männer als auch Weiber fast nichts, um sich zu bekleiden. Als wir nun den Sarazenen mit seinem Anhang getötet hatten, setzten wir den armen König wieder in seinem Reich ein. Auch übergaben wir ihm seine Gemahlin und seine Kinder, welche sein Feind neben vielen anderen zu Sklaven gemacht hatte. Dann erbauten wir ihnen noch eine kleine Kapelle zur Unterweisung der jüngst bekehrten Christen.

Hiernach kehrten wir zu unserer Dschunke zurück und setzten unsere Reise nach Tanaucarim fort. Weil aber der Brief, welchen mir dieser kleine König gezeigt hatte, von einem Sieg der Portugiesen über die Türken und die Achemer gesprochen hatte, will ich hier noch davon berichten. Es hielten sich in dieser Gegend damals hundert Portugiesen in vier Schiffen auf. Sie beraubten innerhalb von acht Monaten dreiundzwanzig große und viele kleine Schiffe und verbreiteten großen Schrecken. Die seefahrenden Kaufleute flüchteten schon an Land, wenn sie nur den Namen »Portugiesen« hörten. Darum ging auch der Handel an den Küsten von Tanaucarim und in den umliegenden Ländern merklich zurück.

Die Einwohner berichteten davon dem Kaiser von Sornau und König von Siam, welcher der Oberherr dieser Gegenden war. Daraufhin entsandte dieser alsbald aus seiner Hauptstadt Odia einen seiner türkischen Hauptleute, den Heredin Mahomet. Dieser war derselbe, der vor einigen Jahren von Suez aus dem Heere des Solyman, des Wesirs von Kairo, nach Indien gefolgt war. Danach hatte er das türkische Heer verlassen und sich beim König von Siam in Dienst begeben. Dieser hatte ihn wegen seiner Erfahrung und seines Verstandes zum Admiral ernannt und versprach ihm nun höchste Ehren, wenn er die vier portugiesischen Obersten besiegte und ihre Köpfe brächte. Der ehrgeizige Türke brachte daraufhin eine Flotte gegen uns zusammen und bemannte sie mit achthundert streitbaren Mohammedanern, darunter dreihundert Janitscharen. Dann zog er aus, um die Unsrigen zu suchen.

Diese befanden sich gerade bei der Insel Pullo Hinhor. Deren König war eben unterwegs, um mit gedörrtem Fisch zu handeln. Als er von der Absicht des Heredin Mahomet erfuhr, stellte er sogleich seinen Handel ein und kehrte zu seiner Insel zurück. Dort berichtete er den Portugiesen von der ihnen drohenden Gefahr. Sie waren hierüber erschrocken und wollten schon beinahe nach Bengalen entfliehen. Als sie noch unschlüssig berieten, sahen sie zehn Schiffe in der Ferne und hinter diesen noch fünf große Schiffe aus Gujarat. Da sie aber wegen des widrigen Windes nicht mehr schnell fortsegeln konnten, hielten sie ihre Schiffe verborgen und warteten ab, was sich ereignen würde.

Die Türken vermochten sie da nicht zu finden, und die Kapitäne, welche sie zur Erkundung vorausgesandt hatten, mussten dem Heredin Mahomet schließlich am Abend berichten, dass sie die Feinde den ganzen Tag über nicht hatten finden können, weil diese bereits entwichen seien. Darüber soll sich der Heredin Mahomet so entrüstet haben, dass er sich aus Zorn selbst ins Gesicht schlug, seinen Bart ausraufte, auf den Boden fiel und dort eine ganze Stunde lang wie tot liegen blieb. Als er sich wieder erholt hatte, sorgte er für die Ordnung seiner Flotte und ließ ihre einzelnen Gruppen in verschiedene Richtungen segeln, um die Unsrigen zu finden. Er selber blieb in seiner großen Galiote vor Pullo Hinhor liegen, um die Rückkehr der anderen Schiffe abzuwarten.

Die Unsrigen hatten das alles genau beobachtet. Als sie nun bemerkten, dass das türkische Schiff allein geblieben war, beschlossen sie, es sofort anzugreifen. Daher machten sie ihre vier Schiffe segelfertig und kamen um Mitternacht an Heredin Mahomets Schiff heran. Sie setzten gleich sechzig Mann über, die in kurzer Zeit mehr als achtzig Türken erschlugen, während viele andere von ihnen ins Meer sprangen. Auch Heredin Mahomet selber kam bei diesem Scharmützel ums Leben. Auf unserer Seite aber wurde nur einer getötet und neun wurden verwundet. Hingegen haben insgesamt mehr als dreihundert Türken, darunter viele Janitscharen, ihr Leben durch das Schwert oder im Meer verloren. Die Unsrigen hielten nun weiter aufmerksam Wache und tatsächlich kamen früh am nächsten Morgen zwei der Schiffe, die Heredin Mahomet ausgesandt hatte, zurück. Sie merkten nichts von dem, was vorgefallen war, und wurden so von den Portugiesen überrumpelt und bezwungen.

Am Abend kamen zwei weitere Schiffe, denen es auch nicht anders erging. Einige andere feindliche Schiffe wurden durch einen Sturm zerschlagen und zwei weitere noch einzeln genommen. Als dem Chambainha, dem König von Martaban, dieser Sieg zu Ohren kam, ließ er die Unsrigen suchen und ihnen große Versprechungen machen für den Fall, dass sie ihm gegen den König von Burma beistehen wollten. Dieser rüstete sich damals in der Stadt Pegu, um Martaban mit einem Heer von siebenhunderttausend Mann zu belagern.

27. KAPITEL

Vom Fall der Stadt Martaban

Als wir nun von Pullo Hinhor fortgesegelt waren, trafen wir am Abend des fünften Tages auf ein kleines Boot, das wir zunächst für einen Fischerkahn hielten. Doch fanden wir darin drei lebende und zwei tote Portugiesen. Sie waren Kaufleute, deren Schiff auf eine Sandbank gelaufen war. Von dreiundachtzig Mann waren nur diese drei am Leben geblieben und es bedurfte längerer Pflege, bis sie der Todesgefahr entronnen waren. Sie hatten zwar Münzen und silberne Gefäße von ihrem Schiff retten können, aber nicht ausreichend Wasser und Lebensmittel, und waren hilflos den Wellen ausgesetzt gewesen.

Nach vier weiteren Tagen begegneten uns fünf portugiesische Schiffe aus Bengalen, die nach Malakka zogen. Ich warnte sie vor den Achemern und darauf segelten wir wieder neun Tage lang weiter, bis wir in den Hafen von Martaban gelangten. Dort hörte ich endlich auch, dass sich die von mir gesuchten Portugiesen inzwischen tatsächlich in den Dienst des Chambainha von Martaban begeben hatten, während andere Portugiesen dem König von Burma dienten.

Dieser belagerte bereits die Stadt. Am Abend hörten wir vor Martaban viele Schüsse aus grobem Geschütz. Wir beschlossen, die Lage der Stadt erst genau zu erkunden. Als wir uns dem Hafen weiter näherten, sahen wir die Menge der Belagerer und viele Ruderschiffe. Bald begegnete uns auch ein portugiesisches Schiff und wir konnten so Genaueres über die Stadt und ihre Feinde erfahren. Der König von Burma hatte eine Flotte von siebzehnhundert Schiffen zusammengezogen, vor denen wir uns sehr in Acht nehmen mussten. Die Portugiesen rieten mir, an Land zu João Cayeyro, dem portugiesischen Anführer, zu gehen. Der war ein aufrechter Mann, zudem ein Freund de Farias, der mir weiterhelfen würde, meinen Auftrag auszuführen.

Ich begab mich also zu ihm, der dort siebenhundert der Unsrigen in der belagerten Stadt kommandierte. Als ich ihm de Farias Brief übergab und darüber mit ihm sprach, bemerkte ich die vier Portugiesen, welche ich suchte. Cayeyro wandte sich alsbald an sie und trug ihnen die Bitte des Hauptmannes von Malakka vor. Sie wandten darauf ein, dass die Achemer doch bereits geschlagen seien und Malakka also nicht mehr gefährdet sei. Dazu vermochte ich nichts mehr zu sagen oder zu tun, als mir von Cayeyro einen schriftlichen Bericht an den Hauptmann von Malakka über diese Meinung der vier Hauptleute auszubitten.

Hiernach hielt ich mich sechsundvierzig Tage lang in der Gesellschaft von Cayeyro auf und erlebte mit ihm zusammen die Belagerung. Von dieser und ihrem Ausgang wird der Leser vielleicht gern einige Dinge erfahren. Der König von Burma hatte die Stadt bereits seit sechs Monaten und dreizehn Tagen belagert. Die Leute von Martaban hatten die Truppen des Königs zwar schon fünfmal zurückgeschlagen. Dabei war aber die Zahl der Verteidiger zusammengeschmolzen und der Chambainha wusste sich daraufhin nicht mehr anders zu helfen, als dem König von Burma eine große Menge Silber und die Oberherrschaft anzubieten. Der König wollte aber von keinem Vertrag etwas wissen, bevor der Chambainha sich ihm nicht gänzlich ausgeliefert hatte. Daraufhin bat der Chambainha um freien Abzug nach Siam für sich, seine Gemahlin und seine Kinder, unter Mitnahme seiner Schätze. Auch darauf wollte sich der König nicht einlassen, desgleichen nicht auf ein drittes, ähnliches Anerbieten.

Daraufhin verhandelte der Chambainha aus Angst vor dem rachgierigen Feinde mit den Portugiesen. João Cayeyro sollte ihn, seine Gemahlin und die Kinder samt seinen Schätzen heimlich fortbringen und dafür die Hälfte der Schätze bekommen. Die Portugiesen berieten nun über diesen Vorschlag. Sie erkundigten sich bei dem Gesandten des Chambainha, einem Landsmann, sehr genau nach der Größe der Schätze. Doch konnten sie sich nicht einigen. Manche von ihnen fürchteten, dass Cayeyro zu mächtig werden könnte, und drohten, dem König von Burma von den Fluchtabsichten des Chambainha zu berichten. Der Chambainha versuchte nochmals, Cayeyro durch ein kostbares Geschenk, das er von einer jungen Frau überreichen ließ, für seinen Plan zu gewinnen, und ließ ihm ausrichten: »Ich bitte dich, lass dich nicht so sehr durch dies kleine Geschenk, sondern durch die große Freundschaft bewegen, welche ich dir allezeit erwiesen habe. Vor allen Dingen erinnere die Portugiesen daran, wie undankbar sie mir gegenüber sind. Deswegen klage ich sie vor Gott an!«

Doch wollten sie seinen Vorschlägen nicht Folge leisten und der Chambainha beriet verzweifelt mit seinen Hauptleuten, was sie denn tun sollten. Manche rieten, alle Einwohner der Stadt, die nicht kämpfen konnten, dem Gott der Feldschlachten zu opfern und alle Schätze ins Meer zu werfen. Dann hätten die Feinde die Hoffnung auf reiche Beute verloren und die Verteidiger von Martaban würden umso tapferer kämpfen. Der Chambainha war von diesem Gedanken angetan und ließ mit dem Abbruch der Häuser beginnen, um die Stadt in Brand zu stecken und mit diesem Verzweiflungskampf anzufangen. Aber einer seiner vornehmsten Hauptleute wollte sein Leben erhalten und entwich mit viertausend Mann zum König von Burma, um sich ihm zu ergeben.

Daraufhin wurden die übrigen Hauptleute des Chambainha von Mutlosigkeit ergriffen, desgleichen ihre Truppen, sodass niemand mehr recht über die Sicherheit der Stadt wachte. Ja, sie fingen an, den Chambainha zu bedrängen, er solle doch mit dem König von Burma ein Übereinkommen treffen. Ansonsten würden sie die Stadttore öffnen und sich in den Kampf stürzen, um wenigstens ritterlich zu sterben.

Der Chambainha ließ hierauf das Volk zählen, wobei sich herausstellte, dass er nur noch zweitausend Krieger hatte. Die waren obendrein alle so kraftlos, dass sie nicht einmal Frauen noch hätten Widerstand leisten können. Als der Chambainha das sah, eröffnete er den vornehmsten Männern des Reiches seine Absicht, sich am nächsten Tage dem König von Burma auf Gnade oder Ungnade zu ergeben. Am nächsten Morgen steckten die Belagerten ein weißes Fähnlein auf und die Belagerer taten es ihnen gleich. Der Xenimbrun, der Feldmarschall des Königs von Burma, ließ dem Chambainha einen Geleitbrief auf einem Blatt von geschlagenem Golde überbringen, und dieser sandte daraufhin einen seiner Priester, einen Mann von achtzig Jahren, aus. Der sollte dem König die Stadt übergeben und mit ihm über die Zukunft des Chambainha verhandeln. Der König versprach, ihm alles zu vergeben und zu seinem Unterhalt ihm eine Stadt zu geben. Doch er hielt dies Versprechen nicht ein.

Erst aber ließ er seine Truppen sich in großartiger Ordnung aufstellen, dazu die Elefanten und Reiter, alle wohl ausstaffiert, sodass sie eine breite Gasse bildeten. Durch diese sollte der Chambainha ziehen und es war eine laute Musik von Trommeln und Trompeten zu vernehmen. Eine Stunde nach Mittag wurde ein Geschütz abgefeuert – zum Zeichen, dass das Stadttor geöffnet wurde. Zuerst kamen nun alle Soldaten heraus, die der König schon vorher hineingeschickt hatte. Sie führten dreihundert Kriegselefanten hinaus. Darauf folgten die vornehmsten Herren der Stadt und des Königreiches des Chambainha, die obersten Priester und die Familie des Fürsten. Die Priester versuchten, die Gemahlin des Chambainha, ihre Töchter und ihre Hofdamen zu trösten. Diese waren sehr hinfällig und wollten beinahe in Ohnmacht fallen. Der Chambainha selbst befand sich in der Nähe des Oberpriesters. Er saß zum Zeichen seiner Armut und Verachtung auf einem kleinen Elefanten und hatte sich, um seine Trauer anzuzeigen, in einen langen schwarzen Rock gekleidet. Sein Haar, sein Bart und seine Augenbrauen waren geschoren, und um seinen Hals hing ein Strick. So wollte er vor dem König von Burma erscheinen und ging so traurig einher, dass man ihn nicht ohne Tränen ansehen konnte. Er war zweiundsechzig Jahre alt, groß gewachsen und hatte ein ernstes, edles Aussehen.

Als er an das Stadttor kam, wo die Frauen, Kinder und alten Leute auf ihn warteten, schrien sie bei seinem erbärmlichen Anblick sechs- oder siebenmal so schrecklich, dass die Erde fast davon bebte. Viele schlugen sich auch ihr Gesicht blutig, sodass selbst die Kriegsleute dabei Mitleid empfanden. Die Gemahlin des Chambainha, Nhay Canato, sank neben ihren Frauen zweimal in Ohnmacht. Da stieg der Chambainha vom Elefanten, um sie zu trösten. Als er sie wie tot auf der Erde liegen sah, von ihren Kindern umgeben, fiel er auf die Knie nieder und rief mit Tränen in den Augen zum Himmel: »O große Macht Gottes! Wer kann die Gerichte Deiner göttlichen Gerechtigkeit begreifen, wenn er sieht, wie sich Dein Grimm auch über diese unschuldigen jungen Geschöpfe ergießt? Wie kann unser schwacher Verstand dies fassen? Aber Herr, denke daran, wer Du bist, und nicht, wer ich bin!«

Auf diese Worte hin erhoben die Umstehenden wieder ein jämmerliches Geschrei. Der Chambainha besprengte das Gesicht seiner Gemahlin mit ein wenig Wasser, damit sie sich etwas erholte, und versuchte sie zu trösten. Seine Worte schienen mehr die eines Christen als die eines Heiden zu sein. Dann stieg er wieder auf seinen Elefanten und zog weiter. Als er vor dem Tore der Portugiesen ansichtig wurde und unter ihnen João Cayeyro erblickte, alle prächtig gekleidet und mit den Musketen auf den Schultern, hieb er dem Elefanten auf den Hals, damit der still stand, und sagte zu den Anwesenden: »Brüder und Freunde! Ich bezeuge, dass mich nicht die freiwillige Übergabe, die Gott mir bestimmt hat, so sehr schmerzt, sondern der Anblick dieser bösen und undankbaren Menschen. Sie sollen entweder von dieser Stelle weichen, oder ich will mich hier erwürgen lassen und nicht weiterziehen!« Nachdem er das gesagt hatte, drehte er sich um, damit er die Unsrigen nicht weiter ansehen musste. Schließlich wandte er sich schnell zu Cayeyro um, sah ihn fest an und sprach zu ihm: »Scher dich fort, so schnell du kannst, denn solche bösen Menschen wie du sind es nicht wert, auf der Erde zu gehen. Schere deinen Bart ab, damit du die Welt nicht mehr betrügen kannst!«

Die burmesische Leibwache war bereits so ergrimmt über uns, dass sie uns mit Schimpf und Schande aus dem Wege jagte. So konnte der Chambainha seinen Weg bis zum Zelt des Königs fortsetzen. Der erwartete ihn mit königlicher Pracht, umgeben von seinen vornehmsten Fürsten und Kriegsobersten. Der Chambainha fiel vor seinen Füßen nieder und blieb dort geraume Zeit liegen, ohne ein Wort zu sprechen. Aber der Roolim von Mounay, sein Oberpriester, redete den König von Burma an, wie es sein Amt mit sich brachte: »Herr! Dieser traurige Anblick muss Euer Herz zu Mitleid bewegen! Bedenkt, wie angenehm vor Gott eine solche Unterwerfung ist, wie Ihr sie hier seht. Dadurch kann die Barmherzigkeit am ehesten offenbar werden. So folgt nun der Güte Gottes und den demütigen Bitten aller. Gott wird es Euch vergelten und in der Stunde Eures Todes seine Hand über Euch halten!« Diese Worte veranlassten den König, vorerst keine Strafe über den Chambainha zu verhängen und ihn einstweilen seinem Hauptmann Ximin Commidau als Gefangenen anzuvertrauen. Ebenso wurde die Gemahlin des Chambainha in Gewahrsam genommen.

Da der König von Burma fürchtete, dass seine Kriegsleute die Stadt Martaban plündern würden, ließ er zur Nacht alle ihre Tore streng bewachen. Seine Absicht war dabei, in aller Ruhe die Schätze des Chambainha an sich zu bringen. Damit waren tausend Mann zwei Tage lang beschäftigt. Danach zog der König auf den Hügel Beidao vor der Stadt und ließ seinem ganzen Heer die Stadt zur Plünderung freigeben. Als das Zeichen dazu mit einem Kanonenschuss gegeben wurde, fielen die Kriegsleute dermaßen über die Stadt her, dass sie selbst sich schon an den Toren zu Hunderten gegenseitig erdrückten. Sie führten sich so furchtbar auf, dass der König selbst mehrmals kommen musste, um Ordnung zu schaffen. Doch wurden die Residenz des Chambainha und viele prächtige Gebäude, Pagoden und Tempel auf seinen eigenen Befehl hin zerstört, wodurch ein ungeheurer Schaden entstand. Es erhob sich eine Feuersbrunst und die ganze Stadt wurde zu einem einzigen Steinhaufen. Die Anzahl der Toten betrug sechzigtausend, ebenso viele Menschen gerieten in Gefangenschaft. Die Eroberer machten reiche Beute, obgleich die Belagerten während der Belagerung allein schon dreitausend Elefanten aufgezehrt hatten. Doch fanden die Burmesen noch sechstausend Geschütze, eine unübersehbare Menge kostbarer Gewürze und anderer Handelsgüter, von dem vielen Gold, Silber und den Edelsteinen ganz zu schweigen.

Am Tage nach der Plünderung der Stadt sah man, wie auf dem Hügel Beidao einundzwanzig Galgen errichtet wurden. Ringsherum wachten hundert burmesische Reiter mit vielen blutigen Fahnen. Sechs von uns Portugiesen liefen vor Verwunderung hin, um zu erfahren, was dort geschehen sollte. Unterdessen erhob sich vor dem Quartier des Königs ein großer Lärm. Ein Trupp von Reitern trieb die Menschen auseinander und rief laut: »Es soll niemand mit Waffen erscheinen, wenn ihm sein Leben lieb ist, noch über die Befehle des Königs murren!« Diesen Reitern, welche sich auf diese Weise freie Bahn verschafft hatten, folgten hundert Kriegselefanten, viel Fußvolk und fünfzehnhundert burmesische Reiter. Dann kamen dreitausend siamesische Krieger mit Spießen und Musketen, die die gefangenen Frauen, hundertvierzig an der Zahl, geleiteten. Sie waren aneinander gebunden und wurden von Geistlichen begleitet, die ihnen Mut zusprachen. Den Frauen folgten zwölf Trabanten mit silbernen Keulen. Sie geleiteten Nhay Canato, die Tochter des Königs von Pegu und Gemahlin des Chambainha. An all diesen Frauen wollte der blutgierige Tyrann von Burma, der Frauen von jeher gehasst hatte, Rache üben.

Diese bejammernswerten Frauen waren zum größten Teil siebzehn bis fünfundzwanzig Jahre alt. Sie sahen alle recht schön aus, waren aber so schwach, dass sie bei jedem Lärm auf die Erde sanken. Der Fürstin folgten weitere Geistliche, die unter Tränen aus Büchern Gebete lasen und Gott um die Vergebung ihrer Sünden baten. Darauf kamen vierhundert kleine, halb nackte Kinder. Sie trugen weiße Wachskerzen in ihren Händen und jedes hatte einen Strick um seinen Hals. Dann folgte wieder burmesisches Fußvolk und hinterdrein schritten hundert Kriegselefanten. Ringsum befand sich eine unzählbare Menschenmenge, die sich versammelt hatte, um dies Schauspiel zu sehen. Als die Frauen nun so mit großer Mühe über das Feld gegangen waren, kamen sie auf den Hügel, auf dem die einundzwanzig Galgen standen. Der Reitertrupp, welcher zu Beginn den Befehl des Königs ausgerufen hatte, war wieder zu hören – mit dem Ruf: »Es sollen alle Leute das blutige Gericht ansehen, welches der lebendige Gott, der Herr aller Wahrheit, vollziehen lässt. Er will, dass nach seiner obersten Gewalt diese hundertvierzig Frauen gehängt werden und sterben sollen. Denn auf ihren Rat hin haben sich ihre Väter und Männer empört und haben zwölftausend Burmesen aus dem Königreich Tangu umgebracht.« Darauf erhoben die Henker und ihre Knechte ein großes Geschrei, das schrecklich anzuhören war.

Als sie nun nach den Frauen griffen, fielen diese einander um den Hals, weinten und schauten auf Nhay Canato. Diese sah aus, als wäre sie schon tot, und sie lehnte sich an eine andere Frau. Eine ihrer Damen erwies ihr eine letzte Ehre und sprach sie im Namen aller anderen mit schwacher Stimme an: »Schönste Frau! Wir müssen als demütige Sklaven in die traurige Wohnung des Todes treten. Darum erheitert uns noch einmal mit Eurem lieblichen Gesicht, sodass wir getrost unseren ängstlichen Leib verlassen können und in das Land des gerechten Richters eingehen mögen. Wir bezeugen unter Tränen vor ihm, dass wir seine Gerechtigkeit ewig zur Rache für dieses Leid anrufen werden, das man uns jetzt zufügt.« Nhay Canato sah sie an und sagte: »Schwestern, geht nicht so bald fort! Helft mir meine Kinder tragen!« Doch die Henkersknechte ergriffen jetzt die Frauen und hängten an jeden Galgen sieben von ihnen mit den Füßen nach oben auf. Sie quälten sie noch eine Stunde lang, bis sie starben.

Die Reiter trieben nun das dicht stehende Volk auseinander, damit sie die Königin samt ihren Kindern an den Galgen bringen konnten, der für sie bestimmt war. Der Roolim Mounay, jener Geistliche, den sie für einen heiligen Mann hielten, sprach mit ihr und ermahnte sie, freudig zu sterben. Sie aber bat um ein wenig Wasser, nahm davon etwas in ihren Mund und besprengte damit ihre vier Kinder, um die sie ihre Arme geschlungen hatte. Dann küsste sie alle unter Tränen und sprach zu ihnen: »O meine Kinder, die ich unter meinem Herzen getragen habe! Wie glücklich wäre ich, wenn ich durch einen tausendfachen Tod euer Leben erkaufen könnte! Dann würde ich ebenso gern den Tod von der Hand dieses grimmigen Henkers erwarten, wie ich vor dem obersten Herrn aller Dinge in seiner himmlischen Wohnung erscheinen möchte!« Dann wandte sie sich an den Henker, der bereits ihre beiden Söhne gefesselt hatte, und sagte zu ihm: »Sei nicht so unbarmherzig, meine Kinder vor meinen Augen zu töten! Erwürge mich vor ihnen!«

Als sie das gesagt hatte, nahm sie ihre Kinder nochmals in den Arm, küsste sie zum Abschied, lehnte sich dann zurück an die Frau, die sie gestützt hatte, und gab ihren Geist auf.

Als der Henker das sah, ergriff er sie sogleich und hängte sie mit den vier Frauen zusammen auf, die sie geleitet hatten. Dann vollzog er auch die Hinrichtung der Kinder, indem er rechts und links von der Mutter je zwei von ihnen aufknüpfte. Bei diesem schrecklichen Anblick erhoben sich ein solches Murren und solcher Lärm unter dem Kriegsvolk, dass es fast die Erde erschütterte. Das ganze Lager geriet in Aufruhr, sodass der König sich veranlasst sah, sein Quartier mit sechstausend Reitern und dreißigtausend burmesischen Fußsoldaten zu sichern. Aber auch das schien ihm noch nicht auszureichen. Denn in seinem großen Heer befanden sich viele Krieger aus Pegu, deren König der Vater der gehängten Königin gewesen war. Doch brach die Nacht herein, welche die Erregung und die aufrührerischen Absichten etwas dämpfte. Auch verstand es der König von Burma, seine Truppen derartig in Zucht zu halten, dass sie ihn kaum ohne Furcht ansehen konnten. Auf diese Weise kam Nhay Canato, die Gemahlin des Chambainha, des Königs von Martaban, ums Leben. Was den unglücklichen Chambainha betrifft, so wurde er mit Steinen am Hals ins Meer geworfen, samt fünfzig seiner vornehmsten Untertanen. Darunter waren auch die Väter, Männer und Brüder der gehängten Frauen. Mit diesen hatte man ebenfalls drei Fürstentöchter hingerichtet, die der König von Burma zur Ehe begehrt hatte. Sie waren ihm aber abgeschlagen worden, weil man ihn für nicht würdiger als einen Grafen gehalten hatte. Hieraus ist zu ersehen, wie Zeit und Glück alles verändern können.

28. KAPITEL

Durch Verrat gerät Pinto in burmesische Gefangenschaft, hört dort von vielen Kriegen und reist als Gefangener im Land umher

Nachdem dieser Tyrann von Burma so seinen Grimm gestillt hatte, zog er endlich nach Pegu und ließ den Bainha Chaque als seinen Statthalter zurück. Cayeyro folgte dem König mit fast allen Portugiesen. Unter den wenigen, die gleich mir zurückblieben, war ein tapferer Edelmann, Gonzalo Falcan mit Namen. Petrus de Faria hatte mir einen Brief an ihn mitgegeben, in welchem er ihn bat, mir behilflich zu sein, falls es notwendig wäre. Diesen Brief übergab ich ihm und erzählte ihm auch von dem Zweck meiner Reise, nämlich über die Erneuerung des Vertrages mit dem Chambainha zu verhandeln.

Dieser Gonzalo Falcan war während der Belagerung von

Martaban in den Dienst des Königs von Burma getreten. Er wollte sich nun bei ihm in ein günstiges Licht setzen und ging deshalb drei Tage nach dessen Abzug zu dessen Stellvertreter, dem Statthalter. Dem erzählte er, es sei ein Abgesandter des Hauptmannes von Malakka gekommen, um mit dem Chambainha zu verhandeln und ihm eine große Hilfstruppe anzubieten. Dem fügte er noch so viele Lügen hinzu, dass der Statthalter mich umgehend einsperren ließ. Er befahl auch, die Dschunke, mit welcher ich von Malakka gekommen war, einschließlich aller Handelsgüter zu beschlagnahmen. Dabei wurden der Necoda und die anderen Schiffsleute samt vierzig reichen Kaufleuten aus Malaya und Malakka ebenfalls gefangen genommen. Angeklagt, Feinde des Königs von Burma zu sein, wurden sie alle in ein tiefes Loch geworfen und unmenschlich gegeißelt. Innerhalb von einem Monat starben neunzehn von ihnen vor Hunger und Krankheiten.

Die Übrigen, fünfundvierzig an der Zahl, wurden in ein altes, zerbrochenes Schiff gesetzt und ohne Ruder und Segel den Wellen übergeben. Der Wind trieb sie an die wüste Insel Pullo Camude. Da konnten sie sich nur mit dem Notwendigsten versorgen, vor allem mit ein paar Früchten. Sie fanden dort indes auch zwei Ruder, sodass sie wieder zum Festland kommen konnten. Doch litten sie sehr an Hunger und an Geschwüren und nur zwei von ihnen gelangten schließlich wieder nach Malakka.

Dort berichteten sie dem Petrus de Faria von meinem Schicksal und von dem über mich verhängten Todesurteil. Ich glaubte auch jeden Augenblick, dass mein letztes Stündlein geschlagen hätte. Denn nachdem der Necoda und seine Gefährten so dem Meere preisgegeben worden waren, überführte man mich in ein anderes Gefängnis. Dort lag ich sechsunddreißig Tage lang in schweren Ketten. Der Verräter Gonzalo klagte mich unterdessen weiter aufgrund gefälschter Schriften an. Er dichtete mir darin viele falsche Sachen an, auf die ich selbst nie gekommen wäre, und das alles nur, weil er mich meines Lebens berauben wollte. Ich stand darum dreimal vor Gericht, antwortete aber nicht auf die Anklage. Deswegen musste ich viel ausstehen, weil man es mir als Verachtung des Gerichtes auslegte. Vor lauter Geißelhieben wäre ich beinahe gestorben. Doch hatte ich glücklicherweise, ohne jede Absicht, gesagt, dass João Cayeyro sich beim König von Burma über diese Behandlung, die mir zuteil wurde, beklagen würde. Diese Worte gaben einigen Freunden des Statthalters zu denken; folglich brachten sie ihn davon ab, die Ausführung des Todesurteils anzuordnen. Der Statthalter befürchtete nämlich, es könnte ihm und seinen Kindern zum Schaden gereichen, worauf er das Urteil abänderte und jetzt nur noch die Einziehung meiner Güter und Gefangenschaft verfügte. Als ich wieder genesen war, wurde ich in Ketten nach Pegu geschickt und dem königlichen Schatzmeister Diosoray ausgeliefert. Dieser hatte bereits acht Portugiesen in Verwahrung, die vor sechs Monaten an der Küste gestrandet waren.

Der König von Burma hatte sich nach Pegu begeben und dort sein Heer gemustert. Derweil erhielt er die Nachricht, dass sich der König von Ava und einige andere Fürsten, darunter der junge König von Prom, ein Schwager des Königs von Ava, gegen ihn verbündet hätten. Darauf zog der König von Burma gegen die Stadt Prom und belagerte sie. Er verheerte die Umgebung der Stadt und bestürmte sie selbst viele Male. Von einer eigens errichteten Schanze ließ er seine Geschütze in die Stadt feuern, sodass darin innerhalb von neun Tagen vierzehntausend Menschen ums Leben kamen.

Als die alte Königin von Prom, welche für ihren jungen Sohn die Regierung führte, diese Verluste sah, verlor sie fast gänzlich ihren Mut. Doch es waren ihr noch sechstausend Krieger verblieben, und diese fassten den Entschluss, die Schanze nachts anzufallen und zu zerstören. Das glückte ihnen auch, wobei sie nur siebenhundert Mann verloren, während den Feinden fünfzehntausend Mann getötet wurden. Denn die Verteidiger von Prom kämpften auf Leben und Tod. Aber nach zwölf Tagen fiel die Stadt trotzdem. Einer der Hauptleute unter den Verteidigern fürchtete nämlich, dass er von dem burmesischen König umgebracht würde, wenn dieser siegte. Darum lieferte er die Stadt aus. Um drei Uhr in der Nacht drangen die Burmesen ein und wüteten schrecklich. Die Einwohner wurden samt und sonders hingeschlachtet. Durch die Mauer des Königspalastes wurde ein Gang gebrochen, damit der Sieger ungehindert einziehen konnte. Der ließ sich zum König von Prom krönen, während der junge besiegte König vor ihm auf der Erde lag und seine Füße küsste.

Doch das gefiel dem Tyrannen erst recht nicht. Er begab sich an einen erhöhten Ort in der Stadt, von dem aus man den großen Markt überblicken konnte. Dann befahl er, vor seinen Augen die kleinen Kinder, die tot auf den Straßen lagen, einzusammeln, sie in Stücke zu zerhacken und mit Reis und Gras vermischt den Kriegselefanten zum Fraß vorzuwerfen. Unter Trommelschlag und Trompetengeschmetter wurden auf vielen Pferden weitere Leichname herbeigeführt. Die ließ er auch zerstückeln und in einem großen Feuer verbrennen. Dann wurde die alte Königin auf seinen Befehl hin samt ihrer Schwiegertochter, der Schwester des Königs von Ava, nackt durch die Stadt geführt, gegeißelt und gequält, bis sie den Geist aufgaben. Hierauf banden sie die junge Königin an ihren noch lebenden Gemahl und ertränkten sie dann zusammen. Die vornehmen Herren der Stadt, so weit sie noch am Leben waren, wurden am nächsten Tage wie gebratene Schweine aufgespießt und so in den Fluss geworfen.

Nach dem Fall von Prom zog der König flussaufwärts gegen die Stadt Meleytay. Der König von Ava hatte nämlich seinem Verwandten, dem König von Prom, Hilfstruppen geschickt. Die lagerten, dreißigtausend Mann an der Zahl, in Meleytay, weitere achtzigtausend Mann zu ihrer Verstärkung erwartend. Als diese von dem Unglück der Stadt Prom hörten, stürmten sie aus der Stadt Meleytay und fielen über das Heer der Burmesen her, ohne an ihr eigenes Leben zu denken. Dabei blieben von den dreißigtausend Kriegern nur achthundert am Leben; die Verluste des Feindes waren freilich noch viel größer.

Als der König von Burma von dieser schrecklichen Niederlage der Seinen Nachricht erhielt, zog er mit seinem ganzen
Heer heran, um die Festung zu belagern und die restlichen
achthundert Gegner lebendig zu fangen. Diese Belagerung
dauerte sieben Tage lang, wobei die Belagerten sich tapfer
wehrten. Doch weil sie keine Aussicht hatten zu überleben,
wollten sie wie ihre Gefährten im Kampf sterben und dabei
ihr Leben möglichst teuer verkaufen. Darum fielen sie
nachts aus der Stadt, stürzten sich auf die Feinde und brachten diese so in Verwirrung, dass sie sogar bis zu dem Tyrannen vordringen konnten. Der konnte sein Leben nur
dadurch retten, dass er ins Wasser sprang und davon-
schwamm. Dieses Gefecht dauerte eine ganze Stunde lang.
Keiner der achthundert Verteidiger wollte sich ergeben, sodass sie schließlich alle umkamen. Aber auch der König von
Burma verlor in dieser einen Nacht nicht weniger als zwölftausend Mann.

Der König wandte sich hierauf gegen das Königtum Ava
und zog vor dessen gleichnamige Hauptstadt. Sie war wohl
versorgt und ihr Herrscher hatte viele Hilfstruppen aus den
östlichen Gebirgen und aus befreundeten Reichen kommen
lassen. Die Burmesen zerstörten in diesem Reiche viele
Schiffe und Dörfer, aber die Hauptstadt konnten sie nicht so
leicht überwinden, denn sie hatte starke Bollwerke und die
tapferen Verteidiger erwarteten weitere Verstärkung. Der
König von Burma befürchtete nun, dass sein Siegeszug hier
gebrochen werden könnte und dies der Anfang von seinem
Ende sein würde. Deswegen sandte er seinen Schatzmeister
Diosoray als Gesandten in das Reich Calaminham, dessen
Herrscher er zum Bundesgenossen gewinnen wollte, um in
diesem Kampf um die Herrschaft über das ganze weite Land
zu siegen. Wir befanden uns immer noch als Gefangene im
Gefolge des Schatzmeisters. Als er nun mit einer Begleitung
von dreihundert Mann und vielen Geschenken, darunter
einer Rüstung für einen Elefanten, nach Calaminham zog,
nahm er auch uns mit. Er versah uns wohl mit Kleidung und
anderen notwendigen Dingen. Dadurch ließ er erkennen,

dass ihm unsere Gesellschaft angenehm war und er uns höher schätzte als seine übrigen Begleiter.

Hier will ich den Tyrannen ein wenig verlassen und stattdessen erzählen, welchen Weg wir nach Timplan, der Hauptstadt von Calaminham, nahmen. Der Fürst dieses Landes, der Calaminham, nennt sich selbst einen vollkommenen Herrn über die unbezähmbare Kraft der Elefanten auf Erden.

Zuerst zogen wir sechs Tage lang den Fluss Queitor hinab und folgten darin dem Guambano. Auf diesem umschifften wir das Königreich des Siammon und reisten viele Tage lang durch ein recht ärmliches Land, in dem wir nur kleine Dörfer fanden. Endlich kamen wir auf den großen Fluss Angeguma, der drei Meilen breit und recht tief war. Nach sieben Tagen gelangten wir auf diesem Strom zu der befestigten Stadt Gumbin im Königreich Jangoma. Die war von vielen Feldern umgeben und die Einwohner trieben eifrig Handel mit denen von Martaban, vor allem mit Moschus und Lack. Von hier aus fuhren wir sieben Tage lang auf dem Fluss weiter, bis wir endlich die Stadt Contammas erreichten, über die der zweite Sohn des Calaminham herrschte. Dort hörten wir, dass der Calaminham sich tatsächlich in seiner Hauptstadt Timplan aufhielt.

Wir zogen weiter und passierten am Abend des nächsten Tages die Festung Campalagor, die auf einer Insel im Fluss lag. Dort befand sich ein großer Teil der Schätze des Königreiches, meist ungemünztes Silber. Von dort aus zogen wir dreizehn Tage lang auf dem Strom weiter. An beiden Seiten desselben sahen wir jetzt viele ansehnliche Ortschaften, großartige Wälder mit hohen Bäumen, schöne Lustgärten und große Kornfelder, dazu viel Wild wie Hirsche, Kamele und Rhinozerosse, die von berittenen Hirten gehütet wurden. Auf dem Strome verkehrten viele Ruderkähne, von denen man reichlich Gemüse und Korn kaufen konnte.

Zu dieser Zeit aber erkrankte der Gesandte an einem Geschwür auf der Brust, weshalb er von seinem Wege abbog, um die berühmte Pagode Tinagogo, das heißt »Gott über tausend Götter«, zu besuchen. Diese lag ungefähr zwölf Meilen landeinwärts vom Strom weg. Der Gesandte wurde daselbst in einer berühmten Herberge untergebracht, in welcher sich oft vornehme Herren pflegen ließen. Dort wurde ihm vortrefflich aufgewartet und schöne Frauen kamen herbei, um ihn mit Musik und Schauspielen aufzuheitern. Er verblieb an diesem Orte vier Wochen lang und wir hatten derweil genugsam Zeit, die Pagode Tinagogo mit all ihren Gebäuden und der ganzen Ortschaft und Umgebung kennen zu lernen.

Zunächst vertrieben wir uns die Zeit mit der Jagd auf wilde Tiere wie Hirsche, Schweine, Tiger, Rhinozerosse, Luchse, Löwen, Büffel und andere, von denen man in Europa gar nichts weiß. An anderen Tagen gingen wir auf die Falkenbeize oder zum Fischfang. Doch fragten wir auch fleißig nach den Sitten und Gesetzen des Landes. So besahen wir die Pagode und wohnten daselbst grausamen Opfern bei. Am neunten Tag des Wintermonates konnten wir sogar das große Fest miterleben, welches die Einwohner dort zum Gedächtnis der Toten begingen. Dazu wurde ein großer Markt abgehalten und es kamen sehr viele Pilger. Die wurden alle wohl versorgt, denn zu der Pagode gehörten an den Flussufern viele Obstbäume wie Kastanien, Kokos- und Dattelpalmen, von denen man nach Belieben nehmen konnte.

Die Pagode und mehrere sie umgebende Klöster erhoben sich auf einem runden Berg über der Ebene. Dieser Berg war von oben bis unten mit Zedern und Zypressen bepflanzt. In den Gebäuden wohnten viele hundert Menschen und es fanden sich dort ein großer Hof und drei schöne Gärten. Alles war reichlich mit Schmuck versehen und man sah auch vergoldete Glockentürme mit silbernen Glöckchen, die im Winde zu hören waren. Das Heiligtum des Abgottes Tinagogo, des »Gottes über tausend Götter«, war auch prächtig mit Gold, Silber und Schnitzereien ausgestattet. Das Götzenbild hatte eine kostbare Krone auf dem Haupte und reckte die Hände zum Himmel empor. Wir konnten nicht ausmachen, ob es aus purem Golde war. Ringsum lagen kleine Götzen wie erschrocken auf ihren Knien und sahen den großen Abgott an. Außerdem erblickte man innen und außen noch riesenhafte Standbilder, von denen die äußeren so wirkten, als sollten sie das Gebäude bewachen.

Von diesem Gebäude möchte ich mich dem Fest zuwenden, das man uns miterleben ließ. Dazu kamen also viele Kaufleute und Pilger, und während dieser Zeit wurden Opfer und merkwürdige Zeremonien vollzogen. Die wichtigste Feierlichkeit war eine gewaltige Prozession, bei welcher sich der Menschenzug wohl drei Meilen weit hinzog. Wir hörten, dass hierbei vierzigtausend Priester aus den vierundzwanzig Orden oder Sekten des Reiches mitzogen. Die obersten Priester waren alle an besonderen Zeichen ihrer Würde zu erkennen. Außerdem wurden sie von niederen Priestern auf Sesseln getragen, hatten Kleider aus grünem Satin und purpurfarbenem Damast an und durften sich zum Fest nicht ihre Füße auf der Erde beschmutzen. Dann kamen Mönche in gelben Kleidern und mit Wachskerzen in einer Hand, die kostbare Kästen mit Götzenbildern trugen. Jeweils nach fünfzehn solcher Bilder folgte ein Triumphwagen, insgesamt zweihundertsechsundzwanzig. Diese waren recht groß und hoch, und auf jedem befanden sich ein silbernes Götzenbild mit einem grünen Hut und viele Pilger. Dazu wurde viel geräuchert und nun rief man die Götzen an, die Sünden zu vergeben und die Strafen von den Toten zu nehmen. Diese Wagen wurden von Menschen gezogen, die sich des Sündenablasses wegen alle bemühten, die dazu benutzten langen Stricke anzufassen. Ja, diejenigen, die nicht die Stricke ergreifen konnten, legten ihre Hände auf die Schultern der Ziehenden, um so auch Vergebung ihrer Sünden zu erlangen. Ringsum ritten viele Reiter und riefen das Volk auf, Platz zu schaffen für die Prozession und die Gebete der Priester nicht zu stören. Wenn in der Prozession jemand niederfiel und getreten wurde, durfte er sich nicht dagegen empören.

Dieser wunderliche Aufzug ging also am Fuße des Berges durch viele Straßen, die mit Palmwedeln und mit Myrten bestreut und mit Fähnlein geschmückt waren. An manchen Stellen konnte man etwas zu essen bekommen, oder es wurden Kleider und Geld ausgeteilt, sodass sich Feinde, Arme und Reiche, Schuldner und Gläubiger versöhnen konnten. Als die Prozession so recht in Gang gekommen war, konnte man sehen, wie von der Seite aus besonderen Hütten Männer in Seidengewändern, mit goldenen Armbändern und mit Weihrauch beräuchert, in den Zug eindrangen. Das Volk wich ihnen gleich aus dem Weg. Sie grüßten die Götzenbilder, warfen sich vor die Triumphwagen und ließen sich von den Rädern zerquetschen. Die Umstehenden riefen bei diesem Anblick mit lauter Stimme: »Meine Seele sei mit deiner Seele!« Dann traten Priester mit besonderen Gefäßen vor die Wagen und nahmen die Häupter, Eingeweide und zerquetschten Glieder dieser elenden Menschen auf. Sie brachten diese Gefäße mit den sterblichen Überresten dann auf die Wagen hoch und zeigten sie dem ganzen Volk, indem sie mit kläglicher Stimme riefen: »Elende Sünder! Betet zu Gott, damit er auch euch würdigt, seine Heiligen zu sein, wie diese, welche mit dem Opfer lieblichen Weihrauches gestorben sind!« Das ganze Volk kniete zur Erde nieder und antwortete mit einem schrecklichen Geschrei: »Wir hoffen, dass der Gott der tausend Götter es zulassen wird!« Viele andere opferten sich nun in gleicher Weise, sodass nach dem Bericht glaubwürdiger Leute sich wohl sechshundert Menschen so zerquetschen ließen.

Diesen folgten andere Teufelsmärtyrer, die sie Xixaporoos nannten. Die zerstümmelten sich mit Schermessern, als ob sie von Sinnen wären. Sie schnitten große Stücke Fleisch von sich ab und hielten sie an kurzen Spießen über sich, als wollten sie diese zum Himmel senden. Dabei sprachen sie: »Dieses Geschenk verehren wir Gott für die Seelen unserer Väter, Eheweiber, Kinder und für uns selber als herrliches Almosen.«

Da, wo diese Fleischstücke niederfielen, drängte das Volk hin. Alle wollten die heiligen Beutestücke davontragen, sodass viele darüber im Gedränge erstickten. Jene elenden

Männer standen weiter in ihrem Blute da, ohne Nasen und Ohren und fast ihrer menschlichen Gestalt beraubt, bis sie tot zur Erde niederfielen. Darauf stiegen die Priester geschwind von den Wagen, schnitten ihnen die Köpfe ab und zeigten diese dem Volke. Das fiel zu Boden und erhob die Hände zum Himmel, indem es laut schrie: »Herr! Lass die Zeit kommen, in welcher wir zu Deinem Dienst ebenso handeln wollen!« Noch andere waren da, die der Teufel auf andere Art am Narrenseil führte. Diese baten um Almosen mit den folgenden Worten: »Gib mir ein Almosen um Gottes willen oder ich werde mich erwürgen!« Wenn man ihrem Wunsch nicht nachkam, dann schnitten sie sich die Kehle durch oder stachen sich in den Bauch und fielen tot nieder auf den Boden.

Dann gab es Männer, Nucaramoner genannt, die in Tigerfelle gekleidet waren und sich grimmig gebärdeten. Sie trugen kupferne Kessel voller Dreck und altem Harn in ihren Händen, aus denen es ganz schrecklich und unerträglich stank. Die baten ebenso um ein Almosen, und zwar mit solchen Worten: »Gebt mir alsbald ein Almosen oder ich werde von diesem Schmutz, der Speise des Teufels, essen und Euch damit bespeien. Dann werdet Ihr verdammt sein, so wie er es ist!« Sobald sie das nur gesagt hatten, kamen schon viele zu ihnen, um sie mit Almosen zu überhäufen. Wenn die Leute damit nur ein wenig warteten, dann setzten jene schon ihre Münder an die Kessel, nahmen einen großen Schluck von dieser stinkenden Brühe und bespien damit, wen immer sie wollten. Wen diese Brühe traf, der wurde von den Umstehenden so erbärmlich geschlagen, dass er nicht wusste, wohin er sich wenden sollte. Denn alle stürmten mit geballten Fäusten auf ihn ein und sprachen mit lästerlichen Worten: »Du musst verbannt werden, weil du schuld daran bist, dass der heilige Mann nach dem Beispiel des Teufels von diesem stinkenden Trank getrunken hat. Nun muss er vor Gott stinken und kann weder ins Paradies eingehen noch unter Menschen leben.« Hieraus ist die große Verblendung dieser ansonsten nicht unverständigen Völker zu ersehen.

In den letzten Tagen dieses Festes geriet das Volk in einen unbeschreiblichen Taumel. Man hörte nichts mehr außer verwirrten Stimmen und dem Lärm von Schellen, Becken, Trommeln und anderen Instrumenten, mit welchen der Teufel erschreckt werden sollte. Dazu wurden eine Nacht lang unglaublich viele Wachskerzen verbrannt, sodass man überall nur noch Feuer sah. Die Leute erklärten uns dazu: »Tinagogo, der Gott der tausend Götter, ist ausgezogen, um die fressende Schlange zu suchen und mit seinem vom Himmel gesandten Schwert zu töten.«

Am nächsten Morgen herrschte ein großer Jubel über den Sieg dieses Götzen, und das ganze Volk eilte zur Pagode. Wir begaben uns mit dem Gesandten auch dorthin, was sehr mühselig war. An den Straßen vor dem Pagodenberg sah man viele Waagen, die an eisernen Ketten hingen. Damit konnten die Leute, welche wegen Krankheiten oder anderen Schwierigkeiten ein Gelübde abgelegt hatten, feststellen, wie viel sie zur Vergebung ihrer Sünden spenden mussten. Die Geizigen hatten Honig, Zucker, Eier oder Butter zu bringen, die mit Hurerei Befleckten Baumwolle, Federn, Tuche, Kleider oder Wein, die Faulenzer und Müßiggänger Holz, Reis, Schweine oder Obst, die gegenüber den Armen Gleichgültigen Münzen aus Kupfer, Zinn, Silber oder Gold, und so ähnlich auch die Übrigen. Da kamen unzählig viele Menschen vorbei und die Priester empfingen große Mengen Almosen. Wer zu arm war, als dass er so die Vergebung seiner Sünden erlangt hätte, konnte sein eigenes Haar opfern, wozu hundert Priester bereitstanden. Die schnitten das Haar ab, während andere es zu Bändern und Schnüren verflochten und diese dann verkauften. Wir hörten, dass allein aus diesen Haaren der Armen mehr als neunzehntausend Dukaten erlöst wurden.

Durch die Straßen, auf welchen die vielen Menschen mit Opfern, Spielen, Tanzen und Ringen beschäftigt waren, kamen wir endlich in einem großen Gedränge zum Tinagogo. Um das Götzenbild standen viele Kinder herum, in Purpur gekleidet und mit Räuchergefäßen in der Hand. Priester sangen zu der Räucherei und vor dem Götzen tanzten schöne Frauen. Es war zu sehen, dass der Tinagogo ein großes Beil in einer Hand hielt, und vor ihm lag die gewaltige Schlange des Rauchhauses. Die sollte er in der vergangenen Nacht getötet haben, weil sie die Asche der Menschen, welche sich selbst geopfert hatten, rauben wollte. Ihr Haupt lag tatsächlich vom Körper getrennt da und die Umstehenden stachen mit den Spitzen ihrer Hellebarden auf sie ein.

Nachdem wir dies alles gesehen hatten, besuchten wir mit dem Gesandten noch die Höhlen der Einsiedler und Büßer, die in der Nähe dieses Ortes lagen. Diese Behausungen waren so kunstvoll in die Felsen gehauen worden, dass es ganz natürliche Höhlen zu sein schienen. Insgesamt waren es wohl hundertvierzig solcher Räumlichkeiten, in denen zum Teil Männer wohnten, die für heilig gehalten wurden. Manche von ihnen aßen zur Zähmung ihres Fleisches nur gekochte Kräuter, Bohnen und wildes Obst, was ihnen besondere Priester zubereiteten. Andere verehrten einen Patron oder vielmehr den Teufel, den sie Angemacur nennen. Diese aßen nur Fliegen, Ameisen, Skorpione und Spinnen samt einem Saft aus einem besonderen Kraut, welches dem Sauerampfer ähnelt. Sie verbrachten Tag und Nacht, indem sie die Augen zum Himmel erhoben und die Hände falteten. Dadurch wollten sie bezeugen, dass sie nichts in der Welt begehrten. Sie wurden von allen für die Heiligsten gehalten und starben trotzdem wie das Vieh dahin. Dann aber wurden sie mit viel Weihrauch verbrannt und in kostbaren Kapellen verehrt. Das ist das Einzige, was sie für ihr überaus strenges Leben zu erwarten hatten.

Dann sahen wir noch andere von einer recht teuflischen Sekte. Einige von ihnen fasteten zur Ehre ihres Gottes, wie es einem auch in Abessinien begegnet. Sie aßen nichts als ausgeworfenen, stinkenden Speichel, Heuschrecken und Hühnermist oder auch geronnenes Blut von anderen Menschen. Dieses vermengten sie mit bitteren Wurzeln und Blättern von Gebüschen. Sie leben nicht lange und haben eine üble Farbe, sodass man vor ihnen erschrickt. Ich will hier nicht weiter der Sekte gedenken, deren Gläubige bei Tag und bei Nacht auf den Bergen ihren Godomem anrufen, bis sie aus Atemnot tot zur Erde niederfallen. Die Einsiedler von einer weiteren Sekte, die sich Taxilacons nennen, sterben noch elender als die bisher genannten. Denn sie schließen sich in besondere, auf allen Seiten verstopfte Höhlen ein und ersticken sich selbst durch den Rauch von grünen Disteln und Dornen, die sie darin anzünden.

Nachdem wir dies alles besichtigt hatten, machten wir uns wieder auf den Weg. Nach dreizehn Tagen passierten wir die Städte Manavedea und Singilapau. Dort versorgten wir uns und erreichten am folgenden Tage gegen Abend zwei Festungen, die beide Ufer des Stromes sicherten und durch fünf eiserne Ketten miteinander verbunden waren. In einer dieser Festungen, Campalagro, musste sich der Gesandte mit dem Brief seines Königs ausweisen. Das Gleiche geschah dann in der anderen Festung. Da wurden der Brief und die Geschenke mit Siegeln versehen, zum Zeichen, dass der Gesandte überall gut aufgenommen werden sollte. Wir besahen dort auch eine große Herberge für Pilger, die »Gefängnis der Götter« genannt wurde. Diese Götter wurden von Fremden gefangen und ihre Standbilder hatten nun viel Besuch vonnöten, weil sie nicht wieder in ihre Heimat zurückkehren konnten. Wir sahen da achtzig gefesselte Götzenbilder. Die kleinen Standbilder, die Kinder der Götter, waren dagegen nur mit dünnen Ketten aneinander geschlossen. Im Tempel dieser armen Götter waren die Wände und die Lampen mit schwarzem Firnis überzogen, um die Trauer der Götter anzuzeigen. Dort dienten viertausend Priester und es waren ständig viele Pilger anwesend. Einer der Priester erzählte uns von den Schlachten, welche um diese gefangenen Götter geschlagen worden seien. Dabei seien schon drei Millionen Menschen ums Leben gekommen. In einem anderen Tempel an diesem Orte fanden wir sehr viele Frauen, recht junge wie auch alte, die dem Abgott dieses Tempels ihre Ehre opferten und ihm ihr Hab und Gut vermachten.

Als wir dort neun Tage lang geweilt hatten, wurde der Gesandte vom Campanogrem, dem obersten Beamten des Calaminhan, abgeholt. Der kam mit vielen Schiffen und mit einer höllischen Musik wunderlicher Instrumente, vor der man erschrecken musste, herbei. Wir zogen nun eine Meile auf dem Strome weiter und kamen dann endlich gegen Mittag zur Hauptstadt. Dort sahen wir viele Menschen in kostbaren Gewändern, zu Fuß und zu Pferde, auch viele Kriegselefanten mit Türmen auf den Rücken und scharfen Schneiden an den Stoßzähnen. Das sah zum Fürchten aus. Der Gesandte wurde auf einem Elefanten weitergeführt und wir Portugiesen samt den Begleitern des Gesandten auf Pferden.

So kamen wir schließlich durch prächtig geschmückte Straßen zum Palast des Calaminhan; dort gelangten wir durch die hohe Pforte und die Vorhöfe des Palastes an den Leibwächtern des Herrschers mit ihren vergoldeten Waffen vorbei in einen großen Saal, wo uns der Oheim des Königs namens Monuagaru empfing. Er war von kleinen Knaben umgeben, welche kostbare Kleider anhatten und goldene Ketten und silberne Keulen trugen. Der Oheim des Königs berührte das Haupt des Gesandten mit einem Fächer und sprach: »Deine Ankunft an diesem Hofe des Herrn der Welt sei seinen Augen so angenehm, wie es der Regen unseren mit Reis bestellten Feldern ist. So wird es nicht an Zustimmung für die Bitte deines Königs fehlen.«

Wir wurden nun weiter durch den Palast geführt. In einer Kammer sahen wir das riesenhafte Standbild einer Göttin aus Silber und mit goldenen Haaren, ferner dreißig metallene Riesen mit hässlichen Gesichtern und vergoldeten Keulen. Darauf traten wir in einen langen Gang, der mit vielen Tafeln aus Ebenholz ausstaffiert war. Außerdem fanden sich da viele Totenköpfe, auf denen Namen aus goldenen Buchstaben zu lesen waren. Am Ende des Ganges erblickten wir einen runden Altar, der von dreizehn königlichen Gesichtern umgeben war. Die hatten wie hohe Geistliche goldene Mützen auf und über ihnen waren Totenköpfe befestigt. Wir hörten, dass die Gesichter mit den Totenköpfen die Calaminhanen darstellten, die dieses Reich vorzeiten an sich gerissen hatten. Wir sahen dort auch noch die Häupter anderer berühmter Kriegsleute, die sich um die Wiederaufrichtung dieses Reiches verdient gemacht hatten.

Von dort aus gingen wir durch eine Prachtstraße weiter zu dem nächsten Gebäude. Dort klopften wir viermal an, wie es hier Sitte ist, bis wir schließlich von einer mehr als fünfzig Jahre alten Frau, die sechs kleine kostbar bekleidete Mädchen bei sich hatte, welche vergoldete Schwerter auf ihren Schultern trugen, empfangen wurden. Zu dieser Frau sagte der Monuagaru, der Verwandte des Königs: »Es ist ein Gesandter vom König von Burma angekommen, der vor den Füßen des Calaminhan über wichtige Angelegenheiten verhandeln soll.« Es schien nun fast so, als ob diese Worte von der Frau, die von großer Würde war, wenig beachtet würden. Das wunderte uns sehr, denn es hatte doch der Oheim des Königs gesprochen. Schließlich gab eines der kleinen Mädchen dem Monuagaru diese Antwort: »Herr! Geduldet Euch noch samt Euren Begleitern, bis man erfahren hat, ob die Gelegenheit günstig ist, die Füße des Herrn der Welt zu küssen!« Darauf verschwanden sie, bis die kleinen Mädchen schließlich mit einem zehnjährigen Knaben in kostbaren Kleidern, mit einer goldenen Keule und einer goldenen Haube auf seinem Haupte wiederkehrten. Dieser nahm den Gesandten an der Hand und wollte mit ihm, dem Oheim des Königs und zwei weiteren Beamten, darunter demjenigen, welcher uns in die Stadt geführt hatte, zum Calaminhan schreiten. Doch der Gesandte bestand darauf, alle seine Begleiter, auch uns, mitzunehmen, was dann auch der Monuagaru erlaubte.

Wir gingen also weiter durch einen prächtigen, kunstvoll angelegten Garten, wo wir viele Frauen tanzen und musizieren sahen. Von dort kamen wir in einen großen Vorraum, wo sich viele vornehme Herren befanden, die den Gesandten höflich begrüßten. Endlich gelangten wir an mehreren Wächtern mit silbernen Waffen vorbei in den Raum, wo der Calaminhan auf einem prächtigen Thron mit silbernen Leh-

In der Pagode des Gottes der Kranken

nen saß. Vor ihm spielten zwölf schöne Frauen in kostbaren Kleidern auf Instrumenten, ferner waren da zwölf zehnjährige Mädchen, die goldene Zepter trugen. Eine von ihnen fächelte dem König Luft zu. An den Wänden lehnten alte Männer in kostbaren Gewändern und sonst waren noch viele schöne Frauenzimmer zu sehen.

Als der Gesandte so vor den Calaminhan gebracht worden war, kniete er vor ihm nieder, ohne ihn anzuschauen, um ihm so seine Ehrerbietung zu erweisen. Danach übergab er

286

den Brief und die Geschenke. Darauf fingen die Musikantinnen an zu spielen und einige tanzten mit kleinen Knaben. Sechs kleine Mädchen aber tanzten mit sechs der ältesten Männer, was uns ganz fremd vorkam. Zwölf der Frauen führten danach eine Komödie auf. In dieser erschien ein Meeresungeheuer vor unseren Augen, welches eine Königstochter im Rachen hielt und schließlich verschlang. Die anderen Darstellerinnen weinten darüber bitterlich und holten einen Einsiedler aus seiner Klause. Der versuchte erst, den Gott des Meeres zu veranlassen, dass wenigstens der Leichnam der Jungfrau auf seinen Befehl wieder an Land geworfen würde. Der Meeresgott forderte sie indes auf, angenehmere Musik zu spielen, und ließ ihnen hierzu kleine Kinder mit Flügeln und Kronen, die unseren Engeln glichen, Harfen und Geigen überbringen. Mit denen machten die Frauen nun eine schönere Musik, worauf der Meeresgott bald betäubt an Land kam. Eine der Frauen öffnete seinen Bauch und zog die Königstochter unversehrt heraus. Die fing an zu tanzen und küsste danach die Hand des Calaminhan. Es hieß, es sei seine Nichte. Wir sahen auch noch drei oder vier andere Komödien, die auch recht angenehm anzuschauen waren. Darauf ging der Calaminhan in eine andere Kammer. Wir aber wurden in unser Quartier gebracht.

Unter solchen Vergnügungen und unter Besichtigung der Stadt verlebten wir hier zweiunddreißig Tage. Mehrmals besuchten wir eine besondere Pagode, welche dem Gott der Kranken gewidmet war. Dort dienten viele Priester in grauer Kleidung, die verständiger waren als diejenigen der anderen Sekten. Mit einem von ihnen führte der Gesandte lange Gespräche über das Alter der Welt, ihre Erschaffung durch Gott und über den schönen Garten, in welchen die ersten Menschen von Gott gestellt worden waren. Das war dem Gesandten alles recht neu.

Der Priester berichtete auch davon, wie der erste Mensch und seine Frau, namens Adaa und Bazagon, gegen den Befehl Gottes von den Früchten des besonderen Baumes Hilafaran gegessen hatten. Dazu waren sie von der verschlingenden Schlange des Rauchhauses angestiftet worden, die der Frau eingeredet hatte, sie würden durch diesen Genuss über die übrigen Kreaturen erhaben werden. Doch wurden sie deswegen aus dem Garten vertrieben, dem Schmerz, der Armut und dem Tode unterworfen. Schließlich aber kündigte Gott dem Adaa doch Vergebung an, für den Fall, dass sie weiter Reue zeigten und Buße übten.

Der Gesandte war hierüber sehr erstaunt. Denn im Königreich Burma erwartete man nach dem Tode keine Belohnung und fürchtete also auch nicht, eines Lebens nach dem Tode verlustig zu gehen. Die Burmesen glaubten, dass die Menschen wie alle anderen Lebewesen einfach sterben müssten. Nur die Kühe wurden nach ihrem Glauben zum Dank für die Milch, welche sie den Menschen spendeten, in Seekühe verwandelt. Aus deren Augen stammen nach ihrer Meinung auch die Perlen, die man im Meer findet. Einer von uns Portugiesen wollte von diesem Priester auch noch wissen, ob Gott nach dieser Strafe noch ähnliche verhängt habe. »Nein«, antwortete der Geistliche, »im Allgemeinen hat Gott keine solche Strafe mehr wie in jener alten Zeit verhängt. Er sucht aber die Königreiche und Völker mit Kriegen und anderen Plagen heim, vor allem mit äußerster Armut. Diese ist die höchste und letzte Qual.« Der Portugiese fragte weiter: »Hofft Ihr, dass Gott einmal versöhnt werden wird, damit die Menschen Eingang in den Himmel erlangen können?« Darauf antwortete der Geistliche: »Ich weiß hiervon nichts. Doch ist es wohl zu glauben, weil Gott unendlich gut ist, dass er auch das Gute, das Menschen um seinetwillen tun, bedenken wird.« Nach diesem und ähnlichen langen Gesprächen nahm der Gesandte mit großer Ehrerbietung von diesem Priester Abschied.

Nachdem wir so einen Monat in Timplan verbracht hatten, bat der Gesandte den Calaminhan um Bescheid und wurde von ihm an seinen Verwandten, den Monuagaru, verwiesen. Der hatte Vollmacht in Kriegsangelegenheiten und übergab ihm ein Schreiben zur Befestigung des Bundes mit dem König von Burma und kostbare Geschenke. Darauf zog der Gesandte in Begleitung einiger Herren, die ihm auf Befehl des Calaminhan diese Ehre erwiesen, wieder fort. Erst in der Stadt Bidor verabschiedeten sie ihn und sein Gefolge.

So verließen wir dieses reiche Land und zogen auf dem großen Fluss Pituy dahin. Endlich liefen wir in einen anderen Fluss ein, den Ventrau, und gelangten auf diesem wieder in das Königreich Janguma. Wir passierten abermals die Stadt Magadaleu und kamen bei dem Dorf Mouchel in das Königreich Pegu zurück. Da wurden wir des Nachts von einem berühmten Seeräuber überfallen. Der griff uns so grimmig an, dass eine große Zahl der Burmesen und zwei unserer Portugiesen fielen. Der Gesandte selbst verlor einen Arm und wurde von zwei Pfeilen getroffen. Er verlor dadurch fast sein Leben und keiner von uns kam ohne Wunden davon. Zudem raubte der Seeräuber das Geschenk des Calaminhans an den König von Burma und viele kostbare Güter, welche wir mitführten.

Drei Tage danach kamen wir nach Martaban. Von dort aus sandte der Gesandte einen Brief an den König. Dieser schickte gegen den Seeräuber sofort eine Flotte aus, die ihn denn auch tatsächlich zu fassen bekam. Fast alle seine Leute wurden erschlagen; er selbst wurde lebendig vor den König geführt. Der ließ ihn und die übrigen Gesellen sofort den Elefanten vorwerfen. Als der Gesandte von seinen Wunden wieder genesen war, zog er zum König, der sich gerade in Pegu befand. Dieser war über das neue Bündnis erfreut und ließ sein Volk ein Fest feiern, um den Göttern zu danken. Dabei wurden mehr als tausend Hirsche, Kühe und Schweine geschlachtet. An die Armen wurden neben diesem Festschmaus noch viele Kleider ausgeteilt, auch wurde ihnen viel Geld zur Befreiung von Gefangenen gespendet.

Schließlich kam der König auf seine Kriegshändel zurück, doch wollte er sich wegen der ungünstigen Jahreszeit nicht gleich wieder gegen Ava wenden. Vielmehr sollte zuerst die Stadt Savady eingenommen werden. Der Bruder des Herrschers, der Chaumigrem, landete mit einem großen Heer, bestehend aus hunderttausend Mann und fünftausend

Kriegselefanten, in der Nähe der Stadt. Als alle Truppen beisammen waren, bestürmte er Savady dreimal. Da er damit keinen Erfolg hatte, befahl er, vor den Stadtmauern eine hohe Schanze aufzuwerfen. Dort wurden dann vierzig schwere Geschütze aufgestellt. Mit diesen und dreihundert kleineren wurde die Stadt unaufhörlich beschossen. Den Ernst ihrer Lage jetzt erkennend, wollten die Belagerten ihr Leben teuer verkaufen. Sie machten dazu einen Ausfall und brachten das Lager der Burmesen in solche Unordnung, dass sie achttausend Feinde erschlagen und danach wieder in die Stadt zurückkehren konnten. Dort machten sie sich gleich daran, die Mauer aufzurichten. Der Chaumigrem vermochte hiernach zunächst nur die umliegenden Orte zu verheeren. Dazu sandte er den Schatzmeister Diosoray, dessen Gefangene wir immer noch waren, zu dem Dorf Valeutay. Doch der Schatzmeister wurde unterwegs vollständig geschlagen.

Wir Portugiesen entrannen unter dem Mantel der Nacht über einen wüsten Berg. Doch irrten wir drei Tage lang herum, bis wir wieder in die Ebene gelangten. Dort erwartete uns aber ein Sumpf, in welchem wir Tiger, Schlangen und andere wilde Tiere antrafen. Es ist leicht zu ermessen, welche Angst wir dabei ausstanden. Eines Nachts erblickten wir dann endlich gegen Osten ein Feuer und gingen in diese Richtung. Wir stießen auf einen großen See, an dem einige Hütten standen, durften uns aber keineswegs zu diesen hinwagen. Wir irrten also weiter durch den Sumpf, bis wir schließlich auf einen Einsiedler trafen. Von dem konnten wir wenigstens erfahren, wo wir uns befanden, nämlich immer noch im Königreiche Savady, beim See Oreguantor.

Von dort aus gingen wir dann, um ans Meer zu gelangen, an einem Fluss entlang weiter. An diesem wuchs Zuckerrohr, sodass wir etwas zu essen hatten und nicht zu betteln brauchten. Doch aus Furcht vor Reisenden wagten wir uns nicht auf offene Wege und kamen daher nur sehr mühselig voran. Endlich erblickten wir in einer finsteren Nacht wieder ein Feuer, das nicht so weit abgelegen war. Als wir vorsichtig näher schlichen, sahen wir, dass es von Leuten angefacht worden war, die am Flussufer mit einem Schiff angelegt hatten und sich da ihre Abendmahlzeit bereiteten. Sie aßen und legten sich dann neben dem Feuer zum Schlafen nieder. So konnten wir bequem auf das Schiff schleichen und mit ihm in aller Ruhe das Weite suchen.

Am nächsten Tag waren wir bereits zehn Meilen weit entfernt und kamen zu einer Pagode, welche dem Reisgott geweiht war. Dort trafen wir nur einen Mann und siebenunddreißig meist alte Frauen an. Diese Nonnen hatten zwar Angst vor uns, aber wir konnten uns da wenigstens mit Reis, Zucker, weißen Bohnen, Zwiebeln und geräuchertem Fleisch versorgen und das Schiff ausbessern. Darauf zogen wir weiter und wagten uns vor Angst, es könnte uns noch etwas zustoßen, kaum ans Ufer. Dennoch vermochten wir dem Unglück nicht zu entgehen. Unversehens überfielen uns nämlich drei Seeräuberschiffe, von denen wir dermaßen mit Pfeilen beschossen wurden, dass drei von uns sogleich ihr Leben einbüßten und die Übrigen verwundet ihr Heil im Wasser suchen mussten.

Schließlich kamen nur drei von uns mit dem Leben davon, und nachdem wir wiederum lange im Gebüsch herumgeirrt waren und schon fast jede Hoffnung verloren hatten, kamen wir an einen anderen Fluss. Zum Glück fuhr da gerade ein Schiff vorbei, auf welchem eine Christin namens Violente reiste. Ihr heidnischer Mann brachte auf ihm Baumwolle in die Küstenstadt Cosmin. Als sie uns sah, wurde sie von Mitleid ergriffen und rief: »Jesus! Hier sehe ich Christen vor meinen Augen.« Sie kam auch sofort mit ihrem Mann an Land, fiel uns um den Hals und ließ uns aufs Schiff bringen. Dort wurden unsere Wunden verbunden und es dauerte nicht mehr lange, so waren wir in Cosmin an der Küste von Pegu. Dort wurden wir von dieser Christin weiter gut versorgt, worauf wir uns rasch erholten.

Endlich kam hierher ein portugiesisches Schiff, welches nach Bengalen segeln wollte. Wir nahmen von unserer Wirtin dankbar Abschied und gelangten mit diesem Schiff ohne Schwierigkeiten zum Hafen Chatigan in Bengalen, wo wir auf viele Portugiesen stießen. Ich fand dort leicht ein Schiff, welches nach Goa segeln sollte, und dieses brachte mich auch wirklich schleunigst dahin. In Goa traf ich Petrus de Faria, den ehemaligen Kommandanten von Malakka, der mich zum Chambainha von Martaban geschickt hatte. Diesem erzählte ich alles, was mir zugestoßen war. Darüber war er recht betrübt und versuchte mir das, was ich um seinetwillen verloren hatte, nach Möglichkeit zu erstatten.

29. KAPITEL

Pinto kommt nach Java, erleidet dort Schiffbruch und gerät abermals in Gefangenschaft

Ich hielt mich nicht lange in Goa auf, sondern nahm mir vor, mein Glück nochmals an den Küsten von China und Japan zu versuchen. Darum schiffte ich mich auf dem Schiff des Petrus de Faria ein, das in die Sunda-See, östlich von Malakka, segeln sollte, um dort Handel zu treiben. Wir kamen ohne Schwierigkeiten nach Malakka und von da aus in siebzehn Tagen nach Banta. Wir wollten Pfeffer einhandeln, aber es herrschte Mangel an diesem Gewürz, und so warteten wir dort den ganzen Winter über, um doch noch welchen zu erstehen.

Als wir kaum zwei Monate lang in diesem Hafen gelegen hatten, kam eine ungefähr sechzig Jahre alte Witwe namens Nhay Pombaya im Auftrage des Königs von Dema, des Kaisers der Inseln Java, Angenia, Bali und Madura, dorthin. Sie forderte den König von Sunda als Vasallen des Kaisers auf, innerhalb von eineinhalb Monaten nach Japara zu kommen, um an einem Angriff auf das Königreich Passarvan teilzunehmen. Der König von Sunda empfing diese Gesandte mit aller Ehrerbietung und führte sie auch bei seiner Gemahlin ein.

Hier kann ich nicht umhin, auf die Gewohnheit der Könige in diesen Ländern einzugehen, welche die wichtigsten Angelegenheiten von Frauen verhandeln lassen, vor allem Friedensschlüsse. Nach ihrer Meinung hat Gott die Frauen mit mehr Lieblichkeit, Bescheidenheit und Ansehen als die Männer ausgestattet. Man hält sie für nicht so streng wie männliche Gesandte. Doch dürfen diese Frauen keine Jungfrauen sein, weil diese dabei ihre Ehre aufs Spiel setzen würden oder wegen ihrer Schönheit Zwietracht hervorrufen könnten. Sie müssen daher verheiratet oder verwitwet sein. Dazu muss eine solche Frau beweisen, dass sie Kinder geboren, gestillt und aufgezogen hat. Denn sie sagen, dass diejenige, welche zwar Kinder zur Welt gebracht, diese aber nicht selbst aufgezogen hat, mehr eine fleischliche, wollüstige und unehrliche als eine wahre Mutter sei. Diese Dinge werden bei ihnen sehr genau beachtet, sodass eine Mutter aus vornehmem Stand, die ihr Kind nicht stillen kann, sich das schriftlich bezeugen lassen muss. Stirbt einer solchen Frau der Mann in jungen Jahren weg, dann wird sie gezwungen, das Nonnenkleid anzulegen, damit man sehen kann, dass sie nicht aus fleischlicher Begierde in den Ehestand getreten ist, sondern um Kinder zu gebären. Auch sollen die Ehemänner sich während der Schwangerschaft ihrer Frauen nicht mit diesen vereinigen.

Nachdem die Gesandte des Kaisers von Dema wieder abgereist war, schloss der König von Sunda seine Vorbereitungen zum Kriegsdienst in kurzer Zeit ab und folgte ihr mit einer Flotte, bestehend aus dreißig Calaluzen, zehn Juropangos und zehntausend Kriegern. In seiner Begleitung segelten wir zur Stadt Japara zum Kaiser von Dema. Der hatte ein Heer von achthunderttausend Mann zusammengezogen und eine Flotte von zweitausendsiebenhundert Schiffen. Als der König von Sunda eintraf, wurde er herzlich empfangen.

Vier Tage danach zogen Heer und Flotte zum Kampf gegen Passarvan aus, das am östlichen Ende der Insel Java lag. Am Fluss Hicandurea wurden die Truppen an Land gesetzt. Die leeren Schiffe konnten leichter an den Sandbänken vorbei zur Hauptstadt des Feindes gebracht werden, die im Hinterland am Fluss lag. Als das Heer samt dem Kaiser Pangueiram selbst vor der Stadt anlangte, wurde die Flotte des Feindes verbrannt. Daraufhin errichtete man in zwei Tagen Lager und Geschützstellungen. Die Feinde glaubten, dass diese Arbeit die Krieger des Kaisers so ermüdet hätte, dass sich ein Ausfall lohnte. Ihr König, ein sehr vorsichtiger Mann, ließ sich dies Vorhaben der Truppe erst von seinem Rat bestätigen. Darauf versammelte er sein Heer auf dem Marktplatz und wählte von siebzigtausend Bürgern zwölftausend für den Ausfall aus. An ihre Spitze setzte er seinen Schwager und gab ihm zum Zeichen seiner Gunst aus einem goldenen Becher zu trinken. Viele der ausgesuchten Soldaten salbten sich zum Kampf mit Minha Mundi, einem wohlriechenden Öl, mit welchem sich die Krieger jener Völker bestreichen, wenn sie sich auf den Tod vorbereiten.

Darauf zogen sie in vier Haufen zu den vier Toren hinaus, nachdem sie sechs Kundschafter vorausgesandt hatten. Als die Truppen auf die Soldaten des Kaisers stießen, gingen sie wie ein Mann auf diese los und töteten in kurzer Zeit dreißigtausend Krieger. Noch größer war die Zahl der Verwundeten. Auch nahmen sie drei Könige und acht Pates, die unseren Herzögen entsprechen, gefangen. Sogar der König von Sunda, bei welchem wir vierzig Portugiesen uns befanden, wurde auf der Flucht dreimal mit Spießen verwundet. Mit einem Wort, das ganze Heer des Kaisers geriet in Verwirrung. Auch der Kaiser wurde von einem Pfeil getroffen und flüchtete über einen Bach, wobei er beinahe ertrunken wäre. Die Passarvaner aber zogen sich bei Tagesanbruch – denn sie waren nachts ausgefallen – wieder in die Stadt zurück. Sie hatten nicht mehr als neunhundert Mann verloren und dreihundert waren verletzt worden.

Der König von Dema war über diese Niederlage nicht wenig betrübt und wollte die Schuld daran dem König von Sunda beimessen, dessen Truppen angeblich nicht gut Wache gehalten hatten. Nachdem die Gefallenen beerdigt waren, ließ der Kaiser all seine Könige, Fürsten und Hauptleute zu sich kommen und sagte zu ihnen: »Ich schwöre beim Koran, dass ich nicht eher wieder mit dem Heer aufbrechen werde, als ich diese Stadt zerstört oder mein eigenes Reich verloren haben werde!« Außerdem drohte er, alle Widerspenstigen hinrichten zu lassen. Dagegen wagte niemand etwas zu sagen. Darauf wurde die Stadt drei Monate lang von fünf Geschützstellungen aus beschossen und dreimal mit mehr als tausend Leitern bestürmt. Die Belagerten wehrten sich jedoch so tapfer, dass sie dem Heer des Kaisers immer wieder empfindliche Verluste zufügten. Schließlich befahl der Kaiser, die Schanzen, auf denen sich die Geschützstellungen befanden, zu erhöhen, sodass sie höher waren als die Stadtmauern, und mit immer stärkeren Geschützen zu versehen. Die Passarvaner erlitten dadurch denn auch wirklich großen Schaden.

Ihr König beschloss dem drohenden Untergang durch einen nochmaligen Ausfall zuvorzukommen. An der Spitze von zehntausend verschworenen Freiwilligen zog er selbst in den Kampf gegen die Schanzen. In der Morgendämmerung stürmte er mit seinen Männern gegen diese an und sie kämpften mit solch einem Mut, dass sie die Befestigungen alsbald überrannten und dreißigtausend ihrer Feinde im Gefecht fielen. Darauf kam ein General des Kaisers mit zwanzigtausend streitbaren Männern eilends daher, um die Passarvaner wieder aus den Schanzen zu treiben. Doch sie wichen erst in die Stadt zurück, als sich der Tag zu Ende neigte und viele von ihnen gefallen waren. Doch war es ihnen gelungen, die Schanzen zu zerstören und vierzigtausend Mann des Kaisers zu erschlagen, während die eigenen Verluste nur sechstausend Mann betrugen.

Der Kaiser hörte von den Wunden, welche der König von Passarvan persönlich davongetragen hatte, und wie viele von dessen Männern gefallen waren. Das ermunterte ihn, trotz seiner eigenen Verluste die Belagerung aufrechtzuerhalten. Er versprach den Ersten, die die Mauer erstürmten, große Ehren, und zugleich drohte er den Furchtsamen mit harten Strafen. Nach sieben Tagen der Vorbereitung auf einen neuen Sturm versammelte er seinen Rat. Doch die Räte äußerten derart unterschiedliche Meinungen, dass der König verwirrt wurde und schließlich allen befahl, ihre Vorschläge schriftlich niederzulegen.

Doch da ereignete sich etwas gänzlich Unerwartetes. Der Kaiser hatte bei sich einen Knaben von dreizehn Jahren. Der versorgte ihn gewöhnlich mit Betel. Das ist ein Kraut, welches diese Heiden meistens kauen, weil es einen wohlriechenden Atem verleiht und den Magen reinigt. Nun wollte der Kaiser während der Sitzung des Rates Betel haben, doch der Knabe hörte es nicht. Als dem Kaiser der Mund noch trockener wurde, weil er viel zu reden hatte, forderte er den Knaben nochmals auf, ihm Betel zu geben, das dieser ständig in einer goldenen Schachtel bei sich trug. Allein, der Knabe hörte auch diesmal nicht, weil er wohl alles vernehmen wollte, was um ihn herum geredet wurde. Der Kaiser wandte sich zum dritten Mal an ihn, und einer der großen Herren, die neben ihm standen, zupfte ihn an seinem Gewand und ermahnte ihn, dem Kaiser das Gewünschte zu reichen. Der Knabe fiel nun auf die Knie und hielt dem Kaiser die Schachtel hin. Der nahm zwei oder drei Blätter Betel und schlug dabei den Knaben sanft auf den Kopf mit den Worten: »Bist du taub, dass du nicht hörst?« Darauf setzte er seine Unterredung mit den Räten fort.

Nun sind die Menschen dieses Landes sehr empfindlich und halten es für eine große Schmach, am Kopf berührt zu werden. Darum bildete auch dieser Page sich ein, der Kaiser hätte dies aus Verachtung getan und ihn so für immer mit Schande beladen. Deswegen stand der Knabe eine Weile lang wie erstarrt da und seufzte leise, ohne dass dies jemandem aufgefallen wäre. Endlich kam er zu dem festen Entschluss, sich für diese ihm vom Kaiser angetane Schmach zu rächen. Daher zückte er ein kleines Messer, das er als Spielzeug an seinem Gürtel trug, und stach damit den Kaiser links in die Brust. Die Wunde war gleich tödlich und der Kaiser fiel zu Boden. Er sagte nicht mehr als: »Ich bin tot.« Dies geschah zur höchsten Bestürzung des ganzen Rates.

Als die Verwirrung sich etwas gelegt hatte, fing man erst an die Wunde zu untersuchen, und verband sie dann. Allein, alles war vergebens, weil das Herz verwundet war. Hierauf ergriff man den Knaben und unterwarf ihn aufgrund gewisser Vermutungen der Folter. Doch bekannte er sich sogleich zu der Tat und sagte: »Ich habe es aus freiem Willen getan und nur, um mich zu rächen. Denn der Kaiser hat mich wie einen Hund geschlagen, der nachts auf den Straßen bellt. Er hätte bedenken sollen, dass ich der Sohn des Pate Pondan, des Herrn von Surabaya bin!« Auf dieses Bekenntnis hin wurde der Knabe lebendig auf einen Pfahl gespießt. Der ging unten zum Mastdarm hinein und kam oben beim Hals wieder heraus. Ebenso wurde mit seinem Vater, drei Brüdern und sechsundzwanzig weiteren Blutsverwandten von ihm verfahren. Das ganze Geschlecht wurde ausgerottet. Über diese Strafe empörten sich viele Menschen auf Java und den großen Inseln Bali, Timor und Madura.

Mittlerweile überlegte man, was mit dem Leichnam des verblichenen Kaisers geschehen sollte. Einige meinten, wenn man ihn an diesem Ort bestatten würde, wäre es so, als lieferte man ihn den Passarvanern aus. Andere sagten, dass er nicht nach Dema überführt werden könne, weil er bis dahin längst in stinkende Verwesung übergegangen sei. Dann aber vermöchte seine Seele nicht in den Himmel einzugehen, denn Mohammeds Gesetz verbiete das Begräbnis eines verwesenden Leichnams. Endlich folgten sie dem Rat eines Portugiesen und legten den Körper in eine Kiste mit Kalk und Kampfer. Die wurde auf eine Dschunke gebracht und mit Erde umgeben. So wurde der Leichnam des Kaisers, ohne dass er zu stinken begann, zur Stadt Dema gebracht.

Ehe das Heer abzog, ließ der König von Sunda als General der Armee in aller Stille das Geschütz samt allem Gerät auf die Schiffe bringen, ebenso die Schätze. Wie vorsichtig auch immer man dabei verfuhr, den Belagerten blieb der Abzug doch nicht verborgen. Ihr König wagte darum alsbald einen neuen Ausfall mit den Soldaten, die dem letzten Gefecht entkommen waren. Sie fanden die Feinde mit Packen beschäftigt vor, sodass sie in kurzer Zeit zwölftausend von ihnen zu erschlagen vermochten. Zudem fingen sie zwei Könige, fünf Pates und mehr als dreihundert Türken und Achemer samt ihrem Kadi Moulana, auf dessen Rat hin der Kaiser gegen Passarvan gezogen war. Außerdem verbrannten sie im Hafen vierhundert Schiffe, auf denen sich Verwundete befunden hatten. Darauf zog sich der König zur Stadt zurück und hatte von dreitausend nur vierhundert Mann verloren. Der Feind zog nach diesem abermaligen Verlust ab und segelte nach Dema. Dort wurde der Leichnam des Kaisers und Königs vom ganzen Volk traurig empfangen und bejammert. Das Heer und die Flotte hatten einen Verlust von insgesamt hundertdreißig-, die Passarvaner dagegen aber nur einen solchen von fünfundzwanzigtausend Mann zu beklagen.

In der folgenden Zeit war man bemüht, einen neuen Pangueiram zu wählen. Wie ich schon sagte, ist ein solcher Kaiser über alle Könige und Herzöge dieser großen Inseln, welche von den chinesischen, tatarischen, japanischen und lequiotischen Geschichtsschreibern die »Augenlider der Welt« genannt werden. Weil kein rechtmäßiger Erbe vorhanden war, benannte man acht Männer, die Vornehmsten des Volkes, welche einen neuen Kaiser wählen sollten. Doch konnten sie sich sieben Tage lang nicht einig werden. Inzwischen nahmen die Soldaten die Gelegenheit wahr, wurden übermütig und fingen an zu plündern. Innerhalb von vier Tagen überfielen sie hundert Dschunken, auch solche der Hauptleute, und erschlugen dabei sechstausend Mann. Als das dem König von Panaruca, dem Seeadmiral, zu Ohren kam, eilte er unverzüglich herbei und ließ die Frevler, den anderen zur Abschreckung, am Ufer aufhängen.

Der Pate von Cherbom, ein Statthalter und Mann von großem Ansehen, wollte dies nicht dulden und meinte, der König von Panaruca habe sich sein, des Herzogs, Amt angemaßt. Deswegen rief er alsbald sechstausend Mann zusammen und überfiel mit ihnen den Palast jenes Königs, um ihn nach Möglichkeit gefangen fortzuführen. Der König widerstand ihm zuerst mit den Seinen, versuchte sich aber auch zu entschuldigen. Dessen ungeachtet drang der Herzog schließlich mit seinen Männern in den Palast ein und erschlug dreißig oder vierzig der Leute des Königs von Panaruca. Das führte zu einem schrecklichen Aufruhr des Volkes. Wäre nicht die Nacht hereingebrochen, so hätte keiner sein Leben gerettet. Doch kam es immer noch nicht zu einem friedlichen Ausgleich. Denn die Soldaten, deren Zahl sechshunderttausend betrug, waren über die Schmach, welche der Herzog dem König, ihrem Seeadmiral, angetan hatte, so erbittert, dass sie alle noch in der Nacht an Land liefen, um sich zu rächen. Der König von Panaruca vermochte nicht, sie davon abzuhalten. Die Soldaten fielen also ergrimmt über den Palast des Herzogs her und töteten ihn samt zehntausend der Seinen. Dann griffen sie mit ungestillter Wut an zehn oder zwölf Stellen die Stadt selbst an und machten alles nieder, was ihnen begegnete. Schließlich wurde die Stadt angezündet und bis auf den Grund niedergebrannt. Dabei sollen, wie man sagte, mehr als hunderttausend Häuser und mehr als dreihunderttausend Menschen vernichtet worden sein. Ebenso viele Menschen wurden gefangen genommen und an verschiedenen Orten verkauft. Die geraubten Güter, Gold, Silber und andere Dinge, wurden auf hundert Millionen in Gold geschätzt. Die Rädelsführer dieses Aufruhrs flüchteten später nach der Erwählung eines neuen Kaisers mit den Schiffen, auf denen sie nach Dema gekommen waren.

Die vornehmen Herren hatten sich nach Japara begeben, um dort einen Kaiser zu wählen. Sie benannten Pate Sudayo, den Fürsten von Suzubay. Die Untertanen waren davon sehr angetan. Sie ließen ihn daher durch den König von Panaruca nach Pisammanes geleiten. Bei seiner Ankunft wurde er vom Volk mit großer Freude willkommen geheißen. Darauf wurde er dort nach der üblichen Gewohnheit zum Pangueiram, also zum Kaiser über Java, Bali und Ma-

Die Krönung des Kaisers über Java, Bali und Madura

dura gekrönt. Als das geschehen war, kehrte er zur Stadt Dema zurück, weil er sie wieder aufbauen lassen wollte. Vorher aber ließ er fünftausend der Aufrührer, durch die sie zerstört worden war, hinrichten. Einige von ihnen wurden gepfählt, andere in den Schiffen verbrannt.

Weil wir Portugiesen uns vor einem neuen Aufruhr fürchteten, baten wir den König von Sunda, uns ziehen zu lassen, um nach Banta zurückzukehren und dann rechtzeitig nach China zu segeln. Der König ging bereitwillig auf unseren

Wunsch ein und beschenkte jeden von uns mit hundert Dukaten. Wir zogen also nach Banta und bereiteten dort die Reise nach China vor. Schließlich stachen wir mit fünf Schiffen in See und kamen ohne Schwierigkeiten nach China, in den Hafen von Chincheo. Doch mussten wir dann dreieinhalb Monate lang in diesem Hafen bleiben, weil man dort von nichts anderem als von Aufruhr und Abfall redete. Zudem waren auf dem Meere wegen der überhand nehmenden japanischen Piraterie große Flotten unterwegs. Darum durften sich die Kaufleute nicht hinauswagen und konnten nicht nach Japan reisen.

So mussten wir nach Chabaquea segeln. Dort lagen hundertzwanzig Dschunken vor Anker. Diese raubten drei von unseren Schiffen, wobei auf denselben vierhundert Christen ermordet wurden. Die zwei übrigen Schiffe, auf deren einem ich mich befand, konnten wunderbarerweise entkommen. Als wir aber wegen des Ostwindes das Land nicht erreichen konnten, mussten wir wieder nach Java segeln. Nach zweiundzwanzig Tagen sichteten wir eine Insel namens Pullo Cundor und die Küste des Königreiches Kambodscha. Hier wollten wir landen, wurden aber von einem solchen gewaltigen Sturm überfallen, dass wir alle schon unseren Untergang vor Augen sahen. Doch gelangten wir endlich zur Insel Lingua. Dort vermochten wir wegen der Heftigkeit des Windes aus Südwesten nicht weiterzusteuern und wurden so auf die Klippen zugetrieben. Als das Schiff auf Sandbänke geriet, kappten wir die Masten und warfen Lasten über Bord. Dadurch wurde unser Schiff zunächst wieder flott, nachdem das Wasser schon einige Fuß hoch eingedrungen war. Dennoch stieß es schließlich auf eine Klippe, nachdem wir lange von den Wellen hin und her geworfen worden waren. Dabei gingen zweiundsechzig Menschen unter.

Angesichts dieses Unglücks verloren wir den Mut, weiter etwas zu unserer Rettung zu unternehmen. Doch in der Nacht fingen die Chinesen, unsere Bootsleute, an aus Balken und Brettern, die sie mit Stricken verbanden, ein Floß zu bauen. Das hätte für vierzig Menschen gereicht. Sie dachten indes dabei nur an sich selbst. Sogar der Kapitän Martim Estevez, der die Chinesen selbst angeworben hatte, bat sie vergebens, ihn mitzunehmen. Als dies Ruy de Moura sah, feuerte er uns dermaßen an, dass achtundzwanzig von uns die vierzig Chinesen auf dem Floß angriffen und sie alle mit dem Degen niedermachten. Da diese sich aber mit ihren Beilen wehrten, kostete es auch sechzehn von uns das Leben; die übrigen zwölf erlitten schwere Verwundungen. Vier von uns starben daher noch am folgenden Tage. Hieraus wird der jämmerliche Zustand des menschlichen Lebens klar ersichtlich, denn diejenigen, welche sich kaum eine halbe Stunde zuvor noch als wahre Brüder umfasst hatten, gerieten nun als Todfeinde aneinander, bis sie sich gar das Leben raubten.

Nachdem wir uns des Floßes bemächtigt hatten, trieben wir, achtunddreißig an der Zahl, dahin. Zwölf von uns waren Portugiesen, ferner waren noch Kinder und Diener bei uns. Die Wellen gingen uns fast bis an die Schultern, und obgleich wir kein richtiges Segel hatten, kamen wir doch von dieser gefährlichen Klippe mit Hilfe von Gewandstücken, die wir in den Wind hängten, weg. Es war ein Sonnabend, der Weihnachtstag des Jahres 1547. Doch mussten wir nun vier ganze Tage lang ohne Speise auf der See zubringen. Endlich zwang uns die Not, einen Kaffer, der gerade gestorben war, zu essen. Von seinem Fleisch sättigten wir uns fünf Tage lang, nachdem wir vorher nichts anderes als Schleim und Treibsand genossen hatten. Nach langem Herumtreiben sahen wir endlich Land. Doch vor Aufregung starben noch vier von uns. Wir waren jetzt nur noch sieben Portugiesen und vier Jungen. Als wir an Land kamen, dankten wir Gott für die Errettung aus der Gefahr auf See und hofften, dass er uns auch von der Gefahr zu Lande erlösen würde. Wir waren nämlich an einem wüsten Ort, den Elefanten und Tiger in großer Menge bewohnten. Darum mussten wir uns von einigen Meerestieren wie Austern und Krebsen ernähren, weil wir nichts anderes fanden. Vor jenen wilden Tieren nahmen wir zunächst auf den Bäumen Zuflucht, wagten uns schließlich aber doch auf den Weg quer durch einen Wald.

Endlich sahen wir von ferne auf einem kleinen Fluss eine kleine Barke, die mit Zimmerholz beladen war und von sieben Mohren geführt wurde. Wie diese uns hinterher erzählten, glaubten sie erst, wir wären einige Teufel, worauf sie vor Schreck ins Wasser fielen. Aber als sie bemerkten, dass wir uns verirrt hatten, fragten sie uns aus Neugierde nach vielen Dingen. Wir antworteten darauf, so gut wir es vermochten. Auch baten wir sie, uns mitzunehmen und dorthin zu bringen, wohin immer sie wollten. Obendrein erwähnten wir, dass wir Kaufleute seien und sie daher von uns nur Vorteile zu erwarten hätten. Als diese von Natur geizigen Leute das hörten, zeigten sie sich etwas zugänglicher und versicherten uns ihrer Hilfe. Doch sobald sie wieder in ihre Barke gekommen waren, welche sie vor Schreck verlassen hatten, vergaßen sie ihr Versprechen. Sie stießen nämlich vom Land ab und gaben sich den Anschein, als wollten sie uns im Stich lassen. Schließlich verlangten sie unsere Waffen, widrigenfalls wollten sie wegfahren.

Die Not veranlasste uns, auf dieses Verlangen einzugehen. Darauf kamen sie mit der Barke etwas näher ans Ufer und verlangten von uns, schwimmend zu ihnen zu kommen, weil sie nicht an Land könnten. Wir beschlossen also, das zu tun. Zwei Jungen und ein Portugiese stiegen auch gleich ins Wasser, um sich an einem Strick, den die aus der Barke ihnen zuwarfen, zu den Mohren zu begeben. Ehe sie den aber zu fassen bekamen, wurden sie von drei Krokodilen ganz und gar verschlungen. Wir sahen nichts mehr von ihren Leibern, nur noch das Blut, welches das Wasser färbte. Es ist leicht zu ermessen, wie uns dies erschreckte. Lange Zeit waren wir gänzlich benommen. Die Mohren rührte das wenig. Sie hatten kein Mitleid für uns übrig, sondern ließen uns dabei noch ihre Freude merken, indem sie riefen: »Oh, wie glücklich sind diese drei! Sie haben ihr Leben auf diese Weise ohne Schmerzen verloren!«

Weil sie uns nun in äußerster Not im Morast stecken sahen, sprangen fünf von ihnen an Land und holten uns auf ihr Schiff. Dann zogen sie mit uns zwölf Meilen weiter in ein

Dorf, das Cherbom hieß. Dort verkauften sie uns an einen heidnischen Händler von der Insel Celebes. In seiner Gewalt blieben wir sechsundzwanzig Tage lang und hatten bei ihm keinen Mangel zu leiden. Er verkaufte uns dann weiter an den König von Calapa. Dieser sandte uns aus Mildtätigkeit zum Hafen von Sunda, wo wir auf Portugiesen trafen, welche uns wohl empfingen. Die meisten von ihnen segelten aber bald nach Chincheo und es blieben nur zwei Portugiesen zurück. Diese wollten mit ihrer Dschunke, um Handel zu treiben, nach Siam segeln, und ich beschloss mich ihnen anzuschließen. Denn sie wollten mich nicht nur freihalten, sondern darüber hinaus mir auch etwas Geld vorschießen, damit ich mein Glück machen könnte.

Nachdem wir sechsundzwanzig Tage lang gesegelt waren, kamen wir nach Odia, der Hauptstadt des Reiches Sornau. Dieses wird gewöhnlich von den Einwohnern Siam genannt. In dieser Stadt hielt ich mich länger als einen Monat auf und wartete auf günstige Zeit, um nach China und weiter nach Japan zu segeln. Sechs oder sieben Portugiesen, die auch deswegen hierher gekommen waren, wollten mit mir zusammen segeln.

30. KAPITEL

Von den Ereignissen, die sich am Königshof von Siam zutrugen, und der Belagerung der siamesischen Hauptstadt Odia

Zu Odia hielt sich damals der König von Siam mit seinem ganzen Hof auf. Da wurde ihm die Nachricht überbracht, dass der König von Chiammay, der Bundesgenosse der Timocouhos, Lohos und Gueos, ein Heer von dreißigtausend Mann an der Grenze geschlagen habe und die Stadt Quitirvam belagere. Der König begab sich darauf sofort in großer

Bestürzung über den Fluss und übernachtete im Feldlager, um keine Zeit zu verlieren. Auch ließ er öffentlich in der Stadt alle wehrhaften Männer zum Kriegsdienst ausheben. Alle mussten sich bei Gefahr des Verlustes ihrer Güter und Habe innerhalb von zwölf Tagen stellen.

Der König bat die Portugiesen durch den Combracalam, seinen Reichskanzler, wohlwollend, in diesem Kriege als Leibwache zu dienen. Dazu versprach er ihnen große Gunst und angemessene Vergeltung, besonders das Recht, in seinem Reiche Kirchen zu errichten. Daraufhin begaben sich hundertzwanzig Portugiesen in seinen Dienst. Nach zwölf Tagen zog der König mit einem Heer, bestehend aus vierhunderttausend Mann und dreitausend Schiffen, in den Krieg. Neun Tage danach gelangte er zur Stadt Suropizem, zwölf Meilen vor der Stadt Quitirvam. Dort blieb er sieben Tage lang, um auf viertausend Elefanten zu warten. Die wurden aus dem ganzen Lande dorthin geführt.

Unterdessen erhielt er Nachrichten von der äußersten Not der Stadt. Daher musterte er eilends sein Heer und die inzwischen angekommenen Elefanten und zog dem Feind entgegen. Auf der Ebene Siputay, eineinhalb Meilen vor den Feinden, stellte er sein Heer, fünfhunderttausend Mann stark, samt den viertausend Elefanten in Schlachtordnung auf und zog dann weiter nach Quitirvam. Dorthin gelangte er bei Sonnenaufgang. Die Feinde hatten bereits von seinem Herannahen gehört. Sie schickten ihre Reiterei, vierzigtausend Mann stark, gegen die Nachhut des Königs von Siam aus, und diese, sechzigtausend Mann an der Zahl, wurde zerrieben. Als der König davon hörte, zog er sein ganzes Heer zusammen und fiel mit solchem Eifer über die Feinde her, dass er sie schon mit dem ersten Angriff in Verwirrung brachte, wobei viele derselben erschlagen wurden. Denn ihre Reiterei, welche das Rückgrat ihrer Macht bildete, wurde zum großen Teil durch die Elefanten in die Flucht geschlagen, weswegen auch die anderen Truppen der Feinde ins Hintertreffen gerieten. Der König von Siam setzte ihnen nach. Darauf bildeten sie einen Haufen von mehr als hunderttausend

Mann und marschierten so fort. Der König konnte ihnen nicht nachrücken, weil zu ihrer Unterstützung zweitausend Schiffe gerade zu diesem Zeitpunkt anlangten. Als es Nacht geworden war, zogen die Feinde umso schneller weiter. Der König ließ es geschehen, weil in seinem Heer viele Verwundete waren, die verbunden und gepflegt werden mussten.

Am nächsten Tage wurde eine Musterung abgehalten, wobei sich herausstellte, dass der König fünfzigtausend Mann im Kampf verloren hatte, die Feinde aber hundertdreißigtausend Soldaten. Daraufhin ließ der König die Grenzen wieder besetzen und zog nach der Genesung der Verwundeten gegen das Reich von Guibem. Dessen Königin hatte nämlich dem Feinde freien Durchzug gewährt. Er nahm Funcabor, eine Stadt dieses Königreiches, ein und ließ sie zerstören. Dann streifte er weiter bis Guitor, der Hauptstadt dieses Landes, um sie zu belagern. Die Königin war zu schwach, als dass sie Widerstand hätte leisten können. Darum traf sie eine Übereinkunft mit dem König von Siam. Sie wollte ihm jährlich eine Menge Silber im Wert von sechzigtausend Dukaten als Tribut zahlen.

Daraufhin zog der König fort und gelangte zu der Stadt Taysiran. Dort vernahm er, dass der König von Chiammay nicht Ruhe gab. Deshalb zog er in das Land der Feinde und ließ dort schonungslos alle Männer erschlagen. Als er zum See Singapamor kam, der auch Chiammay genannt wird, gelang es ihm, innerhalb von sechsundzwanzig Tagen zwölf befestigte Orte zu erobern. Doch wurde er in dieser Zeit krank, und außerdem herrschte regnerisches Wetter und der Winter brach herein. Darum zog er zurück nach der Stadt Quitirvam. Dort blieb er drei Wochen lang, ließ die Stadt stark befestigen und versah sie mit einer ausreichenden Besatzung. Dann verließ er den Ort wieder und wandte sich zurück nach Odia, der Reichshauptstadt.

Dort wurde er mit großer Freude empfangen, nachdem er sechs Monate abwesend gewesen war. Unterdessen hatte jedoch die Königin, seine Gemahlin, mit einem ihrer Höflinge, einem Mann namens Uquumchenira, Ehebruch getrieben und war deshalb seit vier Monaten schwanger. Sie fürchtete nun, dass dies offenbar und sie dafür bestraft werden würde. Darum beschloss sie den König, ihren Gemahl, mit Gift umzubringen. Dieses flößte sie ihm aus einem Porzellangefäß mit Milch ein, worauf er nach fünf Tagen starb. Doch vorher hatte er noch die Reichsangelegenheiten in einen guten Zustand gebracht und die vornehmsten Herren des Landes gebeten, seinen ältesten Sohn noch zu seinen Lebzeiten zum König zu ernennen. Das geschah denn auch. Nachdem der junge König gekrönt worden war, gab der unglückselige Vater in Gegenwart der Vornehmen seinen Geist auf. Er war in seinem Leben ein großmütiger Fürst gewesen und berühmt wegen vieler trefflicher Taten. Von diesen will ich zum Beweis nur zwei erwähnen.

Als er einst sein Heer zum Kampf gegen die ins Land eingefallenen Tuparahos aufstellte, befahl er, im ganzen Reich eine Musterung durchzuführen. Da gab es nun einen Beamten namens Quiay Raudiva, einen tapferen Mann, welcher die wehrhaften Männer in Bancha ausheben sollte. Dort waren die meisten Leute zum Krieg untüchtig, weil sie sich aufgrund ihres großen Reichtums der fleischlichen Wollust hingegeben hatten. Daher versuchten sie, sich dem Kriegsdienst zu entziehen. Sie blendeten den Raudiva durch Geldgeschenke dermaßen, dass er sie verschonte. Doch musterte er an ihrer Stelle die Armen, Alten und Lahmen, die sonst nach den Reichsgesetzen nicht im Kriege dienen mussten, und erschien mit diesen in Odia vor dem König. Der war über solch einen Haufen untüchtiger und unansehnlicher Männer sehr verwundert und zog deshalb Erkundigungen über diese Angelegenheit ein.

Als er von den Machenschaften des Quiay Raudiva hörte, war er so empört, dass er ihn gleich festnehmen ließ. Dann wurde jener öffentlich abgeurteilt, an Händen und Füßen gefesselt und schließlich wurde ihm geschmolzenes Silber in den Mund gegossen. Daran starb er alsbald. Darauf sprach der König den vor seinen Augen liegenden Toten mit diesen Worten an: »Wenn bereits so wenig Silber genug ist, dich zu töten, wie sollte dann die halbe Million Dukaten, welche du empfangen hast, um jene Feiglinge vom Kriegsdienst zu befreien, nicht ausreichen, um dich in die andere Welt zu senden?« Nach diesen Worten schickte er sofort einige Beamte zum Hause des Verstorbenen, um die Gelder, mit denen er sich hatte bestechen lassen, beschlagnahmen zu lassen. Diese wurden dann unter die gemusterten Armen, Alten und Krüppel verteilt, welche daraufhin zurück in ihre Heimat gesandt wurden. Diejenigen aber, welche sich bei Quiay Raudiva vom Kriegsdienst hatten freikaufen wollen, ließ er als Weiber verkleiden und auf die Insel Pullo Caton verbannen. Auch wurden ihre Güter eingezogen.

Ich könnte noch mehr solche Beispiele anführen, um ein vollkommenes Loblied auf diesen König zu singen. Doch will ich lediglich noch berichten, wie er mit einem der Portugiesen umging, welche ihm dienten. Er beobachtete nämlich, dass bei dem Feldzug, von welchem ich berichtete, einer von ihnen in einem Gefecht, in welchem seine portugiesischen Kameraden sich mannhaft schlugen, sich feige vorm Kämpfen drückte. Deswegen verbot er ihm, sich weiter einen Portugiesen zu nennen, und drohte ihm, dass anderenfalls sein Bart abgeschnitten würde. Auch durfte er sein Haus nicht verlassen und wurde also fast wie jene feigen Leute von Bancha behandelt. Allen seinen tapferen portugiesischen Kameraden hingegen wurde auf Befehl des Königs der dreifache Sold gezahlt, außerdem wurden sie von der Pflicht, Zoll zu entrichten, befreit.

Die Trauer der Reichsfürsten über des Königs Ableben war unaussprechlich. Angeblich versammelten sich aus diesem Anlass zwanzigtausend Priester, die beschlossen, dass der Leichnam des verblichenen Königs alsbald verbrannt werden sollte, damit er nicht infolge der Gifteinwirkung zu stinken begann. Denn dann könnte nach ihrem Glauben seine Seele nicht selig werden. Es wurde darum ein Scheiterhaufen aus wohlriechenden Hölzern errichtet und der Leichnam darauf verbrannt. Das Volk stand dabei und vergoss bittere Tränen. Die Asche wurde in einem silbernen Kästchen auf ein prächtiges Schiff gebracht, auf das sich auch die vornehmsten Priester begaben. Dazu kam noch eine unzählbare Menschenmenge in vielen anderen Schiffen und denen folgten noch hundert Barken mit den Bildern unterschiedlicher Götzen. Die hatten die Gestalt von Schlangen, Krokodilen, Löwen, Tigern, Fröschen, Fledermäusen, Vögeln, Böcken, Hunden, Elefanten, Geiern, Katzen, Habichten, Raben und ähnlichen Tieren. Ihr Aussehen war so gut getroffen, dass es schien, als ob sie lebten. Man konnte nicht umhin, sich über die Gesichter dieser Götzen zu wundern. Ansonsten waren sie zum Zeichen ihrer Trauer mit seidenen Gewändern bekleidet und je nach ihrer Würde ausstaffiert worden. Die Anzahl der Götzen belief sich nach dem Bericht derjenigen, welche sie gesehen haben, auf so viele, dass man wohl fünftausend Stück Seide für sie verbraucht hat. In einem der Schiffe sah man auch den König all dieser Götzen, nämlich »die verschlingende Schlange aus dem tiefen Hause des Rauches«, ein schreckliches Gebilde.

Alle Schiffe legten bei einer Pagode mit dem Namen Quiay Poutar am Ufer an. Dorthin wurde die Asche in dem Silberkästchen gebracht und dann da verwahrt. Die Schiffe aber wurden zum Abschluss der Zeremonie samt den Götzenbildern unter dem entsetzlichen Lärm von Geschützen, Musketen, Trommeln, Glocken und Trompeten verbrannt. Es war so schrecklich anzusehen, wie alles in Flammen aufging, als ob es die lebendige Hölle wäre. Danach kehrten die Einwohner in ihre Häuser zurück und schlossen sich zehn Tage lang ein. Nur einige arme Leute wanderten nachts herum und baten weinend um Almosen. Nach dieser Frist ritten Männer in weißen Damastgewändern durch die Straßen und riefen mit lauter Stimme:

»O betrübte Einwohner des Königreiches Siam! Hört auf das, was man euch im Namen Gottes verkündigt, und preist ihn mit demütigem Herzen! Kommt aus euren Wohnungen heraus und dankt der Güte eures Gottes, weil er euch einen neuen König gegeben hat, der ihn fürchtet und ein Freund der Armen ist!« Darauf verließen alle Einwohner ihre Häuser und eilten zur Pagode des Gottes der Freuden. Dort tanzten sie und opferten Räucherwerk, Früchte, Vögel sowie Reis zum Unterhalt der Priester. Der neue König zog zur Begeisterung des ganzen Volkes durch die Stadt.

Doch weil er erst neun Jahre alt war, wurde beschlossen, dass seine Mutter, die Königin, für ihn Reichsverweserin sein sollte. Dieses Amt verwaltete sie fünfeinhalb Monate lang und es herrschte Ruhe im Lande. Darauf aber wurde sie von einem Sohn entbunden, welchen sie mit dem Ehebrecher gezeugt hatte. Sie kam nun zu dem Entschluss, diesen zu heiraten, hingegen den neuen König, ihren Sohn, zu töten. Der Bastard aber sollte später gekrönt werden. Um ihren Anschlag leichter ausführen zu können, zeigte sie sich um das Leben ihres Sohnes stets besorgt. Sie ließ eine große Leibwache für ihn aufstellen, die den Palast des jungen Königs ständig bewachte. Dazu wählte sie ihr ergebene Krieger aus und bestellte zum Obersten über diese Tileubacus, einen Enkel ihres Geliebten. Unter dem Schutz dieser Truppe aus zweitausend Fußsoldaten und fünfhundert Reitern machte sie sich daran, die vornehmsten Herren des Reiches aus dem Wege zu räumen, da sie wusste, wie geringschätzig sie von ihnen betrachtet wurde. Als Erste mussten zwei hohe Provinzbeamte ihr Leben lassen, die sie einer heimlichen Korrespondenz und Freundschaft mit dem König von Chiammay beschuldigte. Unter scheinbarer Wahrung des Rechtes wurden sie daraufhin hingerichtet und all ihrer Güter beraubt.

Da dies aber heimlich, und ohne einen Beweis erbracht zu haben, durchgeführt wurde, murrten darüber die Reichsstände und hielten der Königin die großen Verdienste und die hohe Abkunft der Hingerichteten vor Augen. Allein, das berührte sie wenig. Sie tat vielmehr so, als wäre sie krank, um die Regentschaft niederlegen zu können. Diese übergab sie darauf ihrem Geliebten, sodass dieser alle Reichssachen nach seinem Belieben einrichten, die wichtigsten Ämter seinen besten Freunden geben und sich selbst zum König und Herrn des Reiches machen konnte. Ja, die Königin bemühte sich so eifrig, ihn durch eine Verehelichung zur königlichen Würde zu erheben und ihren unehelichen Sohn zum Erben des Reiches zu machen, dass sie innerhalb von acht Monaten alle Herren des Reiches umbringen ließ. Deren Güter und Ämter schenkte sie ihren Günstlingen. Am allermeisten wurden ihre Absichten aber noch durch das Dasein des jungen Königs behindert und so wurde auch dieser wie sein Vater mit Gift aus dem Wege geräumt. Danach vermählte sie sich mit dem Ehebrecher, ihrem Geliebten, und ließ ihn zum König krönen. Aber Gott, der die bösen Werke nicht ungestraft lässt, wusste auch dieses zu bestrafen. Denn diese beiden wurden im folgenden Jahr durch Oya Passiloco und den kambodschanischen König bei einer Mahlzeit in der Pagode des Quiay Figrau, des »Gottes der Sonnenstäubchen«, erschlagen. So geriet durch den Tod dieser zwei und ihres ganzen Anhanges alles wieder in Ordnung. Das Königreich hatte freilich durch die Schuld dieser Ehebrüchigen den größten Teil seines Adels verloren.

Da auch der rechtmäßige Erbe nicht mehr lebte, beschlossen die beiden Mächtigen im Lande, nämlich Oya Passiloco und der König von Kambodscha, der damals nicht mehr als ein Herzog war, und einige ihrer Freunde, einen Bruder des alten Königs zum Regenten zu erwählen. Dieser Mann war ein alter Geistlicher namens Pretiem, der seit dreißig Jahren aus seiner Pagode nicht mehr herausgekommen war. Er wurde nun durch Oya Passiloco hinausgeleitet und nach sieben Tagen mit großer Pracht zur königlichen Würde erhoben.

Unterdessen hatte der König von Burma von den Wirren im siamesischen Königreich vernommen. Daher fasste er mit der Einwilligung seiner Räte den Entschluss, Siam anzugreifen und es nach Möglichkeit zu erobern. Aus diesem Grunde zog er nach Martaban und sammelte dort innerhalb von dreieinhalb Monaten ein Heer von achthunderttausend Mann und fünftausend Elefanten. Mit diesem brach er gegen das Land des Königs von Siam auf und gelangte nach fünf Tagen zu der Festung Tapurau. Diese bestürmte er am hellen Tage dreimal mit vielen Sturmleitern. Doch wurde er immer wieder von den tapferen Verteidigern unter ihrem Befehlshaber Mogor abgeschlagen. Deswegen stellte er auf den Rat eines Portugiesen namens Diego Suarez hin an einem passenden Ort vierzig grobe Geschütze auf und ließ mit diesen in die Mauer der Festung ein großes Loch schießen. Danach traten zehntausend seiner ausländischen Soldaten zum Sturm an und lieferten solch ein blutiges Gefecht, dass auf der Seite der Belagerten sechstausend Siamesen erschlagen wurden, die sich nicht hatten ergeben wollen. Der König von Burma verlor durch den Mut der Verteidiger dreitausend Mann. Darüber war er dermaßen erzürnt, dass er alle Frauen in der eroberten Festung erschlagen ließ.

Darauf nahm er seinen Weg zur Stadt Sacotay, schlug dort sein Lager auf und bereitete sich auf den Marsch zur siamesischen Hauptstadt vor. Denn er hatte inzwischen von den Anstalten gehört, welche der neue König in Odia gegen den Einfall der Burmesen getroffen hatte. Er nahm noch die Stadt Juropisan ein und kam neun Tage danach vor die Hauptstadt Odia, wo er sein Lager aufschlug, ohne dass die Belagerten ihm Widerstand geleistet hätten, und es mit Brustwehren und Schanzen versehen ließ. Als Diego Suarez, einer seiner Befehlshaber, sah, dass die Siamesen ein solches Heer nicht sonderlich achteten, beschloss er sogleich, die Stadt unverzüglich die Macht seines Herrn fühlen zu lassen. Er teilte daher seine achttausend Untergebenen in zwei Haufen und wandte sich dort gegen die Stadt, wo sie am schwächsten befestigt zu sein schien. Dort befahl er, dreitausend Leitern an die Mauer zu werfen, worauf die Seinen Sturm laufen mussten. Doch die Belagerten wehrten sich so tapfer, dass in einer halben Stunde auf beiden Seiten zehntausend Mann ihr Leben einbüßten.

Nach dieser Niederlage befahl der König anderen Soldaten, sich zum Sturm bereitzuhalten. Auch wurden die fünftausend Elefanten mit hölzernen Türmen ausgerüstet, auf denen Schützen mit Handbüchsen platziert wurden. Die schossen so gewaltig auf die Verteidiger der Stadt, dass diese sich von den Mauerzinnen herab in Sicherheit bringen mussten. Diese günstige Gelegenheit ergriffen die Angreifer; sie setzten erneut die Sturmleitern an und machten dabei einen solchen Lärm, als ob sie schon gesiegt hätten. Die Türken im Heer des burmesischen Königs wollten besonderes Ansehen gewinnen. Sie baten den König darum, bevorzugt angreifen zu dürfen. Diego Suarez unterstützte ihre Bitte erfolgreich, denn es war ihm darum zu tun, dass ihre Zahl sich möglichst verringerte. Die zwölfhundert Türken erstiegen nun mit großem Geschrei die Mauer und drangen in die Stadt ein. Dort versuchten sie, sich zu einem Tor durchzukämpfen, um dieses mit zwei Sturmböcken aufzubrechen. So wollten sie sich eine große Menge Gold im Wert von fünfhunderttausend Dukaten verdienen, welche der König denjenigen versprochen hatte, die zuerst die Tore öffnen würden. Aber sie wurden daran von dreitausend javanesischen Kriegern gehindert. Die leisteten ihnen so gewaltig Widerstand, dass sie alle in kurzer Zeit übermannt und erschlagen wurden. Die Javanesen stürmten darauf weiter und jagten alle Feinde wieder von der Mauer.

Allein, der König von Burma ließ sich nicht abschrecken, sondern beschloss, jetzt seine Elefanten angreifen zu lassen. Er meinte, mit ihnen ein Wunder bewirken zu können. Als die Tiere nun unter großem Lärm gegen die Stadt getrieben wurden, kam Oya Passiloco ihnen mit fünfzehntausend Mann zur Verteidigung entgegen. Er zog durch die Tore hinaus, durch welche die Burmesen in die Stadt einzudringen hofften. Diese setzten ihren Angriff fort, die Verteidiger ihre Bemühungen ebenfalls. Es wurde dabei sehr viel Blut vergossen und die Feinde drangen innerhalb von drei Stunden zweimal in die Stadt ein. Als die Hauptstadt so vom Untergang bedroht war, eilte der neue König von Siam mit dreißigtausend Mann dahin, wo die Not am größten war. Da begann das Blut wegen der Heftigkeit des Streites wie Wasserbäche zu fließen. Auch wurden die Glocken geläutet, es erschallten Trompeten, und auch andere Instrumente der Kriegsmusik waren zu hören, dazu das Krachen der Geschütze und das schreckliche Gebrüll der fünftausend Elefanten, dass auch dem Allertapfersten der Mut hätte sinken können, das umso mehr, als der Teil der Mauer, den die Burmesen besetzt hatten, ganz mit toten Leibern bedeckt war.

Als Diego Suarez sah, dass seine Leute zurückgeschlagen wurden, die meisten Elefanten verwundet und die restlichen vom Lärm der Geschütze erschreckt waren, wollte er den Kampf abbrechen. Zudem ging gerade die Sonne unter, und so ermahnte er den König, für diesen Tag den Kampf aufzugeben. Der König war durch einen Pfeil verwundet worden, was er zunächst im Eifer des Gefechtes gar nicht gemerkt hatte. Er musste sich deswegen zwölf Tage lang schonen und konnte so am nächsten Tag den Angriff nicht fortsetzen. Aber nach fünfzehn Tagen befahl er erneut den Sturm, worauf die Seinen voller Eifer angriffen. Doch erlitten sie ebensolche Verluste wie vorher. Der König setzte die Angriffe fünf Tage lang fort, wobei er sich jedes Mal wieder zurückziehen musste. Nachdem er die Stadt endlich fünfeinhalb Monate lang belagert hatte, musterte er sein Heer. Dabei stellte er fest, dass er während der Belagerung hundertvierzigtausend Mann verloren hatte, die meisten durch Krankheit.

Daher wollte er noch einmal das Äußerste wagen. Er beschloss, die Stadt zum achten Male anzugreifen, diesmal aber bei Nacht. Denn er hoffte, dass es dann für die Angreifer weniger gefährlich sein würde. Es wurde also nochmals alles zum Sturm vorbereitet. Vor allem wurden innerhalb von siebzehn Tagen sechsundzwanzig starke Bollwerke aus Holz, jedes zehn Klafter breit und fünf hoch, gebaut und auf Rädern bereitgestellt. Die wurden bei düsterer Nacht nahe an die Mauer gebracht und dort zusammen mit vielem trockenen Holz, womit man sie angefüllt hatte, verbrannt. Dazu wurde das Geschütz abgefeuert. Und bei diesem schrecklichen Brand und Lärm drangen die Burmesen nochmals auf Leitern auf die Mauer vor. Doch die Belagerten wehrten sich wieder so tapfer, dass der König von Burma schließlich den

Kampf verloren gab und auf Bitte der Seinen zum Rückzug blasen ließ. Auch war die Zahl der Verwundeten in seinem Heer so groß, dass man den folgenden Tag und einen großen Teil der Nacht brauchte, um sie zu verbinden.

31. KAPITEL

Von den Ereignissen in Burma

Der König von Burma versammelte nun seinen Kriegsrat, welcher aus den vornehmsten Fürsten seines Reiches bestand. Diese wollten die Belagerung fortsetzen, worüber der König hocherfreut war. Man machte sich also erneut daran, einen Angriff vorzubereiten, wozu eine hohe Schanze für vierzig Geschütze errichtet wurde. Unterdessen kam jedoch ein Läufer an, der Briefe des Herrn von Mouchan mitbrachte. Darin wurde dem König vom Aufstand des Xemindo im unterworfenen Königreich Pegu, eines Fürsten, der der dortigen, inzwischen entmachteten Königsfamilie entstammte, berichtet. Der hatte die wichtigsten Orte des Landes eingenommen und fünfzehntausend Burmesen erschlagen lassen. Diese bestürzende Nachricht veranlasste den König von Burma, die Belagerung von Odia zu beenden und alsbald mit seinem Heer aufzubrechen. Er befahl, das Lager anzuzünden und anschließend eilends nach Martaban zu ziehen. Dort hörte er von den genaueren Umständen des Aufstandes. Der Xemindo drohte, ihm mit fünfhunderttausend Mann den Weg nach Norden, in das burmesische Kernland, zu versperren. Darum wartete der König noch einige Zeit, bis sein ganzes Heer eingetroffen war. Doch war er immer noch in einer gefährlichen Lage, da sein Heer ja zum großen Teil aus Soldaten aus Pegu bestand, von denen gleich hundertzwanzigtausend Mann zum Xemindo überliefen, der sie freundlich und freigebig empfing. Da hielt es der König von Burma aus Furcht vor weiterem Abfall seiner Soldaten für richtig, so schnell wie möglich gegen den Xemindo zu ziehen.

Auf der großen Ebene Machem vor der Stadt Pegu trafen ihre Heere aufeinander und stritten mit unglaublicher Tapferkeit gegeneinander. Der Xemindo erlitt eine Niederlage, denn innerhalb von drei Stunden wurde sein Heer geschlagen, wobei dreihunderttausend Mann ums Leben kamen. Er selbst entkam mit knapper Not zusammen mit sechs Begleitern zu Pferde und rettete sich zunächst in die Festung Batelor. Von dort aus flüchtete er in einem Boot nach Ceda. Der König von Burma war über diesen Sieg erfreut und zog am nächsten Tag gegen Pegu. Als er dort angelangt war, ergaben sich die Bürger sofort, unter der Bedingung, dass er ihr Leben und ihre Güter verschonte. Er selbst hatte sechzigtausend Mann verloren.

Nachdem ich nun von dem, was sich in Siam und in Pegu zugetragen hat, berichtet habe, halte ich es für wichtig, erst noch von der Größe, dem Reichtum und der Fruchtbarkeit des Königreiches Siam zu berichten. Dieses Land ist ungefähr hundert Meilen lang und sehr breit. Es besteht meist aus großen Ebenen, auf denen man zahlreiche Äcker und Flüsse findet. Darum gibt es hier auch Vieh und Lebensmittel im Überfluss. Es wachsen da auch reichlich große Wälder mit Angelinenbäumen, aus welchen man viele tausend Schiffe bauen kann. Dazu gibt es viele Bergwerke, in denen Silber, Eisen, Blei, Zinn, Salpeter und Schwefel abgebaut werden. Außerdem erhält man viel Seide, Aloeholz, Indigo, Baumwolle, Rubine, Saphire, Elfenbein und Gold. Auch mangelt es da nicht an rotem und an Ebenholz. Damit werden in jedem Jahr wohl an die hundert Dschunken beladen, die es nach China, Hainan, den Lequios-Inseln, Kambodscha und Champa ausführen. Ich schweige von der Menge des Wachses, des Honigs und des Zuckers, welche man dort auch an unterschiedlichen Orten sammelt. Der König erhält jährlich eine große Summe Goldes, außerdem viele Geschenke der vornehmen Herren.

Auf seinem Gebiet befinden sich Tausende von Ortschaften. Doch gibt es fast keine Festungen, sondern die meisten Ortschaften haben nur Umfassungen aus hölzernen Pfählen. Die Einwohner sind furchtsam und zaghaft und haben keine Waffen, um sich zu wehren. Das Land hat eine lange Meeresküste. In der Hauptstadt Odia wohnen mehreren Berichten zufolge vierhunderttausend Familien, darunter hunderttausend Fremde aus unterschiedlichen Gegenden der Welt. Weil dieses Königreich wegen seines großen Reichtums so viele Güter hervorbringt, kommen dorthin jährlich von den Inseln Java, Bali, Madura, Angemo, Borneo und Solor wenigstens zehntausend Dschunken, die alle Flüsse und Häfen füllen.

Der König neigt von Natur ganz und gar nicht zur Tyrannei. In seinem Lande gibt es – wie im Königreich Pegu – zwölf heidnische Sekten und der König lässt sich Prechau Saleu, das heißt »Gottes heiliges Andenken«, nennen. Er zeigt sich dem Volk höchstens zweimal im Jahr, dann aber mit großer Pracht und Herrlichkeit, aus welcher man seine Macht ersehen kann. Doch muss er dem Kaiser von China Tribut entrichten, damit die Dschunken seiner Untertanen sicher im Hafen von Combay landen können. Man findet in diesem Königreich auch viel Pfeffer, Ingwer, Zimt, Kampfer, Alaun und Kardamom. Daher mag man wohl in Wahrheit sagen, dass dieses Königreich eines der reichsten Länder der Welt ist.

Nach dieser kurzen Beschreibung Siams wenden wir uns wieder den Schicksalen des Xemindo und des Königs von Burma zu. Der König bestrafte zunächst die Anführer des Aufstandes. Doch dann schlug sein Grimm immer mehr in ein allgemeines Wüten um, zumal er bald Nachricht vom Abfall der Stadt Martaban bekam. Der Xemindo war nämlich überall aufgrund seiner Frömmigkeit und anderer guter Eigenschaften so angesehen, dass alle, die ihn reden hörten, sagten: »Gewiss redet Gott in Euch«, und sich von seinem Beispiel aufreizen ließen. So fielen immer mehr Orte vom König von Burma ab. Als dieser sichere Nachrichten vom

Geschehen in Martaban erhalten hatte, rief er die vornehmsten Herren seines Reiches zusammen, um rasch wirksame Maßnahmen beschließen zu können. Doch unterdessen wurde ihm auch noch mitgeteilt, dass der Xemin der Stadt Satan heimlich zum Xemindo übergelaufen sei und diesem viel Gold zur Unterstützung gesandt habe. Daraufhin schickte der König voller Besorgnis Boten zu diesem Stadtkommandanten, die diesen auffordern sollten, vor ihm zu erscheinen. Dann wollte der König ihn hinrichten lassen.

Allein, der Xemin von Satan stellte sich krank und ließ ausrichten, er werde erst nach seiner Genesung kommen. Denn er konnte sich leicht ausrechnen, weswegen er gerufen wurde. Er sprach darüber mit seinen Vertrauten und sie kamen alle zu dem Schluss, dass die Ermordung des Königs von Burma das beste Mittel zu ihrer eigenen Rettung sei. Zu diesem Zweck suchten sie sechshundert Männer aus, ließen diese aber anfangs nichts von dem geplanten Mordanschlag wissen. Erst nachdem sie alle durch große Versprechungen noch mehr an sich gebunden hatten, weihten sie sie schließlich in den Plan ein. Da dauerte es denn auch nicht mehr lange, bis sie in eine Pagode eindrangen, in welcher sich der König aufhielt. Ihn dort fast allein in einer Kammer auffindend, konnten sie ihn ohne Gefahr erschlagen und sich anschließend in einem abgelegenen Hof verbergen. Bald darauf wurden sie dort jedoch von den Leibwächtern des Königs aufgestöbert und von ihnen angegriffen, sodass es zu einem harten Gefecht kam, in dem achthundert Mann, meist Burmesen, ihr Leben einbüßten.

Inzwischen flüchtete der Xemin von Satan mit vierhundert der Seinen. Er erhielt viel Zulauf, sodass er bald die Burmesen, welche der König mitgebracht hatte, in die Flucht schlagen und sich zum König von Burma ausrufen lassen konnte. Doch hatte er längst noch nicht alle Feinde aus dem Lande getrieben und musste so deren Rache fürchten. Von den Burmesen, die er besiegt hatte, war nur ein Einziger lebend entronnen, wenn auch stark verwundet. Aus Furcht vor den Peguanern rannte dieser Tag und Nacht dahin, bis

Der Xemin von Satan stellt sich krank

er am dritten Tage nach der Schlacht in dem Ort Coutalarem den Chaumigrem, den Bruder des erschlagenen Königs, traf.

Der befand sich da mit einem Heer von hundertachtzigtausend Mann, wovon dreißigtausend aus Burma und fünfzigtausend aus Pegu waren. Als der Chaumigrem die Nachricht vom Tode seines Bruders erhalten hatte, verbarg er seinen Schrecken so gut wie möglich und ließ sich nichts anmerken. Auch zog er keineswegs ein Trauergewand an, sondern kleidete sich auf kostbare und prächtige Weise und hängte sich eine Kette von Edelsteinen um den Hals. Darauf befahl er die Obersten der Armee zu sich und redete sie mit fröhlichem Angesicht folgendermaßen an: »Meine Herren! Dieser Bote hat mir einen Brief von eurem und meinem König überbracht. Er lässt uns mitteilen, dass der Xemindo wieder eine Armee aufgestellt hat und die Landschaft Danaplu einnehmen will. Darum befiehlt der König, dem Xemindo zuvorzukommen und diese Landschaft vor dessen Heer zu schützen. Dies ist der Inhalt des königlichen Schreibens. Wir wollen nun genau festlegen, wohin jeder von uns zu ziehen hat, und dies in einem Vertrag festhalten. Dann muss ich nicht mit meinem Kopf dafür büßen, wenn einer von euch sich unachtsam verhält.«

Entsprechend diesem Befehl machten sich alle Peguaner, die, wenn ihnen die Ermordung des Königs nicht verheimlicht worden wäre, die Burmesen sicherlich sofort erschlagen hätten, innerhalb weniger Stunden auf den Weg. Auf diese Weise die Peguaner loswerdend, konnte der Chaumigrem den königlichen Schatz in Verwahrung nehmen, der in der Hauptsache aus einer riesigen Menge Gold und außerdem aus Edelsteinen bestand. Er sorgte auch dafür, dass die Frauen und Kinder der Burmesen geschützt und die Arsenale und die anderen Vorräte bewacht wurden. Als alles zum Aufbruch bereit war, befahl er, die Zeughäuser und Rüstkammern anzuzünden und die kleinen Geschütze zu zerstören, die großen aber zu vernageln. Auch wurden siebentausend Elefanten getötet und lediglich zweitausend behalten, welche mit den Vorräten und Schätzen beladen wurden. Alles Übrige wurde vernichtet. Dann zog der Chaumigrem mit seinen Burmesen geradewegs nach Tangu, seiner Geburtsstadt. Von dort war er vor vierzehn Jahren zum Kampf gegen Pegu aufgebrochen.

Die fortgesandten Peguaner hörten erst zwei Tage danach vom Tode des Königs. Weil sie Todfeinde der Burmesen waren, kehrten sie sofort wieder um, um nach ihnen zu suchen. Da sie diese aber nicht mehr auffinden konnten und auch keinen rechtmäßigen König mehr hatten, wandten sie sich an den Xemin von Satan. Der empfing sie sehr ehrenvoll und zog dann selbst nach der Stadt Pegu. Dort wurde er mit königlicher Pracht empfangen und in einer Pagode zum König gekrönt. Hiernach herrschte er drei Monate lang in der Stadt und im Königreich Pegu auf tyrannische Weise. Dann verteilte er die königlichen Güter und Schätze unter seine Günstlinge und verursachte so große Zwietracht. Viele vornehme Herren mussten in andere Reiche flüchten. Einige begaben sich auch zum Xemindo. Der schien zu dieser Zeit wieder hochzukommen. Er war ins Königreich Anseda gezogen und hatte dort durch sein Ansehen so viele Leute gewonnen, dass er bald über ein Heer von sechzigtausend Mann verfügte.

Doch ehe ich fortfahre, will ich erst von einer eigenartigen Begebenheit berichten, welche sich in Pegu zugetragen hat. An ihr kann man sehen, wie groß das Glück des mächtigen Diego Suarez, des einstigen Statthalters des Königs von Burma, gewesen war und was die Welt denen für eine Belohnung zu geben pflegt, die sich auf sie verlassen.

In der Stadt Pegu lebte einst ein reicher und berühmter Kaufmann. Sein Name war Mambogoa. Als Diego Suarez auf dem Gipfel seiner Laufbahn angelangt war, gab dieser Kaufmann seine Tochter einem Jüngling, dem Sohn eines ebenso achtbaren Mannes, zur Frau. Zur Hochzeit hatten beider Eltern die vornehmsten Leute der Stadt geladen und sie wurde mit großer Freude begangen. Da kam Diego Suarez mit seinen Dienern und seinem Gefolge am Hochzeitshause vorbei. Als er nun den Festjubel darin vernahm, erkundigte er sich, was da vor sich ginge. Sobald er von der Hochzeit der Tochter des bekannten Kaufmannes gehört hatte, ließ er den Elefanten, auf welchem er saß, stillstehen. Dann schickte er einen Diener zum Brautvater, um diesem seine Glückwünsche zu entbieten, desgleichen den Brautleuten. Auf diese Höflichkeit hin kam der Vater mit seiner Tochter und einigen Frauen heraus, um dem Statthalter gebührend zu danken. Er fiel vor diesem auf die Knie nieder und dankte für die ihm erwiesene Ehre und Gunst. Gleiches tat die Braut auf Befehl ihres Vaters und übergab Diego zum Zeichen ihrer Ehrerbietung auch noch einen kostbaren Stein, den sie von ihrer Hand zog. Doch dieser fasste sie gleich aus unkeuschen Gelüsten bei der Hand und sagte: »Das sei ferne, dass eine so schöne Tochter, wie Ihr es seid, in andere Hände als meine kommen soll!«

Als nun dieser alte Mann sah, dass Diego seine Tochter mit Gewalt fortführte, erhob er sehr demütig seine Hände zum Himmel und bat ihn, sie freizugeben. Darauf gab Diego keine andere Antwort, als dass er sich zu dem Hauptmann seiner Leibwache, einem Türken, umwandte und zu ihm sagte: »Tötet diesen Hund!« Der Türke zog sofort seinen Säbel und wollte zuhauen. Aber der alte Mann entwich. Jedoch musste er seine Tochter sehr betrübt in Diegos Händen lassen. Unterdessen kam auch der Bräutigam, mit Tränen in den Augen, hinzugelaufen. Der wurde gleich getötet, ebenso sein Vater und noch sechs oder sieben andere Männer. Die Frauen fingen an so furchtbar zu heulen, dass alle, die es hörten, erschraken. Als die arme Braut aber sah, dass sie geschändet werden sollte, erstach sie sich mit einer Gewandnadel. Das kränkte Diego über die Maßen, nicht weil sie tot war, sondern weil er nicht seine viehische Lust mit ihr hatte befriedigen können.

In der folgenden Zeit sah man ihren betrübten Vater vier Jahre lang nicht aus seinem Hause kommen. Endlich aber band er sich, als besonderes Zeichen seiner tiefen Trauer, eine alte, zerrissene Matte um und bat in dieser elenden Gestalt seine eigenen Sklaven um ein Almosen. Er aß auch nur noch, indem er lang gestreckt auf der Erde lag und auf den Boden niederblickte. In diesem betrübten Zustand verharrte er, bis er die Zeit für gekommen hielt, seine Zuflucht beim Gericht zu suchen und dieses um sein Recht anzuflehen. Da inzwischen nämlich ein anderer König herrschte und andere Richter gewählt worden waren, konnte er sich nun wieder hinauswagen. Er ging in seiner erbärmlichen Gestalt, mit einem dicken Strick um den Hals und mit einem weißen Barte, der lang über die Brust hinabhing, auf den Markt und betrat dort die Pagode des Gottes der Bedrängten. In dieser nahm er das Bild des Gottes vom Altar und ging mit demselben auf den Armen wieder hinaus. Nachdem er auf dem Marktplatz den Abgott mit den üblichen Zeremonien verehrt hatte, rief er, um vom Volke verstanden zu werden, überlaut folgende Worte aus: »O ihr Menschen, die ihr mit reinem Herzen die Wahrheit bekennt vor dem Gott der Bedrängten, den ihr in meinen Armen seht! Kommt zu mir und schreit mit mir so laut, dass euer Geschrei durch den Himmel dringe und das Ohr des Herrn sich zu unsern Seufzern neige! Dann wird er hören, warum wir diesen bösen Fremdling, den allergottlosesten Menschen der Welt, anklagen und Recht fordern. Denn dieser Bösewicht hat nicht allein mein Gut geraubt, sondern auch mein Haus geschändet. Wer wollte dann nicht mit mir seine Zuflucht zu diesem Gott nehmen, den ich in meinen Armen habe und mit meinen Tränen benetze? Ach, dass doch die fressende Schlange in der tiefen Rauchhölle seine Tage verkürze und seinen Leib mitten in der Nacht zerreiße!«

Diese Worte des alten Mannes waren so kräftig und durchdringend, dass augenblicklich einige tausend Menschen zusammenkamen, die alle sehnlichst diese Schmach rächen wollten. Sie liefen in großem Gedränge geradewegs zum Hofe des Königs und erhoben solch ein schreckliches Geschrei, dass die Zuschauer davon zitterten und bebten. Als sie im Vorhof des Palastes angekommen waren, riefen sie: »O König, komm heraus aus deinem Palast und höre die Stimme deines Gottes, der dich durch den Mund deines armen Volkes um Recht bittet!« Auf dieses Geschrei hin sah der König zum Fenster hinaus und fragte ganz bestürzt, was ihr Begehren sei. Sie antworteten hierauf allesamt zugleich mit einem abermaligen schrecklichen Geschrei, das durch den Himmel zu dringen schien: »Recht, Recht über einen unglückseligen Ungläubigen, der unsere Väter, Kinder, Brüder und anderen Verwandten umgebracht hat, um uns unserer Güter zu berauben!« Der König fragte sie: »Wer ist es denn?« Sie gaben wieder zur Antwort: »Ein verfluchter Dieb, ein Mitgenosse der Werke der fressenden Schlange, welche auf den Wiesen der Wollust den ersten Menschen verführt hat, der von Gott geschaffen worden ist!« Der König war über diese Worte entsetzt und sagte voller Verwunderung: »Ist es möglich, was Ihr mir sagt? Was soll ich tun?« Sie antworteten wieder: »Herr, wenn Ihr das nicht hören wollt, was dieser Gott der Bedrängten von Euch erbittet, dann ist zu befürchten, dass er auch Euch nicht helfen wird.«

Da bat sie der König, sich auf den großen Markt zu begeben; dorthin wollte er den Mann, nach dem sie verlangten, bringen lassen. Darauf befahl er, den Chirca des Gerichtes, der die Oberaufsicht über das Gerichtswesen hatte, zu holen, und trug ihm auf, Diego Suarez in Fesseln dem Volk auszuliefern. Der Chirca des Gerichtes kam diesem Befehl nach und ging mit seinen Leuten zum Hause des Diego. Dem erklärte er den Grund seines Kommens und zeigte ihm den Befehl mitzukommen. Als Diego den Chirca erblickt hatte, war er ganz bestürzt. Nachdem er aber wieder zu sich gekommen war, bat er um Aufschub. Das wurde ihm jedoch abgeschlagen. Nun ergriff der Chirca seine Hand und nahm ihn mit, während dreihundert Mann folgten, die den Beamten unterstützen sollten.

Als sie so mit Diego zum Markt zogen, trafen sie zufälligerweise Balthasar Suarez, seinen Sohn. Der kam gerade aus dem Hause eines Kaufmannes, zu welchem ihn sein Vater an diesem Morgen geschickt hatte, um eine Schuld einzutreiben. Als er nun seinen Vater in dieser Notlage sah, warf er sich ihm vor die Füße und sagte mit Tränen in den Augen: »Was bedeutet das, mein Herr? Wieso werdet Ihr so fortgeführt?« – »Frage meine Sünden danach«, antwortete Diego Suarez, »und sie werden es dir erklären. Denn ich bekenne dir, mein Sohn, dass mir mein Zustand wie ein Traum vorkommt.« Darauf umarmten sie einander und vermischten ihre Tränen, bis der Chirca den Sohn aufforderte, fortzugehen. Allein, er wollte nicht, weshalb die Gerichtsdiener sie schließlich auseinander zogen. Dabei stießen sie den Sohn so gewaltsam fort, dass er hinfiel und sich den Kopf aufschlug. Während er nun unter den Schlägen der Diener starb, fiel sein Vater in Ohnmacht. Als er wieder zu sich gekommen war, bat er um ein wenig Wasser, das er denn auch erhielt. Dann erhob er seine Hände zum Himmel und sprach unter Tränen: »O Herr, wer kann vor Deinem Gericht bestehen? Doch bitte ich Dich um des Blutes Deines Sohnes willen, das für mich am Kreuze vergossen wurde: Erbarme Dich meiner!«

Als er nun vor den Palast des Königs gebracht wurde und da die vielen Menschen erblickte, war er so verzweifelt, dass er sich an einen Portugiesen wandte, der ihn begleiten durfte, und diesen fragte: »Jesus, haben all diese mich vor dem König verklagt?« Darauf antwortete der Chirca: »Es ist nicht mehr an der Zeit für dich, hierüber nachzudenken. Auch verstehst du das Volk zur Genüge, sodass du seine Wut begreifst.« Als Diego nochmals seine Sünden beklagte, fügte der Chirca hinzu: »Du siehst nun, was die gewöhnliche Vergeltung ist, welche die Welt denen zuteil werden lässt, die während ihres Lebens die göttliche Gerechtigkeit vergessen haben. Gott gebe dir, dass du in deinen letzten Augenblicken deine Sünden bereust. Das wird dir vor ihm mehr helfen als all das Gold, das du zurücklassen musst.« Bei diesen Worten fiel Diego Suarez auf die Knie und schrie: »O Herr, mein treuer Erlöser! Ich bitte Dich bei den Schmerzen, die Du am Kreuze erlitten hast, dass die Anklage dieser hunderttausend halb verhungerten Hunde gegen mich der Rettung meiner Seele dienen möge, ohne dass ich dies verdient habe.« Nachdem er das gesagt hatte, stieg er die Stufen hinauf, welche zum Markt führten. Der Portugiese, welcher ihn begleitete, hat mir erzählt, wie er bei jedem Schritt den Boden küsste und den Namen Jesu anrief.

Als er auf dem Markt angekommen war, rief jener alte Kaufmann Mambogoa, der immer noch das Götzenbild auf seinen Armen hielt, laut: »Wer diese verfluchte Schlange nicht steinigen will zur Ehre dieses Gottes der Bedrängten, der sei auf ewig verflucht. Das Gehirn seiner Kinder soll um Mitternacht verzehrt werden, damit durch die Bestrafung einer solchen Sünde der Gerechtigkeit des Herrn Genüge getan werde!« So wiegelte er das Volk auf und alsbald wurde Diego von den Leuten mit vielen Steinen beworfen, sodass er sofort zu Boden fiel. Ja, die Steine wurden so wild durcheinander geworfen, dass viele Menschen in der Menge dadurch verletzt wurden. Nach einer Stunde zogen sie diesen armen Diego Suarez aus dem Steinhaufen hervor, zerrissen ihn in tausend Stücke und schleuderten diese in die Gassen.

Der König wollte zudem noch seine Güter einziehen und sandte deswegen einige Männer zu seinem Hause. Doch da herrschte schon ein großer Tumult, hervorgerufen durch das wütende Volk. Das war mit den vorhandenen Gütern nicht zufrieden und brachte deswegen Diego Suarez' Diener und Sklaven auf die Folter. Dabei ging man so grausam vor, dass achtunddreißig von Diegos Leuten ermordet wurden, darunter siebzehn Portugiesen. Ein solches Ende nahm Diego Suarez, der es zu hohen Ehren gebracht hatte. Doch ist dies der gewöhnliche Lauf der Welt, vor allem, wenn jemand ihre Güter auf einem üblen Wege gewonnen hat.

Ich komme wieder auf den Xemindo zurück. Nachdem der Xemin von Satan zum König von Pegu gekrönt worden war, nahmen seine Grausamkeit und sein Geiz von Tag zu Tag zu. Er ließ all jene, bei denen er großen Reichtum vermutete, umbringen. Ja, seine Räuberei war so groß, dass innerhalb der sieben Monate, während derer er ruhig auf dem Thron saß, sechstausend reiche Kaufleute zu ermorden befahl. Verschont blieben nur die alten Herren des Landes, welche aufgrund alter Rechte Krongüter besaßen. Er machte sich so verhasst, dass der größte Teil der Seinen zum Xemindo überlief. Dieser sammelte ein Heer von zweihunderttausend Mann und fünftausend Elefanten und belagerte damit die Hauptstadt Pegu. Nach verschiedenen Angriffen schloss er mit dem Tyrannen einen Waffenstillstand und sagte dem Xemin unter gewissen Bedingungen die Aufhebung der Belagerung und seinen Verzicht auf das Königreich zu. Als nun für zwanzig Tage auf beiden Seiten alles friedlich war, verlor sich die Feindschaft zwischen den Belagerern und den Belagerten. Im Heere des Xemindo wurde jeden Morgen sehr schön musiziert. Das gefiel den Leuten in der Stadt dermaßen gut, dass sie auf die Mauern gelaufen kamen, um besser zuhören zu können. Die Musik dauerte so lange, bis ein Priester hervortrat und das Volk in der Stadt zur Übergabe aufforderte.

Der Tyrann merkte bald, dass dies schließlich seinen Untergang nach sich ziehen würde. Deswegen brach er nach zwölf Tagen den Waffenstillstand und beschloss mit seinen Räten, den Xemindo anzugreifen, bevor dieser noch Verstärkung bekam. Nach zwei Tagen zog er also vor Sonnenaufgang mit achtzigtausend Mann zu fünf Stadttoren hinaus und griff das Heer des Xemindo an. Es entstand ein so heftiger Kampf, dass vierzigtausend Mann ihr Leben lassen mussten, bevor eine halbe Stunde vergangen war. Doch dann wurde der Xemin von Satan, der in Pegu geherrscht hatte, von einem Schuss aus einer Muskete getroffen und fiel von seinem Elefanten tot zu Boden. Das hatte zur Folge, dass sein Heer sich ergab und bald auch die Stadt. Doch versprach der Xemindo noch am selben Tage seinen Einzug in die Stadt zu halten und ließ sich in der größten Pagode zum König von Pegu krönen.

Nachdem der Xemindo nun auf diese Weise Herr des ganzen Reiches geworden war, erwies er sich als ein tugendhafter und gerechter Herrscher. Die Ausländer schätzten ihn deshalb sehr. Jedoch währte seine glückliche Regierung nicht länger als dreieinhalb Jahre. Denn er ließ die vornehmsten Herren des Reiches wegen ihrer Meutereien hinrichten, weshalb das Land nicht zum Kriege gerüstet war. Dies alles wusste der Chaumigrem, der neue König von Burma. Darum beschloss er, das Königreich Pegu erneut anzugreifen, wofür er ein großes Heer von dreihunderttausend Mann zusammenstellte. Mit diesem zog er von seiner Geburtsstadt Tangu aus gegen Pegu. Der Xemindo erfuhr davon und stellte sich ihm mit einem ungeheuer großen Heer, bestehend aus neunhunderttausend Mann, entgegen. Doch waren seine Krieger alle aus Pegu, von schwacher Natur, verzagt und im Kriege nicht erfahren.

Die beiden Heere trafen zwölf Meilen von der Stadt Pegu entfernt am Fluss Meleytay aufeinander. Früh am Morgen gerieten sie aneinander, als der Xemindo die Feinde daran hindern wollte, sich jenseits des Flusses besser zu verschanzen. Es wurden dabei fünfhundert Mann getötet und der Chaumigrem konnte seine Absicht ausführen. Am folgenden Tage bot der Xemindo dem König von Burma eine Schlacht an, womit dieser einverstanden war. Die zwei Heere fielen nun sehr grimmig übereinander her, sodass die Toten bald das ganze Feld bedeckten. Die Peguaner ließen den Mut ziemlich sinken, doch kam der Xemindo ihnen mit dreitausend Elefanten zu Hilfe. Mit diesen griff er die siebzigtausend Reiter der Feinde so heftig an, dass die Burmesen sich zurückziehen mussten. Der Chaumigrem gab sich als ein erfahrener Kriegsmann dabei den Anschein, gänzlich besiegt zu sein. Der Xemindo verstand diese List nicht und jagte mit seinem Heer den Feinden nach, ohne die Ordnung wiederherzustellen. Der Chaumigrem aber wandte sich mit seinen Truppen zur rechten Zeit wieder um und fiel mit großer Gewalt und schrecklichem Geschrei der Krieger die Peguaner an. Davon bebten nicht allein die Menschen, sondern auch die Erde und alle anderen Elemente. Die Luft stand in Flammen und die Erde war mit Blut bedeckt. Die vornehmen Herren von Pegu sahen wohl die Gefahr, in welcher ihr König sich befand, und eilten ihm zu Hilfe. Doch auf der anderen Seite drang der Bruder des burmesischen Königs, Panouseray, mit tausend Mann und zweitausend Elefanten auf sie ein. Kurzum, die Schlacht endete mit einer großen Niederlage der Peguaner. Eine halbe Stunde vor Sonnenuntergang wurde ihr großes Heer völlig in die Flucht geschlagen, nachdem es vierhunderttausend Mann verloren hatte. Als der Xemindo die Niederlage der Seinen sah, ergriff auch er die Flucht. So errang der Chaumigrem, der König von Burma, den Sieg und ließ sich darauf in Pegu zum König krönen. Zunächst aber befahl er, wegen des Hereinbruches der Nacht aufmerksam Wache zu halten und die Verwundeten zu verbinden. Am folgenden Morgen plünderten die Sieger die toten peguanischen Soldaten aus. Bei denen fanden sie viele Goldstücke und Edelsteine, denn diese Völker haben die Gewohnheit, dass sie all ihren Reichtum mit sich in den Krieg nehmen.

Danach zog der Chaumigrem zur Stadt Pegu und schlug sein Lager auf der Ebene vor den Mauern auf. Er sorgte sich nämlich, dass die fremden Soldaten, welche er angeworben hatte, die Plünderung der Stadt verlangen würden, wie er es ihnen vorher versprochen hatte. Diese fremde Soldateska wurde so rebellisch, dass er sich schließlich mit seinen Burmesen in einer Pagode verschanzen musste. Endlich kam er aber mit jenen Soldaten überein, sie aus seinen eigenen Schätzen zu bezahlen und dann in ihre Heimat zu entlassen. Nachdem sie nun Gold und Lebensmittel empfangen hatten und ihre Obersten besonders freigebig beschenkt worden waren, ließ er sie nach und nach, zu je zehntausend Mann, abziehen.

Darauf wurde sein Einzug in die Stadt vorbereitet. Als er zum Tor hineinzog, wurde er von sechstausend Priestern willkommen geheißen. Einer von diesen begrüßte ihn mit diesen Worten: »Gelobt sei der Herr, von dessen heiligen Werken die Klarheit der Sterne in der Nacht Zeugnis gibt! Gelobt sei er, weil er Euch über alle Könige dieser Erde herrschen lässt. Und weil wir glauben, dass Ihr von ihm sehr geliebt werdet, so bitten wir Euch, unserer Sünden, mit welchen wir Euch beleidigt haben, nicht mehr zu gedenken. Dann wird Euer betrübtes Volk zur Ruhe kommen!« Fünftausend Geistliche fielen bei diesen Worten auf die Erde nieder und baten den König mit zum Himmel erhobenen Händen ebenfalls um Frieden. Der König war hiermit recht zufrieden und schwor ihnen bei dem Haupte des heiligen Quiay Nivandel, des Kriegsgottes, sie zu verschonen. Auf dies Versprechen hin fiel das ganze Volk mit dem Angesicht auf die Erde und rief ihm zu: »Gott verleihe Euch viele Jahre lang Glück gegenüber Euren Feinden!« Dann wurde zu seinen Ehren viel Musik gemacht, und der bereits erwähnte Geistliche setzte ihm eine kostbare Krone aufs Haupt. So zog er vollends in die Stadt ein. In seinem Zuge wurden alle erbeuteten Elefanten und Wagen samt dem Bilde des besiegten Xemindo mitgeführt. Der Chaumigrem selbst saß dabei auf einem großen, mit Gold behängten Elefanten, umgeben von vierzig Leibwächtern.

Nach diesem überaus prächtigen Einzug blieb er in der Stadt Pegu und sein Heer eroberte inzwischen die Festungen, welche noch zum Xemindo hielten, weil sie noch nicht von seiner Niederlage gehört hatten. Dann schrieb der König freundliche Briefe an die Einwohner dieser Festungen. In diesen nannte er sie »Kinder seiner Seele« und vergab ihnen ihren Widerstand. Durch solche Freundlichkeit wurde er umso schneller Herr des ganzen Landes.

Unterdessen sandte er viele Reiter aus, die den Xemindo suchen sollten. Man fand diesen Unglücklichen unweit der Stadt Potem und brachte ihn nach Pegu vor den König von Burma. Der verspottete ihn mit diesen Worten: »Willkommen in Pegu, König! Ihr dürft wohl diese Erde küssen, auf die ich bereits getreten bin. Daraus könnt Ihr entnehmen, dass ich Euer Freund bin, denn es ist Euch wohl nie in den Sinn gekommen, dass Ihr dies tun dürft.« Der Xemindo äußerte vor großer Bestürzung hierauf kein Wort und der König verspottete ihn weiter. Endlich sank der Xemindo auf die Erde nieder und bat um etwas Wasser. Um ihn noch mehr zu verletzen, befahl der König, dass die Tochter des Xemindo das Wasser wie eine Sklavin bringen sollte. Sie wurde auch inzwischen schon wie eine solche gehalten. Als sie nun ihren Vater so auf der Erde liegen sah, fiel sie vor ihm nieder, umarmte und küsste ihn unter Tränen. Darauf bat sie ihn: »O mein Vater! Ich bitte Euch, mich als Eure Gefährtin auf dieser traurigen Reise mitzunehmen, weil Euch die Welt um meiner Sünden willen die schuldige Ehrerbietung versagt hat!« Der Vater wollte hierauf antworten, vermochte es aber wegen der Traurigkeit seines Herzens nicht und blieb daher wie tot liegen. Einigen anwesenden Herren kamen bei diesem Anblick vor Mitleid die Tränen. Als der König von Burma das sah und merkte, dass es Peguaner waren, befahl er aus Furcht vor Verrat, ihnen sofort die Köpfe abzuschlagen. Danach sagte er spöttisch: »Weil ihr mit eurem König Xemindo so viel Mitleid hattet, sollt ihr ihm vorausgehen und die Herberge für ihn bestellen. Er wird euch dort eure Liebe vergelten.« Hierauf ließ er sogar die Tochter für ihre Liebe zum Vater seine Rache fühlen und sie über dem Leib desselben ermorden. Dies war gewiss eine schreckliche Grausamkeit, die auch der natürlichen Liebe nicht ihren Lauf lassen wollte. Der Xemindo wurde danach ins Gefängnis gebracht und dort von einer starken Wache bewacht.

Früh am nächsten Tage ließ der König von Burma alle Einwohner auf einen bestimmten Platz holen, damit sie Zeugen des Gerichtes über den unglückseligen ehemaligen König von Pegu würden. So wollte er ihnen den Beginn seiner Herrschaft eindringlich vor Augen führen und die Erinnerung an die Zeit des Xemindo zerstören. Die Peguaner fürchteten auch bereits, dass der neue König von Burma ebenso grausam sein würde, wie dies sein Vorgänger vor Jahren war. Denn der alte König von Burma hatte selten einen Tag ohne die Hinrichtung einiger hundert Peguaner hingehen lassen. Ungefähr um zehn Uhr holte man nun den unglücklichen Xemindo aus seinem Gefängnis. Vierzig Männer mit Spießen in den Händen ritten ihm voraus und machten ihm in den Gassen Platz. Ihnen folgten viele Krieger mit gezogenen Schwertern in den Händen, die das Volk weiter zurückdrängten. Hierauf kamen ein starker Trupp von fünfzehntausend Schützen mit brennenden Lunten und hundertsechzig Elefanten mit Seidendecken und Türmen auf ihren Rücken. Hinter diesen folgten wieder fünfzehnhundert Reiter mit schwarzen, blutbefleckten Fahnen, die überlaut ausriefen: »Die Elenden und Armen sollen hören, wie das Strafgericht über die Beleidiger ihres Königs verkündet wird, damit die Furcht vor der deswegen verhängten Strafe tief in ihrem Gedächtnis haften möge!« Danach kamen fünfzehnhundert Krieger in roten Gewändern, die so grimmig dreinblickten, dass man sie nicht ohne Furcht anschauen konnte. Diese riefen zu dem traurigen Geläut kleiner Glocken: »Dieses strenge Gericht wird von dem lebendigen Gott, dem Herrn aller Wahrheit, gehalten. Er will, dass der Xemindo, der sich der Stadt des großen Königs von Burma bemächtigt hatte, getötet wird.« Dazu schrien mehrere Leute, die durch das Gedränge des Volkes liefen: »Mit Recht wird solch ein großer Übeltäter ohne Barmherzigkeit zum Tode verdammt!« Nun folgten noch fünfhundert burmesische Reiter und ein Haufen Fußsoldaten mit gezogenen Schwertern in den Händen und mit Brustharnischen bekleidet. Mitten unter ihnen sah man den armen Xemindo auf einem verächtlichen Ross sitzen, wobei ihn ein Henker stützen musste. Dieser elende Fürst war so arm gekleidet, dass sein Fleisch überall durch die Lumpen zu sehen war. Auch trug er zum Hohn eine Krone aus Stroh, die anstelle von Perlen mit Feigen behängt war. Obwohl er nun in einem so erbärmlichen Zustand kaum einem Menschen glich, spürte man dennoch an ihm eine mit Sanftmut vermischte Großmütigkeit. Darüber waren fast alle, die ihn sahen, zu Tränen gerührt. Der Zug wurde abgeschlossen von mehr als tausend Reitern und Kriegselefanten.

Als der Xemindo nun auf diese Weise durch die vornehmsten Straßen der Stadt geführt worden war, kam er zuletzt in die Straße Caban Bainha, durch die er vor zweiundzwanzig Tagen zum Kampf gegen den König von Burma ausgezogen war. Weil ich diesen früheren, überaus prächtigen Zug ebenso wie diesen, bei welchem er so verhöhnt wurde, mit meinen eigenen Augen gesehen habe, will ich, wenn schon die Pracht des früheren unglaublich war, wenigstens von dem traurigen zweiten Zuge berichten. Dann kann man aus diesen beiden so gegensätzlichen Fällen lernen, wie wenig man dem Glück in der Welt vertrauen darf.

Als der unglückselige Xemindo durch die Straße Caban Bainha geführt wurde, hielt er an und sprach mit einigen Leuten. Aber der Henker sah das und gab ihm deswegen solch einen harten Schlag, dass ihm das Blut zu den Nasen-

löchern herausrann und er erbärmlich anzusehen war. So
kam er schließlich mehr tot als lebendig auf dem Richtplatz
an und stieg auf ein großes Schafott, das eigens für ihn errichtet worden war. Der Chirca des Gerichtes verlas ihm dort
sein Urteil, das folgendermaßen lautete: »Der lebendige Gott
unserer Häupter befiehlt, dass der meineidige Xemindo als
ein Aufrührer unter den Völkern auf Erden und ein Todfeind
der Burmesen bestraft werden soll!« Als er dies gesagt hatte, winkte er mit der Hand. Darauf schlug der Henker dem
Xemindo das Haupt ab und zeigte es dem Volke. Dieses
stand in einer unzähligen Menge ringsum. Der Leichnam
wurde dann in acht Stücke zerteilt, die Gedärme und Eingeweide aber beieinander gelassen. Alle Teile wurden mit
einer gelben Decke bedeckt, die bei ihnen als Zeichen der
Trauer gilt. So blieben sie bis zum Sonnenuntergang liegen
und wurden dann verbrannt.

Als der Xemindo auf diese Weise hingerichtet worden war,
hörte man mehrmals eine kleine Glocke schlagen. Darauf
kamen aus einem hölzernen Verschlag bei dem Schafott
zwölf Männer mit vermummten Gesichtern und in schwarzen, mit Blut besudelten Gewändern. Die trugen silberne
Keulen auf ihren Schultern. Ihnen folgten die zwölf vornehmsten Priester und danach der Xemin Pocasser, der Onkel des Königs von Burma. Der war dem Aussehen nach
über hundert Jahre alt. Er hatte wie die anderen ein Trauergewand an und war von zwölf kleinen Kindern umgeben.
Die waren kostbar gekleidet und trugen kunstvolle Säbel auf
ihren Schultern. Der Xemin fiel aus großer Ehrerbietung
dreimal auf die Knie und sprach: »O heiliges Fleisch, preis-
würdiger als alle Königreiche von Ava! Oretanau Chaumigrem, der Fürst von Savady und Tangu, lässt dich durch
mich, deinen Sklaven, um Verzeihung bitten für das dir in
dieser Welt angetane Übel, ehe er von hinnen scheidet. Auch
übergibt er dir alle seine Königreiche und begehrt davon
nicht das Geringste zu behalten, damit die Klagen, die du
oben im Himmel über ihn führen könntest, nicht vor Gottes
Ohren kommen mögen. Er verspricht ferner zur Sühne für

das an dir begangene Übel, auf der Pilgerfahrt dieses Lebens der Hüter deines Königreiches Pegu zu sein. Dieses empfängt er von dir zum Lehen und verspricht mit seinem Eid, alle deine Befehle auf Erden zu erfüllen, doch mit der Bedingung, dass du dies als ein Almosen annimmst und ihm deswegen den Besitz des Königreiches vergönnst. Ohne deine Gunst würden ihm auch die Priester in der Stunde seines Todes keine Vergebung seiner Sünden zuteil werden lassen.« Einer der Priester, der an Ehren und Würden höher als die anderen zu sein schien, gab hierauf im Namen des Verstorbenen zur Antwort: »Weil Ihr Eure begangenen Sünden bekennt und mich in dieser öffentlichen Versammlung um deren Verzeihung bittet, vergebe ich Euch hiermit und vergönne Euch, in diesem Königreich ein Hirte meiner Herde zu sein. Doch müsst Ihr dazu das mit einem Eid bekräftigte Versprechen halten. Sonst würdet Ihr eine ebenso große Sünde begehen, als wenn Ihr ohne die Erlaubnis des Himmels die Hand an mich gelegt hättet.« Nach dieser Rede fing das Volk an, voller Freude zu rufen: »Das gebe mein Herr!« Der Priester redete die Umstehenden darauf folgendermaßen an: »Gebt mir anstatt eines Geschenkes die Tränen eurer Augen zur Erhaltung meiner Seele für die gute Botschaft, die ich euch nun verkündige. Nach Gottes Willen soll dieses Land hinfort unserem König Chaumigrem gehören. Daher habt ihr alle Grund fröhlich zu sein, wie es sich für fromme und getreue Diener gebührt!« Kaum hatte er diese Rede vollendet, da rief die ganze von Freude erfüllte Menge: »Gelobt sei der Herr!«

Nach diesen Zeremonien nahmen die Priester alle Stücke des Leichnams des enthaupteten Königs und brachten sie mit großen Ehrenbezeigungen zu einem Feuer. Dieses wurde mit kostbarem Holz unterhalten und sie warfen alle Stücke samt den Eingeweiden hinein. Außerdem brachten sie noch viele andere Opfer dar, meistenteils Hammel, um den Verstorbenen zu ehren. Der Leichnam brannte die ganze Nacht hindurch bis zum folgenden Morgen. Danach wurde die Asche in einer silbernen Truhe unter dem Geleit von zehntausend Priestern in die Pagode des »Gottes der tausend Götter« gebracht. Dort wurde sie in einer vergoldeten Kapelle in einem sehr kostbaren Grab bestattet. Ein solch elendes Ende nahm der große und mächtige Xemindo, König von Pegu, dem seine Untertanen während seiner dreieinhalbjährigen Herrschaft große Ehre erwiesen hatten. Er hatte auch an Pracht und Herrlichkeit fast alle anderen Fürsten übertroffen. Aber so ist nun mal der Lauf der Welt.

32. KAPITEL

Von Pintos weiteren Erlebnissen zu Wasser und zu Lande, insbesondere in Japan, und seiner Begegnung mit Pater Francisco de Xavier

Nach all diesen Ereignissen nahm der vom Chaumigrem hoch geschätzte Gonzalo Pacheco Abschied von Pegu. Mit ihm zogen hundertsechzig Portugiesen, unter denen auch ich mich befand. Wir luden unsere Güter auf fünf Schiffe, um damit zum Hafen Cosmin zu fahren. Dort trennten wir uns, um dann nach unterschiedlichen Orten zu reisen, je nachdem, wo es dem Einzelnen am besten und einträglichsten zu sein schien.

Was mich betraf, so zog ich in Begleitung von sechsundzwanzig Landsleuten nach Malakka. Kaum einen Monat dort, schiffte ich mich wieder ein, um nach Japan zu reisen. Ich segelte mit einem Mann namens Georg Alvarez, der mit dem Schiff eines Schlossverwalters, Simon de Mello genannt, Handel treiben sollte. Als wir nun sechsundzwanzig Tage lang mit gutem Wind dahingesegelt waren, erblickten wir die Insel Tanixuma und liefen am nächsten Tage in den Hafen der Stadt Ganixto ein. Der oberste Beamte der Stadt kam an Bord und wunderte sich sehr über unser Schiff, weil er sein ganzes Leben lang ein solches noch nicht gesehen hatte. Er freute sich sehr über unsere Ankunft und bat uns mehrmals, mit ihm zu handeln. Aber Georg Alvarez und die übrigen Kaufleute ließen sich darauf nicht ein, weil sie befürchteten, in diesem Hafen von einem Sturm überrascht zu werden. Wir brachen deswegen am folgenden Tage wieder auf und steuerten auf das Königreich Bungo zu, um schließlich nach fünf Tagen in den Hafen der Stadt Funcheo zu gelangen. Der König wie auch das Volk empfingen uns da sehr freundlich und erwiesen uns in kaufmännischer Hinsicht außerordentliche Gunst. Ja, der König hätte uns wohl noch mehr Gnade zuteil werden lassen, wäre er nicht ausgerechnet in der Zeit, die wir dort zubrachten, von einem seiner Lehnsleute namens Fucarandono, einem mächtigen und reichen Fürsten, elendiglich seines Lebens beraubt worden.

Dies geschah auf folgende Weise: Es hielt sich bei unserer Ankunft am Hofe dieses Königs von Bungo ein junger Mann auf, der Axirandono hieß und ein Neffe des Königs von Arima war. Weil er sich von seinem Vater übel behandelt fühlte, war er hierher gekommen, um hier künftig zu bleiben. Es begab sich aber, dass sein Onkel, der König von Arima, starb. Dieser hatte ihn zu seinem Erben und Nachfolger bestimmt. Daher bat Fucarandono den König von Bungo, ihm zu helfen, den jungen Mann zum Schwiegersohn zu gewinnen. Der König war hierzu bereit und nahm den jungen Fürsten mit auf die Jagd, um ungestört mit ihm über die in Rede stehende Heirat zu sprechen. Der junge Axirandono ließ es sich wohl gefallen, wie ihm der König die Tochter Fucarandonos zur Braut empfahl. Darüber war der König hocherfreut und ließ den Fucarandono zu sich in die Stadt kommen, um ihm von seinem erfolgreichen Gespräch zu berichten. Fucarandono fiel vor ihm nieder und bedankte sich für die große Gnade. Darauf zog er heim, um seiner Gemahlin, seinen Söhnen und Freunden diese erfreuliche Kunde zu überbringen. Alle waren darüber sehr froh und seine Frau begab sich daraufhin sofort in das Gemach ihrer Tochter, welche gerade zusammen mit einigen Dienerinnen mit häuslichen Arbeiten beschäftigt war. Ihre Mutter nahm sie bei der Hand und führte sie zu ihrem Vater, den Brüdern und Freunden, die alle begeistert waren, weil sie in ihr bereits die Königin von Arima sahen. Der Tag ging vorüber mit Besuchen der Vornehmsten im Lande, die ihre Glückwünsche aussprechen wollten. Allein, die Braut war trotz des ganzen Jubels nicht glücklich, denn sie war heimlich verliebt in einen jungen Edelmann. Dessen Vater hieß Groge Arum und war dem Fucarandono an Stand, Macht und Reichtum bei weitem nicht ebenbürtig. In der folgenden Nacht schickte sie ihre Lieblingsdienerin zu ihrem Geliebten, um diesem von der vorgesehenen Vermählung zu berichten. Auch ließ sie ihn bitten, er möge sie aus dem Hause ihres Vaters entführen, solange dazu noch Gelegenheit bestünde. Der junge Edelmann liebte sie mit ebenso großer Leidenschaft wie sie ihn. Daher ging er sofort zu dem Ort ihrer heimlichen Zusammenkünfte. Dort traf er sie, wobei sie ihn inständig bedrängte sie zu entführen und in ein Kloster zu bringen, dessen Äbtissin die Schwester seiner Mutter war. Das tat er denn auch und sie blieb da neun Tage lang verborgen.

Als am Morgen nach der Entführung ihre Hofmeisterin sie nicht in ihrem Gemach fand, suchte man lange nach ihr, bis man zuletzt ein offenes Fenster zum Garten hin und davor ihren Schleier auf dem Boden liegen fand. Darauf konnte man leicht erraten, was geschehen war. Die Mutter fiel vor lauter Bestürzung in Ohnmacht und starb alsbald. Fucarandono, der nichts ahnend auf das Geschrei der Frauen hinzukam, hörte völlig überrascht von dem Geschehen. Er beriet sich sogleich mit seinen Freunden und sie beschlossen, in dieser Sache sehr streng und scharf zu verfahren. Sie begannen dort durchzugreifen, wo es am leichtesten war, nämlich bei dem armen Hausgesinde. Nicht weniger als hundert Frauen wurden enthauptet, die Vornehmeren unter ihnen sogar geviertelt, weil man argwöhnte, sie hätten davon gewusst.

Die Meinungen über den Verbleib der Braut waren unterschiedlich. Endlich kamen sie zu dem Entschluss, dem König von der Angelegenheit zu berichten. Sie baten ihn um die Erlaubnis, gewisse ihnen verdächtige Häuser durchsuchen zu dürfen. Das verweigerte ihnen aber der König, weil er die Hausherren nicht beleidigen wollte und einen Aufruhr befürchtete. Den Fucarandono verdross das sehr und er beschloss, wie dies bei den Japanern, die ein sehr ehrsüchtiges Volk sind, üblich ist, sein Vorhaben dennoch auszuführen, ohne auf die Folgen zu achten. Er rief dazu alle seine Verwandten zusammen und griff mit ihnen die Häuser, die er im Verdacht hatte, an. Dies gewalttätige Unterfangen löste einen solchen Tumult aus, dass auf beiden Seiten mehr als tausend Menschen umkamen. Der König selbst versuchte mit seiner Leibgarde, den Aufruhr zu stillen. Aber es war umsonst. Viele der Seinen wurden getötet und er selbst musste in den Palast zurückweichen. Aber auch dorthin verfolgten ihn die Leute des Fucarandono, um ihn schließlich und endlich zu erschlagen. Ihre Grausamkeit fand damit noch kein Ende, denn sie liefen auch zur Kammer der Königin, die dort krank darniederlag, und brachten sie samt ihren drei Töchtern und vielen ihrer Hofdamen ums Leben. Darauf zündeten sie wie toll die ganze Stadt an sechs oder sieben Ecken an, und da ein starker Wind blies, war sie innerhalb von zwei Stunden völlig eingeäschert. Wir übrig gebliebenen Portugiesen entkamen diesem Tumult mit knapper Not und flüchteten mit unserem Schiff auf die hohe See. Die Aufrührer, zehntausend an der Zahl, zogen nach der Verwüstung der Stadt auf den Berg Canafama, um dort einen anderen König zu wählen. Fucarandono und seine vornehmsten Freunde waren selbst im Kampf gefallen.

Die Nachricht von diesem Aufruhr erreichte bald den jungen Fürsten, den Sohn des erschlagenen Königs. Der weilte damals in seiner Festung Osquy, sieben Meilen von Funcheo entfernt. Dieser junge Fürst beweinte den Tod seines Vaters und wollte alsbald mit seinen Edelleuten und Kriegern nach Funcheo ziehen, um sich zu rächen. Doch sein Hofmeister Fingeindono riet ihm, so lange zu warten, bis er genauere Nachrichten über das ganze Geschehen bekommen habe. Denn ohne Zweifel würden die Mörder seines Vaters auch versuchen ihn selbst umzubringen. Darum sollte er so viele Krieger wie möglich zusammenrufen, um seine Feinde bezwingen und bestrafen zu können.

Der Fürst war damit einverstanden und ordnete alles Notwendige an. Auch befahl er seinen Leuten, auf dem Horn zu blasen. Dies ist eine besondere Gewohnheit in Japan und verursacht eine große Unruhe im ganzen Lande. Seit alter Zeit sind alle Einwohner Japans verpflichtet, ein Horn in ihrem Hause zu haben. Doch dürfen sie es nur im Falle von Aufruhr, Brand, Plünderung oder Verrat blasen, anderenfalls drohen ihnen schwere Strafen. Wenn irgendwo ins Horn gestoßen wird, dann weiß man, je nach der Anzahl der Töne, was es bedeutet. Wer nun den Ton des Hornes hört, der muss ebenso blasen, damit die Nachricht sich möglichst schnell verbreitet, oder er ist des Todes. Mittels dieser Hornsignale werden Nachrichten innerhalb einer Stunde sehr weit verbreitet. Nachdem nun der junge Fürst das Horn hatte blasen lassen, begab er sich in ein entlegenes Kloster und beweinte dort drei Tage lang den Tod der Seinen.

Unterdessen versammelte sich eine große Anzahl von Kriegsvolk, mit dem der Fürst dann nach Funcheo zog, bevor die Feinde sich zerstreuten. Die Stadt empfing ihn mit Freuden, bezeigte aber auch große Trauer über den Tod seines Vaters. Er ging zuerst zu dem Tempel, in welchem dieser begraben war. Dort hielt er zu dessen Ehren in den zwei folgenden Nächten ein großartiges Leichenbegängnis mit unzähligen brennenden Fackeln ab. Man zeigte ihm das blutige Gewand seines Vaters und er legte den Eid ab, keinen derjenigen, die an der Ermordung des Königs schuld waren, zu verschonen, und sei es auch einer der vornehmsten Priester. Am vierten Tag nach seiner Ankunft wurde er in der Stadt gekrönt, jedoch wegen der noch anhaltenden Trauer mit wenig Pracht.

Hierauf zog er mit einem gewaltigen Heer gegen die Rebellen aus und belagerte sie auf dem Berg, den sie eingenommen hatten, neun Tage lang. Als jene bemerkten, dass sie so bald hungers sterben würden, beschlossen sie, lieber als tapfere Männer im Kampf ihr Leben zu lassen. Darum zogen sie in einer finsteren und regnerischen Nacht in aller Stille vom Berg herab und fielen an vier Stellen über das Lager des Königs her. Doch wurden sie dort in bester Schlachtordnung und mit großer Kampfbereitschaft erwartet, weil der König rechtzeitig gewarnt worden war. Der Kampf wurde von beiden Seiten sehr grausam und grimmig geführt und währte bis zwei Uhr am Mittag. Sechsunddreißigtausend Mann kamen ums Leben, darunter alle Aufrührer, zehntausend an der Zahl, von denen keiner sein Leben retten konnte. Der König, über die großen Verluste, die seine Truppe erlitten hatte, sehr betrübt, begab sich nach dem Sieg über die Rebellen wieder in die Stadt. Dort ließ er die Verwundeten verbinden und pflegen; dennoch gaben noch viele von ihnen später den Geist auf.

Als wir Portugiesen nun von der Verwüstung des Landes hörten, hatten wir wenig Hoffnung, dort alsbald nach dem Ende des Aufruhrs gut und sicher Handel treiben zu können. Deswegen segelten wir neunzig Meilen weiter und kamen in den Hafen Hyamango. Dort blieben wir dreieinhalb Monate lang, konnten aber, weil der Markt hier mit chinesischen Waren überschwemmt war, gar nichts verkaufen und hatten herbe Verluste hinzunehmen. In allen Winkeln und Häfen des ganzen japanischen Reiches befanden sich sehr viele Schiffe, in diesem Jahre insgesamt mehr als zweitausend, deren gesamtes Handelsgut aus chinesischer Seide bestand, die so preiswert war, dass sie nur ein Drittel des Preises in China selbst kostete. Indem es nun schien, als sei unser Verderben beschlossen, erhob sich zur Winterszeit bei Neumond auch noch ein grausamer Sturm, der den größten Teil dieser Schiffe vernichtete. Das hatte zur Folge, dass der Preis der noch erhältlichen Waren unversehens dermaßen anstieg, dass wir doch noch einen großen Gewinn verbuchen konnten. Doch als wir uns bald danach wieder auf die Reise machten, gerieten auch wir in einen schrecklichen Sturm, wobei unsere Segel samt den Stricken zerrissen, sodass wir zum Hafen zurückkehren mussten. Dort schickten wir ein

Boot mit einem Geschenk für den obersten Beamten des Landes und baten diesen, uns behilflich zu sein. Das tat er denn auch, sodass wir noch am selben Tage das Segel ausbessern konnten und einen neuen Segelmast erhielten. Doch gleich darauf stieß uns ein anderes Unglück zu, denn als wir schon fast den Anker eingeholt hatten, zerriss das Ankerseil, und der Anker fiel zurück ins Wasser. Weil wir keinen zweiten hatten, mussten wir uns bemühen, ihn zu bergen. Dazu heuerten wir einige Taucher vom Lande an, die sich für zehn Dukaten ins Wasser hinabließen und den Anker in einer Tiefe von sechsundzwanzig Faden schließlich fanden. Sie befestigten an ihm ein Seil, mit dem er hochgezogen wurde. Aber als wir endlich wieder bereit waren, unsere Fahrt fortzusetzen, erhob sich plötzlich ein so heftiger Wind, dass wir auf eine Klippe geworfen wurden und so in großer Lebensgefahr schwebten.

Gerade bemüht, von dieser Klippe wegzukommen, sahen wir oben auf dem Ufer zwei Reiter. Die riefen uns zu, wir sollten sie mitnehmen. Wir waren neugierig, was das bedeuten sollte, und ich begab mich daher mit zwei Gefährten in einem Boot an Land. Als wir das Ufer erreicht hatten, sprach einer von den zwei Reitern zu mir: »Herr, weil wir aus Furcht vor unseren Verfolgern gar keine Zeit verlieren dürfen, so bitte ich Euch bei der Güte Eures Gottes, uns mit Euch zu nehmen!« Diese Worte machten mich sehr bestürzt, sodass ich nicht so recht wusste, wie ich mich verhalten sollte. Da ich mich jedoch erinnerte, dass ich diesen Mann schon in Hyamango unter den Kaufleuten gesehen hatte, entschloss ich mich ihn und seinen Gesellen mitzunehmen. Aber kaum waren wir etwas vom Ufer weg, erschienen dort vierzehn Reiter und riefen: »Gebt uns diese Verräter, oder ihr sollt sterben!« Diesen folgten bald noch neun andere Reiter nach. Die Furcht ließ mich unterdessen so weit vom Ufer wegrudern, dass sie mir nicht mehr beikommen konnten. Dann fragte ich sie, was sie wünschten. Darauf antwortete einer von ihnen: »Wenn ihr diesen Japaner mit euch wegführt, dann sollt ihr wissen, dass tausend Häupter von euresgleichen das zur Strafe werden entgelten müssen!« Aber ich achtete solcher Worte nicht, sondern ruderte mit ihnen zu unserem Schiff, wo die beiden vom Kapitän und den anderen Portugiesen wohl aufgenommen und versorgt wurden.

Ich möchte hier nicht näher auf diese Angelegenheit eingehen, zumal ich später darüber schreiben will, um deutlich werden zu lassen, welcher Mittel sich Gott bedient, damit der heilige Glaube gepriesen wird. Dies werden wir anhand der Geschichte dieses Mannes aus Japan sehen, der sich Angiroo nannte. Wir segelten nun mit den beiden Japanern fort und kamen nach vierzehn Tagen glücklich in den chinesischen Hafen Chincheo. Weil wir dort alsbald von einem berühmten chinesischen Seeräuber hörten, der sich in der Nähe mit vielen Schiffen aufhielt, segelten wir schnell weiter nach Lamau. Dort versorgten wir uns mit Lebensmitteln und reisten dann nach Malakka. Da blieb ich eine Weile und traf dabei mit dem ehrwürdigen Pater Magister Francisco de Xavier, dem Rektor aller Kollegien der Gesellschaft Jesu in Indien, zusammen. Er war gerade von einer Reise nach den Molukken zurückgekehrt. Bei allen Leuten genoss er ein sehr hohes Ansehen und stand im Rufe eines Heiligen, weil man ihn große Wunder hatte verrichten sehen. Sobald dieser nun erfuhr, dass wir diese beiden Japaner in unserer Begleitung hatten, traf er sich mit Georg Alvarez und mir im Haus eines gewissen Cosme Rodriguez. Er stellte uns sehr viele Fragen, die alle von seinem leidenschaftlichen Eifer um die Ehre Gottes zeugten. Wir suchten sie ihm alle nach seinem Wunsch zu beantworten und berichteten von den zwei Japanern, deren einer unserer Meinung nach ein recht gebildeter und umsichtiger Mann war, was das Recht und die Sitten seiner Heimat betraf. Um den Pater zufrieden zu stellen, holten wir Angiroo auch alsbald vom Schiff und brachten ihn mit dem Pater zusammen, der in einem Hospital wohnte. Nach kurzem Kennenlernen segelte er auch schon mit Angiroo nach Indien, wo er zunächst zu tun hatte. In Goa angekommen, taufte er ihn alsbald und gab ihm den Namen Paul vom Heiligen Glauben. Außerdem lehrte er ihn recht schnell lesen und schreiben und brachte ihm alle Grundsätze des Christentums bei.

Entsprechend seinen Missionsabsichten brach er, sobald die günstige Frühjahrszeit angebrochen war, mit dem Schiff nach Japan auf, um dort den Ungläubigen zu predigen. Dabei begleitete ihn unter anderen Paul vom Heiligen Glauben. Nachdem er sich einige Zeit lang im Königreich Firando aufgehalten und dort gepredigt und getauft hatte, ließ er den Pater Cosme de Torrez dort zurück und brach mit dem Pater Juan Fernandez zur Stadt Miaco auf, welche sich auf der großen östlichen Insel von Japan befindet. Er hatte nämlich gehört, dass der Cubumcamaa, der Oberpriester, dort seinen Sitz habe. Die Reise dorthin wurde ihm sehr beschwerlich, denn die Unwegsamkeit des Gebirges wurde noch durch die Unbill des Winters verschlimmert. Die Kälte war fast nicht zu ertragen und obgleich der Pater nur wenig mit sich führte, was er zum Lebensunterhalt brauchte, bereiteten ihm die Zollstationen große Schwierigkeiten. Er musste sich bei einem Edelmann als Diener verdingen und lief hinter dessen Pferd her, um in jene Stadt zu gelangen. Schließlich erreichte er aber doch die große Stadt Miaco, die Hauptstadt des ganzen Reiches von Japan. Doch konnte er den Cubumcamaa nicht besuchen, weil dieser für eine Audienz eine Summe von hunderttausend Caixas, sechshundert Dukaten nach unserem Gelde, verlangte. Das betrübte den Pater in äußerstem Maße, da er seinen Eifer nicht befriedigen konnte und so seine Reise gänzlich fruchtlos war. Das Land befand sich zudem im Kriege, wie es bei diesem Volke meistens der Fall ist. Als der Pater nun sah, dass er dort nichts auszurichten vermochte, kehrte er um und begab sich zurück nach Firando und von dort weiter in das Königreich Omanguche. Innerhalb eines Jahres bekehrte er da mehr als dreitausend Seelen. Es war das Jahr 1551.

In diesem Jahr befand ich mich mit anderen Kaufleuten mit dem Schiff des Kapitäns Duart de Gama in der japanischen Stadt Funcheo. Eines Tages erschienen bei uns drei christliche Japaner. Sie hatten den Pater begleitet und waren von diesem zu uns vorausgesandt worden. Diese teilten dem Kapitän Duart de Gama mit, dass Pater Xavier krank in dem Ort Pimlaxau darniederliege und dort von unserer Ankunft gehört habe. Als wir das erfuhren, beschlossen wir sogleich, ihn aufzusuchen und dazu unverzüglich aufzubrechen. Als wir gerade erst eine viertel Meile weit gekommen waren, kam er uns indes schon in der Begleitung zweier Japaner entgegen, die er vor einem Monat zum christlichen Glauben bekehrt hatte. Wir selbst saßen in festlichen Kleidern hoch zu Ross, während er in einem sehr traurigen Aufzug einherkam. Er war nämlich zu Fuß und trug auf seinen Schultern ein Bündel, in dem sich alles befand, was er brauchte, um die Messe lesen zu können. Die zwei Christen stützten ihn und halfen ihm, die Last zu tragen. Das alles erstaunte und betrübte uns sehr. Weil er es aber nie angenommen hätte, auf einem von unseren Pferden zu reiten, sahen wir uns genötigt, ihm zu Fuß zu folgen, wiewohl dies auch gegen seinen Willen war. Dies war den beiden jüngst bekehrten Christen ein lehrreiches Beispiel christlicher Demut. Als wir zu dem Fluss von Finge gekommen waren, wo unser Schiff vor Anker lag, wurde er dort mit allen Freudenkundgebungen empfangen, die wir ihm nur bezeigen konnten. Dazu wurden alle Geschütze, dreiundsechzig an der Zahl, viermal abgefeuert, was infolge des Echos von den umliegenden Felsen einen sehr großen Lärm machte.

Der König, der sich zu dieser Zeit gerade in der Stadt aufhielt, hörte mit Erstaunen dieses ungewöhnliche Schießen. Er glaubte, wir würden von Seeräubern überfallen, die in diesen Tagen die Küste unsicher machten und mittlerweile bereits in die Stadt drängten. Daher schickte er ganz überstürzt den erstbesten Edelmann zu uns, um zu erfahren, was vorgefallen war. Der Edelmann kam also zu Duart de Gama und bot ihm sofortige Hilfe an. Aber der Kapitän antwortete ihm in den höflichsten Ausdrücken und zum Dank für das Anerbieten, dass wir nur unsere Freude über die Ankunft des Paters Francisco bekundet hätten. Er berichtete dem Japaner darauf von der Ehre, die unser Herr, der König von Portugal, diesem heiligen Mann erwiesen hatte. Der japanische Edelmann war darüber nicht wenig erstaunt. »Ich muss Euch sagen«, erwiderte er Duart de Gama, »dass ich ganz verwirrt zurückgehe, ohne zu wissen, was ich dem König berichten soll. Denn unsere Bonzen haben ihn davon überzeugt, dass der Mann, von welchem Ihr sprecht, nicht ein Heiliger ist, wie Ihr meint. Nach ihren Worten haben sie ihn mehrmals mit Dämonen sprechen hören, mit denen er in geheimem Einverständnis stehen soll. Außerdem bewirkt er durch seine Hexerei Wunder, über welche die Unwissenden staunen. Er ist so elend und arm, dass selbst diejenigen, die er bekehrt hat, Mitleid mit ihm haben und an seinem Tisch nichts essen wollen. Daher fürchte ich, dass die Bonzen ihren Einfluss beim König verlieren werden, wenn er das Gegenteil erfahren wird, und er sie nie mehr wird sehen und hören wollen. Denn es hat durchaus den Anschein, dass ein Mensch, den Ihr für so mächtig haltet und mit solcher Freude und Ehrerbietung empfangt, tatsächlich solch ein Mann ist, wie Ihr sagt, und nicht so, wie ihn die Bonzen dem König beschrieben haben.« Die übrigen Portugiesen bekräftigten jedoch die Worte des Kapitäns. Darüber war der Japaner noch mehr erstaunt und kehrte dann geraden Weges zur Stadt zurück.

Dort angekommen, berichtete er dem König von dieser ganzen Angelegenheit. Er sagte ihm: »Sie haben ihre Geschütze nur vor Freude über die Ankunft des Paters abgefeuert, die sie so gefreut hat, als hätten sie die Schiffe mit lauter Goldbarren beladen. Das bezeugte zur Genüge, dass all das, was die Bonzen über ihn gesagt haben, nur eine Lüge ist.« Außerdem versicherte er dem König, dass der Pater eine so bedeutende und liebenswürdige Person sei, dass man ihm nicht ohne großen Respekt begegnen könne. Auf diese Worte hin antwortete ihm der König: »Sie haben Grund zu ihrem Verhalten und ebenso du zu deiner guten Meinung.« Darauf schickte er einen jungen Edelmann, der mit ihm verwandt war, aus, den Pater zu besuchen. Er gab ihm einen Brief mit, in dem geschrieben stand: »Pater Bonze von den Chenchicogim, deine gute Ankunft in diesem Lande sei deinem Gott so angenehm wie das Lob, welches seine Heiligen ihm spenden. Nachdem Nafama, den ich zu dem Schiff deiner Landsleute gesandt habe, mir von deiner Ankunft in Funcheo berichtet hatte, war ich von größter Zufriedenheit erfüllt, wie dir alle meine Untertanen versichern werden. Darum bitte ich dich inständig, zumal Gott mich nicht so hoch erhoben hat, dass ich dir befehlen könnte, dass du zu meinem Palaste kommen mögest, um das große Verlangen meiner Seele nach dir zu befriedigen. Ich bitte dich auch, mir alsbald zuzusagen, damit ich diese Nacht ruhig schlafen kann, bis der Hahn mich weckt und mir sagt, dass du auf dem Weg zu mir bist.« Der junge Edelmann überbrachte diesen Brief in Begleitung von dreißig anderen jungen Edelleuten und eines sehr alten Mannes namens Pomidono, des Bruders des Königs von Minato. Als sie sich wieder fortbegaben, ließen wir zu ihren Ehren aus fünfzehn Kanonen feuern. Dem jungen Edelmann gefiel das sehr. Als er wieder beim König war, sprach er zu diesem: »Es ist ohne Zweifel sehr vernünftig, dass Eure Hoheit mit diesem Menschen nicht so sprechen, wie es die Bonzen geraten haben. Dies wäre eine große Sünde. Ihr dürft Euch den Pater auch nicht als arm vorstellen, denn der Kapitän und alle Kaufleute haben mir versichert, dass sie ihm auf Wunsch ihr Schiff mit allem, was dazugehört, schenken würden.« – »Ich bin ganz verwirrt von dem, was du mir sagst«, antwortete der König.

Früh am nächsten Morgen versammelte der Kapitän alle Kaufleute und die anderen Portugiesen, um zu beraten, wie man sich bei der ersten Begegnung zwischen dem Pater und dem König verhalten sollte. Schließlich kam man überein, dieses Treffen um der Ehre Gottes willen möglichst großartig zu gestalten, damit die Bonzen der Lüge überführt würden. Das schien uns sehr wichtig zu sein bei diesen Heiden, die keine Kenntnis Gottes besaßen. Gegen seine Überzeugung wurde der Pater bestimmt, mit uns hinzugehen. Jeder bereitete sich nun auf die Audienz vor und wir begaben uns in einer Schaluppe und auf zwei Booten mit Standarten und Bannern an Land. Dazu ließen wir abwechselnd Trompeten und Schalmeien blasen. Das war in diesem Lande etwas so Neues, dass wir ob der großen Menge, die deswegen zusammenlief, kaum den Fuß auf das feste Land setzen konnten.

Am Ufer begrüßte uns auf besonderen Befehl des Königs der Quamsyandono, der Hauptmann von Canafama. Er brachte eine Sänfte für den Pater mit. Dieser aber wollte sie nicht annehmen – aus Respekt vor uns – und begab sich in der Begleitung einer Menge von Edelleuten und dreißig Portugiesen direkt zum Palast. Außerdem begleiteten uns ebenso viele Knaben, alle prächtig gekleidet. Der Pater war mit einer Soutane aus schwarzer Seide und mit einer grünen Samtstola mit einem Brokatsaum angetan. Hinter ihm marschierte unser Kapitän, mit einem Stab in der Hand, gefolgt von fünf der angesehensten und reichsten Kaufleute. Als wären sie seine Diener, trugen sie Geschenke für den König in den Händen. In dieser Ordnung zogen wir durch die neun Hauptstraßen der Stadt, wo sich eine so große Menschenmenge ansammelte, dass die Leute sogar auf die Dächer klettern mussten, um uns sehen zu können.

Schließlich kamen wir in der Weise, die ich beschrieben habe, zum Palast. Durch den ersten Palasthof und eine Galerie wurden wir in einen großen Saal geleitet, in dem sich viele Edelleute befanden. Dort bemerkten wir ein Kind von sechs bis sieben Jahren, welches ein alter Mann an der Hand führte. Dieses näherte sich dem Pater und sprach zu ihm: »Deine Ankunft in diesem Hause des Königs, meines Herrn, möge dir ebenso wie ihm so angenehm sein wie das Wasser, welches Gott vom Himmel fallen lässt, um den Reis wachsen zu lassen. Tritt nun wohlgemut ein, denn ich schwöre dir beim Gesetz der Wahrheit, dass alle wohlgesinnten Leute dir geneigt sind. Die Schlechten aber betrüben sich über dein Kommen, als wäre eine überaus dunkle und regnerische Nacht über sie hereingebrochen.« Der Pater dankte ihm darauf voller Höflichkeit, was das Kind schweigend anhörte. Darauf sagte es: »Sicher musst du ein glücklicher Mensch sein, da du es auf dich genommen hast, vom anderen Ende der Welt in ein fremdes Land zu kommen, nur um hier als arm beschimpft zu werden. Aber die Güte Gottes ist so groß, dass sie diese Armut der wirren Meinung vorzieht, welche die Welt von derselben hat. Daher sind unsere Bonzen verlogen, wenn sie öffentlich bekräftigen, es gebe für Arme und Frauen überhaupt kein Heil.« Der Pater antwortete: »Der Herr, der im Himmel lebt und regiert, möge erlauben, dass die Wolken, die ihre Augen verdunkeln, entfernt werden und sie ihren Irrtum und ihre Blindheit entdecken. Und wenn Gott ihnen dieses Licht geben wird, wird er ihnen auch die Gnade zuteil werden lassen, diesen falschen Glauben zu widerrufen, dem sie anhängen.«

Während sich das Kind mit dem Pater über diese wichtigen Dinge so verständig unterhielt, dass wir uns in Anbetracht seines Alters darüber nur wundern konnten, gelangten wir in einen anderen Raum, in welchem sich viele junge Edelleute aufhielten. Als diese den Pater erblickten, erhoben sie sich, um ihm ihre Gromenares zu erweisen, wie sie die bei ihnen übliche Begrüßung nennen. Dabei werfen sie sich dreimal zu Boden, was für sie die größte Ehrenbezeigung ist, die nur vom Sohn dem Vater und vom Untertan seinem König oder Herrn erwiesen wird. Nachdem sie uns begrüßt hatten, gab ihnen das Kind ein Zeichen, sich wieder zu setzen. Darauf gingen wir durch eine sehr lange Galerie, bis wir zu einem Saal, ebenso groß wie die zwei ersten, kamen. Dort trafen wir auf Fucarandono, den Bruder des Königs. Als der Pater ihn erblickte, erwies er ihm auf das Höflichste seine Hochachtung. Der Bruder des Königs tat ein Gleiches und sagte dann: »Pater Bonze, ich versichere dir, dass dieses ganze Haus heute vor Freude über deine Ankunft erfüllt ist. Der König freut sich darüber mehr, als wenn er die zweiunddreißig Schatzkammern von China besäße. Was mich betrifft, so wünsche ich auch, dass dein Kommen ihm viel Zufriedenheit bereiten möge und dir so viel Ehre zuteil werde, wie du nur wünschen kannst!« Nun legte das Kind, welches den Pater geführt hatte, dessen Hand in die Hände des Fucarandono und trat beiseite. Das schien uns eine neue Art von Höflichkeit zu sein und kam uns sehr graziös vor.

Danach gingen wir weiter in einen anderen Raum, wo sich viele Herren des Königreiches befanden, die dem Pater viel Ehre erwiesen. Der wartete dort mit dem Bruder des Königs, bis man ihn in das nächste Gemach einzutreten bat. Als er sich in Begleitung mehrerer der Herren in dieses begab, fand er ein sehr prunkvoll ausgestattetes Zimmer vor, in welchem ihn der König erwartete. Als dieser ihn erblickte, ging er ihm zum Empfang fünf oder sechs Schritte entgegen. Der Pater wollte sich ihm sofort zu Füßen werfen, doch ließ der König das nicht zu. Er half ihm im Gegenteil, sich wieder zu erheben, um ihm stattdessen selbst dreimal die Gromenares zu erweisen. Darüber waren all die anwesenden Herren sehr erstaunt, ebenso über das, was folgte: Der Bruder des Königs, der den Pater an der Hand dorthin geführt hatte, trat zurück und setzte sich auf eine Stufe des Thrones, während der König den Pater an seiner Seite sitzen ließ. Wir Portugiesen standen bei den Herren des Reiches. Der König und der Pater tauschten nun Höflichkeiten aus. Ersterer wollte dem Pater seine Wohlgeneigtheit zeigen und der Pater erwiderte ihm so höflich und ergeben, dass der König seinen Bruder und die Anwesenden ansah und endlich sagte: »O wie glücklich wären wir, wenn uns Gott wissen ließe, wozu dies alles dient und woher es kommt, dass wir dermaßen blind sind, dieser Mann aber so klar sieht. Denn unsere Augen sehen jetzt, was man von ihm überall sagt und was seinen eigenen Worten zu entnehmen ist. So gibt es keinen der angesichts dieses Wunders nicht in Verwirrung geriete und nicht diese Wahrheit bekennen wollte, sofern er nur einen gesunden Menschenverstand besitzt. Andererseits sehen wir aber, dass unsere Bonzen sich in so wahren Dingen dermaßen irreführend verhalten, dass sie heute das eine und morgen das andere sagen. Daher ist ihre ganze Lehre nichts als wirres Zeug und lässt an ihrem Heil zweifeln.«

Während der König so sprach, war zufälligerweise auch ein Bonze zugegen, der sich durch diese Ausdrucksweise gekränkt fühlte und sagte: »Herr, diese Dinge sind keine Angelegenheiten, zu denen sich Eure Hoheit ohne weiteres äußern könnte, da Ihr nicht an der Universität von Fiancima studiert habt. Wenn Ihr Zweifel hegt, so legt sie mir vor. Ich versichere Euch, dass ich alles so gut erklären werde, dass Ihr die Wahrheit unserer Lehre erkennen werdet.« – »Lass es mich doch hören«, antwortete ihm der König, »wenn du es weißt, wie du behauptest. Dann werde ich kein Wort mehr sagen!« Nun begann der Fixiandono, wie der Bonze sich nannte, dem König seine Beweggründe vorzubringen. Erstens sagte er: »Man darf nicht bezweifeln, dass die Bonzen Heilige sind, denn sie verbringen ihr ganzes Leben in einer Gott wohlgefälligen Religion und beten fast die ganze Nacht lang für ihre Wohltäter.« Diesen Worten fügte er hinzu: »Wir leben ständig in Keuschheit, essen keinen frischen Fisch, heilen die Kranken und lehren die Jugend gute Sitten; wir schlichten Streit zwischen den Königreichen, um den öffentlichen Frieden zu wahren, und geben Wechselbriefe für den Himmel, wodurch die Toten für immer Reichtum gewinnen.« Zum Schluss sagte er: »Wir haben am Kollegium von Bandou unsere Studien mit Hilfe der Gelehrten von Miaco weitergeführt. Vor allem aber sind wir große Freunde der Sonne und der Heiligen des Himmels, mit denen wir ganz vertraut umgehen und die wir sogar oft in den Armen halten.« Dies sind die Dummheiten, welche dieser Gelehrte äußerte. Er fügte ihnen noch andere hinzu, indem er mehrmals äußerst wütend zum König sprach, den er einen Sünder und Blinden nannte.

Der König war durch diese Dreistigkeit gekränkt und schaute zwei- oder dreimal seinen Bruder an, damit er dem Bonzen zu schweigen gebiete. Das tat dieser denn auch schließlich. Der Bonze musste aufstehen und der König sagte zu ihm: »Ich stimme mit dem überein, was du über die Heiligkeit der Bonzen gesagt hast. Aber ich muss dir auch sagen, dass deine übrigen Worte mich dermaßen empört haben, dass ich, ohne für mein Seelenheil zu fürchten, sagen kann, dass die Hölle von dir großteils schon Besitz ergriffen hat.« Der Bonze erwiderte darauf: »Es wird eine Zeit kommen, in der ich mich so wenig darum kümmern werde, den

Menschen zu gefallen, dass keiner der Könige, welche jetzt die Erde regieren, würdig sein wird, mich anzurühren.« Als der König diese hochmütigen Worte anhören musste, schaute er den Pater an, als wollte er ihm sagen: »Wie kommt Euch das vor?« Doch der Pater wollte ihn beruhigen und sprach: »Eure Hoheit möge sich bei einer anderen Gelegenheit hierzu äußern, wenn der Bonze nicht mehr so wütend ist.« – »Du hast Recht«, entgegnete der König, »es hat jetzt wenig Sinn, dass ich ihn weiter anhöre.« Danach befahl er dem Bonzen, sich zu erheben, und sagte zu ihm: »Wenn du von Gott reden willst, dann rechtfertige dich nie vor ihm, wenn du dich nicht sehr versündigen willst, sondern übe dich in Geduld. Und reinige dich aus Liebe zu ihm von deiner Wut, die du uns hast erleben lassen. Dann werden wir dich anhören.« Den Bonzen verdross diese Abfuhr, die er hinnehmen musste, sehr, und er zog sich zurück, indem er zu den Umstehenden die folgenden Worte sprach: »Möge das Feuer vom Himmel fallen und einen König, der so spricht, verzehren!«

Nachdem er unter dem Gelächter der Herren verschwunden war, auch der König hatte zuletzt über ihn gelacht, wurde der König zu Tisch gebeten. Er bat den Pater, mit ihm zu speisen, und als dieser sich sehr höflich entschuldigte, antwortete ihm jener: »Wenn du es so sagst, magst du tatsächlich keinen Hunger haben. Doch will ich dich auch wissen lassen, dass es unter den Japanern die größte Ehre ist, wenn die Könige jemanden einladen, mit ihnen zu essen. Ich erhebe dich dadurch in den Rang meiner Freunde und erachte mich zugleich dabei durch dich geehrt.« Der Pater dankte ihm darauf sehr höflich und nahm die Einladung an, indem er sprach: »Unser Herr lässt Euch für Eure Liebe zu mir auch seiner Gnade teilhaftig werden, damit Ihr schließlich von ihm in den Stand versetzt werdet, sein wahrer Diener zu werden.« Darauf erwiderte ihm der König: »Ich bitte ihn, dass deine Hoffnungen für mich erfüllt werden mögen, wenn wir uns über diese Dinge ausführlich unterhalten werden.« Bei diesen Worten bot er ihm mit lächelnder Miene von den Speisen an, die vor ihnen standen, und forderte ihn auf zu essen. Das tat der Pater denn auch und ebenso taten auch der Kapitän und wir anderen Portugiesen, die dort auf dem Boden zum Essen knieten, uns gütlich. Dabei dankten wir dem König für die so große Ehre, die er dem Pater öffentlich bezeigt hatte, indem er den Lästerungen und Verleumdungen, welche die Bonzen über jenen verbreitet hatten, kein Gehör schenkte.

Hiernach verblieb der Pater sechsundvierzig Tage in Funcheo, der Hauptstadt des Königreiches Bungo, wobei er während der ganzen Zeit nur mit der Bekehrung der Seelen beschäftigt war. Auch hatten die Portugiesen jetzt für nichts anderes mehr Zeit als für geistliche Übungen, zu denen er uns aufrief. Außerdem nahm der Pater während seines ganzen Aufenthalts jede Gelegenheit wahr, um mit dem König zu sprechen, wodurch es schließlich so weit kam, dass dieser keinen Bonzen mehr empfing. Der Pater beeinflusste den König derart, dass dieser sogar einem jungen Günstling den Laufpass gab, mit welchem er die entsetzliche Sünde der Sodomie begangen hatte. Zudem tat er noch manches andere, wovon ihn früher der Rat der Bonzen abgehalten hatte.

Mittlerweile kam die Zeit heran, zu der wir uns einschiffen wollten, und wir hatten dazu schon alles vorbereitet. Der Kapitän und wir anderen Portugiesen begaben uns mit dem Pater zum König, um uns von ihm zu verabschieden und ihm zu danken. Der König betonte dem Pater gegenüber sein Bedauern über unseren Abschied und sagte: »Ihr lasst mich so verwaist zurück, dass ich in meiner Seele weinen muss, weil ich Euch nicht mehr in meinem Lande haben werde.« Der Pater dankte ihm äußerst bewegt für seinen guten Willen und versicherte ihm, er würde sehr gerne wiederkommen, wenn Gott ihn noch weiter am Leben ließe. Dafür war ihm der König von Herzen dankbar, worauf ihn der Pater nochmals daran erinnerte, welche Dinge für sein Seelenheil besonders wichtig seien. Besonders warnte er ihn vor den Einwirkungsversuchen der Bonzen, die in Wahrheit Diener des Teufels seien. Schließlich nahmen sie voneinander Abschied, wobei zu unserem Erstaunen auch der König Tränen vergoss. Daraufhin ließ dieser den Pater und uns alle von dannen ziehen und wir brachen von dieser Stadt Funcheo auf und stachen wieder in See.

Zunächst segelten wir zur Insel des Königs von Miaco und von dort aus mit gutem Wind weiter nach Süden. Auf dieser Route kamen wir schließlich nach China und liefen in den Hafen von Sanchan ein, wo die Portugiesen zu dieser Zeit Handel treiben durften. Da dort die Saison jedoch schon vorüber war, trafen wir hier nur ein einziges Schiff an, das unter dem Kommando von Kapitän Diego Pereyra stand. Dieser wollte schon am nächsten Tag nach Malakka aufbrechen, sodass Pater Xavier von uns Abschied nehmen musste, um mit ihm weiterzufahren. Das Schiff des Duart de Gama, mit welchem er von Japan gekommen war, konnte nämlich nicht gleich weitersegeln, weil es auf dieser Fahrt viele Schäden erlitten hatte.

33. KAPITEL

Von Pintos letzter Fahrt nach Japan und seiner Rückkehr nach Portugal

Nachdem ich schließlich selbst wieder nach Malakka gekommen war, hielt ich mich dort geraume Zeit auf, um daraufhin aus verschiedenen Gründen abermals eine Reise nach Japan anzutreten. Bei der Insel Pullo Pisan in der Meerenge von Singapur geriet das Schiff infolge der Unwissenheit unseres Steuermanns zwischen so gefährliche Klippen, dass wir uns bereits verloren glaubten. Wir wussten uns nicht anders zu helfen, als mit einem Boot zu dem Schiff des Kapitäns Dalmeida zu fahren, der vor zwei Stunden hier vorübergesegelt war und nun zwei Meilen entfernt wegen des widrigen Windes vor Anker lag. Unter großer Gefahr erreichten vier von uns sein Schiff, worauf uns Dalmeida ein zweites Boot und Leute mitgab, welche die Meerenge kannten. Aber als wir zu unserem Schiff zurückkamen, war es bereits außer Gefahr. Obgleich sein Vorderteil ziemlich leckte, fuhren wir mit ihm weiter nach Patane, wo wir nach sieben Tagen glücklich anlangten. Dort begab ich mich mit zwei Begleitern an Land, um mit einem Brief des Kommandanten den König aufzusuchen. Er empfing uns freundlich und nahm den Brief an und so konnten wir uns daselbst wohl versorgen. Darauf segelten wir weiter nach Pullo Cambun, um von dort aus an die siamesische Küste und dann nach China und Japan zu gelangen. Doch heftige Winde aus Südwest machten uns lange zu schaffen, sodass wir schließlich an die Küste des Königreiches Champa, östlich von Siam, gerieten. Von dort segelten wir weiter nach Norden, bis wir nach Cochinchina kamen. Dort konnten wir in einem Fluss, der vom Gebirge herabfloss, frisches Wasser finden. In seiner Nähe sahen wir auch zweiundsechzig Menschen an Bäumen hängen. Außerdem lagen da noch andere Tote halb verfault und angefressen auf der Erde. Sie mochten seit einer Woche tot sein. An einem Baum hing auch eine große Fahne, auf welcher in chinesischer Sprache diese Worte zu lesen waren: »Alle Schiffe, welche hier landen, sollen sich nur mit Wasser versorgen und dann unverzüglich wieder fortsegeln, damit sie nicht ebenso bestraft werden wie diese Unglückseligen. Diese sind durch den grausamen Arm des Sohnes der Sonne hingerichtet worden.« Wir waren darüber sehr bestürzt und konnten uns nichts anderes vorstellen, als dass Chinesen hierher gekommen waren und diese unglückseligen Menschen angetroffen und ums Leben gebracht hatten.

Wir brachen also eilends wieder auf und kamen nach fünf Tagen in den chinesischen Hafen Sanchan. Am nächsten Tage bereits segelten wir weiter zu der Insel Lampacau, wo die Portugiesen mit den Chinesen handelten. Weil dort aber die Waren nicht zu einem so hohen Preis zu verkaufen waren, wie die Kaufleute auf unserem Schiff gehofft hatten, und wir auch wegen des Winters nicht mehr nach Japan reisen konnten, quartierten wir uns auf Lampacau ein, um dort eine günstigere Zeit abzuwarten. Nachdem wir da sechs Monate verbracht hatten, erreichte uns aus Canton die Nachricht von einem Erdbeben in der Landschaft Sansy. Dieses hatte sich auf die folgende Weise zugetragen: Am ersten Tage des Monats Februar bebte das Land von elf Uhr in der Nacht bis zwei Uhr morgens und dann wieder am Mittag von ein bis drei Uhr. Man hörte währenddessen ein schreckliches Brausen und Krachen von Sturm und Donner. Ferner ergossen sich mitten aus der Erde so große Wasserfluten, dass das ganze Land im Umkreis von sechzig Meilen überschwemmt war. In diesem See gingen alle Kreaturen unter. Als diese Nachricht auf Lampacau eintraf, erschraken die Einwohner so heftig, dass sie auf den Straßen zusammenliefen, um Genaueres zu erfahren. Sie waren ganz bestürzt und taten allesamt große Buße. Und wiewohl sie Heiden waren, muss ich dennoch gestehen, dass sie uns Christen mit dieser eifrigen Buße beschämten. Noch am selben Tag, an dem die Kunde von dem Erdbeben mittags um zwei Uhr eingetroffen war, wurde sie auf den Gassen ausgerufen. Dies geschah durch sechs berittene Männer, die mit langen Trauerröcken bekleidet waren und mit erbärmlicher Stimme riefen: »Ihr elenden Geschöpfe, die ihr den Herrn aller Dinge täglich erzürnt, hört von dem traurigen Unglück, von welchem berichtet werden kann! Denn ihr sollt wissen, dass Gott um unserer Sünden willen die große Landschaft Sansy in China auf einen Schlag mit Feuer, Wasser und den Sturmwinden des Himmels vertilgt hat. Es ist davon nichts übrig geblieben als ein einziges Kind, welches man dem Sohn der Sonne gesandt hat.« Darauf klingelten sie dreimal mit einer Schelle, und alles Volk fiel zur Erde nieder und rief mit einem schrecklichen Geschrei: »Gott ist gerecht in allen seinen Werken!« Danach begaben sich alle Bürger in ihre Häuser und schlossen sich fünf Tage lang ein. Daher war es in der Stadt so einsam, dass man nicht eine lebendige Kreatur darin zu sehen bekam.

Danach hielten die Chams und Anchacijs zusammen mit

allen Männern einen Umzug durch die vornehmsten Gassen der Stadt ab. Die Frauen waren dabei ausgeschlossen, weil man nämlich glaubt, dass sie wegen der ersten Sünde, die Eva beging, von Gott nicht erhört werden. Während der Feierlichkeit riefen die mehr als fünftausend Priester mit durchdringender Stimme: »O wunderbarer und barmherziger Herr! Seht nicht unsere Bosheit und unsere Sünden an! Denn wenn Ihr diese anseht, so müssen wir vor Euch stumm bleiben!« Hierauf antwortete das Volk mit einem schrecklichen Geschrei: »Herr! Wir bekennen vor Euch unsere Missetaten!« Auf diese Weise kamen sie schließlich zu einem prächtigen Tempel, welcher der Königin des Himmels geweiht war. Am folgenden Tage zogen sie zum Tempel des Gottes der Gerechtigkeit; auf diese Weise brachten sie vierzehn Tage zu. Sie gaben Almosen, ließen viele Gefangene frei und brachten große Opfer dar. Dazu wurden Kühe, Hirsche und Schweine geschlachtet und deren Fleisch dann unter die Armen verteilt. Ich schweige von vielen anderen guten Werken. Wäre der rechte Glaube an Christus dabei gewesen, hätte Gott seine Freude und sein Wohlgefallen daran gehabt. Man erzählte uns später auch von einem Blutregen in der Stadt Peking, der dort drei Tage nach dem Erdbeben in Sansy niedergegangen sein soll. Deswegen sei der größte Teil der Einwohner aus der Hauptstadt geflohen, ja der König selbst von Peking nach Nanking gezogen. Dort soll er viele Almosen ausgeteilt und Gefangene begnadigt haben, darunter auch fünf Portugiesen, welche über zwanzig Jahre lang in der Stadt Pocasser gewesen waren. Diese erzählten uns bei ihrer Ankunft von großartigen Dingen. Danach haben die Almosen des Königs sich auf sechshunderttausend Dukaten belaufen, abgesehen von den herrlichen Tempeln, welche er zur Besänftigung des göttlichen Zornes errichten ließ. Zu diesem Zweck wurde in dieser Stadt auch ein besonders vortrefflicher und prächtiger Tempel erbaut, der Hipatican genannt wurde, das heißt: »Gottes Liebe«.

Als nun die Zeit zum Reisen günstiger geworden war, begaben wir uns auf das Schiff des Don Francisco Mascarenhas, um nach Japan zu segeln. Ich befand mich dabei in der Gesellschaft des Paters Belchior von der Gesellschaft Jesu. Der Vizekönig in Indien hatte nämlich einen Brief samt einem Geschenk vom König von Bungo erhalten. Darin schrieb der König vom Besuch des Paters Francisco Xavier in Japan und von seinem, des Königs, Wunsch nach einem Bündnis mit dem König von Portugal. Da Pater Xavier inzwischen verstorben war, beschloss der Vizekönig, Pater Belchior, den Rektor des Kollegiums der Jesuiten in Goa, zum König von Bungo zu senden. Der sollte in Japan den christlichen Glauben weiter verkünden. Ich selbst sollte ihn wegen meiner Kenntnis des Landes als Botschafter begleiten.

Wir segelten nun vierzehn Tage lang dahin und erblickten dann die ersten Inseln auf der Breite von Tanixuma. Dem Steuermann war die Gefährlichkeit dieser Gewässer bekannt. Er steuerte deshalb einen anderen Kurs und hielt nach der Spitze des Berges Minato Ausschau. Wir segelten also an Tanora entlang bis zum Hafen Finuga. Dort gerieten wir aber wegen der nordwestlichen Winde in große Gefahr, der wir jedoch endlich in den Hafen der Stadt Funcheo in Bungo entkamen. Hier wurde einmütig beschlossen, dass ich zur Festung Osquy reisen sollte. In dieser hielt sich damals der König auf und ich wollte fragen, wo er uns empfangen werde. Trotz einiger Bedenken machte ich mich auf diese Reise und nahm dazu fünfhundert Kronen mit, welche Don Francisco als Geschenk an den König übersandte. Mit vier Gefährten ging ich nun an Land und suchte zunächst das Haus des Hafenkommandanten Cassiandono auf. Der hieß mich freundlich willkommen. Ich nannte ihm alsbald den Grund meines Kommens und bat ihn um Pferde und Begleiter, damit ich zum König reisen konnte. Er bewilligte mir diese Bitte und noch mehr auf freundliche Weise.

Am folgenden Tage zog ich aus der Stadt und kam zu dem Ort Fingau, welcher ungefähr eine viertel Meile vor Osquy liegt. Von dort schickte ich einen der japanischen Begleiter voraus und ließ dem Oberbeamten Osquindono die Ankunft des Gesandten des Vizekönigs in Indien melden und zu-

gleich um die Anberaumung einer Audienz bitten. Osquindono sandte darauf seinen Sohn zu mir, der mir das Folgende mitteilte: »Eure Ankunft ist mir lieb und angenehm. Ich
habe davon bereits dem König berichten lassen. Er befindet
sich auf der Insel Xeca und vergnügt sich dort mit dem Fang
eines großen und dem Namen nach ganz unbekannten Fisches. Der ist dort zusammen mit vielen anderen, kleinen Fischen aufgetaucht, und weil man ihn schon in einem Graben eingeschlossen hat, wird der König wohl den ganzen
Tag mit seinem Fang zubringen und vor der Nacht nicht wiederkommen.« Ich wurde nun inzwischen in der Festung
wohl versorgt und untergebracht. Nachdem der König von
meiner Ankunft vernommen hatte, sandte er seinen Käm-
merer Oretandono zu mir, der mich noch am selben Abend
besuchte. Er empfing mich mit dem bei ihnen gebräuchli-
chen Kuss und übergab mir einen Brief mit dem folgenden
Inhalt: »Ich habe von Eurer und Eurer Gefährten Ankunft gehört, als ich eben mit einer sehr lustigen und angenehmen
Aufgabe beschäftigt war. Ich wäre umgehend zu Euch gekommen, wenn ich nicht geschworen hätte, nicht vor dem
Tode des großen Fisches, den ich gefangen habe, von hier
wieder fortzuziehen. Deswegen bitte ich Euch als meinen
guten Freund, zu mir zu kommen. Eure Ankunft ist mir nämlich so erfreulich wie der Tod dieses schrecklichen Fisches.«
Als ich diesen Brief gelesen hatte, zögerte ich nicht, sondern bestieg gleich das Ruderschiff, welches der Oretandono mitgebracht hatte, während meine Gesellschaft in zwei
anderen Booten mit dem Geschenk nachfolgte. Da wir gute
Bootsleute an Bord hatten, erreichten wir die Insel Xeca in
weniger als einer Stunde. Dort trafen wir den König an, der
gerade mit zweihundert Mann mit der Verfolgung eines
schrecklichen Walfisches und anderer Fische beschäftigt
war. Der große unbekannte Fisch zog den König umso mehr
an, als dergleichen im ganzen Lande noch niemals gesehen
worden war. Als man ihn endlich erlegt hatte, freute sich der
König so sehr, dass er alle anwesenden Fischer von einer gewissen Steuer, die sie bislang bezahlen mussten, befreite

und sie zu Edelleuten machte. Auch erhöhte er das jährliche Einkommen einiger vornehmer Herren und ließ unter die dortige Jugend tausend Taeis Silber austeilen. Mich empfing er sehr freundlich und fragte genau nach vielen sonderbaren Dingen, worauf ich, so gut ich konnte, antwortete.

Der König begab sich hierauf von dieser Insel Xeca wieder nach Osquy und wurde dort von den Seinen voller Freude empfangen. Dazu veranlasste sie die vollbrachte treffliche Tat, die man ihm ganz allein zuschrieb. Dies erhellt die an Fürsten- und Königshöfen übliche Herrschaft des schändlichen Lasters der Schmeichelei, die auch bei den Heiden ihren Platz hat. Nachdem der König sein Gefolge entlassen hatte, schritt er mit seiner Gemahlin und seiner Tochter zur Tafel. Er ließ uns fünf Portugiesen holen und bat uns, ihm zu Gefallen in seiner Gegenwart nach der Gewohnheit unseres Landes mit den Händen zu essen. Er meinte, die Königin würde dies gern sehen. Wir setzten uns also an eine eigens für uns gedeckte Tafel und fingen an, auf unsere Manier zu essen. Die Frauen ließen es dabei nicht an scherzhaften Sprüchen und Spott fehlen, als sie uns mit den Händen essen sahen. Der König und seine Gemahlin belustigten sich darüber mehr als über das allerlustigste Komödien- oder Possenspiel. Denn dieses Volk pflegt zum Essen zwei kleine Stäbchen zu benutzen und betrachtet es als eine große Rohheit, die Gerichte mit den Händen zu ergreifen. Die Tochter des Königs, eine überaus schöne Fürstin von etwa vierzehn oder fünfzehn Jahren, bat nun ihre Mutter, die Königin, um die Erlaubnis, mit ihren Gespielinnen vor allen ein Lustspiel aufführen zu dürfen. Die Königin erlaubte es ihr alsbald unter Zustimmung des Königs. Die jungen Damen zogen sich also für eine kurze Zeit zurück, während die übrigen Frauen sich weiter über uns lustig machten. Dies befremdete uns etwas, besonders meine vier Kameraden, die das Land noch nicht besonders gut kannten und die Sprache nicht verstanden. Was mich betrifft, so hatte ich schon vorher in Tanixuma einen solchen Spaß, den man sich mit uns machte, miterlebt. Obwohl wir so verspottet wurden und die ganze

Gesellschaft zum Lachen brachten, bemühten wir uns, dies gleichmütig hinzunehmen. Denn wir sahen, dass der König und die Königin großes Vergnügen daran hatten.

Unterdessen erschien die junge Fürstin wieder. Sie trug die Tracht eines Kaufmannes und einen vergoldeten Säbel an der Seite. In dieser Gestalt erwies sie ihrem Vater, dem König, große Ehre, fiel vor ihm nieder und redete ihn folgendermaßen an: »Mächtiger Herr und König! Obwohl meine Kühnheit schwere Strafe verdient, wegen der großen Ungleichheit, welche Gott zwischen Eure Hoheit und meine Niedrigkeit gesetzt hat, darf ich aus Not doch nicht darauf achten. Denn weil ich bereits alt bin und viele Kinder als schwere Last an meinem Halse habe, hat mich die väterliche Liebe zu ihnen dazu bewogen, meine Freunde um Hilfe zu bitten, damit ich die Kinder nicht hilflos zurücklassen muss. Jene haben mir auch ausgeholfen. Nun habe ich das von ihnen erhaltene Geld in gewissen Handelswaren angelegt, hatte dabei aber das Pech, dass ich diese in ganz Japan nicht verkaufen konnte. Darum habe ich beschlossen, sie gegen andere Waren einzutauschen. Einige meiner Freunde zu Miaco haben mir auch die Hilfe Eurer Hoheit beim Verkauf der neuen Waren zugesagt. Demnach bitte ich Euch, mein Herr, meine grauen Haare und mein hohes und schwaches Alter, meine Kinder und meine Armut anzusehen und mir in meinen Nöten beizustehen. Solche Almosen werden wohl angelegt und besonders den Chenchicos, die mit ihren Schiffen hierher gekommen sind, sehr angenehm sein. Denn meine Kaufmannswaren dienen ihnen besser als anderen, weil sie allezeit großen Mangel an denselben haben.« Der König und seine Gemahlin konnten sich des Lachens nicht enthalten, als sie sahen, dass dieser alte Kaufmann, der so viele Kinder zu haben und so arm zu sein schien, ihre eigene Tochter war. Der König nahm sich aber zusammen und gab dem Kaufmann ganz ernsthaft zur Antwort: »Wenn Ihr uns einige Muster Eurer Waren zeigt, dann werde ich die Gäste bitten, diejenigen zu kaufen, die sie gebrauchen können.« Der vermeintliche Kaufmann bedankte sich hierauf ehrerbietig und verschwand wieder in einer Kammer. Wir waren unterdessen über das, was wir hörten und sahen, so bestürzt, dass wir nicht wussten, was wir denken sollten und wie dies alles schließlich enden würde. Die Frauen aber, von denen sechzig zugegen waren, begannen sich verstohlen mit den Ellbogen anzustoßen und leise zu lachen.

Bald darauf trat der vermummte Kaufmann wieder aus der Kammer hervor, dieses Mal von sechs jungen Töchtern begleitet, die Muster von kostbaren Waren herbeitrugen. Eine jede von diesen sechs Jungfrauen hatte an ihrer Seite einen Säbel mit vergoldetem Griff und war von angenehmer Gestalt und höflichen Gebärden. Sie alle waren Töchter der vornehmsten Herren im Königreich. Diese vermummten Kaufmannstöchter begannen nun zu einer Musik von Harfen und Geigen zu tanzen und sprachen untereinander diese Worte: »Hoher und mächtiger Herr! Gedenkt unserer Armut! Wir sind verlassen in diesem fremden Land und von den Einwohnern verachtet. Deswegen werden uns Spott und Schmach zuteil. Nun bitten wir Euch, Herr, bei Eurem Reichtum und Eurer Hoheit unserer Armut zu gedenken!« Nach dem Tanz fielen sie alle vor dem König auf die Knie und dankten ihm für die erwiesene Gnade. Daraufhin sammelten sie all die Gegenstände, die sie mitgebracht hatten, wieder ein, nur eine große Menge von hölzernen Armen ließen sie auf den Boden fallen. Dazu sagte der alte Kaufmann mit besonderer Würde: »Weil uns die Natur wegen unserer Sünden so elend und verächtlich gemacht hat, sodass wir alles mit den Händen ergreifen müssen, was wir essen wollen, sind uns diese Waren sehr nützlich. Wir haben nun immer genug Hände; wenn wir nämlich die schon gebrauchten waschen und reinigen müssen, haben wir immer noch andere zur Verfügung.« Der König und die Königin mussten dazu vor Vergnügen lauthals lachen.

Wir Portugiesen aber fühlten uns so beschämt, dass der König es bemerkte und sich bei uns entschuldigte. Er legte uns das Spiel als ein Vergnügen aus, das er gestattet habe, um seiner Tochter zu zeigen, dass er den Portugiesen geneigt sei. Darauf antworteten wir: »Wir erbitten für Eure Hoheit den Dank unseres Herrn für die uns erwiesene Gnade und Ehre und fassen das Spiel als eine Ehre auf. Wir werden es auch zeit unseres Lebens nicht vergessen und davon auf der ganzen Welt berichten.« Der König, die Königin und die noch als Kaufmann verkleidete Fürstin dankten uns dafür und erwiesen uns dabei viele dortzulande übliche Ehrenbezeigungen. Die Fürstin sagte uns sogar: »Wenn mich euer Gott als seine Dienstmagd annehmen wollte, dann würde ich noch andere Lustspiele vorführen, die ihm angenehmer wären als dieses. Aber ich hoffe, dass er mich nicht vergessen wird.« Wir fielen darauf vor ihr nieder, küssten den Saum ihres Kleides und gaben zur Antwort: »Wir hoffen das Gleiche von Euch, und wenn Ihr den christlichen Glauben annehmt, dann wollen wir nicht daran zweifeln, dass Ihr die allergrößte Königin seid.« Sie und ihre Mutter, die Königin, begannen hierüber zu lachen. Wir aber nahmen vom König Abschied und zogen uns in unser Quartier zurück.

Am nächsten Morgen ließ er uns wieder zu sich holen und fragte uns sehr genau nach der Ankunft von Pater Belchior, den Absichten des Vizekönigs und den Einzelheiten von dessen Brief, außerdem nach unserem Schiff, den mitgebrachten Waren und vielen anderen Dingen. Wir sprachen vier Stunden lang mit ihm über all dies und dann entließ er uns. In sechs Tagen wolle er selbst in die Stadt kommen und dort den Brief entgegennehmen, Pater Belchior treffen und auf alles eine Antwort geben.

Nach diesen sechs Tagen kam der König zur Stadt Funcheo gezogen. Ihn begleiteten viele Edelleute und eine Leibwache von sechshundert Mann zu Fuß und zweihundert zu Pferd. Das Volk empfing ihn mit großer Freude, veranstaltete Lustspiele und kostspielige Umzüge, wie dies hier in solchen Fällen üblich war. Er zog nun zu seinem Palast, einem ausnehmend schönen und großartigen Gebäude. Am nächsten Tag schickte er nach mir und bat mich, ihm den Brief des Vizekönigs zu überbringen, um dessentwillen er vor allem gekommen sei. Wenn er ihn gelesen habe, wolle er auch mit

Pater Belchior über die wichtigsten Dinge reden. Ich kehrte darauf sofort um zu meinem Quartier und bereitete mich für den Nachmittag vor. Um zwei Uhr sandte der König einen Hauptmann und vier der obersten Hofbeamten zu mir. Diese führten mich und vierzig Portugiesen zu Fuß, wie es dort üblich ist, durch die Stadt zum Palast. Alle Straßen, die wir passierten, waren sehr gut angelegt und wir sahen da eine solche Volksmenge, dass unsere Begleiter uns nur mit Mühe den Weg frei machen konnten. Drei Portugiesen zu Pferde trugen die Geschenke.

Als wir auf dem ersten Hof des Palastes ankamen, fanden wir dort den König auf einem eigens für diesen Tag errichteten Sitz vor. Er war umgeben von den vornehmen Herren seines Reiches, unter welchen sich auch die Botschafter von drei fremden Fürsten befanden, derjenige des Königs der Lequios-Inseln, der des Königs von Chauchiu und der Insel Tofa und der des Kaisers von Miaco. Rundherum befanden sich auf dem Hof über tausend Schützen, vierhundert Reiter auf guten Pferden und eine zahllose Volksmenge. Nachdem die vierzig Portugiesen und ich vor den König getreten waren, vollzogen wir die Zeremonien und Ehrenbezeigungen, die ihm gewöhnlich in solchen Fällen erwiesen werden. Darauf ging ich etwas näher auf ihn zu und überreichte ihm den Brief des Vizekönigs. Er nahm ihn im Stehen entgegen. Dann setzte er sich wieder und übergab ihn seinem Sekretär. Der las den Brief so laut vor, dass ihn jedermann verstehen konnte. Danach befragte mich der König in Gegenwart der fremden Botschafter und der Herren über viele Dinge in Europa. Eine seiner Fragen betraf die Anzahl der Fußsoldaten und der Reiter in Portugal. Ich fürchtete zu erröten, falls ich übertriebe, und war darüber so verwirrt, dass schließlich ein anderer Portugiese dies merkte und an meiner Stelle antwortete. Er sagte dem König, dass es in Portugal hunderttausend Soldaten oder noch mehr gebe. Darüber waren der König und auch ich sehr erstaunt. Der König fragte diesen Portugiesen darauf noch weiter, denn die Art, wie dieser antwortete, gefiel ihm sehr. Er und seine Herren waren voller Verwunderung über das, was sie hörten, und zuletzt sagte der König: »Ich schwöre, dass ich nichts auf der Welt so wünsche, wie dieses große Reich zu sehen, von dem ich solche wunderbaren Dinge vernommen habe, namentlich von den unermesslichen Schätzen und der großen Anzahl der Schiffe. Wenn ich dieses Land sehen könnte, wäre ich für den Rest meiner Tage wohl zufrieden.« Als er mich und meine Begleiter daraufhin entließ, sagte er zu mir: »Wenn Ihr es für an der Zeit haltet, mögt Ihr den Pater bitten, zu mir zu kommen. Er soll mich bereit finden, ihn hier zu empfangen.«

Als ich wieder in mein Quartier zurückgekommen war, erstattete ich Pater Belchior Bericht über den wohlwollenden Empfang beim König. Ich erzählte ihm von allen Einzelheiten und von dessen Wunsch, ihn zu sehen. Und weil gerade noch alle Portugiesen in ihren besten Kleidern beisammen waren, schlug ich Pater Belchior vor, dass wir alle sofort mit ihm zum König gehen sollten. Damit war er einverstanden. Er nahm nur noch einige Dinge an sich, welche er für seinen Auftritt brauchte, und wir machten uns wieder auf den Weg. Diesmal begleiteten uns auch ein getaufter Japaner namens Juan Fernandez, der als Dolmetscher dienen sollte, und vier hübsche Knaben in prächtigen Kleidern mit seidenen Kreuzen auf der Brust. Im Vorhof des königlichen Palastes erwarteten uns einige Herren. Die brachten den Pater und mich mit großer Höflichkeit zu dem Gemach, in welchem der König ihn empfangen wollte. Als wir vor ihm erschienen, fasste er Pater Belchior bei der Hand und sagte mit freundlicher Miene: »Glaubt mir, Pater, dass ich hocherfreut bin, Euch zu sehen. Denn es ist mir, als sähe ich Vater Xavier selbst!« Darauf führte er ihn in eine andere Kammer, die noch reicher ausgestattet war. Dort bat er ihn Platz zu nehmen. Er war sehr verwundert über die Knaben, weil man solch einen Aufzug in Japan noch nicht gesehen hatte. Der Pater dankte ihm für die große Ehre, mit welcher er empfangen worden war, und verhielt sich dabei so, wie es ihm Juan Fernandez geraten hatte. Darauf sprach er zum König über den Hauptgrund seines Kommens, den Auftrag des Vizekönigs, ihm, dem König von Bungo, zu dienen und ihm den sicheren Weg zu seiner Erlösung aufzuzeigen. Der König schien diesen Worten durch ein Neigen des Kopfes zuzustimmen. Also fuhr der Pater fort und hielt ihm eine feierliche Ansprache, ähnlich einer Predigt. Er hatte sie zum Zwecke der Gewinnung des Königs eigens einstudiert.

Der König gab ihm danach dies zur Antwort: »Guter Pater, ich weiß nicht, wie ich Euch meine Zufriedenheit darüber zum Ausdruck bringen soll, dass Ihr in diesem Hause weilt und mir dies zu Gehör bringt. Doch kann ich Euch gegenwärtig wegen des Zustandes meines Reiches, von welchem Ihr gehört haben mögt, noch keine Antwort zuteil werden lassen. Doch weil Gott Euch nun einmal hierher geführt hat, so bitte ich Euch ernstlich, Euch von den Mühen der Reise, die Ihr um meinetwillen unternommen habt, auszuruhen. Was die Worte des Vizekönigs bezüglich der Angelegenheit betrifft, in der ich Antonio Ferreyra zu ihm gesandt habe, so habe ich meine Meinung nicht geändert. Doch ist meine Lage derzeit so, dass ich vor meinen Untertanen nicht meine Neigung zu Neuem zeigen darf. Sonst würden sie nämlich die Partei der Bonzen ergreifen. Ihr werdet von dem Aufruhr und den Gefahren gehört haben, welche meiner Herrschaft drohten. Ich habe, um mich selbst abzusichern, an einem Morgen dreizehn der vornehmsten Herren meines Reiches hinrichten lassen müssen, dazu sechzehntausend ihrer Gefolgsleute. Viele andere mussten verbannt werden. Aber wenn Gott mir jemals das gewährt, was meine Seele von ihm erhofft, werde ich unschwer dem zustimmen, was der Vizekönig mir in seinem Brief rät.«

Hierauf antwortete der Pater: »Ich bin zufrieden mit Eurem Entschluss. Doch erinnere ich Euch daran, dass Euer Leben nicht in der Hand von Menschen liegt, weil wir alle sterblich sind. Und was wird mit Eurer Seele geschehen, wenn Ihr sterbt, bevor Ihr Eure Absicht verwirklichen könnt?« Darauf antwortete er lächelnd: »Gott weiß es!« Der Pater sah ein, dass er vom König gegenwärtig mehr als gute Worte nicht erwarten durfte, ohne dass wirklich etwas in dieser für ihn so wichtigen Sache geschah. Darum schwieg er darüber und lenkte das Gespräch auf andere Dinge, die dem König mehr gefallen mochten. Nachdem der König so fast die ganze Nacht im Gespräch mit dem Pater verbracht hatte, wobei er ihn sehr eifrig nach vielen Neuigkeiten befragt hatte, entließ er ihn sehr freundlich. Der Pater hatte die Hoffnung, dass der König Christ würde, freilich nicht so bald.

Am nächsten Tag begab er sich um zwei Uhr nachmittags erneut zum König. Doch jener ließ ihm noch keine andere Antwort zuteil werden und zog nach einer Weile wieder zu seiner Festung Osquy. Er bat den Pater von dort aus, in seinem Quartier wohnen zu bleiben und gelegentlich zu ihm zu Gesprächen zu kommen. Denn er war begierig, mit ihm weiter über Gott und über die Vervollkommnung des Rechtes zu sprechen. So vergingen zweieinhalb Monate und der Pater konnte keine andere Antwort erlangen, sodass er nicht sehr zufrieden war. Daher dachte er bereits daran, nach Goa zurückzukehren, wohin es ihn ohnehin zog.

Nachdem wir also unsere Abreise beschlossen hatten, begab ich mich zur Festung Osquy und erbat eine Antwort auf den Brief des Vizekönigs. Die hatte der König schon für mich vorbereiten lassen. Außerdem übergab er mir kostbare Waffen als Geschenk für den Vizekönig. In dem Brief hatte er die folgenden Worte an den Vizekönig gerichtet: »An seine Hoheit, den Vizekönig, welcher auf dem Throne derer sitzt, die durch die Macht ihres Zepters Gerechtigkeit walten lassen: Ich, Yaretandono, König von Bungo, teile Euch mit, dass Ferdinand Mendez Pinto zu mir mit einem Briefe Eurer Königlichen Hoheit und mit einem Geschenk von Waffen und anderen sehr wertvollen Dingen, die ich mir wünschte, gekommen ist. Sie sind mir so wertvoll, weil sie aus einem Lande am anderen Ende der Welt stammen, welches wir Chenchicogim nennen, in welchem durch die Macht seiner großen Armeen der gekrönte Löwe von Portugal herrscht. Zu dessen Diener und Untertan erkläre ich mich durch meine Geschenke. Deshalb bitte ich Euch, solange die Sonne ihre Bahn zieht, welche ihr Gott zugewiesen hat, und solange die Wasser des Meeres brausen, nicht die Ehrerbietung zu vergessen, die ich hiermit Eurem König erweise. Ich sehe ihn als meinen älteren Bruder an und hoffe, dass meine Aufmerksamkeit immer in Ehren gehalten werden wird. Auch glaube ich, dass Ihr die Waffen zu würdigen wisst, welche ich Euch zur Bekräftigung all dessen und zum Dank übersende. Von meiner Festung Osquy, am neunten Tage des dritten Monats, im siebenunddreißigsten Jahr unseres Alters.«

Ich nahm nun Abschied vom König und kehrte mit dem Brief und dem Geschenk zu unserem Schiff zurück. Pater Belchior und die ganze übrige Gesellschaft hatten sich schon dort eingefunden und am nächsten Tag, dem 14. November des Jahres 1556, segelten wir fort.

Nach zwanzig Tagen kamen wir in den Hafen von Lampacau und trafen da auf sechs portugiesische Schiffe. Darunter war auch dasjenige des Kaufmanns Francisco Martino, der bei dem neuen Vizekönig in Indien, Francisco Baretto, hoch in der Gunst stand. Dieser hatte gerade Don Petro Mascarenhas abgelöst. Weil nun die Zeit, während der man günstig nach Indien segeln konnte, fast vorüber war, hielt sich unser Kapitän, Don Francisco Mascarenhas, nicht lange in Lampacau auf, sondern ließ nur Vorräte laden.

Darauf segelten wir wieder fort und kamen glücklich nach Goa. Ich ging dort ohne Verzug zum Vizekönig Francisco Baretto, doch empfing er mich erst am nächsten Tag. Da übergab ich ihm das Schreiben und die Geschenke des heidnischen Königs, und er besah alles mit besonderem Vergnügen. Darauf sprach er zu mir:

»Glaubt mir, dass ich diese von Euch mitgebrachten Waffen so hoch einschätze wie die Regentschaft in Indien. Denn ich hoffe mich durch dies Geschenk und diesen Brief beim König, unserem hohen Herrn, so beliebt zu machen, dass er mich nach meiner Regentschaft nicht in Lissabon zu Festungshaft verurteilen wird, wie das fast allen von meinesgleichen unserer Sünden wegen geschieht.«

In der folgenden Zeit machte er mir zur Vergeltung für

meine Mühen und die Unkosten, für die ich selbst aufgekommen war, viele großzügige Offerten. Ich lehnte diese jedoch höflich ab und unterbreitete ihm lediglich ein Verzeichnis, in welchem zu lesen war, wie oft ich im Dienste unseres Königs zum Sklaven geworden war, und fügte unterschiedliche Zeugnisse dafür bei. Ferner beschrieb ich darin, wie oft man mich meiner Güter beraubt hatte. Ich bildete mir damals nämlich ein, dies würde bei meiner Rückkehr ins Vaterland ausreichen, um eine Vergütung für meine Dienste erwirken zu können. Der Vizekönig selbst stellte mir gewiss auch ein treffliches Zeugnis aus, in welchem er sich auf meine Angaben bezog. Darüber hinaus überreichte er mir ein Empfehlungsschreiben an den König, in dem er meiner und meiner Dienste auf das Beste gedachte. Daher machte ich mich voller Hoffnung auf die Reise nach Portugal und hielt diese Schriftstücke für den wertvollsten Teil meiner Güter. Denn ich meinte, man würde mir alsbald, auf meine erste Bitte hin, eine zufrieden stellende Vergütung für meine vielfältigen Dienste gewähren.

Ich kam endlich glücklich im Hafen von Lissabon an und überreichte der Königlichen Majestät das Schreiben des Vizekönigs. Damals, im Jahre 1558, wurde das Königreich von unserer Königin Katherina, derer ich hier ehrerbietig gedenke, regiert. Nachdem ich ihr den Brief übergeben hatte, sagte ich ihr selbst noch, was ich für notwendig erachtete, um angemessen entlohnt zu werden. Darauf verwies sie mich an den Staatsminister, der sie in solchen Sachen vertrat. Der redete mir am Anfang sehr freundlich zu und machte mir auch Hoffnung, dass man mich nicht vergessen würde. Allein, anstatt die Versprechungen zu erfüllen, behielt er meine Schriftstücke fünf Jahre lang ein, ohne dass ich danach eine Belohnung erhalten hätte. Stattdessen blieb mir nur großer Verdruss über meine langen erfolglosen Bemühungen bei ihm. Darüber war ich fast mehr betrübt als über all das Unglück, welches mir auf meinen Reisen zugestoßen war. Weil also meine Bitten um Vergeltung für die von mir geleisteten Dienste nicht erfüllt wurden, beschloss ich, mich darum nicht weiter zu kümmern und mich mit meinem Zustande zufrieden zu geben. Ich stellte die ganze Angelegenheit der göttlichen Gerechtigkeit anheim, indem ich bereute, dies nicht eher getan und stattdessen für meine Bemühungen viel Geld aufgewandt zu haben.

Hieraus kann man nun meine während einundzwanzig Jahren verrichteten Dienste klar ersehen, in welcher Zeit ich dreizehnmal gefangen genommen und siebzehnmal verkauft wurde. Der Grund dafür sind die verschiedenen weiten, sehr gefährlichen und in diesem Buch beschriebenen Reisen gewesen. Obgleich sich alles in Wahrheit so verhielt, will ich doch das Ausbleiben einer Belohnung auf Gottes Vorsehung zurückführen, die das wegen meiner Sünden zugelassen hat, und nicht auf die Ungerechtigkeit dessen, der mir die Belohnung vorenthalten hat. Dieses Reich gleicht einem Springbrunnen, aus dem die Belohnungen reichlich hervorquellen, obgleich diese oft nicht durch die richtigen Röhren geleitet werden. Daher findet man zwar bei allen Königen dieses Reiches einen heiligen Eifer, nicht nur die zu belohnen, die es verdienen, sondern auch diejenigen, die es nicht verdienen. Obgleich nun ich und viele andere mit mir solche Belohnungen und Wohltaten nicht genossen haben, ist die Schuld daran doch nicht dem Springbrunnen, sondern den mangelhaften Röhren zuzumessen. Doch schweige ich davon. Dies ist vielmehr ein Werk der göttlichen Gerechtigkeit, die nicht irren kann und alles zum Besten ordnet, wie es für uns notwendig ist. Darum sage ich dem König des Himmels unendlichen Dank. Es hat ihm wohl gefallen, auf diese Weise seinen göttlichen Willen zu erfüllen, und ich klage nicht über die Könige der Erde, weil mich meine Sünden einer anderen und besseren Belohnung nicht würdig sein ließen.

GLOSSAR

Achem	Atjeh; mittelalterliches Königreich im Norden Sumatras
Alamadia	Fährboot, Kahn
Aloeholz	Holzart, die wegen ihres Harzreichtums und Wohlgeruchs als Räuchermittel benutzt wird
Amborrajen	malaiische Adlige von hohem Rang
Anchacij	hoher chinesischer Justizbeamter
Andragirer	Bewohner des Flussgebietes Kuantan (Inderagiri) im Osten von Sumatra
Angenia	Kangean; Insel östlich von Java
Arabia felix	Jemen
Arquico	Arkiko; äthiopische Hafenstadt am Roten Meer
Aru	mittelalterliches Königreich im Norden Sumatras
Ava	mittelalterliches Herrschaftsgebiet in Mittelburma
Aytau	chinesischer Oberrichter
Balone	(malaiisch: balang) siamesische Ruderschiffe von langer schmaler Form und mit einem Turm in der Mitte
Barbaray	einstige Bezeichnung für Nordwestafrika, vor allem für Marokko und Algerien (auch: Berberei)
Batampina	Jangtsekiang
Batas	Batak; malaiischer Volksstamm in Nordsumatra
Bendara	muslimischer Gerichtsaufseher
Benzoeharz	wohlriechendes Harz des Benzoebaumes, das als Räuchermittel benutzt wird
Betel	besonders bei den Völkern Indonesiens gebräuchliches Rauschmittel, das aus der Betelnusspalme gewonnen wird
Bonze	buddhistischer Geistlicher in Japan
Brahmane	indischer Priester, Angehöriger der obersten Kaste

Broquen	hohe Beamte auf den Lequios-Inseln
Buch der Blumen	Koran
Bungo	Teilfürstentum auf der japanischen Insel Kyushu
Cabayge	Cabaya; dekolletierte Tunika, vorne geschlossen, auf einer Seite bis zum Knie offen; von einigen orientalischen Völkern getragen
Cabizundes	hohe chinesische Priester
Caixas	japanische Münzeinheit
Calaluze	Schiffsart
Calamba	gemeint ist das so genannte Adlerholz aus Vietnam und Sumatra, das wegen seines Harzreichtums und Wohlgeruchs als Räuchermittel benutzt wird
Calaminham	Fabelland, das im Gebiet von Laos vermutet wurde
Calantan	Fluss im Nordosten der Halbinsel Malakka
Calicut	Hafenstadt an der Westküste Vorderindiens
Camorin	König des Meeres, König von Calicut
Caquesseitan	Fabeltiere auf Sumatra, vermutlich fliegende Hunde
Caracas	gestärktes Leinen aus Indien
Carachina	Fahne
Caten	(malaiisch: kati) südostasiatische Gewichtseinheit; 1 kati entspricht ungefähr 600 Gramm
Catur	indisches Ruderboot
Cham	hoher chinesischer Justizbeamter
Champa	mittelalterliches Reich der nationalen Minderheit Cham in Mittelvietnam
Chifu	untergeordneter chinesischer Beamter
Chileu	Fürstentitel in China
Chincheo	chinesische Hafenstadt an der Straße von Taiwan
Chirca	Oberaufseher über das Gerichtswesen in Burma
Chonchalis	Strafrichter in China
Chumbim	hoher chinesischer Justizbeamter

Cochinchina	südlichster Teil von Indochina; heute Teil Vietnams
Coja	japanischer Meister; hier: Hauptmann, Kapitän
Cubumcamaa	japanischer Oberpriester
Dabul	portugiesische Niederlassung an der Westküste Vorderindiens
Dema	Hafenstadt an der Nordostküste von Java
Diu	portugiesische Festung an der Westküste Vorderindiens, vor der Halbinsel Gujarat liegend
Dukaten	ab 1559 Reichsmünze in Deutschland, mit ca. 3,44 Gramm Goldgehalt; hier für die portugiesischen Cruzados stehend
Faden	nautisches Maß; 1 Faden entspricht 1,83 Meter
Ferucuas	Gerichtsbeamte in China
Fonseca	Adelstitel in China
Funcheo	Stadt auf der japanischen Insel Kyushu
Galeone	Galione; spanische und portugiesische dreimastige Kriegs- oder Handelsschiffe mit hohen Aufbauten
Galiote	Galeote; kleine Galeere mit sechzehn bis vierundzwanzig Ruderern
Gelva	Schiffsart
Gerazemos	Gerichtsbeamte in China
Gregoge	Hinrichtungsart, bei der der Leib Schnitt für Schnitt zersägt wurde
Guazil	Richter
Gueotisch	bezieht sich möglicherweise auf Goa bei Makassar an der Südspitze der Insel Sulawesi
Gusaraten	Bewohner von Gujarat im Westen Indiens, am Arabischen Meer
Hainan	südchinesische Insel vor dem Golf von Tongking
Hupen	Gerichtsdiener in China, auch Scharfrichter und Henker
Jacur	Jahore; Sultanat im Süden der Halbinsel Malakka

Jamber	Bewohner des Gebietes Djambi im mittleren Ostteil von Sumatra
Jambes	Fürstentum Djambi, an der Ostseite von Mittelsumatra
Janitscharen	Soldaten der Infanteriekerntruppe der türkischen Sultane, 1826 gewaltsam aufgelöst, weil zu mächtig geworden
Japura	Hafenstadt an der Nordostküste von Java
Jurupango	leichtes malaiisches Boot
Kadi	muslimischer Richter
Kaffer	aus dem Arabischen: Ungläubiger
Kalikut	siehe Calicut
Kartaune	Geschütz des 16. und 17. Jahrhunderts mit langem Rohr
Lancharen	leichte malaiische Boote
Land des Priesters Johannes	Äthiopien
Lanteaa	leichtes malaiisches Boot
Laubos	Laos
Lequios-Inseln	einstige Bezeichnung für Ryukyu-Inseln
Lequiotisch	bezieht sich auf die Bewohner Taiwans und der Ryukyu-Inseln
Liampo	chinesische Hafenstadt beim heutigen Hongkong
Lingau	Lingga; Insel östlich von Sumatra
Lot	alte Gewichtseinheit in Deutschland, Österreich und den skandinavischen Ländern; 1 Lot entspricht ungefähr 15 Gramm
Lugor	Stadt im südlichen Thailand
Lusoner	Stamm an der Küste von Borneo
Madura	Insel nordöstlich von Java
Madureyra	Adelstitel in China
Magotten	vermutlich Orang-Utans
Makassar	Macassar; Stadt auf der indonesischen Insel Sulawesi (Celebes)
Malabaren	Bewohner der Malabarküste im Südwesten Indiens, am Arabischen Meer
Malakka	Hafenstadt an der Westküste der Halbinsel Malakka, Sitz eines der fünf Gouverneure,

	die dem portugiesischen Vizekönig von Indien unterstanden
Martaban	Stadt und Reich in Burma, östlich von Rangun
Massaua	Hafenstadt im nördlichen Äthiopien
Mazen	ostasiatische Maß-, Gewichts- und Geldeinheit von unterschiedlicher Größe
Meleytay	ehemalige Festung in Mittelburma
Menancaber	Menangkabau; Stamm in Zentralsumatra
Menigrepen	chinesische Richter
Miaco	Miyako; vermutlich alte japanische Kaiserstadt, Kyoto
Mokka	Hafenstadt in Jemen, am Roten Meer
Morgilotos	Advokaten in China
Mutipinan	Hafenstadt Thanh-hoa in Nordvietnam
Naike	eine Art Gerichtsvollzieher
Nauticor	tatarischer Kriegsoberst
Necoda	Kapitän einer Dschunke
Odia	alte Königsstadt in Thailand, etwas nördlich des heutigen Bangkok
Onor	Stadt an der Westküste Vorderindiens
Oquea	Münze im Wert von zwölf Golddukaten
Ormuz	Hormus; Insel im Persischen Golf
Ourobalonen	Bezeichnung für die Leibwache der Herrscher auf Sumatra
Pacem	Hafenstadt an der Nordostküste Sumatras; ehemals wichtiger Umschlaghafen für den Handel zwischen portugiesischen Seefahrern und dem Königreich Achem
Pan	Sultanat im Osten der Halbinsel Malakka
Panaruca	Hafenstadt an der Nordostküste von Java
Pangueiram	mittelalterlicher Kaiser von Java, Bali und Madura
Panoure	asiatisches hochbordiges Schiff
Pardao	alte indische Goldmünze
Passarvan	Hafenstadt an der Nordostküste von Java
Passeivan	(malaiisch: pasèban) Audienzsaal
Patane	Pattani; Hafenstadt in Thailand, an der Ostküste der Halbinsel Malakka

Pate	Herzog auf Java
Pegu	Herrschaftsgebiet und Stadt in Burma
Pico	asiatische Gewichtseinheit; 1 Pico entspricht ungefähr 60 Gramm
Ponchacij	Beamter in China
Prom	Gebiet im westlichen Burma
Pullo Timano	Insel vor der Ostküste der Halbinsel Malakka
Queda	Fürstentum und Stadt an der Westküste der Halbinsel Malakka
Quiay	(malaiisch: kiai) ehrerbietige Bezeichnung für Gottheiten und Geistliche
Quitirvam	Stadt in Kambodscha
Real	spanische und portugiesische Silber- oder Kupfermünze
Rhinozerosse	gemeint sind hier ganz allgemein Lasttiere
Roolim	Oberpriester der Buddhisten im alten Burma
Salangor	Selangor; Sultanat im Westen der Halbinsel Malakka
Savady	Gebiet im Süden Burmas
Siam	alte Bezeichnung für Thailand; auch Siammon oder Sornau
Socotora	Sokotra; Insel im Indischen Ozean, am Eingang des Golfs von Aden; ehemals portugiesischer Stützpunkt
Solor	eine der kleinen Sunda-Inseln, nordwestlich von Timor
Sornau	alte Bezeichnung für Thailand
Taeis	(malaiisch: tahil) asiatische Gewichtseinheit, auch Taels genannt, von unterschiedlicher Größe; entspricht ungefähr 32 bis 39 Gramm; als Geldeinheit in ungefähr zweihundert Arten verbreitet
Tanigoren	chinesische Armenpfleger
Tanixuma	Tanegashima; kleine Insel südlich von Kyushu
Tartarei	Tatarei; Sammelbegriff für Mittel- und Nordostasien
Terrade	Schiffsart

Tutone	hoher chinesischer Justizbeamter
Vaucane	Kahn in China
Xabandar	(malaiisch: sjahbandar) Hafengouverneur in der Provinz Gujarat, nördlich der Malabar-küste
Xemin	Statthalter in Burma
Xipaton	Aufseher in chinesischem Adelshaus

ZEITTAFEL

1217–1295	große Reise des Marco Polo
1368–1644	Herrschaft der Ming-Dynastie in China
1394–1460	Heinrich der Seefahrer
1453	die Türken erobern Konstantinopel
1487–1488	B. Diaz umsegelt die Südspitze Afrikas, während P. de Covilhão durch den Orient nach Indien zieht
1492	die Mauren werden aus Spanien vertrieben (Ende der Reconquista); Kolumbus entdeckt Westindien
1497–1498	erste Fahrt Vasco da Gamas nach Indien
1500	Cabral entdeckt auf der Fahrt nach Indien Brasilien
1502–1503	zweite Fahrt da Gamas nach Indien
1505	Francisco de Almeida wird erster portugiesischer Vizekönig von Indien
1509–1515	Alfonso de Albuquerque regiert als portugiesischer Vizekönig von Indien
1509/1511	Geburt Pintos (wahrscheinlich 1505)
1510	die Portugiesen erobern Goa in Vorderindien
1511	die Portugiesen gewinnen Malakka und eröffnen sich den Weg zu den Molukken
1513	J. Alvares erreicht chinesische Häfen
1517	die Türken erobern Ägypten
1518	Colombo auf Ceylon wird portugiesisch
1502–1566	Herrschaft Solimans des Prächtigen, Ausdehnung des türkischen Reiches bis zum Jemen
1521	Magalhães stirbt während der ersten Weltumsegelung auf den Philippinen
1530	Tod Baburs, des Begründers des Mogulreiches in Indien, des letzten indischen Großreiches
1537	Aufbruch Pintos nach Indien
1542	erste Tätigkeit des Jesuitenordens in Indien
um 1542/1543	Portugiesen erreichen als erste Europäer Japan, das formell unter der Herrschaft des Mikados (Kaiser) und Shoguns steht, de facto aber in Teilfürstentümer zerfällt
um 1550	erneute Einfälle der Tataren in China

1552	Tod des heiligen Francisco de Xavier, S. J., in China
1557	Macao an der Südküste Chinas wird den Portugiesen überlassen
1558	Pinto kehrt nach Portugal zurück
1572	die »Lusiaden«, das berühmte Epos Camões' über die portugiesischen Eroberungen in Asien, erscheinen
1580	Portugal gerät unter spanische Oberhoheit
1583	Tod Pintos
1614	Pintos Werk »Peregrinaçam« erscheint in Lissabon

WEITERFÜHRENDE LITERATUR

I. Erstausgaben

Portugiesisch:

Peregrinaçam de Fernam Mendez Pinto. Em que da conta de muytas e muyto estranhas cousas que vio & ouuio no reyno da China, no da Tartaria, no do Sornau, que vulgarmente se charna Sião, no do Cala-minhan, no de Pegù, no de Martauão, & em outros muytos reynos & senhorios das partes Orieritais, de que nestas nossas do Occi-dente ha muyto pouca ou nenhuã noticia. (...) Escrita pelo mesmo Fernão Mendez Pinto. (...) Dirigido à Catholica Real Magestade del Rey dom Felippe o III. deste nome nosso Senhor. Com licença do Santo Officio, Ordinario & Paço. Em Lisboa. Por Pedro Crasbeeck. Anno 1614.

Deutsch:

Die wünderliche Reisen Ferdinandi Mendez Pinto so er in ein und zwantzig Jahren durch Europa, Asia und Africa gethan und auf den-selben dreyzehen mahl gefangen und siebenzehen mahl verkaufft worden. Amsterdam bey Henrich und Dietrich Boom Buchhändlern 1671.

Englisch:

The voyages and adventures of Fernand Mendez Pinto, a Portugal: Dur-ing his travels for the space of one and twenty years in the kingdoms of Ethiopia, China, Tartaria, Cauchinchina, Calaminham, Siam, Pegu, Japan, and a great part of the East-Indiaes. With a relation and de-scription of most of the places thereof; their religion, laws, riches, customs, and government in time of peace and war. Where he five times suffered shipwrack, was sixteen times sold, and thirteen times made a slave. Written originally by himself in the Portugal tongue, and dedicated to the Majesty of Philip King of Spain. Done into English by H. C. Gent. London, printed by F. Macock ... 1653.

Französisch:

Les voyages aventureux de Fernand Mendez Pinto fidèlement traduicts de Portugais en François par le Sieur Bernard Figuier, Gentil-homme portugais. Et dediez à Monseigneur le Cardinal de Richelieu. (...) A Paris, chez Mathurin Henault ... 1628.

II. Moderne Ausgaben

Portugiesisch:
Mendez Pinto, Fernão: *Peregrinação.* Versão para português actual de Maria Alberta Menéres. (Pilgerreise. Version in modernem Portugiesisch von M. A. Menéres), 2 Bde. O. O.: Edições Afrodite, ³1980.

Deutsch:
Mendez Pinto, Fernão: *Peregrinaçam.* Bibliothek geographischer Reisen und Entdeckungen älterer und neuerer Zeit, Bd. 2. Jena, 1868.

III. Ergänzende Literatur

Brito, Bernardo Gomes de: *História Trágico-Marítima.* Em que se escrevem chronologicamente os Naufragios que tiverão as Naos de Portugal, depois que se poz em exercicio a Navegação da India (Tragische Geschichte der See. In der die Schiffbrüche der portugiesischen Schiffe seit Beginn der Indienschifffahrt chronologisch beschrieben werden). Offerecido a Augusta Magestade do Muito Alto e Muito Poderoso Rey D. João V. Nosso Senhor. Por Bernardo Gomes de Brito. 2 vols. Lisboa 1735–36.

Brito, Bernado Gomes de: *História Trágico-Marítima.* Berichte aus der großen Zeit der portugiesischen Seefahrt 1552–1602. Aus dem Portugiesischen des 16. Jahrhunderts übertragen und herausgegeben von Johannes Pögl. Stuttgart: Edition Erdmann in K. Thienemanns Verlag, 1983.

EDITORISCHE NOTIZ

Die hier vorliegende Neubearbeitung der »Peregrina-çam« basiert auf der deutschen Übersetzung, die 1671 in Amsterdam erschienen ist. Obgleich Kürzungen nicht zu vermeiden waren, wurde streng darauf geachtet, dass kein wesentlicher Aspekt weggelassen wurde. Darüber hinaus wurde an Stellen, wo in der alten deutschen Fassung Interessantes gestrichen worden war, besonders in Bezug auf die japanischen Erlebnisse Pintos, eine englische und eine französische Übersetzung herangezogen, um so die entsprechenden Ergänzungen vornehmen zu können. Was die sprachliche Gestaltung betrifft, so wurde, schon wegen der zeitlichen Nähe zum Originaltext, der stilistische Charakter der alten deutschen Übersetzung nach Möglichkeit beibehalten, soweit dies die Verständlichkeit für den heutigen Leser zuließ.

DANKSAGUNG

Herausgeber und Verlag danken der Württembergischen Landesbibliothek für die Bereitstellung der Bildvorlagen aus der deutschsprachigen Erstausgabe des Werkes aus dem Jahre 1671 und die Bereitstellung der deutschen Bearbeitung aus dem Jahre 1868. Dem INSTITUTO PORTUGUÊS DO LIVRO danken wir für die ideelle Förderung des Projekts, insbesondere für zahlreiche wertvolle Ratschläge und Hinweise zur Unterstützung dieses Unternehmens.

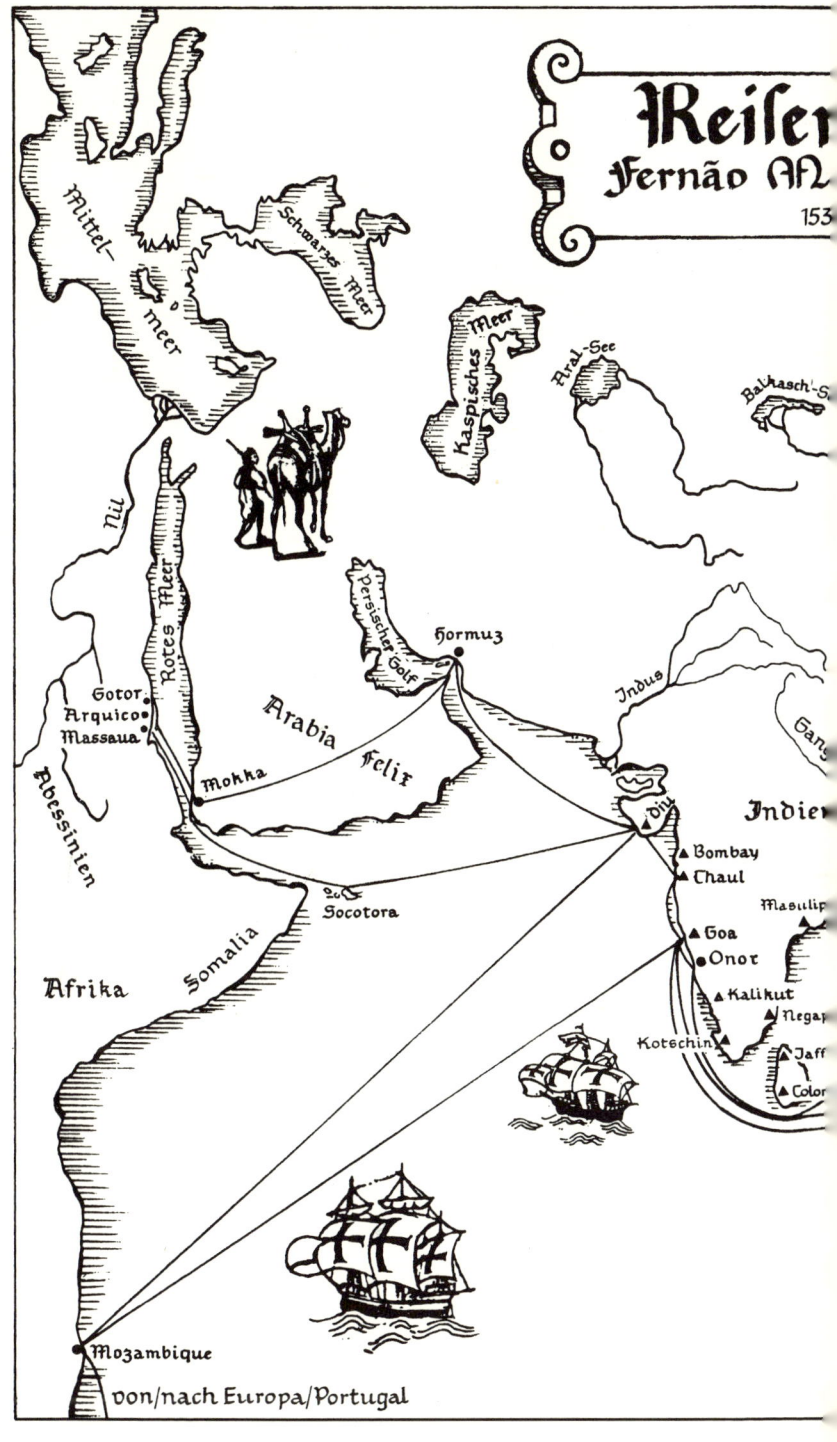

Reiſen
Fernão M...
153...

Mittel-meer

Schwarzes Meer

Meer

Kaspisches Meer

Aral-See

Balkasch-S...

Nil

Rotes Meer

Persischer Golf

Hormuz

Indus

Gang...

Gotor
Arquico
Massaua

Arabia

Felix

Mokha

Abessinien

Socotora

Afrika

Somalia

Diu

Indien

Bombay
Chaul

Masulip...

Goa
Onor

Kalikut

Negap...

Kotschin

Jaff...

Color...

Mozambique

von/nach Europa/Portugal

Die größte Reise des 13. Jahrhunderts

Marco Polo
Von Venedig nach China
342 Seiten mit Illustrationen und Karten
ISBN 3 522 60410 5

Dieser bedeutendste Reisebericht des Mittelalters ist die Summe eines unvergleichlich abenteuerreichen Lebens. Marco Polo war 1271 nach China aufgebrochen und gelangte nach dreieinhalbjähriger Reise quer durch Asien an den Hof des Mongolenkaisers Kublai-Khan in der Nähe des heutigen Peking. Zwanzig Jahre lebte er dort in dessen Gunst und unternahm ausgedehnte Reisen durch das chinesische Reich.

EDITION ERDMANN

Die Deutsche Bibliothek – CIP-Einheitsaufnahme
Ein Titeldatensatz für diese Publikation ist bei
Der Deutschen Bibliothek erhältlich

Fernão Mendez Pinto
Merkwürdige Reisen im fernsten Asien
1537–1558
ISBN 3-522-60035-5

Umschlaggestaltung: Roman Lang, Stuttgart
Umschlagtypografie: Michael Kimmerle, Stuttgart
Reproduktionen: Die Repro, Tamm
Schrift: Leawood
Satz: KCS GmbH, Buchholz/Hamburg
Druck und Bindung: Friedrich Pustet, Regensburg
© 2001 by Edition Erdmann in K. Thienemanns Verlag
Stuttgart – Wien
Alle Rechte vorbehalten. Printed in Germany
5 4 3 2 1* 01 02 03 04 05